写一手好字 做一个好人

漕泾小学书法教育纪实

潘亚军 主编

SJPC
上海三联书店

序　言

学校教育的发展应当遵循“统一性”和“多样性”的矛盾运动规律，以更好地适应社会主义现代化建设的需求。在全面推进素质教育的大背景下，我们金山的基础教育改革创生了很多可资借鉴的经验，涌现了不少可圈可点的案例。这本由潘亚军校长主编的《写一手好字，做一个好人——漕泾小学书法教育纪实》专著，就是盛开于金山教育园地内的奇葩之一。

漕泾小学地处东海之滨、杭州湾畔，是一所有着百年办学历史的老校。从20世纪90年代起，他们依据国情、校情，站在弘扬和传承祖国优秀传统文化的高度，选择书法项目作为实现由应试教育向素质教育转变的突破口，展开创建书法教育特色学校的实践，至今已坚守二十余年。可以这样说，是漕泾小学率先开创金山校园传承“书法”文化的先河。同时，他们也为金山“琴棋书画”进校园作出了榜样。我以为，学校能凝心聚力，为此编辑出版这本著作，是一件有着不同寻常意义的好事。

首先，教育改革的好经验应该广泛分享。漕泾小学在推进书法教育项目上坚守了二十余年，从启动时的以“书法写字教育”并提到当下的“书法教育”定位，经历的是一条不寻常的探索之路，创生的是多方面鲜活经验。其中，“写一手好字，做一个好人”的教育理念，书法与“育德”、书法与“启智”、书法与“审美”、书法与“健体”等研究所得的观点，书法教育推进过程中的“项目引领”、“课程支持”、“队伍保障”、“活动推进”等策略给人印象深刻。人们常说，当下的基础教育改革不缺先进理念的引领，缺失最多的还是理念指导下的脚踏实地的实践。在这本专著中，读者所看到的就是那种一步一个脚印的探索，因为编者用的是纪实文学的手法，收集的都是漕小人的原始素材。虽说他们的经验也曾在区内、市内乃至外省市做过一些交流与分享，也有过媒体报道做过宣传的事例，但通过著书立说来广泛传播还是首创。

其次，梳理已有的经验是为未来的进一步发展提振信心。每所学校的发展都离不开特定的校情，也就是我们经常所说的，一切要从实际出发。漕泾小学为什么会选择书法教育作为全面实施素质教育的突破口？是因为他们拥有书法人才方面的优势。况且，当时的书法写字教育正在受全社会的热议，褒贬不一，学校的领导会审时度势。在这本著作中，我们可以读到这方面的描述。二十余年中，学校已经历了四任校长交替，可他们都是认准了目标不离不弃，将书法教育作为学校发展的优势强项坚守着、奋斗着，且越做越成熟。回眸这段所走的路，不仅走过的人难以忘怀，更多的是为后人留下了宝贵的财富。近年来，漕泾小学的书法教育又有不少新突破：2011年被评为“上海市书法教育先进集体”；2012年荣获“国家级规范汉字书写教育特色学校”；2013年蝉联中国教育学会书法教育专业委员会的“实验学校”；2014年，《小学书法写字教育课程化的实践研究》成果先后荣获中国教育学会“首届基础教育科研成果网络博览会”二等奖和上海市教育委员会的“首届基础教育教学成果”二等奖。

当下，基础教育改革已经步入深水区，越来越强调对学生多样化发展需求的关注。这本专著的问世能为教育行政部门的领导、教育研究机构的专家和从事基础教育的同行践行新课改提出的“以学生发展为本”的理念提供借鉴。

时值暑期，能读到即将出版的这些书稿很是欣慰。衷心祝愿漕泾小学越办越好！也希望通过大家的努力让金山教育迎来更加光辉灿烂的明天！

施新章

2015年7月5日

（序言作者为金山区教育局副调研员）

目　录

第二部分 实践篇

第四部分 经验篇

附录 来自媒体的报道

绪 论

书法是中华民族的国粹之一，有着悠久的历史。在全面实施素质教育的大背景下，我们义无反顾地站在弘扬和传承祖国传统文化的高度，选择其作为攻克“办学有特色，教学有特点，学生有特长”的突破口，展开创建书法写字教育特色学校的实践与研究。从启动时的以书法写字教育并提到当下的书法教育定位，我们经历了一条不寻常的探索之路。为此而编辑一本专著，确实是一件非常有意义的事。因为从1994年算起，我们一直行走在创建书法写字教育特色学校之路上。二十年间，学校虽经历了四任校长的交替，但对书法写字教育办学特色的追求从未间断过。“写一手好字，做一个好人”的培养目标一直影响着一茬又一茬的漕泾小学学子，也为他们而后的成人、成事打上了深刻的烙印。

回眸这二十年所作的努力，我们的付出是有目共睹的。首先，开展“书法写字教育”的动因源于当时的教改趋势和校情。金山漕泾地处远郊，是经济和文化的欠发达地区迫使我们不好高骛远，必须面对实际且脚踏实地。选择书法写字作为突破口，是因为我们有这方面的人才优势。在这里，要特别感谢戚天音老师，是他的一手“绝活”让不少青年教师拜他为师，带动了教师苦练书法基本功，造就了一支颇具实力的书法师资队伍，1999年荣获金山区十万职工大练兵先进集体并参与经验交流这就是对我们最好的肯定。其次，书法写字教育的发展壮大得益于教育科研项目的引领。这些年来，历任校长都有强烈的科研意识，都亲自领衔围绕书法写字教育开展课题研究，先后较好地解决了诸如“小学书法写字教育的目标与评价”、“小学书法写字教育的课程教材研发”、“小学书法写字教育的校园文化建设”和“小学书法写字教育的课程化深度拓展”等过程性问题，保证了我们的书法写字教育实践能科学有效地进行，不走或少走弯路。最近一轮的“小学书法写字教育课程化的实践研究”荣获中国教育学会“首届基础教育科研成果网络博览会”成果二等奖和上海市“基础教育教学成果”二等奖。再次，书法写字教育特色学校的形成归功于锲而不舍的精神力量支撑。在这里，值得首肯的是：校长的办学思想决定着学校发展的走向。如上所述，二十年来，尽管校长有更替，但我们一直坚守着书法写字教育的办学特色，一直在做传承中求发展的这篇大文章。正是校长们的执着追求影响着校园人，促使大家心往一处想、劲往一处使，朝着共同的目标而努力。

回眸这二十年所作的努力，我们的收获也是特别丰厚的。首先，“读好书，写好字，做好人”已成为漕小人的共同追求。步入我们的校园，从校园的醒目标语、画廊大厅的作品展示，到办公室的布置、教室的板报、学生的作业园地、书法作品陈列室的师生作品布展等，既体现了师生书法写字的底蕴，又显示了这一作为我们民族特有的传统文化在师生中逐渐地扎根、发芽和生长。其次，师生的书法技艺和写字素养有了较大幅度的提升。继2003年戚纪军老师获得上海市首届写字课堂教学评比一等奖后，近年来我校教师在多次参加全国教师三笔字书法大赛中频频获大奖。在各级各类举办的书法比赛和作品展活动中，经常看到我校教师为此奉献的成果。最为可喜的是，现任专职书法教师朱君辉已顺利加入上海市书法家协会，成为其中的一员。近年来，学生在参与各级各类书法比赛中成绩喜人。2014年暑期，我校14位学生参加“新星杯”全国青少年儿童书画高端选手现场决赛时，4人荣膺特等金奖、6人荣获金奖、4人获得特等奖。此外，我校五年级学生在参加上海市中小学生写字等级考活动中，合格率100%，优秀率51%，充分显示了书法写字教育的直接成果。再次，书法写字教育带动了学校全方位工作的长足发展与进步。值得点赞的有：立德树人工作得到进一步强化。除坚守课程育人主阵地外，还大力开展丰富多彩的教育活动，不断丰富着学生的成长经历，获得社会各界的好评。其次，学校的课程教材改革有了突破性的进展。不仅基础型课程校本化实施有新起色，而且拓展型课程开发有了新进展。在《小学书法》科目开发与实施带动下，《学科类》、《艺术类》、《健身类》、《科技类》等拓展型科目开发在持续，正在供发展学生个性特长作选择。同时，探究型课程实施有新创造。学生在老师指导下成立小课题探究小组，通过开展对相关问题的研究，较好地培养了学生的问题意识、探究能力、科学态度和合作精神。还有，“新优质学校”创建工作取得丰硕成果。在“以人为本”和“走向学生，开发潜能”的办学理念指引下，学校的德育、智育、体育、美育全面进步。在向社会开放展示等活动中，多次得到大家的认同和点赞。

回眸这二十年所作的努力，我们创生的经验是多方面的。单从学校层面来说，较显性的有五个方面：一是形成了小学书法写字教学的经验。从摸着石头过河开始，我们通过不间断的实践，认真总结了小学书法写字教学的目标、内容、策略和评价等，为新课改背景下深入开展书法教育提供了可资借鉴的经验。二是形成了校本课程教材开发的经验。通过一期课改背景下的率先开发和二期课改背景的深度拓展研究，我们较好地创生了校本课程开发与实施的经验，可为当下的基础教育校本课程建设提供新思路。三是总结了学校文化建设新经验。学校文化建设是学校发展都绕不过去的弯，我们学校发展到今天，除以往的文化积淀外，与近年来的刻意追求密切相关。我们所走过的创建城郊型现代学校个性化文化的实践，对从事基础教育的同行开展学校文化建设实践有一定的借鉴意义。四是提炼了全面实施素质教育的经验。我们抓书法写字教育研究，并不是仅仅为了培养一批书法爱好者，而是期望我们的孩子通过在我校的五年“浸润”，使他们的行为习惯、处事方式和理想信念等更符合社会的需求。因此，“育人，从写好字开始”的观点得到认可，值得点赞与推崇。五是全面回顾了创建特色学校的经验。对书法写字教育能否发展为学校的办学特色是有争议的，我们用自己的教育实践证明了这是一项非常明智的选择。我们的实践能为同行依据校情做实做强特色项目，实现办学个性化目标以启示。与此同时，隐性的也有以下四个方面（可从本书的字里行间领悟）：一是校长的办学思想决定了学校发展的走向。因为没有校长们的前瞻性思考并身体力行，我们的书法写字教育走不到今天。二是“龙头”课题（或项目）是推动学校教育改革的推进器。综观我们所走的课题（或项目）引领研究性实践之路，也许你对这句话的理解更为深刻些。三是教师是学校发展的第一生产力。特色教育需要有特长的老师坚守，当然也离不开全员教师的认同与支持。假如没有一批像戚天音一样的老师的真情付出，我们的书法写字教育奇葩不会如此鲜艳夺目。四是有创意的活动是促进学校持久发展的源动力。如生命在于运动一样，教育发展需要有创意的活动一波未平、一波又起。这些年，我们的专题教育活动持续不断展开，有的已经成为经典。再从教师层面说说，本书能提供的也有以下几点。一是教师个人的书法写字教学经验。二是教师个人对传承与弘扬书法艺术的见解。三是教师个人的练习书法基本功体会等。还有从学生层面考察，也有两方面的内容可借鉴。一是书法写字教育促进学生成事、成人；二是学习书法写字所带来的愉悦与快乐等……

"合抱之木，生于毫末；九层之台，起于垒土……"当下，基础教育的课程教材改革正在向纵深推进。除继续需要先进教育理念的指引外，特需要可复制实践经验的推广借鉴。我们的这本著作问世，能为教育行政部门的领导、教育研究机构的专家和从事基础教育的同行提供一些帮助。本书遵循纪实体作品的特点，尊重原创，选用的素材均来自于漕小人（包括校友）和家长等，基本上没做进一步的加工与刻意的雕琢。由于时间跨度较长，我们在编辑时做了一些文字上的技术处理。

第一部分的理念篇中，收录了时任学校校长的文章，体现了校长的思想，有一定的思考深度和广度；在教师智慧一栏下，收编了多位教师谈传承与弘扬书法艺术的认识与体验，是对校长思想的解读与诠释；学生认同栏目则是历届校友们发自内心深处的成长感悟。

在第二部分的实践篇中，我们把书法写字教育的推进举措概括为四个方面：一是项目引领。简要介绍了围绕书法写字教育办学特色创建先后进行的 5 个项目研究以及取得的主要成果。二是课程支持。介绍了先后进行的两轮书法写字教育校本课程教材的开发与实施。有教材特点的介绍，也有实施的相关案例。特别是新一轮的书法写字教育课程化深度拓展研究提供的材料更翔实。三是队伍保障。重点介绍了书法写字教育实施过程中的专家学者指导、书法专职教师的引领、全员教师的坚守。四是活动推进。重点介绍了颇具代表性的十二项重大活动，这些活动对推动书法写字教育持续不断展开产生重大影响，值得点赞。

第三部分为成效篇，一是多角度地展示了书法写字教育取得的成果。有学校获得的集体荣誉、教师和学生个人获得的荣誉等，还有获奖的教学、科研成果。二是展现了学校近年来所取得的发展与进步。先后从立德树人、课程教材改革和教师队伍建设三个侧面加以反映。三是介绍了校友、学生、家长对书法写字教育在促进学生成事、成人中的感悟。四是书法写字教育已经走出漕泾小学，已成为漕泾镇的“一镇一品”文化项目，在金山区有重要影响。

第四部分为经验篇，收录了这些年学校所作的经验介绍与交流，发表的文章以及媒体记者采写的报道等，较好地展现了我们的经验。对同行应该是一种分享，更多的是一种启迪。

第一部分

理 念 篇

创建书法写字教育特色学校的办学思想研究

张伯忠　金　平

一所学校的办学过程总是要经历一个科学化、规范化的过程，这种规范化、科学化的管理是办好学校的最基本要求，但是一所学校毕竟不是一座工厂，它更多地有着文化的氛围。工厂生产的产品是机械的，讲究产品的精确度，重视工艺上的精细，而学校的质量、“终端产品”是活生生的人，学校所给学生的，不仅仅是精致的知识、方法与技能，更多是为人的道理、生存的方式和学习的能力，这就要求学校的环境所能给予的不仅仅是规范和科学，更多的是在这个基础上的一种文化。“在我们迈向21世纪的历史过程中，创建特色学校是每个学校的追求。”更何况“面对20世纪末社会的急剧变化，学校的使命不能停留于‘复写过去’，还要实现面向未来的转化，这就有一个超越和超前的问题。面对经典和世俗之争，以及异域文化渗入所带来的正负两种效应，必须重新构建新的学校主流价值体系”。学校发展的本身以及社会对学校的要求，都呼唤着我们学校应该办出特色、富有个性。但是，我们觉得特色学校的形成不是一蹴而就的，而是一个长期持续的发展过程。

我们学校地处远郊，经济相对滞后，硬件设施不尽如人意，由中心校附带村校的体制，给管理带来许多困难，师资队伍中尽管八十年代毕业的中师生占近一半，但“文革”中各种渠道进入教育单位的许多教师存在着很大意义上的“先天不足”，我们在很多方面都进行探索，寻找学校在规范化和科学化的基础上更大发展的突破口。但是，限于各种条件，我们经历了一段漫长的探索的过程，我们不断寻找着自己的优势。一个偶尔的机会，我们组队参加

1993年上海市新教材教师"写好字"比赛，最终竟然获得了郊区组的第一名。其中一位老师居然囊括了钢笔、毛笔、粉笔三个单项第一名。喜讯传来，对我们是极大的震动。兴奋之余，我们豁然开朗。我们为何不能以写字作为突破口，来创建写字教学特色学校呢？在这样的理念支配下，我们开始阅读了大量的文献进行创建以书法写字教育为抓手的特色学校的可行性研究。我们认为，可以选择书法写字教育作为创建特色学校的载体，因为我们有这方面的师资，而"拥有特长的教师是形成特色学校的前提"。何况写字是学生一生中无法离开的，学生写得一手好字，本身是一种素质的标志，而且学生写好字的良好习惯的形成过程，同样是学生良好的习惯、意志、心理品质、审美情趣等综合素质的修炼过程，学生写好字可受益一辈子。再回过头来看一看，各种媒体上不断地报道学生的字越写越糟，大学毕业连字的笔顺还不清楚，很多大学生的字比小学生还不如，翻开学生的作业、试卷字迹歪斜潦草司空见惯、比比皆是。"不少大学生写字像'蟹爬'。"中学、大学毕业的学生参加工作走上社会，让他们写几条标语、横幅什么的，就显得勉为其难，社会各界都在呼吁学生应该写好字；国家教委办公厅专门发了《关于加强义务教育阶段中小学生写字教学的通知》；上海市教委也发出了《关于本市建立中小学写字等级考试的通知》；现行的教学计划中，也安排了一定的课时量来加强写字教育的力度，所以从现实的角度出发，学生写好字有着紧迫性和现实意义。

1994年初，我们提出了成立学校《建设书法写字教育特色学校的认识和实践研究》的课题组，进一步从理论上进行探索，阅读了大量的文献，收集了国内外诸多的信息，为创建书法写字特色学校作了理论和实践上的准备。我们认为，要形成特色学校，在规范化与特色学校之间有一个学校特色的过程，特色学校的形成它首先要有一个规范化和标准化的阶段。通过几年的努力，我们基本上达到了学校工作的规范化与标准化，无论是管理的流程，还是教育教学的实践过程，都重视了目标导向下的过程管理，更重视了利用实践的结果调整策略来改进我们的实践。当然，"人、学校管理、教育活动和环境因素中的某一个方面，都可能成为特色学校形成与发展的开端"，我们的强项是书法写字，我们就以此为突破口，在此基础上于一九九五年十月正式成立了《建设书法写字教育特色学校的认识和实践》课题组，我们认真组织教师一起学习与讨论，使“让学生写好字”、“设法让学生写好字”形成教师们的共识，进而在共同的目标下，群体的认识与行为得到激励，形成激励机制。1996 年上海市书法写字教育现场会的召开，更是推进了我们的实践与认识。

我们通过课题的牵引，在书法写字的目标、内容、途径、原则、方法与评价上作了探索。依靠广大语文教师，在原有教学计划有写字课的基础上，辟出专门的时间，用于学生硬笔和软笔的训练，把写字课与语文教学、学生的认知心理、汉字书法的规律结合起来，同时坚持普及与提高相结合，抓好不同层次的提高班，使提高班的学生对周围的学生形成了强有力的辐射。适时举行不同层次的竞赛与学生作业的展览，达到分层递进的目的。要求所有教职员工把“写好字”的意识“物化”为自己的行为。这样，使书法写字教育有了一套比较完整的运行机制。不仅如此，我们还加强了教师的培训，通过竞赛与讲座等形式，促进教师书法写字水平的提高，参加了写字课的检查与写字的测评工作，对教师和学生分别进行了问卷调查与座谈，了解教师和学生对书法写字的认识和实践的现状，并适时召开教师和家长座谈会，共同讨论书法写字的有效策略，使得写字特色教育有了保障机制。

一个阶段的努力，学校书法写字方面基本形成了特色，在校内外获得了好评，面上的学生写字质量有提高，点上的学生更使突飞猛进，在市、县有关比赛中屡屡获奖。教师自身的写字水平不断提高，造就了一支有一定质量的师资队伍。学校在金山县的范围内有了一定的知名度，多家媒体对我们漕泾小学的书法写字教育作了报道。在这样的基础上，我们加大了特色教育的力度，深入工作，曾经参加了 1997 年 5 月在徐州召开的首届全国写字教学工作研讨会，与兄弟单位进行了较多的交流，受益匪浅。在书法写字教育为我校特色的基础上，我们认识到学校特色与特色学校之间不是一条简单的通路，而是需要付出艰苦的努力，才能成为特色学校。我们通过创建书法写字特色学校的“行动研究”的过程，不断转变观念、提高认识、勇于实践，推进学校各方面工作的全面开展。在更高的目标下，构成更大的激励因素，“人、财、物、管理、活动与环境”在创建书法写字特色学校的目标下重新进行合理组合，形成更高层次的动力与保障机制。书法写字特色学校的创建不仅使学生的字写好，更使学生的良好习惯形成、审美能力提高，构成了一种深厚的富有的底蕴的校园文化。校园的墙报、师生的作业、教室里的作业展览、画廊里的作品展示，无不体现了学生素质的提高，更显示了这一作为我们民族特有的传统的文化，在学生中生根、发芽、成长。特色学校的创建，学校的群体价值和准则、群体道德的规范、心理行为方式、作风习惯等充盈着书法写字特有的校园文化色彩，而“建设学校文化的过程，同时也正是创建特色学校的过程”。在这个过程中，学校的整体工作得到优化。近两年来，学校的管理水平不断提高，在实行刚性管理的基础上，更多地体现了一种人文的精神。在学校管理中，不断调整管理策略，以使管理更上台阶，我们在管理实践中采用的“学科报告”、“教研组现状分析与调整措施”，从“教学论谈”到“教学论坛”等做法，体现了一定的先进性和科学性，由此而撰写的《教学与教学管理策略的调整》一文在全县教导主任会议上进行了交流，获得好评。坚持以课堂教学作为实施素质教育的主阵地，课堂教学追求科学文化和艺术化的统一，以注重语、数、英，轻其他课程的模糊认识与实践得以纠正，课堂教学的质量有了提高。我们向青年教师提出“多一点书卷气、少一点江湖气”的要求，青年教师在加强学习中，认识与修养不断提高，增强了奉献于教育事业的责任心和使命感。青年教师参加县第三届教学评比，获得了一个一等奖、两个二等奖、一个三等奖的好成绩，多位老师的论文在市级刊物上发表与交流，有两项课题被立为县级课题，胡卫英老师的《阅读课中分层递进教学模式的认识与实践的研究》课题被区教育局选送为市青年教师基金会课题。以书法兴趣小组为龙头的课外活动的开展，使得双休日的校园构成了一道崭新的风景线，课外活动的成果凸显，在区以上的获奖数前所未有。春节开展的学生送春联活动，500 幅春联一小时内被市民争着要完，许多学生家长“开后门”争着要进书法班等等，显示着社会对我们的实践的承认。全面培养学生的素质，培养学生的全面素质得到不断的落实，学生的自主性不断加强。学校更具凝聚力。所有这些，越来越显示出与素质教育的接轨。

当然，现代社会的发展，也许有人会提出这样后一个问题：电脑的普及与“无纸化”时代的到来，学生还有没有必要花很多的精力，去练书法写字呢？学校还有否必要去搞写字教育的特色学校？我们认为，现代社会的科学技术无论发展到什么阶段，中国文字的文化魅力是永恒的。潘天寿先生早就认为：“书法与绘画艺术有并列的地位。”书法艺术的存在，不可能离开文字，在文字与书法之间，无论怎样是无法离开写好字的，这是不争的事实。更何况，且不说学生在写好字过程中，智力、能力和审美的加强，光是创建书法写字特色学校的过程本身，推动着学校工作的全面发展。我们认为，创建书法写字教育特色学校，并非是游离于教育目标之外去另搞一套，而是在教育目标下形成属于造就的“这一个“，“这一个”有着广泛的群体特征和长期的稳定性，并被社会所认同。就我们学校的现实条件而言，创建书法写字特色学校是真正落实从应试教育向素质教育的转轨，我们所追求的就学生而言，不只是写好字的本身，就学校而言是在创建的过程中特色的真正形成和我们工作的全面提高。我们培养的不必是书法家，然而我们期望的是，什么时候我们的学生毕业出去进入社会，从他们写的字、他们的价值观、行为方式、作风习惯中，就能知道他们曾在我们学校这样的环境里浸润过，这时候就是我们创建写字教育特色学校的真正成功，也是真正地落实了素质教育。

参考文献

1. 马联芳、宋才华：《特色学校形成与发展的理论试考》，《上海教育科研》，1997 年第 10 期，第 25 页。

2. 顾伶沅：《素质教育的实践与思考》，《上海教育报》，1997. 4. 12，第 3 版。

3. 吴秀娟：《中国校长工作新论》，辽宁人民出版社 1996 年版，第 304、340 页。

4. 唐玉兴：《解放日报》，1997. 12. 12，C1。

5. 王冬龄：《强骨静气，高华苍术》，《新美术》，1997(1)，第 24 页。

1997 年 12 月

写一手好字，做一个好人

——漕泾小学发展创意设计刍议

金　平

学校文化建设是近年来兴起的一个教育新热点话题。这是因为学校文化以其特有的校园物质形式和精神形式向外部呈现，并影响和制约着校园人的活动和校园人的发展，它在培养学生的综合素质，优化育人环境，促进学校改革、发展与稳定方面起着非常重要的作用。中央教育工作会议明确指出："要全面实施以德育为核心，以培养学生创新精神和实践能力的素质教育，而建设富有创造性，具有鲜明特色的校园文化能够催人奋进，甚至对人的思想和精神产生深远影响，是学校实施素质教育的重要组成部分。我们学校必须进一步加大力度，强化校园文化建设，以更丰富的内容和更新颖的形式推进德育工作的新发展，全面提高青少年学生的文化和道德水准，以适应 21 世纪对人才的需求和需要。"

我们漕泾小学虽地处远郊，但参与教育改革、争创有品位的教育热情高涨。从 1993 年起利用自身拥有的师资优势(上海市教师"写好字"比赛郊区组团体第一)，在发展"书法写字教育"办学特色上作了艰辛的探索，1996 年 4 月曾举行过全市性的书法写字教育现场会。围绕"书法写字教育"展开的课题研究，曾荣获过"上海市第六届教育科研成果"三等奖(1998 年)和上海市教科院学校教育科研成果三等奖(2001 年)。多次参加全国性的"写字教育研讨交流"，学校是中国教育学会书法专业委员会命名的全国百所"写字教育实验学校"。"书法写字教育"的鲜明办学特色是学校办学的一大"亮点"，"写一手好字，做一个好人"是学校彰显个性的育人目标。

2001年2月，学校整体搬迁至设施堪称一流的学校新址。我们积极倡导“走向学生——为学生的发展动真情、下苦功、多服务”的新理念，运用科研“龙头”课题牵引，发动师生全员、全程、全方位地参与教育综合改革实验。经过三年的努力，初步实现了学生的全面进步、教师的专业化发展、学校的跨越式发展及社会的认同和积极回应等多重效应。课题研究也取得了丰硕的成果，初步构建起现代学校教育新观念系统和办学实践新模式，在全区开放性的展示活动中获得专家、领导和同行的高度评价。这些年学校的全方位工作都有突破性的提升，学校先后获得了“全国艺术教育模范学校”、“金山区学校总务后勤管理先进集体”、“金山区校园文化工作先进集体”、“金山区文明单位”、“金山区卫生工作标兵单位”等称号。置身于绿树成荫、纤尘不染的校园，彰显学校办学个性的校园文化扑面而来，为人称道。

欣喜之余，我们的内心也在接受拷问。学校发展到今天，应该说也是不小的进步。接下来的路该怎样走？是选择固步自封？还是选择与时俱进？我们的态度是明确的，创建城郊型现代学校个性化文化是我们的新追求。那么，怎样的学校才称得上现代学校？城郊型现代学校的个性化文化具有哪些特征呢？

首先，现代学校是与传统意义学校对举而言。我们的理解是在知识社会初见端倪和全面建设小康社会的大背景下，涌现的能够适应市场经济和建设学习型社会的基本要求，以完善的学校法人制度为基础，以现代教育观为指导，学校依法自主、民主管理，能够促进学生、教职工、学校、学校所在社区的协调和可持续发展的一类学校。所谓的“城郊型”是特指类似我们的处在城乡结合部（既受都市文化的冲击辐射，又具乡村文化背景特征）的学校。其次，个性化文化特别强调属于自己的、独特的，与他人不一样的文化。

我们深知，这样的文化形成不能一蹴而就，需要经历一个长期累积的过程。俗话说，千里之行始于足下。因此，从现在起，我们必须从以下几方面作出新的努力。

第一，要立足现代学校发展主题，为学校的新一轮发展确立“新命题”。教育的价值是“育人”。面对开放、多元、动态发展的现代社会，一切有思想、负责任的学校管理者都会主动地站在时代发展的前沿来思考本校的发展，都有一种时不我待的使命感和紧迫感。但是，各校在长期的办学实践中所追求的理念、展开的实践、积累的成果以及形成的教育特色等异同，所以对追求现代学校长远发展的设想不可能类同。我们选择“个性化学校文化建设”课题就是依据学校自身发展面临的新问题给自己提出的“新命题”。漕泾小学有着自己的发展优势和空间，提出“个性化学校文化建设”课题，既为学校新一轮发展找到了新的“生长点”，也为全体师生员工创造了一个共同创造学校新生活的新天地，符合一所学校成长需要经历规范化——形成办学特色——个性化的不断发展过程。

第二，要拓展学校文化内涵，构建起具有校本特色的“个性化学校文化体系”。学校文化包括精神文化、物质文化、制度文化和行为文化，涵盖了学校的办学理念、校风、教风、学风、校训和各种文化载体(“硬件”的、“软件”的)等。学校的办学理念是学校文化的核心，是学校精神的精髓。我们要在回顾和梳理已做的工作基础上，继续深度开发学校文化内涵，特别是在体现“个性化”上寻求新的突破，形成“个性化学校文化体系”，用以指导研究性实践。

第三，要推进研究性实践，创造学校文化建设的实践新“模式”(包括策略)。学校文化建设是一种需要长期培育、苦心经营的经历。作为学校的管理者，理应站在时代的前沿，从校情实际出发，不断地开拓思路，引导师生实践，善于总结经验。而作为同一学校的一名“校园人”，也应全程、全方位地参与学校文化建设的研究性实践，在实践中充分发挥各自的智慧和才能，为打造学校文化“品牌”作贡献。在群众性互动中，总结和提炼学校文化建设实施的原则、方法和行动策略等，不断创造出鲜活的成功经验。

第四，要不断创新文化载体，努力提升学校文化品位。学校文化载体众多，既有“硬件”的建设，又有“软件”的开发。硬件的建设是指校园物质环境的打造，包括校园的绿化、净化和美化；体现浓郁“书法写字教育”特色的室内外环境布置；“文化长廊”、“艺术小屋”、“图书馆”、“校园网”等设计；社区的社会实践活动基地建设等。有着一个深度开发、不断完善的过程。“软件”的开发包含的内容更多：有体现校园精神的标志性载体；有传播学校精神文化的媒体；有张扬学校个性的丰富多彩的教育、教学和文化活动等；有承载学校团体意识、规范管理的各种规章制度；有体现人与人合作竞争的人文环境营造……特别关注教育、教学活动，它是校园文化“软件”开发的重中之重。

为此，未来几年中，学校将力推以下几项重要举措。

一要精心营造校园环境。包括校园建筑、校园活动场所和设施设备。它们既是校园文化的物质载体，又是校园文化的重要形式。依据时代的特点、学校的特征和本校的办学特色，科学规划，精心打造。

首先是校园的净化、绿化和美化。净化是最起码的要求，随时随地展现在人们面前的是赏心悦目的感觉。绿化要充分利用现有的空间植树、栽花和种草等，并加强管理，做到“春有花、夏有荫、秋有果、冬有绿”，进入校园有一种仿佛置身于“花园”似的感受。美化不但要表现在校园的整体布局上，还应表现在校园环境点缀的形式上，包括教室文化。其次是彰显学校的办学特色。“写一手好字，做一个好人”是我校育人的目标。围绕这一育人目标，学校倡导“走向学生——为学生的发展动真情、下苦功、多服务”的办学理念。校园环境的布置应紧扣这一主题，渲染这一主旋律。在整体规划的同时，每年都有创意和新意地推进，包括在物质环境的创设上做足这方面的文章。

二要积极策划校园文化活动。教育的最终目标是教育学生“学会做人”。要遵循学生身心的发展规律，充分发挥学生的个性特长，开展形式多样的活动，寓教育于活动之中。首先要重视活动的创意。活动的设计要充分体现通俗性、益智性、趣味性和创造性，要有利于培养和锻炼学生多方面的素质。举个例子来说，有一段时间我们发现学生“户外”活动较少，不利于学生的全面发展，特提出了创编学生游戏的活动。师生互动，一共汇编了 16 种游戏，一起参与课余嬉戏，“游戏节”收到令人满意的效果，给学生留下了终身难忘的印象。以后，类似这样的“原创性”活动应多多益善。其次要重视活动的过程。活动的目的是开阔视野、丰富知识、陶冶情操、增强能力、提高素质，提升校园文化“含金量”。因此，吸引广大师生全员、全程参与是十分重要的。有这样一个事例颇能说明问题:教室里要悬挂名人名言。简单的做法,由老师选择几条,请几个老师写好装框后挂上即成。可我们没有这样做,要求发动学生去查资料,摘录其中自己最喜欢的几条念给同学听,并分别说说每条所表达的意思然后全班讨论,选择其中的几条再请老师写后悬挂,这样的过程就是一个“育人”的过程。另外,还要特别重视开展主题教育活动。因为围绕主题开展的活动往往具有系列性、系统性的特点,持续的时间也较长,其教育作用相对强而持久,在学生的一生中留下的印象特别深刻。近年来我们先后开展过“在阅读中快乐成长”读书节活动、“雏鹰展翅,奔向新世纪”系列活动、“雷锋叔叔永远活在我心中”主题教育活动等,均给师生留下了值得回味的记忆。

三要加大开发运用校本课程的力度。开发课程教材是学校文化建设的创新载体之一,它对传承学校已有的文化积淀起重要作用。我们曾对“书法写字教育”这一办学特色尝试过校本教材的开发研究,既推进了办学特色的持续发展和进步,又推动了学校各方面工作的拓展和丰富。为此,也积累了丰富的开发校本课程教材的经验。围绕“个性化学校文化建设”的目标,根据学生年龄和身心发展规律,利用学校拥有的优势,继续深度开发系列性的校本课程教材,作为学生社会实践类(活动类)课程使用。如:以上提到过的“学生游戏文化”,又如:“学生礼仪应知应会”……让这些课程在传承、积淀学校文化中发挥其特有的作用。

四要走向社区,与社会互动。用“学校文化”概念而不用“校园文化”作表述,一个重要的因素就是学校文化建设不局限在校园,而应置身在社区发展的大背景下思考学校发展的走向。切实把握时代特征、社区特点来发展自身。我校所处的社区,由于“上海化学工业区”的崛起和现代交通改造的拓展和延伸,社区的发展出现了日新月异的变化,跨国企业的落户给我们带来了多元文化,学校文化建设也掀开了新的一页。我们曾与上海赛科石油股份公司联合举行了“赛科杯”交通安全主题教育月活动,在领略大公司企业文化气息的同时,推进了学校文化建设的步伐。又如,我们也曾与山东省交通工程总公司(在我处施工)的项目部展开手携手共建精神文明的活动等,给师生留下了深刻的印象。为此,我们认为:学校文化建设应拓展视野，应该组织师生走向社区，与社会互动，积极参与社会实践活动。在互动的过程中，吸收企业文化、农村特色文化、社区文化等各方面的“亮点”，为丰富学校文化的内涵和实践开辟新途径，积累新经验，创造新成果。

总之，学校文化作为社会亚文化现象，它的内涵是十分丰富的。综观目前围绕校园文化建设的实践现状，虽有许多可资借鉴的经验，但也存在不少的差距和误区，特别是取狭义的理解为最多。即比较侧重于外部环境的改造和抓一些校园文化活动等，视角盯在共性上，缺乏个性化，尤其是没有将现有的文化渊源联系起来创新。我们将视角拓展至学校文化内涵上，试图构建一个较为完整的学校文化体系上，再来指导自己的实践，形成一个学校文化建设的实践新模式（或策略），对于推动现代学校校园文化建设具有引领作用。

发展是硬道理，讲发展不忘传承，谈传承强调发展，符合科学的发展观。同时也是对近年来教育界的一些“追风”、“跟风”现象的否定。教育需要理想和激情，但必须建筑在一定的基础之上，决不是扔掉已有的“特色”去翻新“花样”。

2006 年 10 月

读好书，写好字，做好人

——关于创建“新优质学校”的思考

潘亚军

近期，市教委、区教育局都在着力推动“新优质学校”创建工作。对于什么是“新优质学校”？我的理解是办在家门口的教学质量好的学校。那么怎样才算教学质量好呢？依据近年开展的上海市教学质量绿色指标测试及反馈情况显示：它不是以学业成绩、分数排名作为衡量优劣的唯一标准，而是回归教育的原点——真正关注人的发展，着眼于提升学生的整体素质。因此，“新优质学校”创建，瞄准的是基础教育均衡发展，折射的是教育公平，体现的是面向全体学生的全面教育、差异教育、成功教育等。我们理应顺应教育改革的新变化做出积极的回应及新的抉择，加入到新一轮的创建行列中。

我以为，创建新优质学校，首先要搞清楚自身的基础。那么，我们的创建工作基础在哪里呢？漕泾小学创办于1907年，是一所有着悠久历史的百年老校。长期以来，漕小人秉承漕泾人质朴民风，采撷金山“教化”之灵气，形成了“勤奋、踏实”的优良传统。当下，学校的优势体现在：

一是有一个规范与民主有机结合的管理模式。多年来，学校注重依法办学，规范管理。每年都根据实际对已有的规章制度进行调整、补充和完善，使学校工作有章可循、有法可依。同时，学校实行民主管理，各类规章制度的修订、改革措施的出台等由教代会充分讨论，并通过学校公示、反馈等方式征询教师、家长和学生意见。

二是有一支较高精神境界和专业素质的干群队伍。通过多年的“新基础教育理论”的推广发展研究和开展追求“适合学生发展”的课堂教学等主题活动，为物化先进教育理念，提升教师专业素养作出重要贡献。近年来，学校又通过进行再建教学流程探索、开展“教学评比”以及强化自我反省等举措，进一步提升了教师队伍综合素养。与此同时，通过进行干部队伍重组，促进了干部队伍优化。

三是有一项书法写字教育办学的“亮点”。发端于上世纪 90 年代的书法写字教育办学特色实践结出丰硕成果。继获全国“写字教学实验学校”后，学校坚持用普及与提高相结合的发展思路做强这一“亮点”。2010 年 4 月，校长再次领衔以“小学书法写字课程化的深度推进研究”为课题，展开了新一轮实践，已经取得了重构《小学书法》校本拓展型课程等丰硕成果，在 2011 年 12 月举办的本项目研究成果中期展示活动中，获得与会专家同行的肯定。

四是有一个彰显个性化校园文化的良好氛围。自 2001 年实现整体搬迁后，通过全校师生员工的努力，学校基本实现了建筑与绿化相互掩映，书画与师生形影相随的环境。2004 年 4 月起，学校领导班子集体在校长的带领下，以“城郊型现代学校个性化文化建设的实践研究”为课题，将“营造校园，丰富内涵”作为新目标，引领全体教职工展开新一轮实践，现初步构建起具有独特校园文化的上海城郊型现代学校。

诚然，学校也有自己的“短板”与不足，归纳起来主要有三：一是学生的习惯、自信等普遍较差。尽管有城乡地域、家庭文化背景等差异因素的存在，但这都不是开脱学校责任的理由。因此，学生的学习兴趣、习惯、能力和自信心等还有较大的提升空间。二是拓展型、探究型校本课程的开发相对滞后。学校较缺乏对发展学生个性特长方面的丰富课程支持，现虽已引起关注与重视，但真正树立起课程意识尚有很多工作要做。三是部分教师的思想观念、教育教学行为还须进一步改进。在全面实施素质教育的大背景下，一部分教师的教育观念及行为还跟不上时代的要求，存在着“老路”好走的现象。

鉴于此，我们面临三个方面的新挑战。一是减负增效，提升学习效能。素质教育的核心在课堂，要还给学生足够的时间与空间，着力提升课堂教学效能；还要进一步重视对学生学习习惯、学习方法、学习态度等方面的研究和指导，尤其是对学习有困难学生。二是基于校本的拓展、探究型课程开发。素质教育需要课程化推进。在已经拥有全面实施素质教育的“范本”——国家课程下，还必须重构基于校情的为学有余力的学生提供满足其个性特长发展的课程。三是师资队伍建设。为适应新课改深入实施的需要，精心打造优秀教师队伍刻不容缓。除继续加强师德师风教育外，还必须为教师成长提供个性化职业生涯的规划与指导。

有了对校情的梳理与把握，接下来要考虑的重点是：办学理念与办学目标的正确定位。“十一五”期间，我们在继续加强书法写字教育特色学校创建工作的同时，展开了新课改背景下追求“适合学生发展”的教改实践。在全体教职工的共同努力下，不仅涌现了不少的教育改革研究成果，实现了两代人共同成长的“双赢”，也较好地实现了提升教育教学质量之目标。进入“十二五”，我们依据国家、市、区教育发展中长期规划纲要精神，在重新审视基础上，制定了“十二五”发展规划，将“营造校园，丰富内涵”作为新目标，正引领学校发展的新一轮实践。本次制定创建“新优质学校”规划，我们又将办学理念、办学目标及培养目标等做了一个更好的梳理。

我认为，学校的办学理念应简约，还要有内涵。是否可以用：“以人为本”；“走向学生，开发潜能”。什么叫“以人为本”？就是以人的可持续发展为宗旨，注重为师生的全面发展和个性化发展创设各种条件。通俗地说，就是“一切为了学生的发展，为了一切学生的发展”。而“走向学生，开发潜能”则是强调教育要自觉地面向全体学生，强调学生的潜能是多方面的，更是可以被开发的。也因为此，学校一方面要注重发现学生身上的优势智能，促使学生的优势项变特长，弱项使之合格。另一方面，学校也为教师成才搭建平台，在培养学生多元发展的同时赢得教师自身发展。“以人为本”、“走向学生，开发潜能”两者密切相关。“以人为本”是“走向学生，开发潜能”的核心指导思想和最终价值取向，“走向学生，开发潜能”是“以人为本”的具体体现和展现形式。关于办学目标，还是提：践行“以人为本”、“走向学生，开发潜能”理念，激活教师潜能，促进学生全面发展而有个性的发展，将学校办成百姓满意、社会认可、领导放心的优质小学。培养目标则提：以“主动发展、多元发展”为育人思路，努力把学生培养成品行端正、身心和谐、行为规范、基础扎实，有创新意识的新时期合格小学生。

依据市教委推出的首批43所新优质学校创建工作经验，“项目引领”是一个非常重要的载体。我非常认同这种做法，因为在这方面我们也有自己的经验。那么，我们的实验项目如何确立呢？它不应是另辟蹊径，应是传承基础上的发展。我们曾把“写一手好字，做一个好人”作为育人目标倡导过，得到过大家的广泛认同，而当下进一步深化课改，着力实施素质教育又是创建新优质学校的重要使命，故我们的实验项目就朝这个方向努力实施，就叫“读好书，写好字，做好人”课程文化建设三年行动计划。

何谓“读好书，写好字，做好人”？读好书本义是学好“各门基础课程”，其次是乐学“课外知识”，再次是善学“超越知识的知识”。追求读好书就要致力于唤起学生对书本的全部热爱，致力于学生发展性学力的提升。“写好字”，首先是把字“写清楚、写端正”，其次是“写规范”，再次是“艺术化”、“个性化”。追求写好字就要致力于学生书写能力的形成与发展，致力于良好习惯、能力、意志力和情感等方面的培养，提升学生的“精、气、神”。“做好人”，首先是做“守规范的人”，其次是做“有教养的人”，再次是做“有追求的人”。追求做好人就要致力于学生行为的规范、身心的和谐和品行的端正，致力于创新精神和实践能力的培养。“读好书，写好字，做好人”是一个有机的整体。“读好书”、“写好字”是实施素质教育的载体，“做好人”才是其出发点与归宿。

为此，围绕项目的推进，我们接下来着重做好两方面的工作。一是国家课程校本化实施的实践与研究。构建并不断完善基于校本且科学、合理的学期课程计划；开展个别化教学背景下“学习任务单”导学等的课堂教学实践，努力实现教与学方式转变和提高课堂教学有效性的“双赢”；加强课程与教学的科学管理，多渠道开发师生潜能，全面提升学习品质、学科基础素养及发展性学力。二是开展为学生发展提供多元校本课程的实践。重构《小学书法（写字）》特色教育课程体系和构建并不断完善校本拓展型、探究型课程体系，构建“基于生活化的小学德育活动体验式”校本课程体系等。

为了做好上述两项工作，未来几年，我们将采取以下一些积极举措。

首先，要进一步加强队伍建设。我们的目标是：进一步更新教育观、教学观和学生观，增强教育的责任感与使命感；给每一位教师搭建学习发展的平台，让每位教师都能适应教育发展需要。实施的主要举措有：一要继续加强师德师风教育。除深入学习《小学教师专业标准》，开展主题教育活动外，认真组织开展“传承与发展”师德实践活动，培育敬业爱岗的职业精神。二要深入展开现代教育理论的学习与培训。采用专家讲座、个人自学和集中研讨等，学习内容包括：“新基础教育”理论、“多元智能理论”、“学习设计”理论、“学与教的心理学”理论、“二期课改”理论、“儿童发展心理学”理论等。三要继续开展“追求适合学生发展”主题的岗位成才系列活动。包括积极参与上级组织的学科专业知识与能力测试，认真组织课堂教学、作业设计（练习、命题等）、“教育论文、案例”、“教师‘三笔字’、普通话等比赛”。四要进一步发挥好“专家引领，同伴互助”等校本研修平台作用。除把教研组建设成为相互影响、相互激励的“共同成长”平台外，要进一步发挥骨干教师的引领作用。一方面，为“骨干成长”创设学习机会，提供展示舞台，促使骨干教师具备一定的专业高度。另一方面，发挥其引领辐射作用，带教青年教师。五要进一步引导教师积极参与课题研究。努力营造教师全员参与教育科研的氛围，认真开展指导和培训，强化“做中学”；培育骨干，扎实展开市、区、校等各级各类课题的研究，充分发挥科研在推进课程改革、实施素质教育、促进教师成长中的重要作用。

其次，要进一步提升校园文化品质。我们的目标是：巩固与发展“书法写字教育”特质文化，进一步构建“和谐向上”并蕴涵“读好书、写好字、做好人”特质的学校文化。主要的举措有：一要创新学校管理模式。以师生和学校共同发展为管理的根本目的，以尊重人、理解人为管理的根本原则，以发挥人的积极性和主观能动性为管理的根本途径，积极探索并实施以人为本的管理。把严格要求建立在尊重理解的基础之上，把管理目标细化于过程之中，把分工负责建立在团队协作上，把检查考核凸显在奖励上。二要努力凝练校园精神。在人本理念统领下，通过开展丰富多彩的活动，营造和谐融洽的人际关系，不断增强教职员工的向心力和凝聚力；通过“夸夸我身边的好伙伴”、“说说我的教育教学故事”等活动载体，引导广大教师践行社会主义核心价值观。与此同时，有计划举办“漕小讲坛”，在引导漕小人前行过程中提升与时俱进的校园精神。三要创新学校生态环境。首先，继续开展创建“绿色文化”引领下的花园学校实践，包括校园的净化、绿化和美化。其次，进一步彰显学校的办学特色。校园环境的布置要紧扣“读好书，写好字，做好人”这一主题，渲染主旋律。四要构建规范、优质、高效、便捷、安全的后勤服务保障机制。树立“师生为本，服务至上”的后勤工作理念，探讨科学的后勤服务新模式，彰显后勤服务的效率。为此，要建立后勤工作备忘制度和“随叫随到”制度（快速反应机制）；还要修订和完善已有的后勤保障制度，更好地为教育教学服务。

要进一步加强立德树人工作。我们的目标是：树立“人人都是德育工作者”的理念，强化全方位德育思想，构建以学生为主体的学校、社会、家庭三位一体教育网，把学生培养成品行端正、身心和谐、行为规范、基础扎实，有创新意识的新时期合格小学生。主要的举措有：一要建立健全学校德育工作网。研究和指导学校德育工作，落实分层责任制，完善考核体系，形成合力，着力提升德育实效。二要加强班主任队伍建设。开展班主任岗位培训，采取引进来和走出去相结合，提高班主任工作水平；分层指导班主任工作，不断总结优秀班主任工作经验予以推广；完善班主任队伍的评比、考核、激励机制，形成德育工作梯队。三要发挥少先队组织作用。重点依托少先队雏鹰争章活动，凝聚学校、家庭、社会各方面力量。通过定章、争章、考章、颁章、护章等活动挖掘潜能，促进队员不断进步，提高综合素质。四要多渠道实施“学做人”教育。根据各年级不同的年龄特点，注重学科渗透和专题教育活动实施，促进学生思想品德、行为规范等意识和观念的提高，激发学生自我发展的自主性和能动性。五要有计划举办校园文化节。精心组织校园读书节、写字节、科技节、艺术节、体育节等，向家长及小伙伴展示交流各自的个性化学习成果，激励学生向更高的目标前行；积极组织学生参与各级教育行政部门或各级社团机构组织发起各类征文、思维训练、竞技、比拼才艺等活动，让更多的学生有机会展示自己，也有机会向他人学习。六要积极发挥社区教育功能。在青保、法制、国防、消防、环保等方面引进一批优秀的社区辅导员，充实德育工作队伍，初步形成学校特色。

总之，创建“新优质学校”是个系统工程，需要我们始终坚持全面的育人质量观，把做好国家课程的校本化实施作为学校的第一要务，通过为学生提供丰富多彩的学习经历，来促进学生的全面素质提高。

2012 年 8 月

学生“写好字”书法教育项目五年推进计划（2012—2016）

潘亚军

在“为了每一个学生的终身发展”理念指引下，依据《教育部关于中小学开展书法教育的意见》（教基二〔2011〕4号）、《上海市教育委员会关于进一步加强义务教育阶段学校写字教学的若干意见》（沪教委基〔2011〕55号）、《金山区学生“写好字”书法教育项目五年推进计划（2012—2016）》（金教综〔2012〕2号）文件的精神，在回顾总结本校在实施素质教育大背景下发展书法写字教育办学特色的经验与不足的基础上，制订漕泾小学新一轮“写好字”书法教育项目五年推进计划，引领广大师生更加注重“写好字”的文化内涵，通过新的努力使“书法写字教育”真正成为学校的文化品牌。

一　总目标

以上海市教育学会课题“小学书法写字教育课程化的深度拓展研究”为抓手，广泛发动全校师生展开书法写字教育课程化的实践。努力构建“三位一体”的书法写字教育运行机制；进一步培育与打造实力型的“写好字”师资团队；在崇尚书法艺术审美体验的同时，强化“写好字，做好人”内涵的拓展，不断提升师生的“三笔规范字”素养；发挥全国书法写字教育“实验小学”的品牌优势，为推动区域书法教育上新台阶作出新的贡献。

二　推进举措

(一) 强化校园文化建设,凸显“写好字,做好人”育人氛围

1. 个性化校园生态环境的营造

在成功创建“上海市花园单位”基础上,继续以营造富有书法写字教育内涵的个性化校园生态环境为目标,展开新一轮的更新墙壁、走廊、过道、宣传栏、教室和办公室等的环境布置;进一步优化并固化大厅、书法陈列室和书法专用教室等的环境打造;建设反映学校文化特色的标志牌、文化长廊及户外书法练习场……让校园的每一个角落、每一堵墙都能“说话”。

2. “翰墨飘香”校园文化活动的策划

继续精心策划和开展形式多样的“写字育人”活动,寓教育于活动之中。除加强日常学习训练、积极参与比赛展示、坚持写春联送春联等常态活动外,以每年的 11 月作为学校的“书法文化节”,策划丰富多彩的系列活动,组织师生积极投入其中,充分展示各自的书法技艺学习成果,发扬光大我们拥有的“翰墨飘香”的学校文化。

3. 学校“书法”文化链的传承与发展

继 2011 年“写一手好字,做一个好人——漕泾小学书法写字教育文化链建设项目”荣获金山区校园文化优秀项目后,我们要以本轮“写好字”五年推进计划的实施为新契机,继续做好做强此项目的传承与发展。一是在“再造氛围”上下功夫;二是在“激活机制”拓思路;三是在“活动引领”上想方法;四是在“成果展示”时多激励;五是在“总结提升”上做文章。

(二) 固化书法教育课程,提升学生书法写字素养

1. 书法教育目标的确立

小学是基础教育的奠基工程。小学阶段书法教育的总体目标是:培养学生正确的写字姿势,养成良好的学习习惯;使学生会写铅笔字和钢笔字,能写毛笔字,培养学生书写汉字的能力;培养学生对书法艺术的热爱,感受祖国传统艺术的博大精深;陶冶情操,

培养审美能力；养成认真细心的学习态度和良好的意志品质；养成做事有条理的习惯，懂得做人要踏实的道理。

具体来说：

1—2 年级是书法教育的启蒙阶段。培养写字的兴趣，初步养成良好的写字习惯和正确的写字、执笔姿势，能用铅笔写字。

3—5 年级完成书法教育的启蒙教育，衔接准书法教育阶段。保持写字的兴趣、良好的写字习惯和正确的写字、执笔姿势；能用钢笔书写楷书，学写规范、通行的行楷字，学写毛笔字，从描红、仿影到临帖。

2. 书法教育内容的选择

从本校实际出发，依据既定的小学书法课程学习目标，未来五年我们将以自编的《小学书法》系列教材作为拓展型课程——“小学书法”科目的试用教材，与之相匹配的还有《练习册》和《教学指导书》；与此同时，现阶段采用上海市编《小学语文——写字》系列练习册作为基础型课程——语文（写字）教学与训练的基本教材，在语文学科教师的带领下，供学生学习训练用。一俟教育行政部门有新的指示精神及更好更新的书法写字教材面试，我们将做出评估后再做新的调整。

3. 书法教育评价激励的应用

建立和完善新一轮“写好字”书法教育项目实施的科学评价机制，发挥评价在推动学生“写好字”书法教育项目前行中的积极作用。一是对学生写字素养的形成性评价及阶段性评价机制，二是对教师“写好字”课堂教学状况的评价机制，三是对“写好字”项目推进状况的评价。与此同时，要坚持评价主体的多元化和评价方式的多样化。

（三）优化教师培训机制，打造实力型“写好字”师资团队

1. 面上教师的培训

每学期举办 2—3 次的校本全员教师的书法教育通识培训。内容包含有对当下书法教育发展态势的学习，有学校对推进学生书法教育的指导性意见的了解，有书法技艺方面的讲座等。

2. 骨干队伍的培训

发挥“戚天音工作室”的辐射效应，每周举办一次面向语文学科教师及青年教师的校本培训。以服务于课堂为目标，系统学习书法技艺，不断提升“写好字”素养。

3. 培训者的培训

借助有关培训机构的力量，选送一定数量的书法爱好者分期分批参加培训，不断提升专业素养，为展开书法师资的校本培训积蓄能量。

（四）深入展开实践探索，构建“三位一体”的书法教育运行机制

1. 课堂教学的推进

课堂教学是本项目实施的重要基础。为此，我们要在固化书法教育课程上下功夫，并通过加强教学研究，来努力提高“写好字”教学成效。

（1）语文学科的推进。在小学语文课程中，按照课程标准要求开设书法（写字）课，确保1—5年级语文课程计划中有每周1节写字课。语文课识字教学要适度进行写字教学，重视学生日常书面作业书写习惯的培养。

（2）拓展型课程——校本书法（写字）课的推进。在拓展型课程中安排每周一课时的书法（写字）课作为校本特色课程，由专职书法教师任教。旨在强化“写一手好字，做一个好人”培养目标的落实。

（3）“天天写”的推进。各年级每天安排15分钟的“天天写”，由语文学科教师承担指导任务，书法专职教师定点加强巡视指导。

2. 社团活动的推进

社团活动是项目实施的重要形式。为此，我们要组织多层次的学生书法学习社团组织，倡导自主、多元的书法学习方式。一是组织开展书法兴趣小组活动，二是学校举办的书法兴趣班学习，三是本地区的“书法特长班”学习等。

3. 实践体验

实践体验是项目发展的重要平台。我们要把学生的书法学习与学生的审美体验相结合，学以致用，丰富生活，陶冶情操。

（1）结合传统节日活动组织学生用规范字写贺卡、写书信、写春联活动，指导学生用规范字、书法作品布置教室、组织学生书法艺术社团活动等；

（2）每年组织学生书法竞赛，开展优秀书法作品的展览，编辑出版《师生书法作品集》及学生书法交流活动。

（3）组织好一年一度的书法写字等级考，做好对书法特长生的资格认定。

（五）提供优先发展保障，搭建长效的师生“三笔字”交流展示平台

1. 学校“写字节”的常态化

以每年的11月作为漕泾小学的“写字节”，期间策划举办内容丰富、形式多样的书法文化活动，吸引广大师生积极参与。在孕育书法教育特色的同时，丰富学校办学内涵。

2. 参与各级各类机构开展的竞赛

每年选送学有所长的师生参加各类竞赛，以资鼓励广大师生展示自己的学习成果。

3. 实施奖励机制

设立“书法教育项目推进奖”、“书法教育优秀指导奖”、师生“优秀书法作品奖”等奖项，以资鼓励在本项目推进过程中作出贡献的师生。

三　组织保障

1. 组建领导小组与项目实施小组

成立漕泾小学《“写好字”书法教育项目》领导小组（名单另发），领导和协调“写好字”推进计划实施；成立漕泾小学《“写好字”书法教育项目》实施小组，成员由书法、艺术、语文教师组成，根据区推进规划制定相应的年实施方案，落实课堂教学、社团活动、实践体验三位一体的实施。

2. 纳入重点管理范畴

《“写好字”书法教育项目》列入学校艺术教育重点管理范畴，

做到年计划务实且操作性强;过程检查和阶段考核措施有力;形成性评价及年度总结常态化。另外,项目的发展既思考纵向前行,又顾盼区域互助。

3. 提供经费保障

设立学校的《"写好字"书法教育项目》的专项经费,大力扶持书法写字特色教育的进一步发展。

2012 年 9 月

我的写字教学观

戚天音

最近，我高兴地听到东方电台消息：我国的汉字将要成为国际通用文字。这条消息对每个中国人来说是莫大的自豪和骄傲。是的，我国的汉字之美是世界文字中仅见的，她所具有音乐的抑扬顿挫的韵律美，舞蹈的婀娜多姿的曲线美，笔毫疾飞徐缓行走在宣纸上，表现着丰富的人生。“字如其人”，“书为心画”。写字体现的是语文基本功，可看出一个人的素质和素养如何。而少年儿童正处于学写汉字时期，养成一个良好的书写习惯尤为重要。作为教师有着义不容辞的责任，如何办？我的观点是：

一　写字书法教育应从教师抓起

教师的示范是学生成长的关键，为人师表本身就至高无上。教师一手正确、漂亮的字往往会赢得学生的敬意，一手板书、一个批语、一条欢迎标语、一纸通知都会吸引学生心摹手追。上中学时，陆老师在课上板书时的节奏，流畅的线条还记忆犹新；姚老师工整的板书让我把书本上的周边写得没有空隙。后来写字竟成为我生活中重要的组成部分，笔墨字帖成为我的爱好。凝神静气、持之以恒伴随着我成功之路。给学生多么大的魅力！平时，除了临习碑帖之外，沙地、梧桐叶、工作手册都是我研习书法的领地，学校里的梧桐叶写成书法小品赠送同学。广告、店牌、展览的书作乃至报刊上的标题都成了我关注的对象。在旅游时没有时间记录就拍摄下来，回家后再仔细揣摩临写。有一次，我在天安门城楼上参观时，擅自拍摄名人字画，被工作人员没收了相机，经我苦苦恳求，掏出工作证说明我是书法教师后才还给我相机，结果还是罚了 40 元人民币。对此，我非但没有恼怒，反而像获至宝一样乐得我一夜没入睡。迷上书法以后，常常会沉浸在书法艺术的殿堂里，也许我一辈子成不了书法家，那并不要紧。因为我迷恋这块园地，我更热爱写字教学，做一个中华民族传统文化瑰宝的传承人。愿为弘扬祖国文化献身教育事业，一辈子执着地追求。

在我迷恋上书法写字的日子里，我常思考一个问题：如何带动学校的老师一起提高书写水平？方法只有一个，以自己的精神感动大家，用自己的艺术魅力诱惑大家。布置画廊，出黑板报，美化教室，我以最大的能力精心设计，做到图文并茂；一幅幅书法作品挂进了教室、办公室，硬笔书法压进办公桌台板下，空闲时议论书法写字的技能、技巧、运笔、结体，直到谈到陶冶情操、意志磨炼、良好习惯的培养，海阔天空……这一切都是我的教师言行的影响所致。

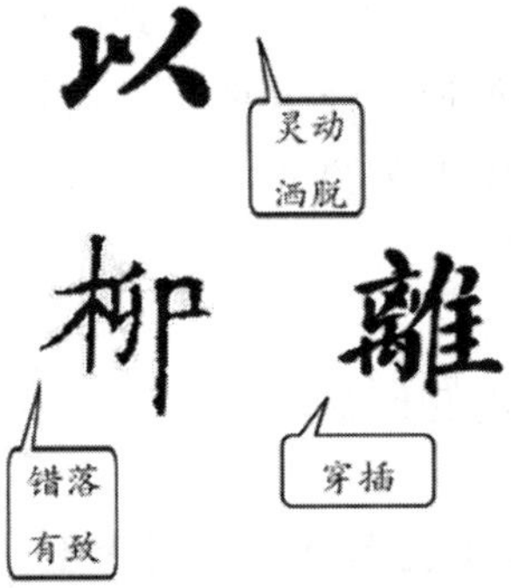

奇迹终于出现了，在我连续获得市、全国书法奖项时，老师们被震惊了，他们感动了，几位老师不约而同地拜上我这个还在半路上的书法爱好者为师，尤其是几位青年教师几乎把课余时间都用上了。练书法的队伍壮大了，写字的热潮掀起来了，班级的书法小组相继建立起来。1992 年 10 月我校六位老师参加了县的“教师写好字”书法竞赛，获得了一等奖；第二年代表金山县参加了上海市“教师写好字”的书法大赛，又获得了郊区组第一名的殊荣。成绩激励着老师们，老师们的书写水平提高了，学生写字技能技巧理所当然地提高了。最动人的是家长们带着孩子要求参加书法小组。当然还有许多教学的方法要探讨，路子要我们去探索。但这些事实已经表明了教师写好字是教学生写好字的基础。

二　“示范”体现在教与学的整个过程中

有位教育家曾说过：教师不仅是知识的传播者，更是模范。心理学研究也表明，小学生的模仿能力较强，教学示范对学生能起潜移默化的作用。在教师具备丰富、深厚的文化底蕴下，教师的示范和讲解是至关重要的。

在我的写字教学中，要求教师做到以身示范，这是最形象、最生动、最切实有效的指导：教学横折钩时调锋起笔，转折时要明确地告诉学生“提按”的动作，调正笔锋后出现两个清楚的棱角，下垂行笔时的粗细变化和左下后再平钩出锋，学生一看即明白；再加上老师形象边运笔边讲解，学生通过观察老师形象的动作，亲眼目睹了起笔、行笔和收笔的全过程，直观地感受到运笔的轻重缓急和间架结构的匀称、协调，能领略到书法汉字的韵律美、结体美。并通过讲解，把笔画的运笔动作形象地表达；把字的结构要求合理地安排，引出各种动听的专用名：“谦让、穿插、舒展、错落有致、灵动、圆润”等，让学生烂熟于心。我深深地体会到教学实践中课堂示范能使学生获得正确的视觉形象，在老师的指导下，经过反复练习，学生会很快地掌握汉字书写的技能技巧。

以上这些有力证明老师扎实的基本功才能在教学中起到表率的作用：我们常说：打铁必须本身硬；或说：“你要一杯水，教师必须要有一桶水。”才能立于不败之地，这叫耳濡目染的效果。

三　语文教师担负着教学生写好字的责任

作为语文教师如写得一手好字，会给学生留下深刻的印象，更有利于教学工作的开展。我在语文教学中，总是把教学生写好字贯穿在语文教学的全过程中。生字教学工整的板书让人赏心悦目，书写时的用语朗朗上口，每个笔画的运笔都要潜心思考、正确无误。在低年级时，我特别注重字的间架结构，从小培养学生学会整体“认字”，生字的卡片上写得规范、端庄漂亮，上面是拼音，让学生熟记字形和字音。

在教学高年级时，在学生基本掌握汉字形体的前提下，注重运笔和笔势，以及书写汉字的节奏感等，慢慢掌握写字在正确、美观的基础上要有一定的速度的要求。因此，每天早上晨练的20分钟里临写范字，这些范字是我在课文中有关词语不厌其烦用工整的楷书字体刻写印刷在练习本上，为的是让学生不易写错字，更主要是便于他们临写范字，把字写得规范、漂亮。这样让学生常见、常临、常记以至烂熟于心的效果。一年下来，学生的硬笔书法面貌全新，两年下来80%以上学生都会写得老练、成熟。在去年县的写字比赛中包揽了比赛的前三名。在县举办的“人人写好字”的群体写字竞赛中，我所任的四(1)班获得冠军的好成绩。开学时许多家长慕名而来把孩子转到我所任的班上学习。我的语文学科期末考试年年名列前茅。一年内我上了二次县级写字教学公开课(其中一次毛笔)。市书法教研员说：如果语文教师有书写功底的话，这些教学经验都可以推广……

语文教师书写知识和技能技巧要全面。语文老师在教学中时处处会给学生表演写字，因此教师必须能写得一手好字，不但能写楷书，还能写规范的行书；不但会用硬笔、粉笔，还要会用毛笔；如果要求高些，老师还会写篆书、隶书、草书等书体；能讲讲各种书体的特点和书写的技法、知识，让学生见多识广，认识我国的书法艺术这颗璀璨的瑰宝。同年10月由市教委推荐，我获得了上海市中学硬笔书写教材和小学毛笔和硬笔教材的书写权。

为了教学生写好字，我们做教师的要不懈地练好字，并自觉地把字写得规范、美观，树立起教师的威信；更要摸索出一条教好字的教学方法，为振兴祖国的书法艺术，为未来的世界通用文字——中国汉字树立起光辉的榜样。

1995年5月20日

写字教学说

李展忠

书法，是我国一种独特的艺术形式，是祖国丰富灿烂的文化遗产的一个重要组成部分。语言文字是交流思想、传递信息的工具，即社会交际的工具。写字是小学生语文能力的基本训练之一，是小学阶段的一项重要的技能训练。它和识字关系非常密切，是巩固识字的好办法。写好字，对于参加祖国四化建设也有密切关系。随着我国经济建设的发展，人们的精神生活和物质生活越来越丰富，书法艺术和人们的生活关系也越来越密切。

《小学语文教学大纲》指出：写字是一项重要的语文基本功，对于提高学生的文化素质起着重要的作用，必须从小打好写字基础。一九八四年，老一辈子无产阶级革命家陈云就明确指出："小学要重视毛笔字的训练，要把大字课作为小学的基础课，严格要求。""让孩子们从小把字写好很重要。"教育部一九八四年十一月十九日也曾下达《关于加强小学生写字训练的通知》，要求各级教育部门采取有力措施切实有效地指导学生写好铅笔、钢笔、毛笔。明确规定："在各年级开设写字课，这个时间不能占。""小学各年级都要上好写字课。学生要下工夫多写多练，养成每天写字的习惯。"

我曾在梁锦英《钢笔书法》中读到这样几句话："中国人写字是很讲究的，曾有'字乃人之衣冠'的说法。""中国的字，既有实用的一面，又有艺术的一面。我们要继承传统的书法艺术，当然应该以毛笔为主。但在钢笔被普遍采用的今天，钢笔书法也应当受到重视。"我又曾在庞中华《写给朋友们》一文中读到过这样几段话，中国人爱好书法、注重写字，过去是毛笔，如今普遍用硬笔（铅笔、圆珠笔、钢笔），我国可谓是一个书法之国，今日中国大地上的硬笔书法热潮动人心弦、沁人心脾。但是，正如盛夏不是成熟季节，我们只要冷静地清醒地审视，就会明白我国同胞，尤其是广大青少年的硬笔水准之低下，已经十分令人忧虑。字迹潦草，书写混乱，让人无法辨认。

近年来，我在日常生活中也曾多次遇到过这样的事，亲戚、朋友家或邻居办婚丧之事，如喜事需书写楹联等，丧事需写挽联，许多人却对着笔墨无能为力，不敢提笔。即使有些学历很高的青少年，此时也一筹莫展、望纸兴叹，可见广大青少年软笔书写能力之低下更令人吃惊。

综上所述，在教育教学中，教育学生认识写好字的意义，逐步培养学生掌握写字技能和良好的书写习惯，把字写得正确、端正，进而写得规范、美观、并有一定的书写速度是多么必要、多么迫切。这对学生在德、智、体、美等各方面的全面发展和今后的学习以及未来的工作，都有着多么重要的作用。

怎样逐步培养学生掌握写字的技能和良好的书写习惯呢？首先教师应该激发学生的写字兴趣。让学生把写字当作趣事而不是负担。我认为、教师可收集古今书法大师和三国时期的钟繇，晋代的王羲之、王献之，唐代的欧阳询、颜真卿、刘公权，元代的赵孟頫等少年时代练字的传统故事，由浅入深的讲给学生听，以事感人。搜集古今书法大量的作品、教师自己书写的作品或学生的优秀作品，经常展示给学生欣赏，也可带领学生参观书法展览，以艺术的魅力感染学生，激发学生喜爱书法、热爱书法的情感。

其次是教师必须作指导，教给学生写字的方法和技巧。一是常规性指导，包括坐姿要领、执笔姿势、运笔技巧以及汉字的笔顺、笔画、间架结构等。重点是汉字的笔画和间架结构，要求学生掌握，不管写什么结构的字，都要体现出方块形这一特点。汉字的笔画安排，间架结构排列的平正，均匀占有极其重要的地位；反之，笔画的位置和关系摆得不好，字写得再流利、连贯也不算好字。二是总体指导。指导学生大多以方格、田字格或米字格（高年级也可用横线格）的练习本，写得基本满格，这样可以防止、纠正学生大多偏右下方的毛病，又使学生习惯写大字，指关节、腕关节运动幅度大，能增强手指、手腕的灵活性。

再次是解决好导向。导向，也是写字教学中不可忽视的一个重要问题。正确的导向能充分指导学生写好正楷字。在正楷字写得相当熟练的基础上再练写行楷、行书，以适应今后继续学习、生活和工作的需要。继而根据学生的实际情况和不同兴趣、爱好，从书法艺术要求方面进行一些个别指导。激发他们积极参与各种书法比赛，培养书法兴趣。反之，置大多数学生于不顾，是搞少数人的个别培养和发展，这无疑是一种错误导向。学生练写正楷体字应从哪种字体入手，也有人主张从柳公权字体入手，还有人提出从魏碑入手。这要视具体情况，即根据教师的擅长、教师自身的书法基本功以及学生的喜爱情况。但必须先从一般的正楷体入手，在具有相当的书写方法、技能的基础上，选择自己的字帖，反复临摹（先摹后临）。

教师要不断地鼓励学生勤于练习、持之以恒，要多思考、多研究。“笔成表，墨成池，有及羲之即献之；笔充千管墨磨万锭，不作张芝作锁靖。”

1996 年 3 月

我与写字

戚纪军

一

能写规范工整的毛笔字、钢笔字、粉笔字，会教小学写字课，这是中师生成为合格的小学教师所必须达到的基本要求。再加上我对写字有着浓厚的兴趣，在三年的师范学习生活中我勤练不辍，几乎每天练毛笔字。我的启蒙老师是中国书法家协会会员何磊先生。何先生从严治教、一丝不苟，当时我担任班里的书法课代表，得到了何先生的格外关注。我先临欧阳询，后临柳公权，深深陶醉于祖国的书法艺术中。夏练三伏，冬练三九，取得了一定的成绩。屡有作品发表于解放日报市郊版，参加全国青少年书法比赛的段位赛，获得三段。毕业后，我乐此不疲、潜心临摹，正如我的另一位书法老师给我的临别题词所说："……墨韵越来越大，要想试去十万不可能的事了……"

二

教书育人，乃教师天职。我利用已所学，带了课外书法兴趣小组，教授学生写毛笔字。如何执笔，运笔注意笔法、点画结构，什么叫"中锋"、"侧锋"、"露锋"，怎样提笔、按笔、顿笔等基本知识，都一一说明。

在平时的书法教学中，除了讲授基本知识外，写字技能主要通过演示进行直观教学，在黑板上书写演示两次进行：先分解演示，即把范字的笔画分解出来，然后根据笔顺，再把它们一笔一笔慢慢地组合起来。例:“分”为“丿八分”,经过分解演示,学生懂得了范字的书写笔顺、运笔方法、结构比例。第二次演示,则进一步把整个字的笔画连贯起来,两次演示以后,学生对如何使转手腕、注意轻重快慢、提按呼应写好一个字,已有了直接的视觉印象。

学习毛笔字历来重视借用印格临写,这样,使学生容易掌握字的形态、部位,不容易走样。所以我要求初学者用米字格临帖,当学生对帖字有了一定书写基础后,就让他直接对临,以让学生进一步发展。

几年来,本着我校“普及、发展、提高”的写字教学宗旨,怀着让学生写好字的心愿,我默默地耕耘着,因为我的书桌旁写着两个字“墨缘”。

“静”字的启示

——校园环境与隐性教育浅析

胡卫英

隐性教育是相对显形教育(学校课程表列入的有组织的教学活动)而言的。唐朝诗人杜甫诗曰:“随风潜入夜,润物细无声。”隐性教育颇有春夜之雨的特征。通俗地说,它是教育者不公开教育目的,让教育者在“非压力环境”中逐渐体会、感知事理、自觉改变其错而又自然地在不知不觉中养成一种良好习惯、培养美好品德的一种教育。它所起的作用是其他教育方式所不能代替的。对学生身心产生直接影响作用的隐性教育资源可归纳为校园环境建设、校园文化、社会环境和师生关系四个方面。其中,校园环境是隐性教育的重要组成部分。

笔者所在的漕泾小学,1999 年随着上海市学校标准化建设工程的顺利推进,终于实现了新校舍的迁建。2001 年 1 月,一所占地面积 40 亩、建筑面积 8100 平方米的新校舍呈现在我们面前。新建的学校,一切都是新的。如何管理好崭新的学校,让校园里的每一面墙说话,让一草一木都能发挥出教育的功能?就成了摆在每一位管理者特别是校长面前一个现实而又深刻的课题。

在一次优化校园环境的讨论中,大家认为要在每一个楼道上标示楼层,又因学生课间喧闹要写个“静”字。在研究方案时,校长提出了一个颇有创意的建议:把两块牌子合二为一,并且用不同的字体书写“静”字。大家听后,不禁拍手称道。因为它既考虑到牌子的功能,又突出了学校的特色:书法教育,而且起到了多重效果:提示、提醒和教育。

接下来的一段时间,这样的举措越来越多。例如,用老师和学生的书画装点过道、走廊、饮水间、餐厅、图书室、办公室等等，力求书画内容和环境相协调：饮水间、食堂的布置追求生活气息；综合楼、过道体现儿童化；楼梯两旁的诗句则给人以启迪。又如，师生共同制定班级奋斗目标在教室里张贴，要求学生收集和学习名人名言，将部分名言警句制作成精致的标语牌悬挂于教室内，使学生耳濡目染……

也许在一般人的思维中，这些都是学校管理中的零碎小事，可我认为校长的举措以小见大，“以一斑窥全身”，体现了他的管理理念：让墙壁说话，让环境育人。

古人云：“橘生淮南则为橘，生于淮北则为枳。”环境对人的发展虽不像对植物那样直接，但那种无形的陶冶作用是每一位教育者都能感受到的。学校是教育人的地方，更不能忽视校容校貌这种隐性的教育功能。优美而又充满人文气息的校园环境是体现现代文明的标志，是陶冶学生身心、实施美育的基础。精雕细刻的几个“静”字，给学生以示范、教化和熏陶。它们给我们的启示是：

管理者既要重视“有为管理”，也要重视“无为管理”。只有在思想上充分认识到学校环境对学生潜移默化的教育，才会力争做到“校园无空地，处处都育人”。

校园环境建设要精心设计。要真正让每一堵墙说话，需要管理者有自己的思想，立足于学校的教育、教学和管理活动整体考虑，既体现共性，又有自己的特色。赋予校园的每一个角落一定的意义，使它们成为一种知识和精神的载体和化身，让学生在环境中，心灵在不自觉中得到净化，品格于不自觉中得到升华，让校园成为焕发学生生命激情的动力资源。

校园环境建设需要管理者心中有“人”。在校园环境建设中，学生是主体，教职员工是主导者，领导是倡导者。要把师生员工看作是学校生活的主人，是校园环境的建设者。只有把主体性与主导性结合起来，才能调动他们参与校园建设的积极性，在参与建设中受到良好熏陶和教育。要注重展示师生的学习与工作成果，体现以人为本。

“静”字，蕴涵了“文化”，也蕴涵了“教育”。校园环境建设要追求“文化的积淀”和“教育的力量”，校园文化、师生关系乃至学科教

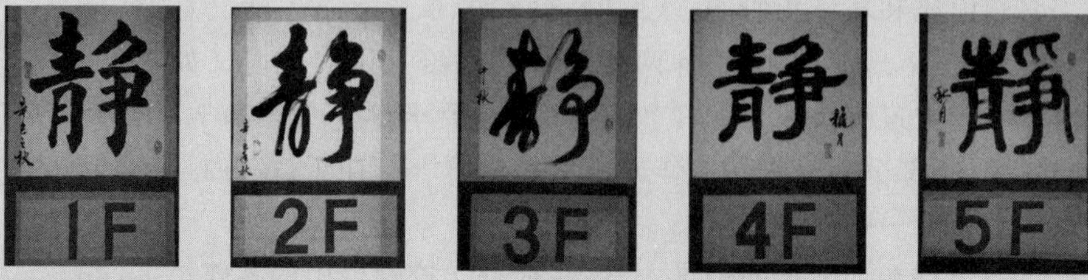

学、班主任工作，都应重视其中的隐性教育，这就是“静”字给予我们的启示。

2005 年 11 月

心中有笔

朱君辉

题 记

《荀子劝子篇》有句曰:“不积跬步,无以至千里;不积小流,无以成江海。”可见书法写字的良好习惯与兴趣培养也必须从“小”处出发。

写字就是我们用手中之笔,从点、横、撇、捺、钩开始,书写自己的成长。在书写起步阶段我们不要去太多地考虑书写技法以及高深的哲理,但至少在学生俯首书写的同时,在一笔一画认真书写的过程中,逐渐去形成为今后的发展养成良好的品性。这是我们想做的,也是正在做的。现撷取以下四个场景,供大家一起分享。

划线风波

一天去四年级某班上课,在课堂上要求学生划线后再书写。要求是划双线,高度是 1cm 左右,用铅笔划。几分钟后,竟发现一大半学生用钢笔划,高度更是五花八门:有不到 1cm 的,有超过 1cm 的。统计下来,全班只有四位同学符合要求。此时此刻的心情,用两个字表达:无语。接下来我几乎是用了一节课时间训练学生划线这一基本功。

反思:划线是写好字最基本的必备要素,是衡量一个人是否静心、细心、专心的标志之一。假想,一个学生连划线这最基本的写字准备都做不好、做不到位,写好字又何从谈起。可见,写字不仅仅是把字写好,良好习惯的养成是何等重要,好习惯是写好字的先决条件。

兴趣使然

每天中午，学校四楼书法室里，我们总会看到有这样一群学生的身影，他们有时在静心临摹名家作品，不时交换书写心得，不时听老师点评作品的优劣；有时为了要准备各类比赛，在老师的指导下寻找书写内容；有时为了选择何种作品形式和老师交换各自的意见；有时为自己的作品能获奖而欣喜若狂。这是一群热爱书法的孩子。

反思：兴趣是最好的老师，可写字又是相对枯燥而乏味的。我们先在激趣上下功夫，鼓足学生学习书法的兴趣风帆：可以是故事激趣，可以是名家名帖欣赏，可以是作品参赛，也可以是书法实践活动。让学生参与到书法活动的过程中，不仅做到耳听、眼看，还要手写，让学生全身心投入、全方位参与，让兴趣牵引走向自觉，全面发展。

坐姿执笔

本学期我担任一年级的写字课，可能是幼儿园或是家长带来的不良习惯，大部分学生的执笔姿势和坐姿极为不正确，可谓是各式各样：有食指绕笔，书写时笔尖向内斜；有握笔过低，侧着头书写；有书写时左手没有按住本子，整个身体前倾，学生书写时双脚不是向前伸就是向后勾着等等。老师不断示范、不断提醒，可学生坚持不了多少时间，又会故态重演。要改变他们的写字握笔习惯，需要老师持之以恒、不断纠正，一个学期的时间有一大半时间都在训练学生写字坐姿和握笔姿势上，

反思：小学生喜欢模仿，年龄越小模仿力越强，对老师有一种盲目性的遵从和依恋。常常有这样一种情况，老师书写工整、一丝不苟，潜移默化中学生写字所表现出来的写字态度也是一丝不苟、工工整整，久而久之学生的字迹随着老师走，反之也是同样道理。我们应该重视低年级学生“向师性”特点，做好写字起始的第一步。

我们不能只盯着学生的作业是否完成，字是否写对，而不去关注字的整洁和美观，那么学生在潜意识里，就是快把作业写好，而忽略了把字写好的意识。我们可有这样的感觉，班级中成绩好的学生他的字也差不到哪里去，不知我们的老师是否看到这两者的关系。

对症下药

某班学生小S行为有点与众不同，平时自控力差。在课堂上，时不时挤眉弄眼，不看时间，不看地点，情不自禁地发出一些莫名其妙的响声，老师只能停下课来眼瞪着他，他才有所收敛。可就是这样的学生，当他拿起毛笔时就好像换了一个人似的，原先的坏习惯荡然无存。看他一笔一画、专心致志地临写，当他写到得意处，会情不自禁咧开嘴笑笑，不时拿着作品跑过来听老师作点评，如得到老师肯定（我时不时鼓励他，表扬一下，送点小奖品），他又一头扎进书写的乐趣中去了。

反思：不去说书法写字有多大的魔力和魅力能把这样一个孩子吸引过来，让他陶醉其中，忘掉一切。每个人身上或多或少都有一些不良习惯，去矫正这些不良习惯，可能有多种方法，我们试图在寻找有针对性的方法，或许只有某种方法对他才有效。不良习惯的修正过程是一个漫长的过程，引起兴趣和注意力的转移是一种较好的方法。对于故事中的他来说，书法兴趣就是改变他现状的最好良方。我这样做，坚持这样做，若干年后可能会有一举两得的收获。

后　记

我们不可能学古人那样去习字，因为现实也不允许我们去那样做，但我们可以浸润到有着五千年历史的书法中去，用心用手中的笔去承接、去固化、去传递，这是我们的老祖宗留下来的东西，是一个民族的精华所在，正因如此才是我们写好字的动力所在。

2010年11月

写好字，从改变态度开始

张 娜

平时批改作业时，我和同事们经常抱怨学生的字写得越来越差。是我们练得不够吗？事实上，大部分学生在幼儿园时就已经开始学习写字，进入小学后又写了两年多，怎么就越写越糟糕了呢？归根究底，对写字的态度决定一切。

就说我班学生的作业吧，有的字迹清晰、书写工整，始终如一；有的开始时字迹端正，越往后越潦草；有的根本就是“手在曹营心在汉”，照葫芦画瓢，完全不用心。谁认真勤奋，谁虎头蛇尾，谁随心所欲，各种学习态度跃然纸上。在我的班级里，还有这样一种现象：有些孩子课堂作业写得挺认真，回家作业却马虎潦草，完全不像出自一人之手。这种现象在小 W 身上最为明显。也批评过，也鼓励过，效果也就维持个一两天，然后继续做他的“两面派”。

一天，办公室的金老师用相机拍下学生的作业本和练习卷，用来做家长会的 PPT 素材。这一举动也启发了我。我找出小 W 的课抄本和家抄本，把对比最为强烈的两次作业拍了下来。天天写时，我对孩子们说：“今天，我们举行一个小小鉴赏会。”他们都好奇地睁大了眼睛，不知道我的葫芦里卖的什么药。我先出示了小 W 的课堂作业：“看看这份作业，你觉得写得怎么样？”

生 1：这份作业写得很工整。

生 2：他的笔画写得很认真，做到了横平竖直。

生 3：这份作业很干净，擦过的痕迹很少。

生 4：他的字大小都差不多，抄写的时候上下对齐了，看起来很整齐。

……

孩子们看得很认真，说得也很起劲。接着我又出示了小W的回家作业，说："再看看这份怎么样？"话音还没落，就听一阵"咦"的嫌弃之声。孩子们争先恐后地举起了手。

生1：字写得一点也不认真，马马虎虎的。

生2：他写的"口"都像画了一个圆圈。

生3：他有很多笔画都是连起来的。

生4：我觉得他的笔画像波浪，不直的。

生5：他的本子上有几块黑乎乎的，肯定是写错了擦的，而且还没擦干净。

生6：他写的字部首和旁边的部分距离太远了，都要分家了。

……

孩子们说得热火朝天，意犹未尽。我适时打断了他们："你们观察得很仔细，发现了这两份作业的优点和不足，都是小鉴赏家。可是你们知道吗？这两份作业是我们班同一个小朋友写的。""啊——"孩子们先是一阵惊讶，然后就开始七嘴八舌地猜测到底是谁。这时，我悄悄地看了一眼小W，只见他也在偷偷看我，有些难为情，也有些紧张，生怕我揭穿他。我示意孩子们安静下来，让他们拿出自己的课抄本和家抄本，说："你们都很会鉴赏别人的作业，现在请你们再来鉴赏自己的，仔细看看两本作业，如果上面的字迹写得一模一样，就高高地举起你的手。"我数了一下，举手的孩子不超过10个，其他的孩子没有举手，也不说话了。于是，我又说道："还记得我们曾经学过的课文《在家里也该是个好孩子》吗？今天举办鉴赏会的目的，你们现在明白了吗？"孩子们愣了一会儿，接着陆续举起了手。我请了小毕同学，她大声说："张老师是希望我们在家里做作业的时候，也要像在学校里一样认真，不要一个人写出两种字。"小毕同学很是聪明，帮我做了总结。

之所以出现在家和在学校写作业不一样的现象，我想一是因为孩子本身的写字态度不够端正，很会"看什么人办什么事"，在老师面前乖乖听话，在家长面前胆子就大起来。还有可能就是家长也不够重视，只要作业完成了、做对了就行，而忽略了对孩子书写习惯和书写质量的关注。有些家长或许又关注过度，写不好擦掉，再写不好再擦掉，还写不好本子可能就撕掉了。这样一来，造成了孩子的逆反心理，使他们对写字产生抵触情绪，怎么能写得好呢？写好字，需要学生、老师和家长的共同努力，缺一不可。因此，在之后的家长会上，我也和家长们进行沟通，在教育孩子认真书写上达成了共识。

苏东坡说过："观其书，有以得其为人；则君子小人必见于书，是殆不然。"意思是说，看一个人写的字就可以知道他的为人，甚至还可以看出这个人是君子还是小人。从某种意义上说，字是一个人的名片，承载了很多的个人信息。为人师者，我们的目的不是为了培养书法家，而是为了塑造学生的美好心灵。我们要培养学生良好的写字习惯，提高学生的写字能力，首当其冲的就是要端正学生的写字态度。写好字，让我们从改变态度开始！

2012 年 12 月

让每个小朋友都能写一手好字

李俊霞

本学年，我有幸再次任教一年级，成为一(5)班的语文老师，和一(5)班42个小朋友一起学习语文。以往的一年级语文教学经历告诉我：识字、写字是一年级语文的重中之重，一定要把握好。经过一段时间和小朋友的接触，我发现我班小朋友普遍不仅识字量少，而且入学前几乎没有任何一年级学习准备。记得小朋友第一次在作业上写名字时，差不多有一半小朋友连自己的名字都写不来，错字很多。观察他们写字的笔顺，普遍都是毫无章法的。写字姿势也是非常随意，没有规范。个别小朋友写的名字还是“草书”，让人看不清楚。在对小朋友的基础有了初步了解后，我预感到接下来的教学任重道远，非下一番硬功夫不可。写字肯定是其中最难啃的一块骨头。

一　态度决定效度

个人一直都有这样一种想法：没有写不好字的人，只有不想好好写字的人，只要态度认真，即使不能写出一手漂亮的字，至少能写出一手端正、工整的字。所以，在写字教学方面，我觉得第一重要的是培养良好的写字态度，养成提笔即练字的写字习惯。以写字姿势的指导为例，在学习准备期阶段，主要训练的是写字姿势，特别是握笔姿势。我是结合课文的录音，和小朋友一起边说写字歌边把每个要领做到位，握笔姿势更是手把手教，在刚开始写字的一段时间，每次写字前我都要求先边背写字歌边作写字准备，调整好写字姿势，在确保班级大部分小朋友写字姿势都到位后再开始写，对于个别写字姿势马马虎虎的小朋友则单独指导、多次练习，让这些小朋友认识到写字姿势也是非常重要的。经过一段时间的训练，大部分小朋友在老师提醒下能保持良好的写字姿势。但直到现在，部分小朋友的握笔姿势还需要老师经常纠正，因为这些小朋友习惯性地攥住笔而不是捏住笔。可见，改掉一个坏习惯是多么的艰难，养成一个好习惯又是多么可贵。我想，作为老师要练就雪亮的眼睛，及时发现不良习惯的苗头，果断遏止、纠正，把问题扼杀在摇篮中，否则“发然后禁，则扞格而不胜”，费尽力气也难见成效。反思自身在写字姿势指导上的言行，成在重视、反复强调，憾在对个别学生不良习惯的“姑息”。看来，任何一个细节都马虎不得，“姑息”、“放任”更要不得，要求不能松。老师重视写字，小朋友就会严肃对待写字，不敢马虎，所以我觉得要培养小朋友认真的写字态度，严字当头。老师对写字教学的态度举足轻重。在对个别小朋友的教育上，我觉得自己还不够严格，要求比较松，对此我要时常提醒自己“严师出高徒”，向“严师”靠拢。

二　坚定小朋友“我能写好字”的信念

三字经中说：“人之初，性本善，性相近，习相远。”在和我班小朋友一起学习的过程中，我感觉我班小朋友的天资都是差不多的，没有“上智”，也没有“下愚”，基本上都是属于可教的“中人”。所以我坚信，我班小朋友都是很有潜质的，只是潜质暂时还没有被充分挖掘。小朋友们虽然看上去都很活泼、外向，实际上很多小朋友是没有自信的，回答问题、做练习的时候怯生生的，总是看老师，不敢确定自己说的、做的对不对，写字的时候也爱问老师“我写得怎么样、好不好”之类的。这也侧面反映出小朋友对写得好不好缺乏一定的标准。为了让小朋友对自己有信心，当小朋友写字姿势端正时我会表扬，脑门儿上贴笑脸、大拇指等贴纸；哪个字写得漂亮，我会在这个字旁打给星，一份写字练习整体质量很高时，我会在上面写上一段鼓励、赞扬的评语，我还买了一套刻有“书写工整”、“非常漂亮”、“优秀”等的评语图章，当小朋友看到自己写的字得到老师的认可时都很兴奋，同学之间拿到批好的写字纸后，会互相比谁得到的星多。这样做的效果非常良好，除几个小朋友外，其他小朋友对写字的兴趣都比较高，信心大大提升，对自己的字有比较高的要求，乐于精益求精。虽然现在小朋友之间的写字水平存在一定差距，但我能感觉到小朋友对写好字的渴望、对自己的积极肯定。我相信，只要小朋友对自己有信心，认认真真写字，写字水平一定会一点点提高的。

三 传授小朋友写好字的“渔”

要想写好字，除了要有端正的写字态度、相信自己能写好字外，还要掌握得力的写字要领。所谓写字要领，我个人觉得就是汉字构字的奥妙。认识一个字、记住一个字要结合音、形、义，写字也不例外。比如，有的小朋友写“看”时，会把其中的“目”写成“日”，我认为这就是没有从字义上理解“看”的结果。所以，我觉得写字可以分这么几个方面，一是分析好字形，确保不要写错字；二是弄清笔顺；三是借助田字格规范每个笔画的起笔、运笔、收笔。一年级的小朋友，笔画的粗细变化对他们来说是比较难的，我自己在这方面也还修行不够，所以也不敢指导。而笔画的长短、一个字各个部分的宽窄、高低还是比较容易入手的，这些也是把握好一个字的间架结构的关键。因此，我在具体指导小朋友写字时，主要在这些方面下工夫。第一课时一般是结合识字教学引导小朋友看清字形、书空，掌握正确的笔顺。在第二课时写字时，主要是和小朋友一起找关键笔画，比如写“土”字，让小朋友观察一笔“横”写在哪里、二笔“竖”写在哪里、第一笔“横”和第三笔“横”有什么不同，然后再动笔写。对于比较难写的字，我会在投影下范写，强调关键笔画。为了让自己在指导小朋友写字时能指导到位，一般课后的“我来描一描、写一写”我都会和小朋友一样写一写，感受一下哪些地方是难点，预设一下小朋友可能会在哪些笔画上出错，这样下来小朋友写错的几率是比较低的。

如今，第一学期已接近尾声，在写字教学方面我觉得虽然有不少有效的做法，但问题也还是有很多的，一方面是鉴于自身写字水平有限，心有余而力不足；另一方面，我感觉自己的教学在细节上还欠缺功夫，预设有时候不是那么充分，效果就不理想。此外，所谓的“个别”小朋友也是我教学的难点，需要多想办法。

2012 年 12 月

感悟汉字魅力，书写诗意人生

陈　晨

课程是教育教学活动的基本依据，是实现学校教育目标的基本保证，是学校一切教学活动的中介，也为学校进行管理与评价提供标准。写字课程是低年级课程的重要组成部分，写字习惯的培养，对汉字字形、字音、字义的理解，对认识汉字的兴趣，都会对学生的学习产生重要影响。

因为自己写字不甚美观，加之工作在漕泾小学这个书法特色学校，我对学生写字的规范性、准确性、美观性尤其关注。今年新接手一个二年级班级，深知低年级写字课程的重要，每次写字课我都很重视，总要先将所写汉字出示在田字格中，然后对汉字的结构、书写注意事项等问题进行讲解，然后学生再去写，我加以批改。这样手把手教学，整堂课上下来，学生写字问题不大。但渐渐地，他们对写字课越来越没有兴趣，上课时总是一副无精打采的样子，过几天再检查学习的生字词语时频频出现的错别字现象也令人颇为头痛。

【片段回放】

片段一

“天天写”时间，学生们都在本子上认真地书写，写好后按顺序拿到讲台上让老师批改。

我指着一个句子问一位虎头虎脑的男孩子：“写的时候看清楚了吗？”

他仔细看了两眼，非常坚定地说：“看清楚了。”

我用红笔在一个字下半部分画了一个圈，让他再仔细看看。

他又看了看，突然一拍脑袋叫起来：“哎呀，漏了一横，把‘酒’

写成‘洒’了。”

形近字分不清楚，归根到底还是对字义没有进行深入理解，他并不明白“酒”为什么比“洒”多一横，不理解这个字为什么要写成这个样子，写句子时写成相似的另外一个字也就在所难免了。

片段二

写话课上，一个女孩子皱着眉想了又想，用手推推同桌小声问：“‘丰收’的‘丰’三个横哪个最长啊？”同桌的男孩子看了看，笑着回答：“不知道，你拿把尺子量一量嘛。”周围的同学都笑起来。

低年级学生因为阅历、年龄的关系，容易忘记老师已经讲解过的写字规律，尤其像“三”、“山”等几个笔画相同但长短不同的汉字，也不会活学活用这些规律。

片段三

上课铃响了，几个学生看了一眼课程表。

有的唉声叹气：“怎么又是写字课！”

有的说：“每次写得手都酸了。”

还有的说：“我每次都拿不到三颗星，真没劲！”

学生对写字课没有兴趣，源于写字课模式一成不变——坐端正、观察黑板上的字、听老师讲解注意事项、动笔写、订正。日复一日，他们对写字课也就没有了期盼。

【跟进举措】

根据以上这些情况，结合班级学生活泼、爱说爱闹爱动的特点，我对写字课教学方式进行了改变，让学生在兴趣中学习汉字、理解汉字之美。

一 “小小故事会，汉字故事多”

汉字作为记录汉语的文字有着悠久的历史，从甲骨文到小篆再到楷书，关于汉字有着许许多多有趣的故事，而这些故事正好可以作为我们写字课的良好素材。

再次讲“洒”和“酒”两个字时，我先让学生观察两个汉字的不同就在于右面那短短的一横，再和学生讲讲杜康酿酒的故事：一位神仙托梦给杜康，让他以水为源、以粮为料，再将粮食泡在水里第九天的酉时找三个人，每人取一滴血加在其中，就能做成一种饮品。杜康醒来就按照老翁说的制作。他在第九天的酉时到路边找了三个人，让他们每人滴了一滴血。有了这三滴血，杜康终于制作成了这种饮品，可是他又犯愁了，起什么名字呢？他一想，这饮品里有三个人的血，又是酉时滴的，就写作“酒”吧，怎么念呢？这是在第九天做成的，就取同音，念酒（九）吧。趁着学生听得津津有味的时候，我指着黑板上的两个字告诉他们说：“‘酒’是个名词，它的原料是水和米，所以是三点水旁，里面有一横，说明酿酒的时候需要原料。‘洒’是个动词，因为东西洒了出来，所以里面空了，是没有横的。”这么一说之后，就很少有学生再把两个字弄混了。

二 “我是发现家，想象真有趣”

卢梭说：“如果你的头脑常常去指挥他的手，那么他自己的头脑就会变得没有用处，因为习惯和服从替代了理智。”孩子的世界是彩色的，他们对事物有着敏锐的观察力，脑海中有无穷的想象，我们要做的便是将这种观察力、想象力转化为识字的工具。

根据“三”这个字，我先来给小朋友编故事：一个小姑娘有两个姐姐，她们长大了，爸爸妈妈给她们买了一张三层床。大姐长得最高最壮，爬不上梯子，就住在了最下面一层；小妹妹胆子小，不敢住上面，就住在了中间那层；二姐胆子最大，一个跟斗就翻到最上面去了。小朋友们听得很认真，以后每次写有这部分的字时，小朋友都会相互提醒：“大姐最长，不要写到上面”，或者“小妹妹胆子小，你把她放在最上面她要害怕的”。这样反复几次练习后，三个横的长短就不会再写错了。

接着从最简单的字开始，孩子们开始观察那些有趣的生字：“飞”字像一个人飞舞在空中，两个点是一对美丽的翅膀；“农”这个字是农民伯伯弯着腰锄地，因为天气太热了，他头上还带了一顶帽子；“躲”是一个孩子和大家在玩捉迷藏，他把自己的身体藏在花朵后面，这样大家都看不见他了……

渐渐地，从最初的一两句话开始，孩子们说的故事越来越完整，最近学了一个“替”字，有个小姑娘是这样说的：“从前有个人叫夫，有一天他走路的时候不小心摔了一跤把腿摔断了，他就让自己的双胞胎弟弟每天代替自己去工作，直到自己的腿养好。”她不仅观察到左边的夫最后一笔是点、右边的夫最后一笔是捺，还把下面的日字底解释为“每天”，这样“替”这个字就非常形象地显示出来了。

三　“智慧大冲浪，谁是识字王”

除了学好、写好教学内容中规定的字，我还鼓励小朋友利用各种方法自主识字，每月定期开展形式不同的识字比赛活动，对识字最多的小朋友给予奖励，这就调动了小朋友识字的积极性，也有助于培养他们对认识汉字的兴趣。

游戏是孩子的天性，关于汉字的游戏也有很多，看图画猜汉字、猜字谜、字词大接龙等都很受小朋友喜欢。上课的地点也不一定非要在教室里，把小朋友分成几组，组长发一张寻宝图，到校园中固定地点去寻找老师事先准备好的闯关题，看哪一组能团结一致，最先发现“宝藏”——老师准备的小奖品。这种寻宝活动是小朋友的最爱，每次活动都很开心。

就这样，一点点试行下来，现在班级学生对识字、写字的兴趣慢慢在提高，字写得端正了、识字数量多了，最重要的是他们开始对识字有兴趣了，课间会给我看一个没学过的字，然后讲一讲关于这个字的故事。

虽然在探索中遇到过困难，但我发现一旦有了正确的引导，学生对汉语言文字的兴趣非常大，对汉字的历史和汉字背后的文化知识也非常感兴趣。在日常教学中，我们语文教师自己也要对语言文字感兴趣、积累相关知识，在授课时告别功利与应试，引导学生推敲汉字之美、感悟文化魅力。

2012 年 12 月

播种良好的写字习惯

陆佩丽

《小学语文课程标准》指出："写字是一项重要的语文基本功，对于提高学生的文化素质起着重要作用，必须从小打好写字的基础。从低年级开始就要严格要求、严格训练，逐步培养学生的写字能力。"写字教学必须从低年级开始抓起，因为一年级学生刚接触到写字，他们的可塑性很强，学生有了良好的写字习惯和基础，才能写出一手好字，受用终身。

一 要养成正确的写字姿势和执笔方法

在学生写字起步阶段，如果我们不重视正确、严格地训练学生的写字姿势，就容易使他们养成歪头、斜肩、驼背和近视等毛病。写字姿势和握笔方法正确与否，不但直接影响书写的质量，而且关系到儿童身心健康发展。

一年级第一学期是培养正确写字姿势的关键时期，机不可失，一定要抓紧、狠抓。要求孩子写字时必须做到：首先，摆好姿势。头正、身直、臂开、足安，左手按本，右手执笔。其次，执笔方法指导。做到手离笔尖一寸长，眼离书本一尺远，胸离桌边一拳头。通过教师示范，学生进行模仿练习，在具体练习过程中教师进行巡回指导，做到个个耐心指导和检查，人人过关掌握。

大家都知道，要想养成学生正确的写字姿势，不是一朝一夕、一气呵成的，而是要在长期的教学活动中不断提醒、严格要求和反复训练中形成的。所以根据坐姿和握笔的要点我编了几首写字歌，如"小朋友，写字了，细细铅笔手中拿，拇指食指捏住它，中指在下拖起来，笔身靠在指骨上”。让学生在写字前背一背，通过朗朗上口的儿歌来规范学生的写字和执笔姿势。同时，每次写字前先做“写字操”，让学生活动一下手腕，通过“写字歌”和“写字操”双管齐下真正做到“练字先练姿”。

学生写字时，教师要巡视、要经常提醒，这是师生的双边活动，发现问题及时纠正。在这个过程中我发现应该多引导学生亲自体验、自己发现问题，这样才能事半功倍。如：有的孩子常常难以坚持正确的写字姿势，经过观察该生执笔过低。于是，我先让他执笔写字时靠近笔尖，学生立刻就会发现这样执笔看不见笔尖、看不到运笔，为了看清楚身体就得往前倾，头向左偏时间久了，学生感到很不舒服。我马上告诉该生这样的写字姿势不仅使人疲劳，而且容易造成近视和脊柱弯曲。再让学生手指离笔尖稍远些，他就能感到腰板可以挺直了，胸部能与桌沿有一拳的距离了。通过这样的亲自体验，发现问题，解决问题，学生进一步认识到了正确的执笔和写字姿势的重要性。

为了鼓励大家养成正确的写字姿势和执笔方法，我还经常给坐姿和执笔姿势非常正确的同学拍照，展示给大家看，让身边榜样的力量来影响学生。同时要求家长积极配合，让家长把自己孩子的正确姿势拍照放大，贴在孩子的书桌前，时时提醒自己。通过老师和家长的齐抓共管、坚持不懈，定能取得良好的效果。

二　想方设法激发学生写字兴趣

兴趣是做好的老师，写字教学也是如此，对于刚入学的孩子来说写字是一件乏味而有难度的事情，一年级孩子自控能力差、注意力不易集中，给写字教学造成了很大的障碍，怎样让孩子们爱写字呢？

首先，教学语言要生动。如范写完一个字后，我总会问：“老师写的这个字漂亮吗？是胖了还是瘦了？它的头、胳膊、腿长的地方对吗？”又如：“提”、“按”对于一年级学生来说很难理解，能不能用孩子听得明白的词指导呢？我想到了“停”和“走”。在指导孩子们写字时，就把提按改成了停和走。写横时，就教小朋友念：停停走停停回。因为学生刚写“按笔”时，总是谨小慎微，按得比较轻。因此，我在口诀中用了两个“停”进行强调，而“回”就是回锋收笔。然后，我叫小朋友一边念一边写。这一招，效果很明显，学生觉得新奇有趣，写字的兴趣高涨。教室里一片停停走走声。很多学生写了一遍又一遍，笔画的提按也开始鲜明。

其次，利用表扬、鼓励机制激发学生写字的兴趣。一是口头表扬。这是一种比较随机、灵活的表扬方法，教师可以随时随地运用。在写字课前，我会利用几分钟时间对学生前一次的作业作一个简单的评价，表扬那些写得好的或有进步的同学。在写字时，教师不断巡视，对写字优秀的学生或因自信心不足而写不好字的孩子及时给予表扬与鼓励：“看这位小朋友的写字姿势多漂亮！”“老师相信你的字会越写越好的。”“啊，今天那位小朋友的进步真大呀！”通过这样的口头表扬，充分调动学生的书写积极性。二是打星表扬。人人都希望被别人赏识，小学生也不例外。在学生初学写字的阶段，更需要得到老师的肯定和赞美，所以我在批改学生的写字作业时首先肯定其优点，对作业进行 1—3 星打星表扬，再指出他们的不足之处。由于学生的年龄较小，容易满足，每次应挑出一些主要的毛病让他们加以改正，但指出的缺点不宜过多，否则容易使学生产生自卑感，从而失去学习的兴趣。三是集章表扬。这是对学生进行鼓励的一种机制。在写字教学中，我是这样进行评价的：每次写字被评为优秀或有进步的作业，奖励一个写字章，学生集够了五个写字章，就可以得到一个“写字小明星章”，集够三个“写字小明星章”就可以换一张“小小书法家”的奖状。在这个集章过程中，学生兴趣高昂，都希望自己能得到相应的奖励。四是多举办各种形式的作业展览和书写比赛。展示作业树榜样。教师经常将写得漂亮的作业通过不同形式展示出来，看到那些作业时，孩子们总是由衷地发出赞叹声，作业本的主人则是成就感油然而生。举办比赛树信心，儿童好胜心强，成功的喜悦往往能带给他们无穷的力量，当获奖的同学拿到奖品时，旁边的同学都激动、羡慕不已。所以，举办各种形式的书法比赛是提高写字水平，激发学生写字兴趣的重要手段。可以在做作业时进行生生之间的比赛，也可以每个月在班上举行一次书写比赛等。

写字教学任重而道远。只有在教学中培养和延续学生的写字兴趣，同时教师不断完善自己的写字教学方法，学生定能养成良好的写字习惯，写一手好字，做一个好人。播种习惯，收获人生，写字教学虽辛苦，但必能收获学生写字好习惯的硕果累累。

2015 年 2 月

认真写字，端正做人

钱　青

“写一手好字，做一个好人”已然成了每一个澧小人的目标和追求。写好字不易，做好人更难。在教学中，我注重养成正确的写字姿势，关注他们的写字习惯，逐渐提高写字的兴趣。我曾带着学生参加了多次书法写字展示活动，当孩子们当众展示自己一手漂亮的字时，他们收获的不仅仅是别人的赞许与肯定，更是一种性格的培养与能力的提高。

【案例描述】

片段：指导书写“卷”字。

师：我们一起来观察一下要写好“卷”字要注意些什么？

生：“卷”字是整体结构，要把字写在中间。

生：“卷”的两横是不一样长的，第二横比第一横长。

生：一撇一捺要写得柔美一点，不能硬邦邦的，也不能把它们写成长点。

师：是啊。老师经常说“撇”和“捺”是笔画中最美的两个，我们在书写的时候要写出美的感觉。先试着写一个。

学生开始写字，我巡视着。这时，我看到班中的小胡同学正歪着身子，脚伸在课桌外面。我敲了敲他的桌子，他没反应。我继续在教室里来回走，这时仿佛想到了什么，在黑板上画了一个田字格，认真地在田字格中写了“卷”，只是我故意把一撇一捺写得很开，使它们超出田字格。

师：老师这个“卷”字写得好看吗？

生：写得很端正，就是超出了格子。

生：“撇”和“捺”写得很好看，就是太长了，都写到外面来了。

师：小胡，你觉得老师写得怎么样？

生：不好看，都写到田字格外面来了。

师：老师的“卷”写出格子了，就像不守纪律的同学，坐没坐相，站没站相，有损汉字的整体形象。

这时，全班大部分孩子都坐得端端正正，包括小胡。

【案例思考】

一　欣赏笔画美，激发写字兴趣

笔画的书写起落有致，形态万千。我们在教学中要引导学生感悟笔画的形态之美，并尽量在书写时表现出来。虽然已经是四年级了，但是笔画的书写还是很重要的，只有写好每一笔，才能写好每一个字。教学生写点、横、竖等几种基本笔画时，就必定要讲清每一种笔画的运笔方式，并告诉孩子每个字都像一座房子，每一笔就像是一个字的梁、柱，它们漂亮了写出来的字才有可能漂亮，笔画有力，字才有力。同时，我经常告诉学生，每一个笔画就像是我们身体的部分，只有把每一个写得好看，你才能把字变成“小淑女”、“小绅士”。在这样的目标下，学生的写字兴趣自然提高了，人人都想写一手漂亮的字。

二　字如其人，培养学生良好的行为习惯

在写字课的教学中，我注意将汉字的讲解和学生的行为习惯教育相结合，使学生在掌握写字规律的同时，也明白为人处世的原则。郭沫若先生曾经说过：“培养中小学生写好字，不一定人人都成为书法家，中小学生总要把字写得合乎规格，比较端正、干净，容易认。这样养成习惯有好处，能够使人细心，容易集中意志，善于体贴人。草草了事，粗枝大叶，独行转断是容易误事的。练习写字可以免除这些毛病。”人能写字，字同样也能“写”人。

三　改进评价方式，鼓励学生写好字

“好孩子都是鼓励出来的。”我在批改学生作业的时候，坚持以表扬鼓励为主，去发现他们习字的闪光点。对于写字，我经常采用面批，当面肯定他们的进步，圈出他们写得好的字，为他们写得好的字画上五角星等，或者当着其他同学表扬：“你的字有进步！”“写得太好了，大家来欣赏一下。”很多孩子会相互比较谁被老师圈得多，有的孩子会主动在没得到圈的字下面再写上几遍，直到满意为止。一个圈抑或是一句话，对于老师来说是轻而易举的，但对于学生来说有着非凡的意义，那是对他们努力的肯定，也是对他们继续努力的激励，学生都愿意主动地写字练字，书写的质量也会提高。何乐而不为呢？

2014 年 12 月

丰富教学内容，注重学生习得

李　梅

自参加区级重点课题《小学书法写字教育课程化的实践研究》课题组，参与校本教材的编写后，我进一步认识到写字教学不仅仅是写字技能的传授，而是蕴涵着丰富的育人功能。在日常的写字教学中，我重视对学生写字习惯、写字态度的培养，渗透相关的祖国传统文化。在今年刚毕业的学生中，有许多人都喜欢写字、写得一手好字，而且他们学习态度端正、成绩优良。他们的成长与学校坚持的写字教育有紧密关系。这让我进一步感受到写字教育的重要性。这学期，我接了一个新的一年级班级，我以丰富教学内容、注重学生习得为抓手，发挥写字教学的育人价值，让更多的孩子从中受益、健康成长。

【案例描述】

“写好字，讲姿势。……写成功，靠坚持。”学生一边唱着朗朗的写字歌，一边作着写字的准备。

师：今天写字之前，老师给大家讲一个书法家的故事，题目叫《邓石如好学》……故事讲完了，大家说说邓石如为什么能成为一名书法家？

生：因为他能认真临写。

生：因为他学习很认真。

生：因为他写字时写了一遍又一遍。

师：对呀，我们小朋友写字的时候也要认真，要不怕辛苦，要认真地照着字样描摹，写得越接近字样越好，是吗？那怎么才能把字写得像字样一样漂亮呢？

生：要仔细观察，看清每一笔的位置。

生：要认真写，注意起笔和收笔时要顿笔。

生：要专心，不能一边写字一边说话。

生：要坐端正，写字做到“三个一”

……

师：同学们说得很好，等一会儿我们就要评一评，谁是今天的静心100分宝宝，谁是今天的“写字小明星”，好吗？

出示生字：“要好”。

师：请观察一下，这两个字中的“女”哪些地方长得不一样？

生：“女”在下面时横很长，在左边时横改成提。

师：真会观察。为什么会不一样呢？

生：因为“女”的右边还有个“子”，它要给“子”让位置。

师：对，我们的汉字是非常懂得谦让的，因为这样汉字才非常好看。如果两个小朋友都懂得谦让，那就能成为好朋友了，是吗？

生：是。

师：那么为什么“女”在下面这个横要写得很长呢？

生：因为它要把上面的部分托住。

师：讲得非常好。下面这一横是关键笔画，一定要写得又长又平，这样才能稳稳地托住上面的部分，整个字才稳当。

生：还有。“女”在下面时，“撇”短“点”长；“女”在左边时，撇长点短。

师：同学们，你们发现了吗？确实是这样。我们书写时一定要学会仔细观察，发现每个笔画的特点，这样才能把字写漂亮。下面我们开始认真地描一个、写一个，看看谁的字最漂亮。

生开始认真书写……

【案例反思】

写字教学是语文教学的重要部分，对一年级学生来说，要写好字是不容易的，他们的注意力不能持久，所以不适合反复练习；他们的手腕力量比较弱，所以对字的笔画把握不准。但是，老师在教学时不能降低要求，因为只有在刚开始学习的时候严格要求，学生才能形成良好的初始认知，才能为以后写好字打下良好的基础。在教学中，老师制定合适的教学内容，丰富评价手段，就能让学生有多方面的习得，充分发挥写字教学的育人功能。

一　介绍书法名家，让学生接受情感熏陶

首先，学生通过听故事，了解了历史上的书法名家，通过看书法家的艺术作品，对祖国传统的书法艺术有了启蒙的认识，激发学生写好字的愿望。其次，书法家之所以能有所成就，无不是勤学苦练的成果，所以听他们的故事可以为学生树立学习的榜样，可以在潜移默化中培养学生的毅力。

二　认识字的特点，感悟做人的道理

字要写得美观有很多讲究，有很多与做人有相通之处，老师要做有心人，在教字时也可以教学生做人。“要”和“好”是《燕子南飞》一课中要求书写的两个字，这两个字中都出现了“女”，但写法不一样。老师在写字前把这两个字放在一起让学生观察，学生发现了每个笔画的长短不同。老师在归纳时，引导学生了解笔画的变化是为了让字更好看，我们同学相处时也应该多想着别人，这样才会更友好。

三　参与评选优秀，养成优良学习品质

为了培养学生良好的书写习惯，我们开展了评选“静心100分宝宝”和“书写小明星”的活动。只要开始写字后专注地写，没有开小差、说小话、做别的事情的学生，就能评上“静心100分宝宝”，奖励一朵小红花。每次书写，根据书写姿势和书写的字的漂亮程度（每次评选时会有不同的侧重），评选出当日的“书写小明星”，敲“写字章”。学生在参与评选的过程中，培养了做事细心、耐心的好品质。

写字就是育人，学写字就是学做人。“写一手好字，做一个好人”用质朴的语言，道出了写好字的重要价值。老师要不断挖掘写字的育人价值，充分发挥写字的育人功能，让学生受益终身。

2014年12月

练字中获得那份心境

徐　鑫

一日,收到漕泾小学寄来的邀请函,邀请我作为漕泾小学书法特色班的学员去参加座谈会,感动之余多了些思考。当天,我带着女儿一起去了,女儿今年刚念幼儿园小班,似懂非懂的年纪。漕泾小学是书法特色教学基地,是全国书法教育实验学校。踏进校门,一股书法写字教育的浓浓气息迎面扑来,大厅中"写一手好字,做一个好人"遒劲有力,每层教学楼的墙壁上、走道上悬挂着孩子们的字画。在墨香十足的书法教室里,陈列着学生们的书法作品,女儿看到那些作品的时候,她说:"妈妈,我的字也要挂在这里!"在女儿的眼中,我的小学是个充满墨香的地方,她想长大了也学写书法,这让我很欣慰。

记忆把我拉回了小学三年级,那时候恩师戚天音刚从护塘小学调到漕泾小学,打算在学校里开设一个书法兴趣班,便在学校里物色起了学生,我作为语文课代表被叫去写几个字给戚老师看,我记得那时候我的字写得很大,超出格子那种,尽管如此,我记得那时候戚老师看到我的字说:"虽然结构还不是很好,但是用笔还是很有力度的。"那时候也不太理解什么意思,总之就这样进入了书法兴趣班,成为了戚老师第一批弟子。书法课其实是较为枯燥的,对于小学生而言,好动是天性,我们几个经常写一会儿就偷起懒来,那时候戚老师总是笑着跟我们说:"不想写了就索性停笔出去玩会儿再回来写!"就这样在戚老师那学了三年,期间也参加了一些比赛获得了一些嘉奖,但工作后这些都成了记忆了。

我还是很庆幸当初学了书法,书法作为传统文化的瑰宝之一,我们有必要去了解、欣赏、实践。书法不仅可以提高我们的专业素

徐鑫　漕泾小学97届毕业生，是漕泾小学第一批书法兴趣班学员，目前在漕泾镇人民政府《新漕泾》报担任编辑、记者。

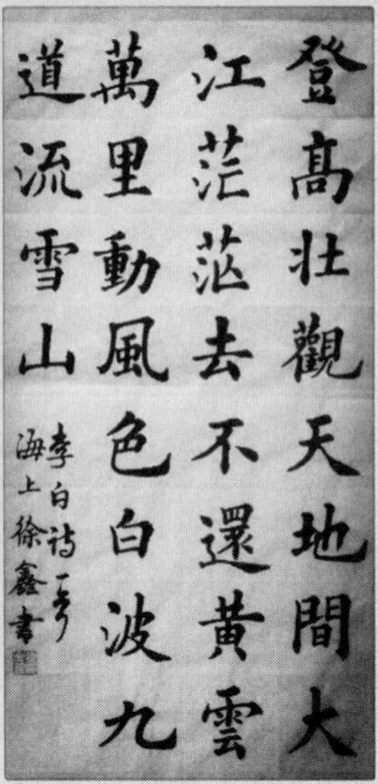

书法作品

养，而且对于人内里也是一种修身养性。学习书法，不仅是对传统文化的继承，而且对于我们也是修身养性与自我涵养的提高。

重新拿起笔让我觉得书法很美，首先在于它的字本身、笔法、结构、章法。在笔法中，无论是运笔的力道、技巧，行笔的露锋、藏锋、中锋，还是字的笔画粗细、长短、曲折等等，无不体现着书法的独特美；在结构中，主笔的突出、虚实的相接、重心的平稳等，无不表现了汉字的美感；在章法中，全篇的布局更显其书法艺术的整体魅力。书法很美，不仅体现在它的本身形式，还体现在它所散发出的内蕴。从一个人的字，就大致可以猜想这个人的精气神与内在修养，是有一定道理的，通常大家也总会说道：字如其人。

练书法的确可以使一个人沉淀、安静下来，可以使一个人专注于笔下。经常练习者则有一种气质，由书法而来，内化于人的内里。

未来的路还很长，静心练字。在练字中提高自我专业素养，在练字中获得那份心境……

2014 年 12 月

且写且珍爱

陆靖慧

周三下午，我跟往常一样在单位电脑前飞快地敲击键盘，手头好几个课题躺着办公桌上进行着无声的抗议。手机屏幕亮起了父亲的电话，我机械地拿起手机，本以为只是问我这周回不回家，却收到了一个特别的消息——漕泾小学，我的母校向我发出了书法教育座谈会的邀请函，问我周末是否愿意回母校看看，一时间心中涟漪迅速泛开。

窗外，繁华都市，车水马龙，电脑屏幕透着亮光，指尖还是一如既往地跃动，而我的思绪却慢慢地回到了曾经的那所乡村小学，那段习字的日子……

记忆里，母校很简陋，跑道上永远是黑乎乎的煤渣，墙壁上有着同学们各式各样的脚印以及岁月的斑驳，木质课桌上布满了坑坑洼洼的刮痕，时不时会有调皮的同学从锈迹斑斑的铁窗探出头来，冲你咧嘴一笑。然而，每周一次的书法课，却总让我期待万分。

刚开始，只是母亲看我平日里发闲，想让我练练字、磨磨性子。一段时间下来，我喜欢上了教我写字的老师，也喜欢上了用笔和墨游走于纸间的那股酣畅淋漓。以至于有次发了烧，还跟母亲闹着要去上课，着实把母亲感动了一番。从此，父母便一直支持和督促着我习字，直到我初中毕业。

高中时期由于学业压力大，又在市区住校，便很少提笔。到了大学之后，学习、参加各种学生社团、朋友聚会，又是忙得不亦乐乎，早已把练字这回事丢在一边。父母总是暗讽我：陆大师，你这是要封笔了呀。我经常一笑而过，然后又自顾自地忙去了。

时光荏苒，一晃眼如今我都已经工作三年，本以为工作之后与

陆靖慧　1989年10月出生，就职于上海市规划和国土资源管理局。1996年至2001年就读于上海市金山区漕泾小学，学生时代课余时间一直师从戚天音老师学习书法。

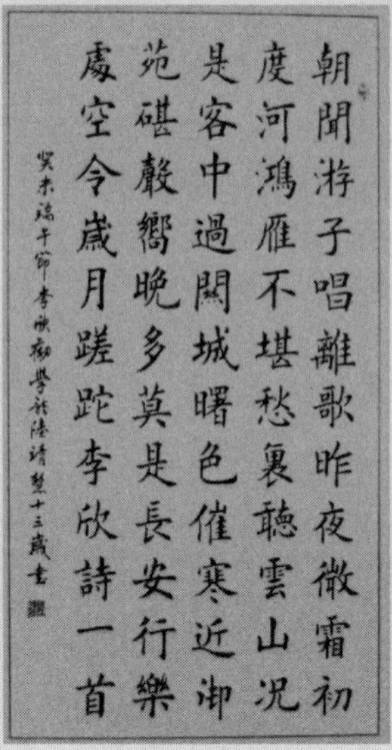

书法作品

书法的缘分可能就此越行越远，没想到单位的历任领导都是喜爱习字之人，时不时地便会跑来邀我评赏各方名家或者身边草根涂鸦的书法作品，无意中又成就了我跟书法的一段“情缘”。

新的一年快到了，亲戚朋友已经开始拿着红纸张罗着让我写春联，单位领导提议在午休期间办个书法培训沙龙，姐姐家的小侄女打算让我教着习字……短暂的人生与永恒的自然似白驹过隙，不知不觉间书法竟然成了我生命里有着不可或缺的力量，温暖着他人，充实着自己。

很多人来对于书法的态度如孔子的“发奋忘食，乐以忘忧，不知老之将至云尔”。在他们面前，我只是个会写字的人罢了。但即使身为一名“习字人”，在当今心态浮躁的社会，能够在临池中找到乐趣、结交好友、帮助他人，我已心满意足、乐在其中。写字经年，若说感悟，或许只有“且写且珍爱”了吧。

2014 年 12 月

我的习字感悟

徐晓彦

我学习书法首先是从临帖开始。既要临古人帖，拜古人为师，也要临现代人的帖。但是，为主的应临古帖、名帖。这就是人们常说的“纵向取古，横向取今”。明代倪苏门在《书法一论》中说：“必须取古之大家一人为宗主，门庭一定，脚跟牢把，朝夕沈酣其中，务使笔笔俏似，使人望之即知是此种嫡派。”学现在人最容易像，但一像了一辈子脱不掉，以后悔之晚矣。我觉得临习喜欢的现代人的帖主要是借鉴，结构、取势。

“入帖”和“出帖”。《小仓山房诗文集》中说：“不学古人，法无一可；竟似古人，何处着我。”应该说，临帖只是学习书法的前提和方法，是过河的“舟”，一旦过了河，就得走自己的路，不能老停留在“船”上。帖临得像了，即“入帖”了，怎样才能“出帖”呢？个人体会到，在“入帖”的基础上，多选几家名帖进行临习研究，取其长去其短，为我所用，通过不断地实践和探索，慢慢形成自己的特点和风格，这就是“出帖”。

学习书法是苦中求乐。清人“书山有路勤为径，学海无涯苦作舟”的诗句，比较形象深刻地说出了勤学苦练的道理。书法家“无情何必来斯世，有好终须累此身”，深刻地揭示了书法家的博大胸怀和孜孜不倦的追求精神。他说：我练书法，经过的是“五步炼狱”。龙跃天门，虎卧凤阙，神剑森列，无羁走马，皆以临为先。可见，要想在书法艺术方面有所成就，不经过勤学苦练，不经过深钻细研和认真地体验醒悟是不可能的。

当然，光靠“闷着头”苦练也是不行的，还有一个学练的方法、窍门问题。要想着自己是“写字”的，而“字”写得最好的是王羲之、

徐晓彦　出生于1996年。2007年毕业于漕泾小学，2011年毕业于漕泾中学，2014年毕业于华东师范大学第三附属中学。现在就读于上海商学院。饮食规律，生活习惯良好，性格开朗，热爱社会。

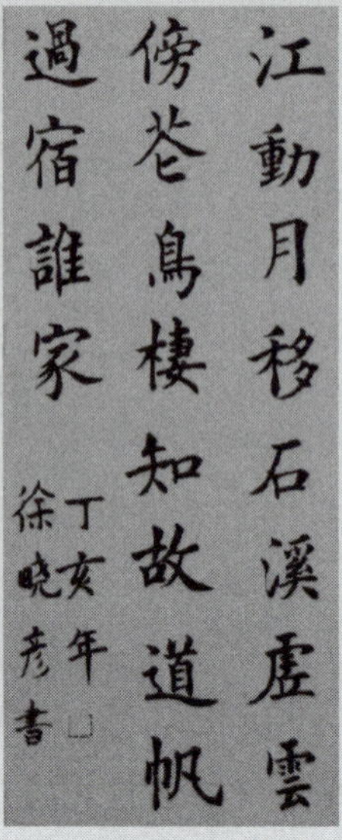

书法作品

颜真卿等这样的古人，如果不老老实实地向先贤们学习，不坚持到传统宝库中去拿宝，“字”是写不好的。要向他人学习，向他人的优点学习，把他人的好东西都吸收甚至“抢”过来。不向他人学习，就不能丰富和造就自己。

在学习中，传统宝库里的东西最丰富，这个宝库对谁都是敞开大门的，就看你去不去拿，是拿一件还是许多件，是拿一次还是经常拿。不从别人那里拿来宝物是丰富不了自己的！由此看来，只有把人的天赋和好学、善学的刻苦钻研精神结合起来，做到有才华而不浅尝辄止，以全身心的投入、废寝忘食的苦练、博学深思的悟性，才能在书法艺术方面才思敏捷、得心应手、刚柔相济、潇洒神飞，具有自己特点和风格的好作品来。

清人叶横山说：“大凡人无才则心思不出，无胆则笔生畏缩，无识则不能取舍，无力则不能自成一家。”可见提高欣赏和鉴赏水平，对于书法爱好者是必要的，对于从事书法艺术者更为重要。只有不断学习和丰富个人对书法艺术的知识，不断提高文学、美学等方面的知识和修养，才能提高我们的欣赏、鉴赏水平和创作能力。

2014 年 12 月

书法,唤起一颗颗求真向善的心

顾艳丽

书法可谓是中国古典艺术的一朵“奇葩”,在文字发展的历史中,没有哪一国的文字像中国的汉字这样,发展成为一门独有的艺术形式。书法以其抽象、灵动、丰富的线条给人以复杂多样的审美感受,人们说它是“无声的音乐”、“纸面上的舞蹈”,是“人类情感的心电图”。

跟书法结缘,记得那是 1997 年,也就是本人在漕泾中心小学上三年级。那时学校里给三年级以上的学生开设了书法课,这让我有机会跟书法有了首次接触。现在回想起小学时期学书法的景象,印象最深的还是当时教我们书法的戚天音老师,他拿着一支大毛笔,蘸湿后在黑板上泼“墨”挥毫,教我们执笔、运笔、笔顺、笔画、结构等书法知识,每当那时我都会安静地欣赏与学习。戚老师的书法很好,为了我们能更好地学习书法,他还亲自编写了书法字帖给我们练习,这对当时书法教材匮乏年代的学生来说,无不是一大福利。

小学毕业,上了初中,很可惜自己没有机会继续书法学习,如今自己也很后悔当初这么好的老师在身边,却只是“画鸦”似的练了一些毛笔字,更多的是为了完成学校布置的书法作业,并没有用心去体会书法艺术的美。

近期,我有幸参加了区教育进修学院书法教研员尹熙老师的书法辅导班,结识了一群热爱书法的青年人。渐渐地,我发觉自己开始喜欢上书法了。

书法很美,首先在于它的字本身、笔法、结构、章法。在笔法中,无论是运笔的力道、技巧,行笔的露锋、藏锋、中锋,还是字的笔画粗细、长短、曲折等等，无不体现着书法的独特美；在结构中，主笔的突出、虚实的相接、重心的平稳等等，无不表现了汉字的美感；在章法中，全篇的布局更显其书法艺术的整体魅力。

书法很美，不仅体现在它的本身形式，还体现在它所散发出的内蕴。自古有"字如其人"、"书品如人品"之说，也就是说一个人的品德、学识、修养、性格等，都体现在字里。从一个人的字，就大致可以猜想这个人的精气神与内在修养，是有一定道理的。练书法的确可以使一个人沉淀、安静下来，可以使一个人专注于笔下。经常练习者，则有一种气质，由书法而来，内化于人的内里。

著名抽象派绘画大师毕加索曾说："倘若我是一个中国人，那么我将不是一个画家，而是一个书法家，我要用我的书法来写我的画。"在 2009 年，中国书法进入了联合国《人类非物质文化遗产代表作名录》，从而使得书法的传承与保护成为必需。作为新时代的青年人，我们有责任担起传承民族优良文化传统的使命。书法作为传统文化的瑰宝之一，我们更有必要去了解、欣赏、实践和传承，让书法艺术源远流长。

"世界不是缺少美，而是缺少一双发现美的眼睛。"尽管在多元文化和电脑的广泛普及下，中国的传统艺术——书法也不可避免地受到冲击。但我们相信，通过书法的教育内化，能唤起一颗求真向善的心，从而达到心灵的健康自由。从今天起，学会欣赏书法作品，在实践中执笔练习，于模仿中体会、感悟、入迷。在练字中提高自我专业素养，在练字中获得那份心境……

未来的路还很长，心如止水，好好练习。

2014 年 12 月 12 日

字以美为规，人以德为矩

杨宇雯

小学时期国旗下的讲话至今犹在耳畔。“写一手好字，做一个好人”是金平校长为漕泾小学厘定的校训。写字与做人之间的联系，我并非生来就懂得，亦非在一笔一画中悟得。而是非常有幸地在儿童启蒙时期受到了这番春风化雨般的教诲，它渐渐生根发芽，成为了我的信仰与不断探索实践的真理。

2001 年 9 月，我入学母校漕泾小学。想必每一名漕小人都曾执笔感受过书法的精妙。从铅笔字、钢笔字再到毛笔字，从课堂、课间到放学后，母校在我的书法成长历程中铺陈下浓厚的一笔。周末与假期的兴趣班，比起弹钢琴、跳芭蕾等，是无拘无束、又潜心静气的。那段时光里，有同学的嬉闹闯祸、有老师的训斥责罚、有运气凝神时的汗滴、有丝竹管弦中的清凉。感谢，练习毛笔字对我的意义在那时更是一个真正的童年。

印象中的第一堂书法课，老师从握笔开始教起。如今细细回忆，那时练握笔都是小心翼翼的，因为看不清楚讲台前老师的示范，而又担心书上的简笔画不够立体。这或许是我文静的性格使然，但老师对书法这一传统文化的渲染更使我对书法产生了景仰与敬畏，从此老师的一字一句叮咛嘱咐我都斟酌再三、铭记在心。授课中老师常常联系做人的道理或有趣的典故。中国人自古崇尚儒家文化，而儒家作为人治思想的起源，书法中便自然蕴涵着做人的准则。笔法上，中锋稳重中正，一横一撇工整对称；而结构上，虽杂乱无章却错落有致，虽龙飞凤舞却行散神敛；姿势上，则讲究“四正”，即纸正、笔正、身正、心正。做人，都是同样的道理。一笔一画写好字，一撇一捺做好人。另一方面，习字需

我是来自上海对外经贸大学的一名大二学生，现任校学生会企宣部部长助理。2001年入学漕泾小学使我得以初识书法。在老师、家长与同学的肯定与激励下，我坚持着这一爱好，尝试着进步与突破，先后在各级比赛中取得不错的成绩并自己组建书画社团。

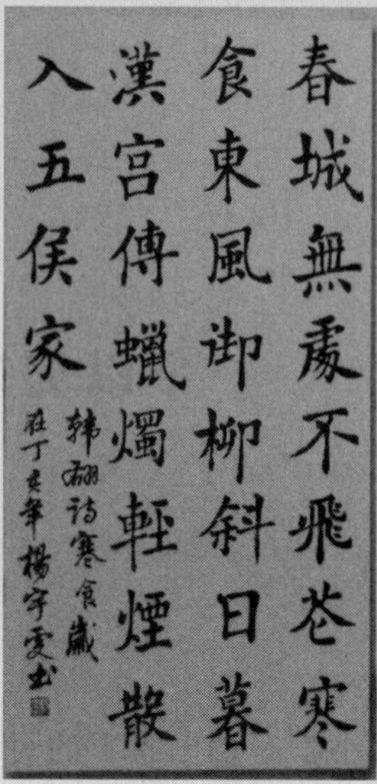

书法作品

要气、神、韵、力、韧、精，单技法的练习难以涵盖。因而习字更是养心健体、育德益智。在一笔一画中反思斟酌的不仅仅是字，也是人；在为人处世时修炼成长的不仅仅是人，也是字。习字之笔，刻苦为纸，涵养为墨；为人之木，书迹为绳，修身为规。若涵养是土，为人是干，则字仅仅是叶。即所谓“字如其人”，仿佛一面镜子，体现着书写者的个性风格、德行能力。书法家的思想学识、个性品德都凝聚在字的形象中。立端方能字端，立刚方能字刚；心胸阔达则字体逸美洒脱，心态达观则字体圆润如水。这同一个人的衣着一样，只是古时的文人墨客以笔画间架评定德艺，如今我们以穿衣风格猜度性格喜好。

犹记得一位老师笑谈我的字“入木三分”，恐怕并非夸我的字已力透纸背，而是在反批我运笔拘泥犹豫。一幅作品需要眼力、手力与心力协调并行，沾墨的笔尖才能如实表述内在的情感。有技无心则匠，有心无技则妄。能够注重将情绪与思想汇入笔迹之人不仅在书法上能领悟真谛，为人上必定也能参悟哲学。技法与心性几经斟酌之后，我渐渐感受到习字与为人的微妙，并坚持着以此实践。

中国的历史文化积淀使得字体本身孕育出人治思想的内涵，人又将对人类文明的传承与矫正寄寓在书法文化中。而字以美为规，人则以德为矩。习字与做人相辅相成的影响下，方能成就一个人的成长。

2015 年 1 月

习字心得

陆　珺

我是从小学开始练习书法的，现在是一名大学生了。万事开头难，我个人偏好楷书，临摹是学习楷书的一个不可缺少的过程，因此从师戚天音老师学习书法。自运笔到结体都得到悉心指导，乃至如何做人都受到良好的教育。

而刚开始接触书法最根本的原因就是让自己的字写得好看些，同时书法可以陶冶情操，需要花时间和耐心去练习，这对于提高自己的素养有帮助。

从我自己的切身体验，我认为学习书法需要注意两点：

第一，贵在坚持。书法不是一朝一夕就能练成的，需要一笔一

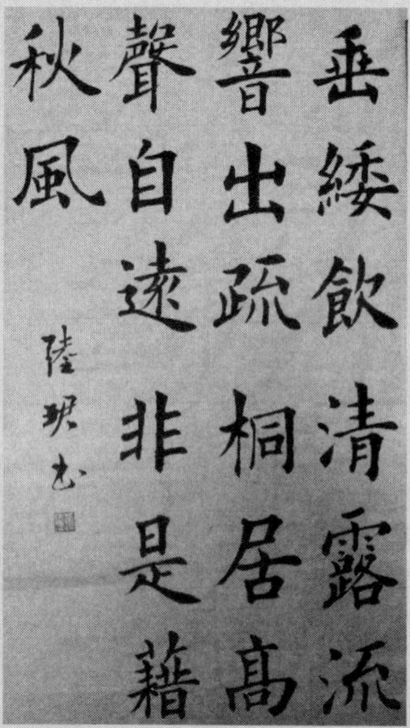

书法作品

画不断地练习下去才有效果，没有捷径可走。

第二，学习书法需要勤于思考。也许会问写个字要思考什么？其实不然，当提笔写字时，要考虑这个字的结构、笔画、用笔、布局等方面，思考如何把字写得既漂亮又具有神韵。

一分耕耘一分收获，多练、多写才会进步。只要付出努力，就一定能够学好书法。

2015 年 3 月

第二部分

实践篇

小学书法写字教育的实践与思考①

一　问题的提出

学校教育的发展始终遵循着“统一和多样性”的矛盾运动规律。我国地域广阔，人口众多，经济文化等发展极不平衡。在长期的计划经济体制影响下，学校办学比较强调统一要求，缺乏因地制宜的多种办学模式和促进其发展的举措。21 世纪 90 年代以来，中国在改革开放和现代化建设中实现着两个根本转变：一是经济体制由社会主义计划经济向社会市场经济转变；二是经济增长方式由粗放型向集约型转变。反映在基础教育中，也面临着两个转变：一是基础教育正由“应试教育”向“素质教育转变；二是学校发展方式由计划经济体制下的单一化向社会主义市场经济体制下的多样化、特色化转变。

漕泾小学地处远郊，经济相对滞后，硬件设施等不尽如人意，但寻找自身优势，探求自主发展的认识并不落后。93 学年度教师组团参加“写好字”团体赛，分获县、市小学组第一名。由此引发了以拥有的书法人才优势抓书法写字教育进而全面推进素质教育的构想。我们认为：写字是一项重要的语文基本功训练，搞好写字教育，对学生的学习和今后的工作都有重要作用。落实素质教育，学生写得一手好字，本身就是一种素质的体现。同时，在写好字的过程中，学生的良好习惯、意志等心理品质、审美情趣都可以得到修

---

① 注：本项目是 1994 金山县一般课题。课题组长张伯忠。主要研究人员：陆金林、金平、陈沫忠、戚天音、朱君辉、阮勤妹、施时英、李展忠、顾少峰、刘林聪等。

炼，可受益一辈子。

为此，我们立足本校实际，旨在通过以抓写字教育为切入口，引导师生重视小学生语文素质的提高，促进学生各方面素质的提高，并使学生的个性特长得到充分的发展；通过探索小学写字教育的目标、内容、原则、方法和评价，以及实施书法写字教育的途径和方法等，为小学阶段抓写字教育提供实质性的经验；同时对以抓写字教育为突破口，全面实施素质教育，促成学校教育整体优化的理性思考，给同类学校实施素质教育以借鉴。

二 实践的推进

（一）研究目标与内容

1. 研究目标

在系统论、控制论等科学理论指引下，通过以抓书法写字教育为突破口，全面实施素质教育，建设成书法写字教育特色学校。在这样的实践过程中探索小学书法写字教育的经验以及创建办学有特色学校的经验，为基础教育改革贡献智慧和力量。

2. 研究内容

（1）子课题一：对创建书法写字教育特色学校办学思想的研究。

（2）子课题二：小学书法写字教育的目标与评价体系的研究。

（3）子课题三：构建实施书法写字教育运行机制的研究。

（二）研究过程与方法

本研究启动于 1994 年 9 月。先后采用文献法、调查法、专家咨询法、行动研究法和科学经验总结法等展开研究与实践，其中以行动研究法和科学经验总结法为主。整个研究过程历时四年，可分为酝酿准备、小样本实践、中期展示研讨、面上的普及和后续推广等阶段。

1. 酝酿准备阶段（1994.9—1995.6）

（1）对本辅导处开展的书法兴趣小组活动进行摸底调查；

（2）搜集与本课题研究有关的情报资料；

(3) 分析现状,制定课题研究方案。

2. 小样本实践阶段(1995.7—1996.1)

选择中心小学和护塘小学两个点进行推进写字教育的小样本实践,从中摸索写字教学经验。

3. 中期展示与研讨(1996.2—1996.4)

(1) 初步形成小学书法写字教育的目标与评价体系,在目标与评价的导向下展开实践;

(2) 配合市、区教学研究机构召开现场会,展示书法写字教育的显性成果。

4. 面上的推广阶段(1996.4—1997.8)

一是总结提炼实施书法写字教育的运作机制;二是拓展实践的面进行试运作,对运作机制筛选与修正;三是加强实践积累,交流阶段性研究成果。

5. 后续的推广发展阶段(1997.9—1997.12)

(1) 研究成果的汇总和整理,撰写研究总报告;

(2) 在市、区教学研究机构的指导下,组织研究成果的推广活动。

三 主要的研究成果

1. 构建了小学书法写字教育的目标与评价体系

通过从写字教育实验点和书法兴趣小组活动搜集学生书法写字作业档案进行研究分析,并多次召集书法写字辅导教师研讨座谈,又参阅了较多的文献资料,经多轮运作筛选,最终形成了小学书法写字教育目标和与之相匹配的内容、原则、方法和评价体系。

【详见:经验篇中交流分享一栏中的“小学书法写字教育的目标与评价”】

2. 形成了书法写字教育的运行机制

经过几年的探索,我们形成了书法写字教育的运行机制,有力地推进书法写字教育的实践。(简称:一个氛围,两支队伍,三个到位,四个结合,五条原则,六个关系。)

（1）营造良好的书法写字教育校园文化氛围。我们给予学生的不仅仅是精制的知识、方法和技能，更多的是给予学生做人的道理、生活的能力、可持续发展的学力等。

（2）发挥书法写字教育中两支队伍作用。首先是书法写字教育师资队伍的发展壮大。除了十分注重书法骨干教师的使用、培养及优化组合外，还激励更多的教师以高度的事业心和责任感，苦练书法基本功。其次，发挥学生骨干队伍的作用。在普及“面”上的写字教育中充当“小老师”角色，发挥其教师无法替代的影响、辐射作用。

（3）体现书法写字教育管理上的“三到位”。

① 时间到位。除语文学科的写字课程保证不挤不占外，学校每天安排20分钟的写字活动课，供全体学生练字用；学校书法写字兴趣小组另有专用时间予以保证。

② 教师到位。教师全员参与学生写字课外活动，每班配备二人，一人负责硬笔，另一人负责毛笔。书法骨干教师与校领导作巡回指导检查。

③ 内容到位。先依据教学目标选用有关写字教材，再计划自编学校的写字教材。目前学校统一规定的习字教材为上海书画出版社《小学生系列字帖》(96版)，自编教材工作已正式启动。

（4）强调书法写字教育导向上的四个“结合”。

① 语文与非语文学科的有机结合。

② 学科教学与活动课有机结合。

③ 普及与提高相结合。

④ 校内与校外相结合。

（5）遵循以下五条运作原则，作为发展特色教育的基本准则。

① 整体性原则。

② 系统性原则。

③ 递进性原则。

④ 实效性原则。

⑤ 激励性原则。

（6）恰当地处理好宏观和微观两个层面上的六个方面关系。

① 处理好特色教育和素质教育的关系。

② 处理好特色教育成效与常规办学水平的关系。
③ 处理好近期目标与长远规划的关系。
④ 处理好特色教育“点”和“面”的关系。
⑤ 处理好特色教育的“教”与“学”的关系。
⑥ 处理好特色教育的“学”与“用”的关系。

四　取得的实效

踏进我们的校门，校舍环境虽很不起眼，但一股书法写字教育的浓浓气息却迎面扑来，令人赏心悦目。校园的醒目标语、画廊的作品展示、办公室的布置、教室的板报、学生的作业园地、会议室师生作品的陈列等，无不体现了师生书法写字素养的提高，显示了这一作为我们民族特有的传统文化在师生中深深地扎根、发芽和生长。

“书法写字教育”已成了师生共同追求的目标。课题组于 1997 年 10 月召开的部分教师“写字教育”座谈会和 1997 年 10 月对辅导区 159 名教师、1420 多名学生所做的问卷调查中得到有力的印证。座谈会上，大家就“书法写字教育”话题发表了许多真知灼见。如：有教师认为，写字是一项重要的语文基本功训练，应该形影不离地与语文教学紧密联系在一起；有教师说，抓写字必须十分注重学生良好习惯的形成，在训练中造成一种“动力定型”。学生一旦有了不良习惯，要纠正并非易事。有教师谈到，搞写字教学教师要善于激发学生的兴趣，学校在“争章”活动中专门设计了“写字章”是非常有意义的举措。对教师也如此，教师无写好字的意愿，要教好学生写字是不现实的。在教师的问卷中我们了解到：教师们在回答“你认为学生写好字与素质教育的关系如何？”时，答“关系紧密”的达 83.6％；在回答“作为目标，你认为抓写好字，普及与提高何者更为重要？”时，答“普及更加为重要”的占 87.4％；在回答“你在教学实践中是否把‘写好字’的目标付之于实践？”时，答“是的”占 89.3％。在学生的问卷中我们了解到：学生们在回答“你认为写好字跟你读好书有没有关系？”时，答“有紧密关系”的占 82.7％；在回答“你喜欢不喜欢练字？”时，答“喜欢”和“较喜欢”的达 97.6%。可见,书法写字教育不仅成发众多师生的共识,而且已内化为一种自学的行动。

通过教育实践,学生们的写字能力有了较大幅度的提高。结构匀称、整洁美观这一基本要求,已经成为大多数学生写字或做作业的自觉要求。教师们普通反映,近几年学生的作业、试卷书写规范、整洁,字迹工整漂亮。过去常常出现涂涂改改的现象,如今不大有了,即使是一些“成绩差”的学生,尽管答案不正确,但字书写得认认真真、一丝不苟。1997 年 10 月,课题组众多教师的配合下,对辅导区实行“写字工程”一年多来的二、四、六年级全体学生做了一次书法写字素养的综合测评。尽管发展水平不平衡,但学生的写字素养毋庸置疑有了大幅度的提高,面上的普及工作成绩令人刮目相看。近年来在县、市组织的书法展览和竞赛中,我校学生展出和获奖作品明显增多,且质量提高。九六年暑期在市教委与交警部队联合举办的“上海市交通安全杯小学生书画大赛”上,我校冯伶俐同学(十二岁)荣获郊区组第一名,吴文英同学(十一岁)荣获优胜奖,且作品被组织者结集成册出版。

教师队伍的书法写字素养也不断提高,书法骨干教师队伍越来越壮大。通过平时的操练和工会组织的一年一度书法赛,教师们的板书、教案书写、作业批改等变得讲究进来,有着刻意追求的印记。连续三年的教职工书法赛,不仅参赛者连年增加,而且书法质量不断提升,许多教师的作品装裱后被他人竞相收藏。

书法写字教育使学生的学习态度、习惯、意志品格和审美情趣等发生了深刻的变化,也有力地促进了学风和日常行为规范的明显好转。学校在书法兴趣小组的带头下,各类课外兴趣小组相继成立并正常开展活动,中心校双休日学生参加各类课外兴趣小组活动的学生达到 350 多人,且收到了良好的活动实践效果。

1996 年 4 月 2 日市教研室和市书法研究会联合在我校召开“上海市书法写字教育现场会”提供了我们展示写字教育初步成果的舞台,赢得了舆论媒体的大力宣传。继后我们通过在社区、区县间进行的交流,多次向社会各界展示写字教育成果;又走向全国,参加全国首届小学书法写字教育研讨,参与学术交流,还发表了颇具质量的研究成果。理论与实践并重,赢得了社会的认同。

参考文献

1. 顾泠沅:《素质教育的实践思考》,《上海教育报》,1997.4.11。

2. 吴秀娟主编:《中国校长工作新论》,辽宁出版社1996年版。

3. 王铎全主编:《教师之友》,文汇出版社1991年版。

4. 吴铎主编:《常用理论词典》,广东高等教育出版社1991年版。

5. 陆善涛:《办学特色之我见》,见《和校长教师谈教学》,上海教育出版社1996年版。

6. 程治铭等:《地区性特色学校形成的理论和实践》,见《上海市第五届教科研获奖成果论文选》。

7. 马联芳、宋才华:《特色学校形成与发展的理论思考》,见《上海教育科研》。

小学书法写字教育特色学校课程教材的开发研究①

一　问题的提出

近年来，科学技术迅速发展，知识经济日显端倪，教育在未来社会中的作用越来越引起社会的关注。学校教育必须走出整齐划一的教育内容、千篇一律的培养模式等误区，应该为具有特殊才能的学生发展提供个别化课程，以充分开发他们的潜能。

《中共中央国务院关于深化教育改革全面推进素质教育的决定》指出：调整和改革课程体系、结构、内容，建立新的基础教育课程体系，试行国家课程、地方课程和学校课程。上海的二期课改，主要目标是以素质教育为核心，促进学生个性发展，特别注重构建培养创造性学力和发展性学力服务的课程体系，其中包括有强化人本与人格养成学科类建设方面的新课程诞生。由此推断："以本土化为特色"是我国课程教材改革的发展趋势之一。将表现为课程的形式和内容也将进一步本土化，教材编写更具本土色彩。

我们虽是一所普通的乡镇小学，但已有近百年的办学历史，拥有自己多年积淀的文化底蕴。近年来，学校以"书法写字教育"作为实施素质教育的突破口，以科研作为推进器，通过5年多来的上下求索，在理论与实践上都有不俗的建树。《小学书法写字教育的

① 注：本项目是1999年金山区重点课题、2000年市青年教师基金会课题。课题组长：金平。副组长：陆金林。主要研究人员：胡卫英、戚天音、朱君辉、顾少锋、钱友林、戚纪军。

实践与思考》获上海市第六届科研成果三等奖，书法写字教育的办学特色已成为学校一道亮丽的风景线，学校已被中国教育学会书法教育专业委员会命名为“写字教育实验小学”，跻身全国百所实验小学之行列。最为可喜的是，书法写字教育促进了学校全方位工作的发展和进步，荣获上海市第四届“教育科研先进集体”称号。

《小学书法写字教育的实践与思考》创造的书法写字教育目标与评价体系和一整套比较完善的运作机制，正在继续指导着我们的实践。创建书法写字教育特色学校是我们的追求。我们以为：特色学校的形成需要经历一个阶段性的过程，需要我们继续做孜孜不倦地探索。为此，我们对小学书法写字教育做延伸研究，本课题主攻的目标定位在师训、学生用的校本课程教材开发研究上，旨在形成自己的特色教材，对创建特色学校做进一步的推进。

二 实践的推进

1. 研究目标

通过对诞生于本校的《小学书法写字教育的实践与思考》获奖成果的推广应用研究，在新基础教育理论、现代课程论、教学论和教育的心理学理论的指导下，构建中小学书法写字教育师训课程和编制相应的教材；构建以“本土化特质”为特征的小学书法写字教育学生课程和编制相应的系列训练教材；总结提炼和创造校本课程开发的新经验，为丰富和发展我国课程教材建设理中论宝库作贡献。

2. 研究过程

第一步：课程教材研发（1999.4—2000.6）

（1）课程教材开发的理论和相关策略研究；

（2）师训课程教材的编制研究；

（3）学生课程教材的编制研究。

第二步：课程教材试运行（2000.7—2000.12）

（1）用自编的师训教材对本校语文教师及书法写字兴趣小组指导教师做培训；

（2）用自编的学生用教材在部分学生中试用；

（3）在试用的过程中不断修正和完善教材体系。

第三步：研究成果总结(2001.1—2001.2)

(1) 正式出版师训教材和学生课本；

(2) 撰写课题研究总报告；

(3) 整合汇编“小学书法写字教育课程教材开发研究成果集”。

3. 研究方法

文献法。用于收集、整合有关课题研究的最新信息资料。

行动研究法。用于课程教材开发研究和试运行等全过程。

反思实践法。用于课程教材开发研究经验的总结提炼和理性思考。

其次，教育调查法、专家咨询法等。用于广泛征求各方面意见和吸收合理化建议等。

三 主要的研究成果

经过近两年的潜心研究，在课题组成员的通力合作下，基本达成课题立项时的预定研究目标：即完成了师训课程教材的构建与编制；完成了小学生课程教材的构建与编制，总结、提炼和创造了校本课程教材开发研究的新经验。

1.《小学书法写字教育与特色学校创建》师训课程教材(略)

【详见：课程支持下的“小学书法写字教育与特色学校创建”简介】

2. 小学书法写字教育学生课程教材(略)

【详见：课程支持下的“小学书法写字教育学生课程教材”简介】

3. 对校本课程教材开发的理性思考

(1) 校本课程教材开发的重新解读

何谓“校本”？校本即为“以学校为本”、“以学校为基础”，它包含三方面的含义：一是为了学校，二是在学校中，三是基于学校。也就是指要依靠学校中的人为改进学校实践和解决面临的问题，去挖掘学校客观存在的潜力，让学校资源更充分地利用起来，让学校的生命活力释放得更彻底。

课程教材是耳熟能详的概念。但需要指出的是：课程的本质特征是“序”，只有“序”化了的教育内容才能称得上课程。学校课程就是教学生认知“序”化了的事物及其运动规律和“序”化了的认知方法。迄今为止，我们为发展书法写字教育特色所作的一切努力都是紧紧围绕“校本”而进行的，目前特色教育课程教材的开发研究，又是一次新的突破和飞跃。

(2) 校本课程教材开发的价值取向

校本课程教材开发的目的是为了更好地体现学校的办学特色，发展并培养学生的个性特长，同时也充分地开发和展现教师教学个性特长，更好地贯彻落实国家的教育方针，更有效地促进个体和社会的健康发展，它的价值追求在于“个性化”。

事实上，每所学校都有独特的文化历史背景、外部条件和内部条件，这些条件的综合就形成了该校的具有自己特色的办学传统和校风。校本特色课程教材的构建是实现办学特色的重要载体，一定是突出学校办学的“个性化”。

而教师呢？实际上，教师首先是一个人。“一个真正的教师永远是一个个性，一个鲜明的个性，独具一格的个性。”教师的个性品质必然影响着其对课程的选择和组织，教师对学生的影响不仅仅表现在学识方面，而且更重要的是在人格方面。因此，要让教师直接参与校本课程开发，在于开发过程中充分体现教师的鲜明个性。

还有，教育是一项培养人的社会活动。这一本质决定了学生是教育的出发点和归宿点。每个学生都有他的生活经历、兴趣爱好、情感体验和个性的“闪光点”，校本课程的开发应为尊重、发展和展示学生的个性提供更广阔的空间。

(3) 校本课程教材开发的目标与内容

校本课程的设置是全面贯彻国家教育方针，提高教育效益和人才素质的重要举措，其意义是深远而广泛的。它打破了传统的必修课一统天下的格局，为学校办出个性特色注入了活力、拓宽了渠道，为培养学生的创新意识提供了“阵地”，同时也为教师“一专多能”的发展提供了机遇。

校本课程从本质上讲应是学校根据自己的办学思想自主进行的课程开发。不存在统一的模式，也不应有“统一”开发的要求。学校和教师是课程开发的主体，是积极主动的参与者、贡献者，这是毫无疑问的。

我们认为,校本课程教材开发的目标是促使学生个性潜能优势的充分发挥,促进学生的个性全面发展、教师的特长有效展现和学校的办学特色成果凸显。所以应将视角关注在以构建发展特色教育为主上。这是鉴于考虑到教师的积极参与、学生的认知背景与需要、学校的主客观条件及其所处的社区的经济与文化水平,凸显学校自身特色等原因。

从这一目标出发,可供校本课程教材开发的教育资源非常丰富。可从学校办学的特色为出发点,也可由教师的特长为出发点,更多地可从社区学生对教育内容的需求上考虑等等。

(4) 校本课程教材开发的原则

① 自主性原则。校本课程教材开发立足学校,是学校根据自己的教育理念,在对师生的需求进行系统评估的基础上,充分发掘和利用学校的课程资源,通过自行研讨、设计和参考专家意见等方式编制出来的,可供师生选择的课程。它不受国家课程、地方课程的制约,具有鲜明的自主性。

② 适用性原则。校本课程教材开发是针对国家课程、地方课程开发中的局限性而采取的一项重要举措,其目的是更好地弘扬师生的个性潜能优势,促进学生个性全面和谐地发展。它的归宿点必定是更突出实际价值,密切联系教育、教学实际,学以致用。适用性是校本课程教材开发的生命力所在。

③ 实践性原则。校本课程教材开发源于学校师生多年的教育实践,是教育实践衍化的结晶。因而决定了把实践放在突出的地位。在能力本位的全新理念下,一方面指导校本课程培训实践,加强实践操作,注重能力和技术的培训。另一方面指导学生的学习实践,注重培养学生的创造性学力和发展性学力。实践性是校本课程教材开发的另一鲜明特征。

④ 区域性原则。校本课程教材开发虽立足学校自身,但它决不是学校的自我封闭、学校乃至地方间的相互割据。事实上,它吸纳了本地区的许多教育、教学研究的成功经验。在开发的过程中进行了一定数量的横向交流,融进了社会生活的实际变化和社区有识之士的教育观点和要求,是一个地区联动的过程。对推进当

地的教改将起重要辐射作用。

（5）校本课程开发的环节

校本课程开发是一项艰巨而又复杂的工程，它有其基本的工作环节（见下图）。

目标确定→方案制定→组织编写→

尝试实践→评价反馈→修改完善

① 目标确定。开发校本课程一定要从学校的办学目标（培养目标）出发，根据学校的教育理念，分析师生的需求，筛选学校的教育经验，确定一个符合校情的开发目标及阶段工作要求。必要时，要请有关的专家进行论证。

② 方案制定。围绕课程开发的目标，组织对课程教材框架的研讨，做到越详细越好操作，形成一个具体方案。

③ 组织编写。按照课程编制方案尽可能多地采集和占有资料。借鉴他人经验为我所用，并精心编写，融入现实生活的实际变化和有识志士的最新教育观点，使课程教材具有鲜明的时代气息和个性。

④ 尝试实践。编制的课程教材一定要进行试用，在这个过程中肯定存在编写者未估计到的情况，尝试实践的目的是为了对其修改和完善。期间最起码要经历一个周期试用，才可对课程教材的信度、效度作出判断。

⑤ 评价反馈。在经历一个周期的试用过程中，编写者要不断搜集来自教学一线人员的意见和建议，同时向课程专家进行咨询，请他们来作论断性评价，为修改完善夯实基础。

⑥ 修改完善。针对来自各方面的意见和建议，编写者应及时进行修订。我们的校本教材编写就是照此流程进行的。其中有许多地方是经使用后进行修改完善的。

四　实践的结果

1. 拓展了在职教师岗位培训课程教材可供选择的空间

在职教师岗位培训是现代信息社会知识社会下的特有产物。

这是因为现代科技的迅速发展，世界知识总量以三至五年一个轮回的几何级增长和优胜劣汰自然法则无情地展现在人类面前下，人们普遍接受了终身学习的理念。教师作为“人师”，不仅是为了自身的生存，而且还肩负着引导下一代学会生存、迎接挑战的重任，其重要性凸显不言而喻。综观上海的“八五”师训，基本上采用由培训机构按教师任教学科提供课程教材进行比较统一的再学习，到了“九五”有所改进，主要采用培训机构提供一部分课程教材，再用远程教育开设一部分课程相结合的方式来进行。可供教师按需选择的课程教材余地不大，且培训机构担负的面广量大培训任务苦不堪言，草草收场式的走过场培训效果不佳。现在，在学校发展校本化理念下，涌现了许多校本课程教材、校本培训的模式和校本培训基地等，弥补了这方面的不足。因为校本培训更切合校情，贴近教育、教学实际，有利于教师的知识“充电”和能力提高。以我们编制的《小学书法写字教育与特色学校创建》师训教材为例，它为教师展示的是我校自己创造的经验，体现了我们的最新教育理念和自身的文化底蕴。接受培训，除了增长知识、提高能力外，更多的是形成共识，物化教育理念，并付诸于实实在在的教育实践行为。

学院式的培训、远程教育，再加上校本培训，组成了更优化的师训新途径和新模式。更适合教师的个性化发展，从这个意义上说，校本课程教材的开发为在职教师岗位培训添上了新亮点。

2. 体现了“走向学生”的全新理念

“以人为本”，基础教育面向的是一切孩子，一切为了孩子，为了孩子的一切。书法写字教育作为实施素质教育的突破口，作为一个有创意的教育实验项目，我们的本意是追求“写一手好字，做一个好人”。事实上，通过多年的上下求索，我们已赢得同行的高度评价和社会的认同。

编写校本课程教材的目的是想探求一条省时高效的新途径。因为我们看到这样一个事实：一方面，花费了大量时间练字，没有练好的大有人在，练好的也大有人在；另一方面，用平时常规的时间练字，字写得好的也不在少数。究其原因：既有教师指导有方无方的问题，也有使用的教材科学性强不强的问题。因此，我们认准了只有通过师生联动这条路，即通过教师的提高来促进学生的发展。

事实也表明：运用自己的校本教材对担负写字教学任务的教师做培训，使教师的业务素养有了长足的发展。教师教育观念的更新和业务素养的提升，对学生的发展提高是一种有力的推动，书法写字特色教育使学生的学习习惯和品质发生了质的变化。由此也使学校各方面工作又有了新的发展和进步。从 1998 年始我们在“主题引领活动，物化教育理念”的口号下，先后进行了“课堂，素质教育的核心之家”、“走向学生”等一系列主题活动，将学校工作推向了一个新的台阶，在向全区进行展示活动时，得到了来宾的高度赞扬。因为，我们体现了真正意义上的“走向学生”——为学生的发展动真情、下苦功、多服务。

3. 推动了课程教材改革向更纵深方向发展

课程教材改革运动各国都在进行，当代世界课程改革的追求正在更多地着眼于人类自身，关注人的发展，面向 21 世纪的课程改革。一方面，既要立足现实，适应社会发展的需要，又要着眼未来，有效地影响社会发展；另一方面，既要考虑人的发展的共性，又要考虑人的发展的个性。上海二期课改的主要目标是以素质教育为核心，促进学生个性发展，特别注重构建培养创造性学力和发展性学力服务的课程体系，其中包括有强化人本与人格养成学科类建设方面的新课程诞生。中国如此之大，地区发展水平又是那么的不平衡。因此，我们所作的以构建本土化特质为目标校本特色教育课程教材的努力，是符合时代发展的要求，体现出我们的执着追求，是对课程教材改革的有益尝试。诚然，一个学校的“能耐”毕竟有限，但众多的学校都有了这方面的意识和作为，其力量是不可低估的。这是因为“创建特色学校是每个学校的追求”。

国家课程教材、地方课程教材，再加上校本课程教材的优化组合，可为学生的个性发展构建起具有时代特色的课程教材体系。从这个意义上说校本课程教材的开发推动了课程教材改革向更纵深的方向发展。

4. 推进了特色学校创建工作的进程

“创建特色学校是每个学校的追求”是近年来教育发展的新趋

向。这是因为学校所给学生的，不仅仅是精致的知识、方法、技能，更多的是为人的道理、生存的方式、学习的能力。学校不仅要为学生的发展提供规范、科学的环境，更多的是在这个基础上的一种文化。我们深知，这一目标的实现不可能一蹴而就的，需要经过艰苦努力、锲而不舍。发端于 1995 年的这一办学目标，已经历了一个孜孜不倦的探索过程。从研制小学书法写字教育目标与评价体系到创造一套行之有效的特色教育运作机制，期间又不断完善了特有的办学思想和教育理念，我们已经获得了巨大的成功。名不见经传的乡镇小学已有了相当范围的影响力和知名度，并被中国教育学会书法专业委员会命名为“写字教育实验小学”。围绕以创建特色教育作为目标而编制的书法写字课程教材为创建特色学校提供了更为有效的支持系统。

有专家预言：创建特色学校，不仅要有自己的教育思想，还应有自己的课程、教材和教学模式等，我们认同这一观点。从这个意义上说，校本课程教材的开发研究推进了创建特色学校工作的进程。

5. 闯出了走地区联动、教育资源共享的新路子

地区联动、教育资源共享和地区性推进教育改革是近年来的教改发展新趋势。这方面的理论研究成果颇多。作为基层一线的我们除了学习吸收前人创造的经验外，更多地着眼于教育实践和积累，进行再创造的反思。综观现有的以发展特色教育作为目标的校本课程教材，比较集中于师训选用上，且取得了令人瞩目的继续教育效果。我们的校本课程教材开发研究不只停留在师训上，还将目光投注于学生的课程教材上。除了提供给本校的学生试用外，还将使用的范围扩展到同类学校的课外兴趣班学生群体中，与此同时还期望有更多的学校加盟到我们一起来。最近，我们与上海市晨光进修学院合作成立了“上海晨光书画培训中心”，意在积极“推销”我们自己，走地区联动、教育资源共享之路。

总之，通过对小学书法写字教育特色学校课程教材的开发研究，加上在此之前的实践，我们拥有了自身的办学思想、培养目标、课程教材、评价体系和运作机制，并继续指导着我们的实践。我们所追求的不是一般意义上的写好字，而将视角始终放在为学生的

发展上，为教师乃至学校的发展上。什么时候得到真正意义上的社会认同，这才是我们真正的成功。

参考文献

郑金洲：《走向“校本”》，载《教育理认与实践》2000 年第 6 期。

城郊型现代学校个性化文化建设的实践研究①

一　问题的提出

学校文化建设是近年来兴起的一个教育新热点话题。这是因为学校文化以其特有的校园物质形式和精神形式向外部呈现，并影响和制约着校园人的活动和校园人的发展，它在培养学生的综合素质，优化育人环境，促进学校改革、发展与稳定方面起着非常重要的作用。

我校虽地处远郊，但参与教育改革、争创有品位的教育热情高涨。从1993年起利用自身拥有的师资优势，在发展“书法写字教育”办学特色上做了艰辛的探索，1996年4月曾举行过全市性的书法写字教育现场会。围绕“书法写字教育”展开的课题研究，曾荣获过“上海市第六届教育科研成果”三等奖(1998)和上海市教科院首届学校教育科研成果三等奖(2001年)。多次参加全国性的“写字教育研讨交流”，学校是中国教育学会书法专业委员会命名的全国百所“写字教育实验学校”。“书法写字教育”的鲜明办学特色是学校办学的一大“亮点”，“写一手好字，做一个好人”是学校彰显个性的育人目标。

2001年2月，学校实现整体搬迁至设施堪称一流的新址。在“为学生的发展动真情、下苦功、多服务”理念下，校园人全员、全

---

① 本项目是2004年金山区教科研重点课题。课题组长：金平。主要研究人员：陆金林、张伯忠、张朝晖、潘晓、胡卫英、陈沫忠、张宝安、徐晓岭、阮琴美、吴丽娜。

程、全方位地参与教育综合改革实验。经过三年的努力，初步实现了学生全面进步、教师专业化发展、学校跨越式发展及社会认同和积极回应等多重效应。但是，上海的新一轮发展给我们提出新的挑战，社区文化品位的提升与异域文化对我们的影响等，让我们感到所做的工作尚处于一种起步阶段，需要进一步的延伸与拓展。追求与时俱进是我们的目标，我们不因地处远郊而游离于社会大文化背景之外，创建城郊型现代学校是我们新的追求。

二　实践的推进

1. 研究思路

（1）深入解读课题内涵。本课题涉及诸多的关键性概念，如：什么是现代学校？它具有哪些特征？所谓的城郊型又有怎样的特点？又如：什么是文化？什么是学校文化？现代学校文化应体现在哪些方面？我们追求的个性化与众不同在哪里等？都需要在研究性实践中作出回答。

（2）理性思考基于校本的学校文化建设目标及涵盖的内容等。每个学校都有自己的文化背景，怎样做好传承与发展这篇大文章？课题组负责人必须有一个前瞻性的思考。如：对现代学校文化下一个自己的定义并作出明确的解读；又如：学校文化建设涵盖哪些内容？我们的优势与不足在哪里？应选择哪些载体来加以推进等？

（3）创造性地推动校本化学校文化建设的研究性实践。包括目标的定位、内涵的拓展、载体的选择、策略的运用和举措的落实等；经常性地举行研讨活动，进行反思与调整，追求学校文化建设效应最大化。

（4）加强对阶段性研究成果的总结与交流。总结并择取较成熟的阶段性研究成果，在有关的媒体上交流与发表，鼓励课题组成员锲而不舍地执着追求，推动课题研究进一步深入展开。

2. 研究过程

（1）酝酿准备阶段（2004.2—2004.4）

认真解读“世纪之交中国学校教育的文化使命”、“聚焦‘校园文化’”、“试论优质学校文化的创建”等论文提出的观点，搜索有关学校文化建设研究的资料，形成学校文化建设研究的专题情报资料；梳理学校近年来精心培育学校文化凸显的“亮点”并找出存在的薄弱点；精心设计课题研究方案；聘请专家学者进行可行性论证；向上级教育科研管理部门提出立项申请。

(2) 研究性实践阶段(2004.5—2006.10)

依据观念更新、强化超前的原则，课题组成员先行集中研讨现代学校文化的丰富内涵，初步构建起切合学校实际的现代学校个性化文化建设的目标体系；积极参与上海市教科院发起的“现代学校发展创意设计”的评选，并通过学校自创校报《教苑》向全校师生以及家长等展开宣传，形成共识。

从继承与发展的动态生成观出发，组织师生全员投入研究性实践，在物质文化、制度文化和精神文化等领域不断创新载体，引领师生进步，推动学校文化建设向更深更广的空间发展，认真探索与总结现代学校个性化文化建设的实践新经验；期间，组织多次研讨活动，形成阶段性研究成果并在媒体上发表，激励课题组成员执着追求。

追求“木桶效应”，经常分析学校文化建设中存在的薄弱环节和不足之处，从学校管理的角度及时修正推进策略；不断关注媒体上有关学校文化建设研究的最新成果，取其之长，补己之短。

(3) 成果总结阶段(2006.10—2006.11)

汇总整理累积的阶段性研究成果，撰写结题报告；组织研讨，修改和汇编课题研究成果集；积极准备研究成果的全区性展示活动。

3. 研究方法与策略

学校文化建设研究是深层次、高品位的前瞻性思考与实践，需要经历一个开放的动态生成过程。尽管它有预设，但须根据发展状态不断地做出调整。基于此，除采用文献研究、行动研究和经验总结等常用方法外，我们的研究策略还有：

(1) 观念更新，强化超前。

现代学校文化应具有时代特征、现代化特征和直面教育改革的特点，它包括教育观念的现代化、教育目标的现代化、教育制度的现代化和教育手段的现代化等，核心是人的文化素养的现代化，内涵丰富且不断发展；现代学校文化建设是以实施素质教育为主旋律的现代学校文化的选择、设计、转化和生成。因此，课题组成员更需要加强自身学习和理论研究，应站在代表先进文化发展的前沿更新观念，具有强烈的超前意识。围绕课题研究，我们先后进行了多次的集中学习活动，深入解读“文化”、“学校文化”和“现代学校文化”等概念，形成对个性化学校文化建设目标的共识。

（2）载体选择，注重创新。

个性化文化建设课题是一项实践性特强的教育研究，需要有载体来加以推进。首先是“硬件”建设，也就是校园物质环境的打造。包括校园的绿化、净化和美化，富有个性的室内外环境布置，图书馆、阅览室的设计，“文化长廊”、“学生活动场地”的布局、社会实践活动的基地建设等。其次是“软件”的开发，有体现学校精神的标志性载体、传播学校精神文化的媒体、张扬学校个性的丰富多彩的师生活动等，还有承载学校团体意识、规范管理的各种规章制度和体现人与人合作竞争的人文氛围等，都有着一个深度开发、不断完善的过程。为此，根据原创性原则我们做了很多工作，我们的努力可从校园中强烈地感受到。

（3）研讨交流，互补提升。

交流可增进彼此的了解，研讨可碰撞出思维的火花。我们继承多年形成的学校“龙头”课题研究创造的好方法，围绕本课题研究先后组织多次研讨活动。为提高研讨活动的效应，课题组负责人事先都开列思考题供大家作深入思考。如，我校追求的“个性化”应着重体现在哪些方面？迄今为止我们已经展开了哪些卓有成效的研究性实践？我们还可以在哪些方面再作进一步的拓展和延伸？在现场研讨交流中，大家各抒己见，引发了一些深层次的思考，保证了研究性实践的有序推进和理性思考的递进。

三　主要的研究成果

1. 构建起对城郊型现代学校个性化文化建设的全新认识

包括：什么是城郊型现代学校文化？有哪些主要的特征？当

下的学校文化建设有哪些值得关注的着力点等。

(1) 城郊型现代学校文化的内涵。城郊型现代学校文化是指初步构建起现代学校制度、地处城乡结合部(既受都市文化的冲击辐射,又具乡村文化背景特征)的学校,在群体成员的共同努力下创造生成的体现时代特征和社会进步的价值观、行为方式及其活动结果。它以其特有的精神形式、制度形式和物质形态向外部呈现,影响和制约着学校群体成员的活动方式、精神面貌与文化素养。

(2) 现代学校文化的特征:独特性,开放性,主体性,生成性,时代性。

(3) 现代学校文化建设的新视点:强化推动力,重视文化力,凸显个性化,追求时尚化。

2. 创造了现代学校个性化文化建设的实践经验

包括:构建一个目标,强化两大过程,拓展三方面内涵,走出四个认识误区,坚持五条策略,推出六项举措。

(1) 构建一个目标

在科学发展观的指导下,学校发动全体教职工参与学校发展三年规划(2004—2006)的研讨与制订,有意识地将这一过程作为引导建立共同价值取向、思维方式和行为准则的过程,以此达成"漕小人"共同奋斗的愿景(办学目标、培养目标和学校文化建设目标)。

(2) 强化两大过程

一是实践的过程。学校文化建设既需要领导集体的前瞻性思考,更需要"校园人"心向一致的研究性实践。

二是物化的过程。存在决定意识,前瞻性的理性思考只有不断物化,才能更好地发挥文化的教育影响功能。

(3) 拓展三方面内涵

学校文化是学校组织的整体文化,它是同一圆心下的一个"集合"概念,包括物质文化、制度(规范)文化和精神文化。在研究性实践中,我们不断拓展与丰富它们的内涵。

(4) 走出四个认识误区

学校文化建设是一个全员性的参与过程,对它的认识不可能一步到位。在研究性实践中，课题组成员积极引导部分师生逐步走出一些认识上的误区。

一是“物质文化就是环境建设”；二是“制度（规范）文化等于规章制度制订”；三是“精神文化等于舆论宣传”；四是“学校文化就是多搞一些活动”。

（5）坚持五条策略

一是标导向策略；二是行为跟进策略；三是载体牵引策略；四是转化生成策略；五是群策群力策略。

（6）推出六项举措

一是精心营造校园环境；二是强化规范（制度）文化建设；三是努力塑造校园精神；四是积极策划师生文化活动；五是加大开发运用校本课程的力度；六是走向社区，与社会互动。

四　成效与反思

1. 学校文化建设个性凸显

（1）书法写字教育渐成品牌。从上世纪九十年代起着力探索的书法写字教育研究成果在不间断的传承中进一步发扬光大。“十五”期间，我们继续加强书法写字教育特色学校的创建工作，充分利用自主开发的校本课程教材和自创的工作经验指导着新的实践，把书法写字与做人教育有机结合起来，推动着特色教育的进一步发展，探索着属于我们的特色之路。走进学校，置身于绿树成荫、纤尘不染的校园，映入眼帘的都是师生创作的彰显不同个性风格的书画作品，在主人的巧妙布置下，散发着浓浓的校本特质文化韵味，令人回味无穷。2006 年 10 月 17 日，金山区小学生“写好字”五年行动计划启动大会假座我校召开，我们的书法写字教育经验再次在会上作交流，引起与会领导专家的认同与共鸣。

（2）学校管理从“草创”走向“精致”。近年来，学校从注重外在形象的塑造转向追求学校内在的管理，聚焦学校内涵的发展。一方面继续抓紧抓实校园的绿化、美化、文明化，争创金山区总务后勤管理先进单位；另一方面，将注意力放到共创学校内涵发展上，致力于学校精神文化的塑造。通过教育科研“龙头”课题的牵引，使“走向学生——为学生的发展动真情、下苦功、多服务”的办学理念深入人心，学校初步构建起现代学校办学新观念系统；通过开展丰富多彩的教师活动，较好地营造起和谐融洽的人际关系，使教职员工的向心力、凝聚力不断增强；学生活动载体更丰富，系列性的“读书节”、原创性的“主题教育”等活动目不暇接，有效地促进了全体学生的健康成长；德育与教学呈现良好发展态势，学校办学水平和教育质量稳步提升。“走出‘草创’，走向‘精致’”成为学校管理工作的经典。

(3) 教育研究呈现群众性全员参与好势头。“十五”期间，学校先后引入“新基础教育”、“理解教育”、“愉快教育”等成果加以推广，在择取先进理念的基础上组织教师全员参与“‘走向学生’的理论与实践”、“‘新基础教育’试验性成果的推广发展研究”、“‘适合学生发展’的课堂教学设计”、实施及评价研究以及本课题等的研究，引领广大教师展开研究性实践，将教育研究与校本研修有机结合，带动了教师的专业化发展，推动了学校的整体进步。其中由我校首创的“话说理解教育”、“说说自己的教育教学故事”、“三校(小学、初中、高中)论坛”等活动在全区产生着强烈反响。学校教育研究氛围浓郁，群众性参与热情高涨，校本教研、课题研究、研训一体均呈现良好发展势头，教研、科研成果丰硕，以破解教育问题的教育案例研究、教育叙事研究搞得红红火火，有效地促进了教师专业发展和教育问题的解决。

(4) 学校信息化建设步入快速发展轨道。近年来，学校的多媒体设备从无到有，至今配备 14 间多媒体教室；每间办公室都有电脑，并开通了互联网。学校的网站也从无到有，虽然学校的信息化建设起步较晚，但经过集教师骨干群体的智慧和实力，发展势头看好。学校坚持重大活动利用校园闭路电视系统进行实况转播，让每一位学生都能参与进来，收到了很好的教育效果。教师们积极参与现代信息技术与学科教学的有机整合，特别是学校利用网络开展网上读书活动以及举办“漕小论坛”等，吸引了广大教师、学生以及学生家长的积极参与，他们踊跃参与网上交流，网络文化正在凸显其特有的教育功能。

2. 文化育人功能不断体现

学校文化是一门隐蔽课程，它潜移默化地影响着校园师生的发展与进步。首先，彰显学校办学个性的书法写字教育特色将漕小师生将“写一手好字，做一个好人”的育人目标牢记在心，老师们在弘扬祖国优秀传统文化的同时，将书法写字教育与“德育”、“情育”、“心育”以及语文学科的写字教学融为一体，让漕小的学生都浸润过这样一个心路历程，较好地促进了学生的健康成长；其次，净化、美化、文明化的校园环境，独具匠心的校园环境设计等都成了丰富的教育资源，不断修正着师生的行为习惯，使师生在享受生活美的同时陶冶着高尚的情操；再次，在预设目标下有计划展开的一个个教育活动，不断推动着师生道德认知、道德实践、道德情感的升华，活动在给师生留下深刻印象的同时，切实将公民道德建设实施纲要的要求落到实处；还有，学校倡导的校风、教风、学风正在教育教学等活动过程中不断内化为师生实实在在的具体行动。

3. 学校全方位工作不断进步和发展

跨入新世纪，“漕小人”抓住学校整体搬迁的历史性机遇，在继承和发展上集“校园人”的智慧，通过理念先行、课题引领和全员性的研究性实践，初步实现了学校的跨越式发展。学校文化建设有力地推动了全方位工作质量的提升。2006 年上半年，金山区组织的办学水平督导评估中，我校的全方位工作得到充分肯定和认同；在区组织的“十五”师干训、“十五”教科研等条线总结表彰活动中，我校多项工作荣获先进集体。除此之外，我校是上海市安全文明校园，也是金山区校园文化工作先进集体，学校的教育质量不断攀升。2006 年，学校获得“教学成绩显著进步奖”。“漕小”的办学水平、教育质量、办学特色等得到全社会的广泛认同和赞誉，学校的知名度不仅在区内乃至市内与日俱进。

在科学发展观指导下，“城郊型现代学校个性化文化建设的实践研究”取得一定的成果，不仅有前瞻性理性思考、原创的基本经验，而且实践成效显著。但是，我们认为文化的形成要靠实践积累，不能一蹴而就。多年来，我们围绕创建书法写字教育特色学校展开了一系列的研究性实践，有着一定的实践积累，但距离学校特色文化目标还有不少的路要走，需要继续加倍努力。二是学校文化建设本身是一个动态的过程。教育改革在不断深化，社会在不断发展进步，多元文化冲击波在不断形成，我们理应与时俱进，审时度势地继续做好继承和发展这篇大文章。三是学校文化建设创造的新经验需要不断总结，逐步提升。

参考文献

1. 叶澜：世纪之交中国学校教育的文化使命，《“新基础教育探索性研究”报告集》，上海三联书店 1999 年 3 月第 1 版。

2. 李希贵：经营学校文化，陈平：用文化再造学校，黄津成：文化才是真正的学校，《人民教育》2004 年 11 期。

3. 李国霖：试论优质学校文化，《教育导刊》2 月号上半月。

4. 罗正义：加强校园文化建设　构建良好育人环境，http://www.jjedu.net。

5. 丁佐湘：搞好校园文化建设　营造良好学习环境，http://www.jjedu.net。

6. 李金初、牛玉发：试论现代学校文化建设，《中国教育学刊》2003 年第 7 期。

7. 中华人民共和国教育部：关于大力加强中小学校园文化建设的通知，中国学校文化研究网。

8. 朱小蔓、李继星等，关于现代学校制度、特征、体系的初步认识，《人民教育》2004 年第 17 期。

小学书法写字教育课程化的深度推进研究①

一 问题的提出

课程是学校教育目标的实施载体。在“为了每一个学生的终身发展”理念下，新课改正在力推国家课程、区域课程和校本课程的有效融合。特别强调让所有的学生都能主动健康地发展，潜能得到最大限度的开发，个性得到充分的彰显，能适应社会发展需要，为终身发展奠基。

本研究基于百所“全国写字教育实验学校”的校情和“全国艺术教育先进单位”的区情，面对小学书法写字教育存在的“雷声大雨点小”、“书法教师单兵作战”、“无系统的课程方案及文本教材支持”等问题，站在进一步弘扬中华民族书法国粹的高度，重新审视于2001年在全市率先开发的校本书法写字特色教育课程教材的实践，展开二度开发小学书法写字教育课程教材的探索。以此突破书法写字教育特色发展的“瓶颈”，解决引领区域琴棋书画之书法技艺项目前行的实践问题，探索新课改背景下学校课程体系建设及三类课程有效融合的问题等。其价值不仅在于促进学校自身及本区域书法写字特色教育的健康发展，更在于为当下加强中小学书法教育、全面实施素质教育、深入推进新课改提供鲜活的经验。

---

① 本项目是2010年上海市教育学会课题。课题组长潘亚军。主要研究人员有：陆金林、朱君辉、戚天音、金宪春、潘晓、胡卫英、李梅、吴丽娜、施慧丽、陈沫忠、吴剑锋等。

二 实践的推进

本研究启动于2010年2月。我们以生态化、系统化观点为指导，主要采用行动研究、案例研究和科学经验总结等方法展开。期间经历文本的研发、实践的试运行、成熟即推广和延伸与发展四个主要阶段，形成直面问题、实践第一、骨干引领、全员互动四条推进策略。

1. 文本的研发

课题组骨干采用“上溯”的思路，集中研读了1998年形成的《小学书法写字教育的实践与思考》、2001年形成的《小学书法写字教育特色学校课程与教材的开发研究》、2007年形成的《写一手好字，做一个好人——城郊型现代学校个性化文化建设的实践》等校本成果，访谈了为推进学校书法写字教育作出重要贡献的退休教师等，总结累积的经验，寻找突破的问题；采用“旁连”的思路，多方采集本市及外省市开展小学书法写字教育的经验范例，积极参与中国教育学会书法专业委员会举办的各类研讨培训等活动，从中寻求解决问题的思路；采用“下拓”的思路，开展学校课程模块设计、课程组织实施和课程评价方面的研讨。先后完成书法写字课程化方案的研究、标准的确立和文本教材的初次研发等。

2. 实践试运行

第一波的试运行在专职书法教师执教的试点班中进行。用初次研发的教材开展课堂教学实践，为修改完善文本教材提供依据。第二波的实践试运行推向本校全体学生。依据新开发的《小学书法》课程标准和文本教材，开展两条线平行推进的实践试运行。一是通过基础型课程中的语文学科落实写好字基本要求，倡导学生写“满格字”，把字写端正、写正确、写美观；写字课不挤不占，教师精选教学内容，认真加以指导，积极组织讲评；开设15分钟“天天写”科目，加强写字技能训练。二是通过开设《小学书法(写字)》拓展课，实行每周一课时制，配备专职书法教师负责指导。在凸显写字技能训练指导的同时，进一步强化兴趣激发、习惯培养和文化熏陶，努力将“写字育人”工作做得更好。同时，课题组积极采集试运行反馈信息，及时做出调整举措，认真做好氛围营造和师资培训等工作；还进行配套练习册和教学指导书的编写等。

3. 成熟即推广

2011 年 12 月，区教师进修学院科研室、教研室联合在我校举行"孕育书法教育特色，丰富学校人文内涵"为主题的中期成果展示推广活动。我们通过课堂教学、版面、视频、文本和现场介绍等形式，全方位展示了已有成果，得到参与本活动的进修学院领导专家和 27 所中小学同行的好评，使本成果在区域内产生了很大影响。与此同时，学校继续开展进一步推广发展本成果的新一轮实践。《小学书法》科目也在尔后的金山区优秀拓展型课程评选活动中荣获一等奖，并在区域的内网上发布，成为共享优质教育资源。

4. 延伸与发展

自 2012 年 1 月起，学校将推广发展本成果作为一项重要工作来抓。一是继续通过行政推动一如既往抓书法写字品牌教育，使研究成果进一步发扬光大；二是以此为标杆，进一步展开多元校本课程的开发与应用研究，开展基础型、拓展型、探究型三类课程的融合性实践，将构建与完善学校课程体系工作推向新高度；三是走出去，积极参与各级各类机构发起的交流推广活动。如，在区域内的走班"送教"；又如，引领开发区域拓展型科目《笔情墨趣》；再如，在区政府召开的语言文字规范化表彰大会上做介绍；还有，参与上海市教委组织的优秀拓展型科目展览等。

三　成果的主要内容

本研究以脑科学、人本理论和现代课程论等为重要支撑。首先，现代科学研究表明人有巨大潜能，目前所开发的只占很小一部分；学生的潜能是多方面的，更是可以被开发的。其次，在"为了每一个学生的终身发展"理念下，基础教育更要重视培养人适应社会的能力。再次，课程不仅包括老师所教授的各门学科和有目的、有计划的教育活动，而且包括老师所提供的不同教育场景及个性化的施教行为等。

• **主要观点**

课程是学校教育目标的实施载体；写字是一项重要的汉语文基本功训练，是书法教育的基础；小学教育的影响会扩展到终身；小学书法写字教育的实证研究有着很大的发展空间；再度开发小学书法科目既是学生的需求，也是学校发展的需要，更是全面推进素质教育的需要。小学书法写字教育课程化的基本理念是：让学生接受优质的中华传统文化熏陶；为学生打下良好的书写基础；为学生的全面发展和终身发展播下种子。

• **成果简介**

1. 重组《小学书法》校本课程体系

（1）科目定位

《小学书法》是一门集书法文化熏陶、书写技能传授、修身养性养习惯于一体的校本科目。本科目致力于中华书法文化的熏陶和书法知识的学习，致力于学生书写能力的形成与发展，为其他科目的学习打好基础和提供方便；致力于学生学习习惯、学力、意志和情感等方面的培养，为学生的全面发展和终身发展播下种子。它面向全体学生，其宗旨是普及与传承中国书法这一民族特色文化技艺，是学校重点推荐的每位小学生研习的一门必修科目。

（2）课程体系

《小学书法》课程体系由“潜在课程”、“《小学书法》校本科目”和“书法拓展课”三部分组成。“潜在课程”涵盖了书法写字教育个性化学校文化的全部。书法拓展课是为书法特长生提供的可选择性课程。“《小学书法》校本科目”面向全体学生，由《小学书法》、配套练习册和教学指导书三部分组成。

（3）《小学书法》概述

① 科目目标

使学生会写铅笔字和钢笔字，能写毛笔字，培养学生书写汉字的能力；培养学生对书法艺术的热爱，感受祖国传统艺术的博大精深；陶冶情操，培养审美能力；养成认真细心的学习态度和良好的意志品质；养成做事有条理的习惯，懂得做人要踏实的道理。

② 内容标准

一年级：1. 练习用铅笔写字。2. 养成正确的握笔姿势、坐姿和良好的写字习惯。3.认识并逐步掌握八种基本笔画并初步了解它们的写法，书写较规范、整洁。4.初步培养学耐心、有毅力的好品质。

二年级：1.培养学生写字兴趣和良好写字习惯。2.继续练习用铅笔写字，能按笔顺规则规范写字，写字端正、整洁。3.养成正确的写字姿势，学会使用和保管写字用具。4.初步感受汉字形体美。

三年级：1.初步尝试用钢笔写正楷字，学习并掌握其余的偏旁部首。开始注意行款整齐，力求美观。2.认识文房四宝基本知识，学习正确用毛笔写字的姿势、执笔和运笔方法。3.开始学习毛笔的基本笔画，用毛笔临摹正楷字。4.开始了解篆、隶、行、楷及其他有关书法知识。5.强调书写规范、端正、整洁。

四年级：1.继续使用钢笔写正楷字，认识和学写各种不同结构的字，适当提高书写速度。2.用正确握笔姿势和坐姿（或站姿）练习、临摹各种结构汉字。3.学习并掌握毛笔字各种偏旁部首的写法和书写技巧。4.继续强化书写规范、端正、整洁的要求，培养审美能力。

五年级：1.钢笔学习结构布势、结字规律和复杂字的书写。适当练习行楷字，掌握一定的方法和技巧，并有一定的速度。2.毛笔学写楷书，包括独体字、各种结构的合体字。学习结构布势和结字规律，开始集字临写。3.认识各种正楷书体，着重介绍和掌握欧（阳询）体的书写特点及书写规律。4.结合临帖进行正确姿势和良好习惯的训练。5.开设书法作品欣赏和创作常识辅导。

③ 教材特点

面向全体，重视基础。教材面向全体学生，强化“双姿”指导，将打好规范、端正、整洁地书写汉字基础，打好正确的书写姿势和良好的书写习惯基础作为最基本的要求予以分步落实；坚持与语文课中的识字教学密切结合，入选的范字兼顾了识写结合。

尊重规律，循序渐进。教材正确把握写字教学与书法教学的联系与区别，尊重教学规律，从写字到书法，从实用到艺术，入选的学习内容由浅到深、由低到高、由易到难、循序推进，不追求急功近利。

相互联系，自成系统。教材从文字系统、技法系统到知识系统梯次展开，归类贴切，让学生获得系统的知识和有序的训练。各个学段相互联系、螺旋上升。突出对方法的掌握，强调学习过程，重视对知识和能力的培养。

概念诠释，合乎规范。从写字到书法，从硬笔到毛笔，从“书法小知识”介绍到“书法家小故事”引用，从范本和经典的选择到释语的叙述，力求做到准确、规范、不随意；教材入选的范例字体，部分虽选自本校资深书法教师手笔，但经得起推敲。

源于经验，易于操作。教材由长期从事中小学生写字和书法教学工作的一线教师参与编写和修订，从知识与技法的展开，到板块的设置，再到量与度的把握力求科学正确，使老师好教、学生好学。其中独具匠心地设计了一些练习要诀，且一律采用通俗易懂、极易诵读的书面语，使学生对练习的同一类字有较强的记忆痕迹，便于学生自学巩固，起到无师自通之目的。

文化熏陶，强化育人。“写一手好字，做一个好人”的思想和书法文化的熏陶贯穿教材的始终，刻意注入多方面教育元素，增大地区教育资源比重。加强学生对传统文化的学习，促进学生文学素养的整体提高和协调发展，为教师完成三维目标全面育人奠定基础。教材穿插一些作品欣赏。一方面激发学生练字兴趣，另一方面让学生潜移默化地接受美的熏陶，充分体现书法写字教育既是美育也是情育，更是心育的理念。

④ 资源特点

丰富性。收集、整理了数量足够的教育资源供执教者选用。有“文房四宝”的介绍，也有“汉字演变”的回顾，还有“名家”“名作”的追忆，更有当地“书家”“名碑”的考证……

鲜活性。收录了不少本校师生近年来创作的书法作品。这些源于实践且高于实践的鲜活资源必将成为激励师生效仿学习的典范。

典型性。收录了很多“书法典故”，它们有着广泛传播的史实。借助这些典故，能唤起学生学书法的热情与兴趣；收编的“范例字”等都几经推敲，能收到“举一反三”、“触类旁通”的效果。

本土性。为体现《小学书法》的校本、区本特点，选择并收录了很多地方色彩浓郁的教育资源。如“农民画”（书画同源）、“南社”纪念馆陈列作品和“子昂碑”介绍等。

实用性。收编了一组《教案参考》，可供执教者备课时参考。教学指导书中还有《课程纲要》、教材解读及教学建议等。

（4）《小学书法》的实施

① 教学原则：教育性原则，直观性原则，量力性原则，递进性原则，个别指导原则。

② 教学方法：观察法，比较法，摹写法，临写法，欣赏法等。

2. 重建“小学书法写字教育课程化”运作机制

（1）营造一个良好氛围。“书法陈列室”、“书法文化节”等。

（2）实施两条主线平行推进。

① 基础型课程中的推进。通过语文学科落实写好字基本要求；开设 15 分钟的“天天写”课程。

② 拓展型课程中的《小学书法》科目推进。通过开设每周一课时的专职书法教师指导课和举办特长生的“书法兴趣班”。

（3）提供三个方面重点保障。

① 师资保障。除继续邀请专家指导、送教师参加学习培训等外，还充分发挥“戚天音书法工作室”的指导辐射作用，对教师展开每周一课时的校本培训。

② 学习内容保障。基础型课程通过备课组落实好各年级的书写内容，以求相对统一。拓展型课程以《小学书法》教材为依据，兼顾系统性和递进性。

③ 实践活动保障。每年组织一定数量的社会实践活动。组织师生参赛；坚持开展写春联、送春联；参加区级以上主题实践活动等。

（4）强调四个有机结合。

① 书法写字科目与其他各科的有机结合。语文学科与书法写字拓展科目共同担负直接指导任务，其他学科也对书写提出规范的要求，协调并进。

② 校内与校外有机结合。除发挥校内主渠道作用外，要求家长配合抓；鼓励学生为发展个性特长而多渠道求学。

③ 普及与提高的有机结合。对面上学生落实写好字的基本

要求，对参加书法兴趣班学生落实好发展其个性特长要求。

④ 学习与应用的有机结合。适时开展一些社会实践活动，让学生将学到的本领应用到社会服务活动之中。

3. 重修“小学书法写字教育课程化”评价体系

（1）评价主体与方式。学生自评互评，教师评价，家长评价，学校评价。

（2）评价原则。形成性评价与终结性评价相结合，定性评价和定量评价相结合，自我评价、相互评价与师生评价相结合，课内评价与课外评价相结合，整体性和综合性兼顾。

（3）评价工具

① 学的评价。依据“写好字”达标要求，抽取其中的“兴趣”、“姿势”、“执笔方法”、硬笔作品本身的“笔画、结构、整体效果”或毛笔作品的“笔画、结体、章法”、“评价鉴赏能力”等要素，分别用“描述定义”将评价要求具体化，作为阶段性学生学得怎样的评价工具。

② 教的评价。依据书法教育提出的实施要求，结合书法科目课堂教学的一般流程，择取“教学准备”、“教学方法”、“教学反馈”、“学习气氛”、“教学效果”和“教师素养”等要素，作为课上得怎样的评价工具，同样用“描述定义”的方法将评价指标具体化。

③ 课程的评价。依据《课程纲要》设定的要求，参照拓展型课程评价的一般做法，选择“科目目标”、“科目内容”、“科目实施”、“科目评价”、“活动设计”和“课程资源”作为评价本科目开设得怎样的指标，同样用“描述定义”的方法将其具体化。

- **成果特色**

1. 接小学书法教育实践研究之“地气”

本研究发端于上世纪九十年代，坚守“从实践中来，到实践中去”的信念，持续开展研究性实践，推动了上海书法写字教育的普及。本轮研究更是紧密结合校情、区情，紧跟上级教育行政部门指示展开。重组的《小学书法》课程体系和颇具特色的校本教材，重建的特色教育课程化运作机制等对开展中小学书法教育实践有普遍借鉴意义；重修的校本特色课程评价方式方法，对怎样做教育评价研究有指导意义。

2. 树学校特色课程开发与实施之“标杆”

《小学书法》在学习内容与教学方法上有新突破：一是正确科学定位小学书法写字教育的目标及分年级标准；二是精选了学习内容和教学资源，突破了以往重技法传授，轻兴趣、习惯、意志培养等“瓶颈”。重在写字素质教育，传播汉字书写“语文规范”、“艺术规范”和“艺术创作”等文化；三是创新校本特色教育课程开发与实施模式。包括对课程及课程化的诠释，课程标准的定位，教材、配套练习册和教学指导书的有机组合等。

3. 引全面实施素质教育前行之“方向”

本研究是国家课程、区域课程和校本特色课程有效融合、优势互补的探索与研究，对全面实施素质教育，推动国家课程校本化实施、校本课程多元化开发有重要启迪作用，创造的经验具有实用价值。

四　效果与反思

1. 突破了小学书法写字特色教育发展的“瓶颈”

在本项目的推动下，“书法教师单兵作战”、“无系统课程方案及文本教材支持”等问题伴随着课程化的实现得到有效解决。此外，“写字育人”功能进一步强化，“读好书，写好字，做好人”成为校园人的共同奋斗目标；“语文学科”、《小学书法》科目和“书法兴趣班”并举，较大幅度提升了学生的写字素养。结构匀称、整洁美观的“写好字”基本要求，已经成为大多数学生的自觉要求。更为可喜的是：学生的学习兴趣、态度、习惯、意志品质和审美情趣等发生着深刻变化（举例略）。学生参加各级各类比赛成绩喜人。2012年，学生李琪玮（11岁）、林心凯（10岁）、范苑（10岁）在“全国青少年儿童书画作品大赛”中荣获特等奖1项、一等奖2项。近年，学生在参加区级以上书法比赛中频频获奖。

2. 解决了引领区域书法技艺项目前行的“困惑”

继2010年我校在“上海市中小学、幼儿园校园长暑期专题培训”时所做的《素质教育园地里盛开着五朵“金花”》交流后，在教育局行政推动和本项目的影响下，区域内的“琴棋书画”区本教材开发与培训等有了长足的发展，较好地实现了“一校一品”向“一地区一特色”方向发展。在我们的引领下，本区成功开发《笔情墨趣》书法区本教材，正在供区内小学生研修选用；在我们的带动下，本镇的中学也加盟了“书法”技艺这一区域特色项目的推进，也获得了区级“写好字”先进学校殊荣。当下，“书法”已经成为我校所在乡镇的一个文化特色品牌。同时，在积极“推销”自己和上级领导及专家学者的推崇下，《小学书法》课程教材不仅走向区内同类学校中，而且辐射至市内的不少书法教育特色校。我们也有幸应邀出席中国教育学会书法专业委员会、上海市教委教研室等机构召开的书法教材编写座谈会等。

3. 推动了学校课程建设上新台阶

《小学书法》课程的问世，也让学校课程建设掀开新的一页。一是基础型课程校本化实施有新起色。精准分析学情，优化组合学习内容，开展以“学习任务单”为抓手的课堂教学改革实践和学生学业基础素养综合评估改革的实践等。二是拓展型课程开发有新进展。学校以《小学书法》科目开发与实施为范例，采取“以点带面，稳步推进”的策略，先后开发《学科类》、《艺术类》、《健身类》、《科技类》等 20 多门拓展型科目，供发展学生个性特长作选择。三是探究型课程实施有新创造。在老师的引导下，学生成立了小课题探究小组，通过开展对相关问题的研究，较好地培养了学生的问题意识、探究能力、科学态度和合作精神。如，《淡水鱼的养殖》入选创新素养培养实验项目就是一例。

此外，学校书法写字教育获得不少殊荣。2010 年 9 月，我校教师参加第七届全国教师三笔字大赛获毛笔一等奖 1 项、三等奖 1 项，硬笔一等奖 1 项、二等奖 2 项，粉笔一等奖 2 项。2011 年，学校荣获“2010—2011 年度上海市书法教育先进集体”，校长荣获“2010—2011 年度上海市书法教育先进个人”。2012 年，学校荣获“国家级规范汉字书写教育示范性校”。2013 年，在参加“全国教师书法教学基本功书写展示”活动中 16 人次分获粉笔字、硬笔字、毛笔字等第奖，学校获该活动“优秀组织奖”。

诚然，本研究也存在些缺憾。如，三类课程的融合性实践做了不少，但总结提炼得不够；又如，已经建立的特色教育课程化运行机制是否还有更好的优化组合空间？还有，探索的评价机制及方法是否更易于操作……都有待于进一步检验。

参考文献

1.《国家中长期教育改革和发展规划纲要——公开征求意见稿》，内部学习文件。

2.《小学书法写字教育特色学校课程教材的开发研究报告》，金平：载《上海市“绿叶计划”成果集——第四集》，上海教育出版社，2004 年 9 月。

3.《中小学校本课程开发的理论与实践》，开明出版社 2005 版。

4.《书法训练促进儿童心理健康的对比试验研究》，周斌：《心理科学》，2005 年 2 月。

5.《小学书法写字教育的实践与思考》，陆金林：载《上海市第六届教育科学研究获奖成果论文集》，上海教育出版社，1999 年 9 月。

读好书，写好字，做好人①

——漕泾小学课程文化建设三年行动计划

一　项目内涵

读好书本义学好“各门基础课程”，其次乐学“课外知识”，再次善学“超越知识的知识”。追求读好书就要致力于唤起学生对书本的全部热爱，致力于学生发展性学力的提升。

写好字首先把字“写清楚、写端正”，其次“写规范”，再次“艺术化”、“个性化”。追求写好字就要致力于学生书写能力的形成与发展及“精、气、神”的提升，致力于良好习惯、能力、意志力和情感等方面的培养。

做好人首先做“守规范的人”，其次做“有教养的人”，再次做“有追求的人”。追求做好人就要致力于学生行为的规范、身心的和谐和品行的端正，致力于创新精神和实践能力的培养。

“读好书，写好字，做好人”是一个有机的整体。“读好书”、“写好字”是实施素质教育的载体，“做好人”才是其出发点与归宿。

二　工作目标

1. 深入展开统整学校课程计划的实践，探索有效实施素质教育、全面提升教育质量的规律。

2. 努力实现学生多元发展、教师专业发展和学校办学特色与内涵发展。

---

①　注：本项目是创建金山区新优质学校规划的教育实验项目。

三　实施内容

1. 以“推进学习设计，提升学习效能行动研究”项目为抓手，开展国家课程校本化实施的实践与研究。

【目标】

（1）开展国家课程校本化实施的实践与研究，构建并不断完善基于校本且科学、合理的学期课程计划。

（2）开展个性化教学背景下“学习任务单”导学等的课堂教学实践，努力实现教与学方式转变和提高课堂教学有效性的“双赢”。

（3）加强课程与教学的科学管理，多渠道开发师生潜能，全面提升学习品质、学科基础素养及发展性学力。

【举措】

（1）组织“基于学生需求现状”的评估调研。

从学校的具体情况出发，引领教师共同分析学校的优势与不足、机会点和威胁点，通过课堂观察、学生个人自述、学生访谈和座谈、学生问卷、家长问卷和学生作品等形式了解学生学习的基础、学习的困难、对教学的满意度和希望等方面的内容，将各方面的信息加以整合，形成全面掌握我校学生整体学习需求的调研报告。

（2）编制好基于校本且科学、合理的学期课程计划。

在“为了每一个学生的终身发展”理念下，依据学生需求和学校可能，精心编制基于校本且科学、合理的学期课程计划。不仅要关注教师的配置（以胜任为原则），更要关注施教的内容（以适合为原则）。对涉及跨学科的，也要做出有机整合的合理安排与指导。

（3）进一步提升教师的课程执行力。

进一步贯彻落实《国务院关于基础教育改革和发展的决定》、教育部《基础教育课程改革纲要（试行）》、《上海市普通中小学课程方案（试行稿）》、《上海市教育委员会关于进一步规范中小学课程教学工作深入实施素质教育的若干意见》等文件精神，继续推进“金山区教师课堂教学有效行动计划”，充分利用教研组、备课组研究活动和教学论坛等阵地，引导教师就解读教材、有效实施课堂教学、作业设计、思维培养等方面展开反思与实践；加强对课程实施情况的检查与评价，提高学校课程的领导力和执行力。

（4）开展“基于学情的教材处理”专题实践。

引导教师从学习需求出发处理统一使用的教材，包括对教材的补充、整合或再编写等，进一步增强教师“以尊重的态度理解教材，以开阔的视野研究教材，以评判的眼光审视教材，以求实的方法处理教材”等意识和能力。以备课组为单位，形成个性化的各学科国家课程校本化实施的计划（方案）。

（5）探索提升课堂教学效能的有效策略。

继续以追求“适合学生发展“的课堂教学为目标，展开不断改进教与学方式的探索与实践。抓紧抓实《“学习任务单”在小学课堂教学中的应用策略研究》的课题推进，着力在学习设计上下功夫（做好学情分析、设置清晰科学的学习目标、细化学习任务、制订导学要点、做好课堂学习评价），以培养学习习惯、思维能力和实践能力以及习得方法为目标，提高课堂教学质量，促进学生学业进步，并体会到学习的乐趣。

（6）开展“小学生学科基础素养评价”的改革。

在先行先试学校的引领下，有计划推进“小学生学科基础素养评价”的改革（除对原有教材做出适当调整外，着力开展对综合实践活动的设计、实施及评价研究），以评价改革促教与学方式的颠覆性转变；在此之前，根据学生成长记录册的使用要求，科学如实地记载和评价学生各类课程的学习成果，引导学生健康快乐且有个性地发展。

（7）加强学校教研网络建设。

教导处—教研组—备课组组成三级教研管理网络，以教研组为核心加强对研究课、实践课和随堂课的管理，做实教研组研究课题（或专题）的实践研究，使教研组成为优化课堂教学的研究性组织；备课组活动要做到“四要”（要有具体的备课活动计划，要有明确的分工并形成工作合力，要有备课活动记载，要抓好教师个人的二次备课和教后反思），教导处做好备课组活动的全程检查和指导。

（8）加强教育资源库建设。

依托校园网络平台，发动教师积极参与学校教育资源库建设，促进信息交流和资源共建共享。在建设合格课程的基础上，努力打造优秀课程，努力使学校课程有特色、求品质、谋发展。

2. 以“小学书法写字教育课程化的深度推进研究”课题为抓手，开展为学生发展提供多元校本课程的实践。

【目标】

（1）重构《小学书法（写字）》特色教育课程体系。

（2）构建并不断完善校本拓展型、探究型课程体系。

（3）构建“基于生活化的小学德育活动体验式”校本课程体系。

（4）探索三类课程有机结合、优势互补对夯实基础、提升学力、发展个性以及全面实施素质教育、增强学校发展“软实力”的鲜活经验。

【举措】

（1）重构《小学书法（写字）》特色教育课程体系。

在发展办学特色过程中再度开发校本书法写字教育课程教材，打造更贴近校情且成熟的特色教育课程教材体系。包括课程标准、文本教材、实施方案、师资培训和教与学的评价等内容。在形成“一校一品”品牌课程的同时，为随后的多样化校本课程开发提供可资借鉴的鲜活经验。

（2）开发多样化的满足学生个性化发展需求的校本课程。

依据学生需求和师资实际，采取“以点带面，稳步推进”的策略，以美术布贴画、古诗欣赏、口语交际、合唱、球类、生物、智力七巧板等发展学生个性特长的兴趣班为基础，开展学科类、艺术类、健身类、科技类等校本课程的开发研究，发展学生兴趣爱好和个性特长，促进学生综合素质的提升。

（3）开发“基于生活化的小学德育活动体验式”校本课程。

依据《小学德育纲要》《中共中央国务院关于进一步加强和改进未成年人思想道德建设的若干意见》等文件精神和历年来累积的工作经验等，组织德育骨干展开德育活动系列化课程的开发。形成《漕泾小学生活化德育活动方案库》，包括：爱祖国（爱家乡）系列，传统美德、社会公德系列，文明礼仪、遵纪守法系列，崇尚科学、热爱学习系列，珍惜生命、保护环境系列……

（4）深入展开校本课程的常态化应用实践研究。

遵循开发与应用并举的原则，充分运用“班队活动”、“社会实践活动”、“主题教育活动”、“专题教育活动”、“快乐活动日”、“阳光体育活动”、“社团活动”等各种阵地，展开校本课程的常态化应用实践，不断丰富学生的成长经历，发展学生的兴趣爱好，提升学生的发展性学力，增强学生的自信心，为而后的进一步学习夯实基础。与此同时，不断总结校本课程建设新经验，为改进这方面工作服务。

（5）多渠道实施“读好书，写好字，做好人”教育。

利用家长问卷、学生问卷，充分了解学生的个性、特长并登记在册，根据学生不同的年龄与身心发展特点，制定切实可行的各年段的系列教育规划，注重学科渗透和活动引导，促进学生思想品德、行为规范等意识和观念的提高，激发学生自我发展的自主性和能动性。并在有效挖掘学校资源和社区资源的基础上，切实开展好社团活动，以开发学生的潜能，促使学生多元发展，让学生在社团活动中发挥一技之长，从而体验成功的快乐。

（6）加强对校本课程建设状况的评价研究。

深入课堂，对开发的校本课程作出适切性、科学性、实效性方面的评价。要从教师的教和学生的学两方面建评价量表和评价机制，不仅评价教师的组织实施情况，更要评价学生的收获；不仅评价师生的教与学，还要评价校本课程本身的育人价值。

（7）精心策划与组织学生个性化学习成果的展示交流活动。

有计划组织校园读书节、写字节、科技节、艺术节、体育节等，向家长及小伙伴展示交流各自的个性化学习成果，激励学生向更高的目标前行；积极组织学生参与各级教育行政部门或各级社团机构组织发起各类征文、思维训练、竞技、比拼才艺等活动，让更多的学生有机会展示自己，也有机会向他人学习。

（8）探寻三类课程有机结合、优势互补对夯实基础、提升学力、发展个性以及全面实施素质教育、增强学校发展“软实力”的鲜活经验。

在“多元智能理论”主导下，通过展开为学生发展提供多元校本课程的尝试实践，总结开发学生多元智能，促进学生个性发展的有效策略及案例。为总结提炼国家课程、区域课程与校本课程统整推进的鲜活经验提供实证案例。

3. 以实施本项目为抓手，开展漕泾小学"教师学堂"的实践。

【目标】

(1) 用先进教育理念内化人，进一步更新教育观、教学观和学生观，增强教育的责任感与使命感。

(2) 用"小学教师专业标准"引导人，给每一位教师搭建学习发展的平台，让每位教师都能适应教育发展需要。

(3) 用和谐向上文化感召人，再建数量足够、结构合理的"德艺双馨"型师资队伍。

【举措】

(1) 创新学校管理模式。

以师生和学校共同发展为管理的根本目的，以尊重人、理解人为管理的根本原则，以发挥人的积极性和主观能动性为管理的根本途径，积极探索并实施以人为本的管理。一是把严格要求建立在尊重理解的基础之上；二是把管理目标细化于过程之中；三是把分工负责建立在团队协作上；四是把检查考核凸显在奖励上。

(2) 努力塑造校园精神。

在人本理念统领下，通过开展丰富多彩的活动，营造和谐融洽的人际关系，不断增强教职员工的向心力和凝聚力；通过"夸夸我身边的好伙伴"、"说说我的教育教学故事"等活动载体，引导广大教师践行以社会主义荣辱观为核心的价值取向。与此同时，还要继续以中国特色社会主义共同理想和改革创新的时代精神为目标指向，有计划举办"漕小讲坛"，引导漕小人前行，在前行的过程中进一步提升与时俱进的校园精神。

(3) 深入展开现代教育理论的学习与培训。

以更加关注"教师教育思想的提升和教育行为的变化"为着力点，展开现代教育理论的学习与培训。主要学习方式：专家讲座、个人自学和集中研讨等，学习内容包括："新基础教育"理论、"多元智能理论"、"学习设计"理论、"学与教的心理学"理论、"二期课改"理论、"儿童发展心理学"理论……共同探讨"今天，我们建什么样的课程更适合学生的发展"、"特色课程与多样化的课程建设的关系”、“写字教学与人文素养培养”等问题，努力形成共建共享优质课程文化的愿景。

（4）继续开展新课标的解读和二期课改精神的学习与实践。

以追求“适合学生发展”的教育教学为目标，组织教师结合教育教学工作实际，深入解读课程标准，用二期课改精神指导日常教育教学工作实践，切实转变教育观念，改进教学方法，着力学生多元发展。当下，要以“推进学习设计，提升学习效能行动研究”和“小学书法写字教育课程化的深度拓展研究”课题为载体，组织全员教师展开研究教师的教、研究学生的学实践，从中把握新课改的精神实质，指导自己的教育行为跟进。

（5）组织开展“关爱学生健康成长，提升自身专业素养“为主题的师德师风教育。

以施行《小学教师专业标准》为契机，组织全员教师展开深入学习。针对现有教师队伍的现状，开展“每个教师都是重要的”、“我们在合作中共同成长”、“漕泾小学的昨天、今天和明天”等教育活动，提升教师的职业幸福感；开展“传承与发展”师德实践活动，培育敬业爱岗的职业精神，探索和创新师德师风教育的新途径、新方法。

（6）继续开展“追求适合学生发展”主题的岗位成才系列活动。

按要求展开新一轮教师培训，高质量完成“十二五”师训；在区“明天的导师”工程引领下做好“校级学科带头人”的评选活动，有计划组织教学展示、学术沙龙等，发挥骨干教师示范引领作用；继续组织全员教师积极投入“追求适合学生发展”主题的岗位成才系列活动。内容有：积极参与上级组织的学科专业知识与能力的测试，认真组织课堂教学评比、作业设计（练习、命题等）、“教育论文、案例”、“教师‘三笔字’、普通话等单项比赛”……通过系列活动，提升教师的业务素养和专业能力。

（7）进一步发挥好“专家引领，同伴互助”等校本研修平台作用。

紧扣全面提升教师队伍的综合素养主题，进一步发挥教研组（备课组）阵地作用，把教研组建设成为相互影响、相互激励的“共同成长”平台。除此之外，要进一步发挥骨干教师的引领作用。一方面，为“骨干成长”创设学习机会，提供展示舞台，促使骨干教师具备一定的专业高度。另一方面，发挥其引领辐射作用，带教我们的青年教师。通过形式多样的带教活动，使新教师能够尽快适应教育教学工作，努力做到有思想、有追求、有韧劲、有智慧，教书育人的能力得以提高。继续实施团队带教制度，发挥教师群体的传帮带作用，开展磨课活动，促使青年教师更快更好地实现专业成长。

(8) 进一步引导教师积极参与教育科研活动和课题研究。

努力营造教师全员参与教育科研的氛围，增强教师在日常教学中的教科研意识；认真展开指导和培训，强化“做中学”，提升教师的教科研能力；培育教科研骨干力量，扎实展开市、区、校等各级各类课题的研究工作，充分发挥科研在推进课程改革、实施素质教育、促进教师成长中的重要作用。

四　实施步骤

1. 启动阶段(2012 年 9 月—2012 年 10 月)

(1) 2012 年 9 月，传达学习上海市及金山区开展“新优质学校”创建工作的实施意见等文件精神，研讨本校如何贯彻落实事宜。

(2) 2012 年 10 月，起草《金山区漕泾小学“新优质学校”创建规划(讨论稿)》，提交班子会议研讨。

(3) 2012 年 10 月，进一步修订创建规划以及细化实验项目的设计，提交教育局审批、认定。

2. 推进阶段(2012 年 11 月—2015 年 1 月)

(1) 2012 年 11 月，组织对学校创建规划的学习与解读，正式启动“新优质学校”的创建工作。

(2) 2013 年 6 月，开展以学期为单位的自查与自纠。

(3) 2013 年 9 月，依据自查反馈做整改，深入展开创建工作实践。

(4) 2014 年 1 月，认真做好实施情况的中期自查与评估。

(5) 2014 年 2 月，依据阶段自查评估，继续展开更具针对性的整改与实践。

(6) 2014 年 4 月，参与区教育局组织的全区性的展示研讨活动。

(7) 2015 年 1 月，做好本论创建工作的自评与总结。

3. 推广发展阶段(2015 年 2 月—2015 年 5 月)

(1) 2015 年 3 月，总结提炼成果与经验，参加局组织的终期评审。

(2) 2015 年 5 月，全面总结“新优质学校”创建成果与经验，为下一轮的推广发展研究奠定坚实基础。

五　预期成果

通过三年的努力，“读好书，写好字，做好人”课程文化建设取得重大进展，学生的学科基础素养和发展性学力有明显提升，学校预设的百姓满意、社会认可、领导放心的“新优质学校”创建目标实现。

1. 不断走向明晰、合理和丰富的学校课程计划汇编。

2. “基于学情的教材处理”案例集锦。

3. 个性化教学背景下“学习任务单”导学研究成果专辑。

4. 学校建成“优质教育资源库”共享平台。

5.《小学书法》特色教育课程体系创“品牌”。

6. “基于生活化的小学德育活动体验式”校本课程有特色。

7. 校本拓展型、探究型课程体系建设有成效(30 门以上)。

8. 学校三类课程有机结合、优势互补的经验总结文本。

9. 拍摄“教师的改变”专题片。多角度展示本项目实施所带来的变化(视频)。

2013 年 4 月 1 日

世纪之交的小学书法写字教育课程教材开发

§《小学书法写字教育与特色学校创建》课程纲要简介

一　目标定位

本课程纲要是由漕泾小学写字教育课题组的区、市级获奖科研成果《小学书法写字教育的实践与思考》转化而成。旨在为小学语文教师(担负小学生写字教育任务)、中小学书法写字教育课外兴趣小组活动课教师等提供在职校本培训用。在能力本位的理念下,着眼点放到提高这部分教师的书法写字基本素养上。包括对中华民族书法写字发展的回顾和小学书法写字教育德育、美育价值的认识,小学书法写字教育目标、原则、方法、内容及教学评价的掌握,教师的书法写字技能提高的有价值提示和参考等。既为教师在这方面能力的可持续发展和提高提供帮助,也为创建书法写字教育特色学校、弘扬中华民族优秀文化艺术等作进一步推进。

二　教材框架

本课程纲要为 5 章 20 节。

第一章:创建书法写字教育特色学校的办学思想。包括书法写字的历史演变、现代背景下的书法写字教育、书法写字教育的德育价值和以书法写字教育为突破口,创建特色学校。

第二章:书法写字教育的目标、内容、原则和方法。

第三章:书法写字教育特色课程的机制构建。包括营造良好的书法写字教育校园文化氛围、体现书法写字教育管理上的“三到位”、发挥书法写字教育中的两支队伍作用、强调书法写字教育导向上的四个“结合”、遵循的五条运作原则、形成激励机制和处理好宏观和微观两个方面上的六个方面关系。

第四章：书法写字教育的评价。包括评价常模和评价方法。

第五章：教师的书法写字技能训练。包括教师技能培训的可能性、途径和方法以及教师书法写字技能训练实践。

全册课程纲要约 2 万字，可用 30 学时完成，学分为 3 个。

三　教材特点

1. 通俗易懂。本课程纲要是由科研成果转化而成，是课题组成员多年从事书法写字教育研究所创造的经验结晶，源于实践、贴近校情。文字叙述朴实无华，既无经典著作上的你云我云，又无实践过程中的文字游戏。当然，它也不是一般意义上的点滴经验，而是经多轮筛选形成的自成体系的成熟经验。加上编者在文字上的反复推敲，使通篇教材线条清晰，内在逻辑性强，易为学习者理解、吸收和记忆。

2. 实践性强。本课程纲要避免了从理解到理论的诠释，而将更多的视角投注于提高教师的书写技能上，为学习者进一步拓展练习提供了思路。如果说，《小学书法写字教育的实践与思考》研究成果较侧重于理性思辨的话，而师训课程纲要则在重新审视的基础上，增加了教师书写技能训练实践篇。这是基于目前师训重心是从“学历补偿型”转向到“研修提高型”，强调实践操作的考虑。这是向能力本位作根本性位移的一个很好的实例。这也与书法写字教育侧重于技能训练的特点相吻合。

3. 适用性广。写字是语文教学中的一项重要的基本功训练。写字是书法的基础，书法则是艺术性的写字。中华民族书法艺术历来是我国文化艺术宝库中的一朵耀眼的奇葩，它涉及整个汉语文学习的范畴。从这个意义上说，该教材培训对象涉及的范围是很广的。除了像本校要创建书法写字教育特色学校的写字教育实验学校的教师群体外，更多的是从事汉语文教学的老师，因为写好字是每个中国人的起码要求。

四 使用策略

1. 理论联系实践，学以致用。学习的目的全在于应用。在能力本位的全新理念下，加强受训教师书写技能的训练指导不仅必要且十分重要。一手好书法不是靠几天的强化学习训练所解决的，课程纲要提供的仅仅是让学习者展开进一步实践给予方法和途径上的参考。诚然，没有理论指导的实践是盲目的实践，课程纲要用较多的篇幅阐述理念，目的是让实践者廓清一些模糊认识，切实将书法写字教育作为实施素质教育的一项突破性工作来抓。因此，提倡理论联系实践的好学风是课程纲要编写者的一个重要意图。

2. “普及”“提高”结合，分档推进。接受培训的教师书法写字的基本功基础不会整齐划一，存在差异是必然的。因此，在实施培训时，着眼点应放在普及上，设置大部分教师都能达得到的教学目标，让他们都能得到成功的体验。诚然，也应关注一部分基本功较扎实的受训教师，给他们设置的教学要求可高些，鼓励他们朝“研究提高型”方向发展。这就有了普及与提高相结合分层施教、分档推进一说，对教材的使用应具有灵活调控意识。

3. “自学”“辅导”互补，相得益彰。成人教育的最好途径在于提倡自学，通过自学感悟到的要比别人强行灌输的效果好得多。当然，这并不排斥加强学习辅导的必要，学习辅导能起到释疑解难、事半功倍的效果。“自学”与“辅导”均具有其不可替代的重要作用，可它们间有优势互补的功能。因此，该课程的师训应提倡“自学”与“辅导”相结合，起到相得益彰的效果。

五 教学评价

本课程教材作为师训选用，教学评价通过组织考查来实施。考查内容由两部分组成：一是撰写学习心得一篇；二是当场书写（软、硬笔）书法作品各一幅。采用模糊评判等级制（优良、及格和不及格）作综合评定，归入培训档案。

2001 年 2 月

§小学书法写字教育学生用课程教材简介

一　目标定位

本课程教材是根据《小学语文教学大纲》对写字的基本要求和上海市中小学生写字等级考的相关要求，并参照我校书法写字教师多年来的成功实践经验而着手编制的。旨在为创建书法写字教育特色学校的学生提供有效训练作指导，同时，也可让开展书法写字训练课外活动课的各类学生选用。

二　教材框架

整个教材共分 11 册。可分为一、二年级系列，三、四年级系列和五年级系列三部分。其中一年级（上、下）合订 1 册；二年级（上、下）2 册。教学训练内容为铅笔字，每册教材学习需要 16 课时。三年级钢笔字上下 2 册、毛笔字 1 册；四年级钢笔字上下 2 册、毛笔字 1 册。教学内容为钢笔字 8 课时/每学期，毛笔字 8 课时/每

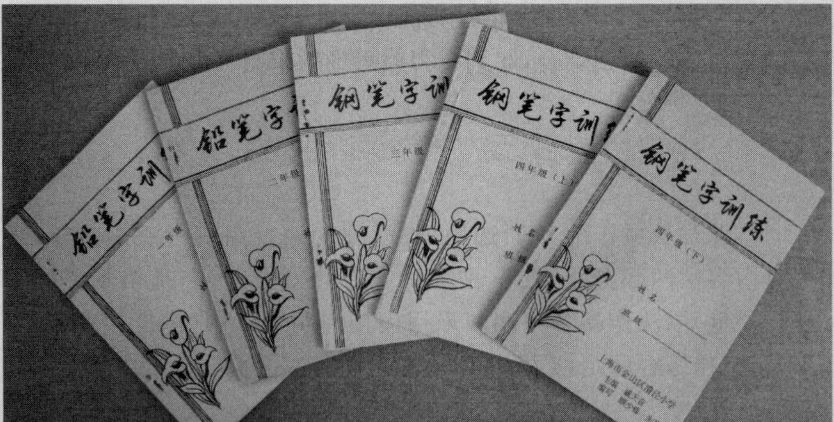

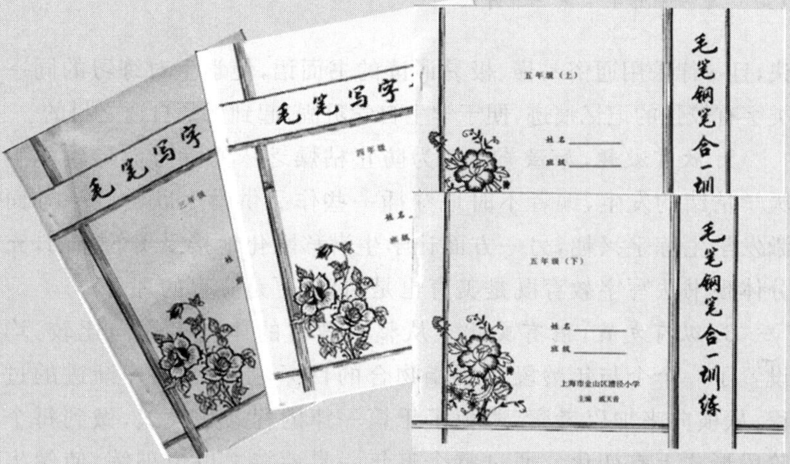

学期。钢笔字为 32 开本，毛笔字为 16 开本。五年级（上、下）2 册，教学训练内容为钢、毛笔字（钢、毛笔字学习内容在同一册书上），为 16 开本，学习需用 21 课时/每学期。

三　教材特点

1. 识写结合，循序渐进。汉字是音、形、义的结合体，识字与写字必须同时兼顾。根据少年儿童骨骼发育的特点，有专家建议小学起始年级学习汉字以识为主，写字的数量应酌减。我们在认同上述建议的同时，借鉴“最近发展区”学说，在编写写字教材时，尽量做到由易到难，循序推进，不追求急功近利。

2. 提供范例，触类旁通。入选教材的范字进行了精选，做到归类贴切。旨在通过对范字的练习指导，达到对同类字的触类旁通，以达到事半功倍的练习效应。

3. 设计新颖，省时高效。从已有经验积累出发，硬笔书法与软笔书法既有联系，又有区别，在本次编写的教材中，三、四年级继续沿用分开编的传统做法。而五年级教材则大胆改革创新，将硬笔与软笔的训练指导放到同步上，以达到互补提高的高效率目的。

4. 要诀提示，强化记忆。教材中独具匠心地设计了一些练习要诀，且一律采用通俗易懂、极易诵读的书面语，使学生对练习的同一类字有较强的记忆痕迹，便于学生自学巩固，起到无师自通之目的。

5. 欣赏激趣，加强美育。为防止枯燥乏味的练习而导致学生厌学情绪的发生，编者不时地穿插一些作品供学生欣赏。一方面激发学生练字兴趣，另一方面让学生潜移默化地接受美的熏陶，充分体现书法写字教育既是美育也是情育，更是心育的理念。

6. 纵有发展，横有变化。从整套教材的体列来纵向比较，均设置了一个个与年龄段发展相吻合的目标，是一个循序渐进的过程；从横向来加以考察，避免了千篇一律的程式化模式，做到每个阶段形式上有变化。通过整个五年一贯地持之以恒训练，使学生受到较全面、全方位地教育训练。

7. 描仿入体，发展个性。该套教材自楷书入手，且采用本校戚天音老师的(贴近学生实际)楷书手写体，在完成一定量的基础训练后，学生可根据自己的特点，由教师作参谋，指导学生练习某一书体，以达到发展学生不同个性之目的。

8. 教学相长，易于操作。该套教材能充分体现编写者的意图，执教的老师可从教材中体会到该如何合理、科学地指导学生练习。学生也可以从中领悟到自学与接受辅导的真谛，因而能起到教学相长之目的。

四 使用策略

1. 写字育人，养成教育应贯彻全过程

书法写字教育不单单是让学生写一手好字，更重要的是要全面发挥它的育人功能。为此，教师在实施教学活动中要将写字能“育德”、“启智”、“审美”、“健体”和养“习惯”等方面的共识贯穿于整个教学过程，尤其要突出对学生的修养进行指导。如，培养认真、庄重、坚韧不拔的意志品质，通过执笔提出作品正确、清楚、整洁、美观等要求，不断规范学生的行为，培养具有专心、细心、耐心、恒心、责任心和严谨治学的下一代。

2. 普遍要求与分类指导同步推进

对面上的学生，可通过写字课、天天练等教学组织形式提出普遍要求，循序渐进，逐步提高他们的写好字素养。针对书法兴趣小组或书法特长班的学生，由于他们起步的不一、发展水平有差异，需要教师为他们设置不同的教学目标，进行分类指导，分层次地不断提升他们的书法写字素养。使书法写字教育特色学校的学生写字素养呈现应有的各层次发展水平。

3. 教学过程细化，教学方法优化

目前小学的写字课，一般采用的是 20 分钟小课或 40 分钟大课的形式。无论是小课也好，大课也罢，宜将教学过程分为"二段式"。即精心讲授、规范示范阶段和认真临写、精心辅导阶段。两个阶段所占用的时间以 1∶2 为宜。因此，在第一段中，要求教师讲解通俗、演示规范，重点突出和课堂激活；在第二段中，要注意授人以渔、因人施教和引导读帖。充分运用"看、记、写、比"等多种手段来提高课堂教学效益。

4. 多渠道全方位开展社会实践活动

写字是一项重要的基本功训练。一手好字可受益一辈子，但一手好字绝对不能靠一朝一夕所能达到的。为此，教师要教育学生养成勤学苦练的好习惯，通过课内与课外、校内与校外、学校与家庭等多渠道敦促学生苦练基本功。带领他们走出校门、走向社会、参与竞赛、书写春联等，让他们有施展自己才能，享受成功体验的机会，可取得事半功倍的良好效果。

五　教学评价（略）

详见：《小学书法写字教育的实践与思考》中的教育评价量表。

2001 年 2 月

§ 小学书法写字教育学生用课程教材实施案例

案例一："钩"的写法

（五年级第二学期）

【教学目标】

1. 学会"钩"的不同写法；

2. 正确运用“钩”的不同写法书写一句格言，做到掌法合理；

3. 激发学生写字兴趣，培养学生审美能力。

【教学难点和重点】掌握“钩”的不同写法。

【教具、学具准备】

录音机、投影仪、投影片、临摹纸、丝带、空白卡纸若干（学生各一份）

【教学过程】

一、揭示目标，引出课题

1. 揭示目标

今天的第一节课，我们来学习“钩”的不同写法（板书）和学写一句格言，最后还要只做一件小小的艺术品。

2. 引导学生说名言警句

引出：“有志者事竟成”（板书）

二、重点分析，突破难点

1. 感知认识

提问：谁来说说：“有志者事竟成”是什么意思呢？

讲得很好，“有志者事竟成”就是教育人们做任何事情要有志向，加上努力就一定能成功。我们练字也一样。首先，要有练好字的志向，然后勤学苦练，就一定能写出一手漂亮的字来。

2. 分析“钩”的不同写法。

下面我们一起来观察这句话的每一个字。在这六个字中“钩”的不同写法特别多？有哪些钩？

这些“钩”如何来写呢？同学们请看。

（出示小黑板）

名　称	笔画	字例	写　　法
横折钩	㇆	有	向右耸肩，胸腰前挺
卧钩	㇃	志	轻落笔，向下呈弧状，向左上方钩出
竖钩	亅	事	胸腰前挺，近钩处呈微弓状
竖弯钩	㇟	竟	浮鹅状，底端平，向上钩出
斜钩	㇂	成	向右上钩出，右下略带弧状

（1）讲解各笔画的写法。

（2）听音乐看老师书写笔画，要求观擦老师运笔。

（3）学生听音乐书空，要求注意笔画的转折和停顿。

3. 笔画临摹

（1）在临摹纸上每个笔画临摹，做到写法正确（个别学生临在投影片上）。

（2）讲评笔画。

（3）教师小结。

三、整体临摹，作业讲评

1. 学生临摹，教师巡视，并作个别辅导（个别学生直接临在投影片上）。

2. 对学生临写作品作简短评析。

3. 个别字的结构作写法指导。

四、创作练习，激发兴趣

1. 书签制作

启发、引出书签制作时的注意点（a. 内容；b. 章法；c. 落款）。

2. 展示作品。方式（筛选）

3. 教师小结

今天这一节课，我们既学习了“钩”的不同写法，又能写好“有志者事竟成”这句格言，还学会了制作艺术书签。但我们不能满足。我们要有更高的志向，百倍的勤学苦练，把字练得更好。同学们能做到吗？就像今天所学的这句格言，一起读（有志者事竟成）。

附板书：

“钩”的不同写法

有　志　者　事　竟　成

㇆　㇃　　　亅　乚　㇂

教学设计构思：

临摹是小学五年级写字教学的一个重要组成部分，也是钢笔字练习的深入阶段。俗话说：习字当由笔画入手。“集点成画，集画成字，集字成行，集行成片。”由于钢笔字线条单一、字形较小，所以，笔画较难写，加上农村小学写字功底较差，写出来的字较平直、死板。这主要是学生对于字的各个笔画的变化注意不够。因此，教学时，我总是找出学生已学过的某一个笔画的不同写法作为这一堂课的重点，在临摹中加上仿影，给学生一个梯度。

在教学中我要求学生逐步学会看字，即学会找字的共性，抓字的个性，出成品。找字的共性，即寻找规律。汉字几千个，尽管它们形态不同，但如果抓住书写上的特征、掌握了规律，那学会几个就等于把握了一批。学会观察，是写好字的前提。因此，教学时，有意识地让学生认真观察。抓字的个性，就是抓住每一个字的各个笔画的写法及变化。如：同一个笔画，在不同的字中的写法也不尽相同。只有这样不断地观察、判别，加上动手操作，才能起到事半功倍的功效，去写好每一个字。

这样，学生每熟练学会书写一句话，就好像“占领”了一块根据地，然后，教师只要引导学生学会了引申、延展，作由此及彼的努力。长此以往，学生就能把学到的书法知识和技能渐渐渗透到平时大量的书写中去。

【提供者：顾少峰】

案例二：间架结构之三

（漕泾中心小学书法兴趣班）

【教学内容】左右结构字的间架结体

【教学目标】

1. 通过活动掌握左右结构字的间架结体规律；
2. 通过活动巩固“独体字”、“半包围”等结构字的写法；
3. 欣赏书法作品的艺术美。

【教学重点】

强调与“反文”结体的一般规律，做到和谐搭配的整体美。教具及用品准备：投影仪、投影片、练习宣纸、笔墨、垫毯等。

【活动步骤】

一、欣赏书法作品，激发兴趣

1. 出示书法挂轴，欣赏作品。

2. 讲授：此件挂轴，装裱精美，字体中的点画精妙、到位，结体匀称美观。给人怎样的感觉？

开展讨论。

二、导入

好的字给人以美的享受，好的字也如同精美的画成为一门独立的艺术，即书法。除了勤练之外，还需要对一些基本的技能技巧的掌握。前一阶段我们学习了独体字、半包围等结构的字的写法，今天我们学习左右结构的字的写法。

1. 提问（出示投影A片）

问：(1)这几个字给你感觉怎样？为什么？（组织讨论）

(2) 怎样才能使字写得美观、得体、和谐？（组织讨论）

针对结构上的问题逐一分析。

2. 提问（出示投影A′片）

这些字给你感觉怎样？为什么？

3. 指导如何欣赏、如何学着写。

（边讲解，边演示，边书空）

我们就以这个作品中的几个典型汉字为例。学习其中的运笔方法和结体。先看老师表演书写“政通人和”一词。

“政”字左右结构，要写得和谐有致，“政”字的左边“正”要想让右边，第五笔“提”要谦让，笔势向右上与撇照应，尤其是撇在短横的左端，并且要弧形相承、自然，最后的捺有波有折，变化生动、成趣。整个字中间收，四周放。其中“提”特别要做到文明礼貌、谦逊忍让，相互协调、友爱。

“和”字的“口”字不要盛气凌人，特别是“口”大，多难看，不相称。

4. 小结

左右结构的字的间架结构，应该做到比例恰当，笔势自然跟随，左右之间相互谦让，让整个字体和谐配合、端庄、美观。

三、巩固

1. 练习书写：政、改、和、放

2. 作品展示（师讲评）

四、书法表演

【提供者：戚天音】

案例三：古诗临摹(《王之涣·登鹳雀楼》)

(五年第二学期)

【教学目标】

1. 通过教学使学生能临写一首完整古诗；

2. 通过教学使学生理解“撇、捺呼应”的含义；

3. 通过教学使学生掌握“撇、捺”在不同位置的写法。

【教学重点】掌握“撇、捺”在不同位置的写法。

【教学难点】理解“撇、捺呼应”的含义。

【教具学具准备】投影仪、投影片、作文簿、临摹纸(学生各一张)

【教学过程】

一、复习旧知，揭示课题

上一节课我们临摹了一首古诗《静夜思》，在这首诗中老师重点讲了什么？都有哪些“钩”？

讲得很好，但有些同学在作业中有些字写得还不够好，老师在批改作业时都指出来了，希望同学们加以纠正并认真临写。今天，我们再要临摹一首古诗。这是一首唐代诗人王之涣作的名诗叫《登鹳雀楼》。

二、重点分析，突破难点

1. 感知认识：(出示投影)

登鹳雀楼

王之涣

白日依山尽，
黄河入海流。
欲穷千里目，
更上一层楼。

请同学们一起把这首诗朗读一遍。

2. 分析“撇捺”呼应的含义，及不同位置的写法。

同学们，这首诗我们早已学过，知道这是一首勉励人们刻苦学习的诗，所以老师希望每一个同学都能临好这首诗。下面我们一起来观察这首诗，同学们是否注意到在这首诗中，“撇捺”同时出现的字很多。请哪位同学来讲一讲。

学生边讲，边出现板书。

很好，“撇”的不同写法和“捺”的不同写法我们都已学过。“撇、捺”同时出现，这就是我们这一堂课要研究的东西。请同学们再观察“撇、捺”的书写顺序是怎样的？（先撇、后捺）这“撇、捺”连接的笔顺就产生了呼应（出示板书），这撇捺是如何呼应的呢？（出示投影片）

名称	位置分析	字例	呼应情况	写法
撇	撇下捺（上下型）	依		1. 撇笔开张
捺	上撇下捺（左右型）	欲		去势远
呼	下撇上捺（左右型）	入		
应	撇捺不接	尽		2. 写捺顺势
	撇捺相交	更		3. 捺低于撇

教师领写，学生书写。

3. 笔画临摹

（1）在临摹纸上每个笔画临摹 2、3 遍（个别学生临在投影片上）。

（2）评讲笔画（以教师为主）（“人”大小不同，作为主要笔画开口大）。

（3）小结：这些字的撇捺呼应是写好这些字的关键，希望同学们今天在临摹时特别注意。

三、整体临摹

学生临摹，教师巡视，并做个别辅导（个别学生临在投影片上）。

四、作业讲评

1. 对学生临摹作品的优缺点作简短评析（以学生为主）。

2. 对于有些字再做集体辅导。

（附各字写法资料）

白——左竖下行时稍向右斜进，横折微微向上（好似右肩耸起），字体扁阔，上部略大于下部，要注意里外短横微向上姿态。

日——与“白”写法接近，不同的是此字瘦长，上下部大小相近。

依——左部短竖要有微微向右挺的姿态，与右上点意连。横笔斜上，或向钩左挺，让出一个空间，写撇要与捺呼应，捺顺势写出。

山——中竖挺直，左右两竖相向，竖折中横呈微弧形，横笔如太平，则呆板。

尽——横折向上，用竖撇，尽力与捺呼应，两点意连，第一点露锋，第二点回收，整体要给人舒展感。

黄——长横呈弧状，中间“由”略呈扁阔状，短撇与右点意连，这两点是稳住全字的关键之笔。

河——三点水的位置要注意不在同一垂线上，中间一点稍移左些，挑笔尖与右横意连，右横在第一点下起笔。竖钩以横笔中间偏右起笔为宜，写得稍长些。

入——短撇张开，与捺照应，字形扁阔。

海——右部“母”较难写，要稍倾斜，右上横与下撇折意连。

流——右上部略斜，浮鹅钩呈明显曲臂，以显示力度。

欲——左部为收，右部为放。左“口”的姿态是急与右“欠”连贯，捺出舒展。

穷——宝盖稍大，笼罩下部。“力”横折钩要斜进，捺出有力。

千——用平短撇，横笔略带弧形，中竖挺直。

里——先写三短横再写中竖，写中竖时须取逆势(即从第三横中间逆上)。上部“田勾太小，否则给人一种颈部细长的不雅之感。

目——与“日”写法相近，上下部大小也相近。

更——用竖撇，去势要远，捺要捺得开些，上部略耸。

上——最后一横是全字的关键，略带弧形，稍长些。

一——略带弧形，稍长。

层——“云”放要贴，长横要微斜，撇折要有力。

楼——右部可略高些。“女”撇短，与横意连。

五、教师小结

今天，我们临摹了王之涣的《登鹳雀楼》，在这首诗中同时出现“撇捺”的字比较多。希望同学们会区别不同的写法，尽量做到“撇捺”的呼应。这样在今后碰到类似的字就不怕写不好了，同时在这首诗中有些字的整体写法也要特别注意。

六、布置作业

1. 临摹纸上写完。

2. 在作文本上每一字临一行(也可多临)。

附 1:板书

撇 捺 呼 应

依　　欲　　入　　尽　　更

附 2:临摹纸格式参考

	登	鹳	雀	楼	王	之	涣	
		白	日	依	山	尽		
		黄	河	入	海	流		
		欲	穷	千	里	目		
		更	上	一	层	楼		

【提供者:顾少峰】

案例四:左右耳旁的运笔和比较

(四年级第一学期)

【教学目标】

1. 学会左右耳旁的运笔;
2. 掌握“阝”、“阝”书写规律,养成仔细观察的良好习惯;
3. 激发学生写字兴趣的爱好和审美能力;
4. 教育培养学生社会和谐需要相互谦让、友好相处的美德。

【教学重点、难点】

重点:左耳旁和右耳旁的运笔及区别,找出其规律。

难点:训练学生的观察能力和分析能力。

【教学准备】

1. 左耳旁“阝”、右耳旁“阝”、“陪”、“部”四张字卡；

2. 实物投影、教材；

3. 四张书写字卡、笔(水笔或钢笔均可)。

【教学过程】

一、导入

1. 揭示目标，引出课题，板书：左耳旁、右耳旁(三)；

2. 提问：左耳旁的字有：陈、阿、际；右耳旁的字有：都、郎、那、等。

二、学习：“阝”和“阝”

1. 师示范：“阝”和“阝”边写边运笔，了解其名称，左耳旁与右耳旁的不同；

2. 练习：按运笔方法写出“阝”和“阝”，注意顿笔和运笔的轻重快慢。(老师巡视指导)要特别注意两者的形态变化，注重观察；

3. 出示：(投影)左耳旁的字“陪”和右耳旁的字“部”。

提问：a. 通过观察，这两耳旁的形态特点有什么不同？

b. 通过观察，这两个字的耳旁位置有何不同？

4. 老师范写：“陪”、“部”。

三、老师激励语，提高学生的书写兴趣。

四、讲解

我们通过观察和分析基本上理解了两者的形态和运笔，明白了“左耳旁”的耳垂要小，为的是谦让右边的部分，还知道了“左耳旁”的竖必须是垂露竖，收笔应是四锋收笔。而“右耳旁”的字，耳垂要大，可以掌握字的重心，也知道其竖笔可用悬针竖，让字体的笔画遒劲有力，当然选用时要注意周围的环境。

五、举一反三

a. 出示(投影)六个字：

左旁：“陪、限、阿”，右旁：“部、郎、那”。

b. 观察后回答：

1. 左旁耳的特点是什么？为什么？

2. 右旁耳的特点是什么？为什么？

c. 师范写：

陪、限、阿　部、郎、那

d. 学生练习，老师巡视指导。

e. 展评（老师点评）。

六、欣赏作品

海内存知己， 天涯若比邻。	夕阳无限好， 满天随霞飞。

七、作业布置

1. 练习左、右耳旁，每天六字。

2. 举一反三再写左、右耳旁各五个字。

八、小结

这堂书写课不仅学会了左耳旁、右耳旁的运笔方法和形态特点，而且也懂得了汉字书写中要互相谦让、友好相处，与人际关系一样和谐友爱相处的社会美德。

【提供者：戚天音】

新课改背景下的小学书法写字教育课程化实践

§《小学书法》课程纲要

第一部分　前　言

随着现代科学技术的发展，很多时候计算机录入取代了汉字书写。但写字仍是小学生应具备的一项重要的语文基本功，中小学生应该学会书写汉字。更何况书法作为一门艺术，是我国的国粹，我们应充分弘扬民族传统文化，吸取传统文化的精髓，为培养合格的人才而努力。

基于为学生的未来发展夯实基础和做强学校书法写字教育特色项目的思考，我们拟针对以一期课改背景下开发的校本课程教材所暴露出的问题展开新一轮研究，再度展开小学书法（写字）教育课程化建设的实践，开发小学书法（写字）课程教材，精心培育书法写字文化，切实将“写一手好字，做一个好人”的办学特色落到实处。

一　课程性质与地位

《小学书法（写字）》课程是一门集练习、鉴赏、创作、探索于一体的校本拓展型课程，具有很强的实用性。该课程致力于学生书写能力的形成与发展，为其他课程的学习打好基础和提供方便，同时也有利于学生全面发展和终身发展。书法（写字）课程的学习对学生的习惯、能力、意志力和情感等方面均有较大影响，是值得研究和探索的一门新课程。

二　课程的基本理念

1. 为学生打好良好的书写基础。书法课程以打好学生良好的书写基础为出发点，加强学生日常训练，促使学生汉字书写能力的提高，同时向学生传授书法创作知识。

2. 注重学生观察、分析、模仿等能力及意志、耐心等良好品质的培养。从而让学生能自觉、主动地提高自己，发展自己的能力。

3. 倡导自主、合作、探究的学习方式。书法课程应根据学生的身心特点，关注学生的个体差异和不同需求，充分激发学生学习书法的主动意识和进取精神，培养学生主动探究、团结合作和勇于创新的精神。

三　课程标准设计思路

1. 书法(写字)课程目标小学五年一贯整体设计，在总目标之下按1—5年级分别提出五个阶段目标，体现书法课程的整体性和阶段性。

2. 课程目标从知识与能力、情感态度和价值观、过程与方法三个维度设计总目标的达成，依赖于阶段目标的落实循序渐进。

3. 各个学段相互联系、螺旋上升。突出对方法的掌握，强调学习过程，重视对知识和能力的培养。

4. 加强学生对传统文化的学习，促进学生文学素养的整体提高和协调发展。

第二部分　课程目标

一　总 目 标

使学生会写铅笔字和钢笔字，能写毛笔字，培养学生书写汉字的能力；培养学生对书法艺术的热爱，感受祖国传统艺术的博大精深；陶冶情操，培养审美能力；养成认真细心的学习态度和良好的意志品质；养成做事有条理的习惯，懂得做人要踏实的道理。

二　分目标

1. 在书法学习过程中，培养学生热爱祖国语言文字的情感，逐步形成积极的人生态度和正确的价值观、审美观，提高学生的文化品位和审美情趣。认识中华文化的博大精深，继承传统文化的精髓，吸收民族文化智慧。

2. 贯彻落实教育部《关于加强义务教育阶段中小学生写字教学的通知》精神，能正确工整地书写汉字，养成良好书写的习惯，并有一定的速度。掌握一定的书写方法和技巧，能主动进行探究性学习，在实践中学习和运用。锻炼提高学生的艺术、情感等智能，促进学生主动活泼、全面和谐的发展。

3. 具有书法欣赏能力，对古代优秀书法作品有了解，会鉴赏书法作品，受到传统文化的熏陶，丰富自己的精神世界。

4. 初步具有书法创作能力，在继承的同时学习书法创作的方法。

第三部分　内容标准

一 年 级

1. 练习用铅笔写字，喜欢汉字，有学习写和写好汉字的愿望。

2. 养成正确的握笔姿势和坐姿和良好的写字习惯。认识常用的偏旁部首。了解笔顺规则并能运用于硬笔写字，书写较规范、整洁。

3. 培养学生有耐心、有毅力的良好品质。

4. 逐步掌握28种基本笔画并初步了解它们的写法：点、横、竖、撇、捺、提、竖钩、弯钩、斜钩、卧钩、竖弯、竖弯钩、横折提、横折弯、竖提、横钩、横折、横折钩、横撇、撇折、撇点、横折弯钩、竖折、竖折折钩、横折折撇、横撇弯钩、横折折折钩、竖折撇。

二 年 级

1. 培养学生写字兴趣和良好写字习惯。

2. 继续练习用铅笔写字，能按笔顺规则较规范地用硬笔写字。写字端正、整洁，掌握汉字基本笔画、执笔要领和常用的偏旁部首的正确写法。

3. 养成正确的写字姿势，学会使用和保管写字用具。

4. 初步感受汉字的形体美。

三 年 级

1. 培养写字兴趣和良好写字习惯。

2. 继续了解汉字的各种结构及其写法。

3. 能比较熟练地用铅笔写字，写得正确、端正、整洁、行款整齐。

4. 能使用钢笔练习书写，学会钢笔的执笔和运笔方法。

5. 初步了解文房四宝——笔、墨、纸、砚的基本知识。学习正确用毛笔写字的姿势、执笔和运笔方法。

6. 学习毛笔描红，知道使用米字格的方法。初步掌握毛笔书写顿笔、提笔、中锋行笔三中运笔方法。

7. 学习用毛笔书写各种笔画及常用偏旁的方法，了解各种笔画和常用偏旁在字中的搭配关系。

8. 能感受汉字的形体美。

9. 培养学生合作意识，乐于向他人学习。

四 年 级

- **硬笔部分**

1. 培养写字兴趣和良好写字习惯。

2. 能熟练地用硬笔书写楷书，书写规范、端正、整洁，并能用一定的汉字间架结构特点书写。

3. 养成正确的写字姿势和良好的写字习惯。

4. 能感受汉字的形体美。

5. 培养学生虚心好学、持之以恒的好品质。

- **软笔部分**

1. 掌握正确的握笔姿势和坐姿（或站姿）练习、临摹简单的汉字，养成较好的书写习惯。

2. 学习毛笔书写中常用偏旁的写法，以及在字中的搭配。掌握一定的书写技巧。

3. 初步养成良好的写毛笔的习惯，培养审美能力。

五 年 级

- **硬笔部分**

1. 能使用硬笔书写楷书，行款整齐、布局合理、结构合理，掌握一定的写方法和技巧，并有一定的速度。

2. 养成正确的写字姿势和良好的写字习惯。

3. 培养学生有耐心、有毅力的品质。

- **软笔部分**

1. 掌握正确地握笔姿势和坐（站）姿，临写、摹写结合，渗透间架结构知识，养成较好的书写习惯。做到结构匀称，纸面干净。

2. 能临写楷书，结构比较合理、大小适当，有一定的速度，卷面整洁，布局恰当。

3. 养成良好的写毛笔字习惯，提高学生的审美能力。

第四部分　实施建议

一　教材编写建议

1. 教材编写应体现时代特点和学生身心发展特点，适应学生的认知水平，密切联系学生的经验世界，有助于激发学生兴趣和创新精神。

2. 教材编写应有利于提高学生语文学习，有助于学生树立正确的人生观、价值观。

3. 教材选择要注重继承与弘扬中华民族优秀文化，有助于增强学生的民族自尊心和爱国主义感情。

4. 教材要体现循序渐进，由易到难、由简到繁、难易适度，适合学生学习。

5. 教材应注意引导学生练习的方法，每部分应少而精，并具有启发性。

二　课程资源的开发与利用

1. 书法课程资源包括课堂教学资源和课外教学资源，例如：教科书、工具书、书法报刊、网络、习作园、展览馆里的书法作品等。

2. 学校应积极地创造条件，开展各种书法活动。例如开办书法讲座、举行书法展览、参加书法比赛等活动。

三 教学建议

1. 充分发挥师生双方在教学中的主动性和创造性，教师是学习活动的组织者和引导者，应转变观念，不断提高自身的素质，灵活运用多种教学策略，引导学生在实践中学习。

2. 正确处理教学中的激发兴趣、观察思维，培养技能、自我体验这四个阶段。兴趣是动力，观察是前提，技能是关键，体验是乐趣的载体，这四个阶段相辅相成，密不可分。

3. 重视情感、态度等的正确导向，老师的教仅仅是外因，而学生的学才是教学的核心，是内因。只有内因起作用，才可能产生效果。因此应该在教学过程中注重正确引导。

4. 教学中不可急于求成，急功近利。应充分遵循规律，结合学生的认知水平，联系学生的实际，给予正确恰当的引导。对学生取得的每一点进步都要及时给予鼓励，充分激发学生学习书法的积极性。

5. 书法兴趣活动，寓教育于活动之中。

四 评价建议

一、关于知识与技能

1. 注意学生写字的姿势（“三个一”，头正、身直、臂开、足平）与习惯（提笔就是练字时）。

2. 评价应重视学生书写的正确、规范、端正、整洁、美观。

3. 注重培养学生书写的技能技巧、书写速度及卷面整洁程度。

二、关于过程与方法

1. 写字教学要重视对学生写字正确的握笔方法和正确书写姿势的指导。

2. 写字教学要引导学生掌握汉字的基本笔画和常用的偏旁部首，学会分析汉字的间架结构。

3. 写字教学要引导学生掌握汉字书写的基本的技能技巧。养成良好的书写习惯。

4. 让学生感悟汉字的形体美、艺术美，致力于促进学生书写汉字水平的整体提高和审美能力的提高。

三、关于情感态度与价值观

1. 注重激发学生乐于书写汉字的积极性。

2. 学要注重培养学生热爱书法的兴趣。

3. 学会欣赏我国历代的优秀书法作品。了解书法是我国的国粹，我们应该学习和继承它。

2010 年 8 月

§《小学书法》课程教材简介

一　编写说明

在"为了每一个学生的终身发展"理念指引下，我们依据《教育部关于中小学开展书法教育的意见》【教基二(2011)4 号】、《上海市教育委员会关于进一步加强义务教育阶段学校写字教学的若干意见》【沪教委基(2011)55 号】、《金山区学生"写好字"书法教育项目五年推进计划 2012—2016》等文件精神，结合国家课程的校本化实施及校本拓展型、探究型课程建设，发挥现有师资潜力，组织开设本课程并编写了本教材。

我们认为：写字是书法的基础，它也是实用性书法。本科目用《小学书法》命名，是因为适用的对象为小学一至五年级学生，属于每位小学生必修的基本技能。本科目在传授书法写字技艺的同时，注重教育元素的发掘，力图将书法写字教学与育德、启智、审美、健体等融为一体。为追求教育教学效果的最大化，我们还将陆续编写与之配套的练习册及教学指导书。

由于时间局促并受制于编写者的专业能力与水平，本教材一定存在许多不足之处，恳请读者提出意见与建议，让我们在再版时予以修正。

本教材编写期间，得到了上海市教委教研室沈金龙先生、金山区教师进修学院朱平先生等专家的指导，也得到了曾在本校工作过的阮琴美、徐晓岭老师的鼎力相助，在此一并表示衷心感谢。

二 课程体系概述

《小学书法》课程体系由“潜在课程”、“《小学书法》校本课程”和“书法拓展课程”三部分组成。

“潜在课程”涵盖了书法写字教育个性化学校文化的全部。包括了环境的布置、活动的展开和书法优秀作品的积淀等，正发挥着“无声胜有声”的教育影响作用。

“书法拓展课程”是为书法特长生提供的可选择性课程。主攻“毛笔”书法，由“戚天音工作室”成员执教，安排在“快乐半日”活动中进行；

“《小学书法》校本课程”面向全体学生，由“《小学书法》校本教材”、“《小学书法》配套练习册”和“《小学书法》教学指导书”三部分组成。

三 《小学书法》教材特点

1. 面向全体　重视基础

教材面向全体学生，强化“双姿”指导，将打好规范、端正、整洁地书写汉字基础，打好正确的书写姿势和良好的书写习惯基础作为最基本的要求予以分步落实；坚持与语文课中的识字教学密切结合，入选的范字兼顾了识写结合。

2. 尊重规律　循序渐进

教材正确把握写字教学与书法教学的联系与区别，尊重教学规律，从写字到书法，从实用到艺术，入选的学习内容由浅到深，由低到高、由易到难、循序渐进，不追求急功近利。

3. 相互联系　自成系统

教材从文字系统、技法系统到知识系统梯次展开、归类贴切，让学生获得系统的知识和有序的训练。各个学段相互联系、螺旋上

升。突出对方法的掌握，强调学习过程，重视对知识和能力的培养。

4. 概念诠释　合乎规范

从写字到书法，从硬笔到毛笔，从“书法小知识”介绍到“书法家小故事”引用，从范本和经典的选择到释语的叙述，力求做到准确、规范、不随意；教材入选的范例字体，部分虽选自本校资深书法教师手笔，但经得起推敲(此教师曾为上海市中小学生硬笔书法提供书写范本并正式出版发行)。

5. 源于经验　易于操作

教材由长期从事中小学生写字和书法教学工作的一线教师参与编写和修订，从知识与技法的展开，到板块的设置，再到量与度的把握力求科学正确，使老师好教、学生好学。其中独具匠心地设计了一些练习要诀，且一律采用通俗易懂、极易诵读的书面语，使学生对练习的同一类字有较强的记忆痕迹，便于学生自学巩固，起到无师自通之目的。

6. 文化熏陶　强化育人

“写一手好字，做一个好人”的思想和书法文化的熏陶贯穿教材的始终，刻意注入多方面教育元素，增大地区教育资源比重。加强学生对传统文化的学习，促进学生文学素养的整体提高和协调发展，为教师完成三维目标全面育人，奠定基础。为防止枯燥乏味的练习而导致学生厌学情绪的发生，编者不时地穿插一些作品供学生欣赏。一方面激发学生练字兴趣，另一方面让学生潜移默化地接受美的熏陶，充分体现书法写字教育既是美育，也是情育，更是心育的理念。

四 《小学书法》配套资源特点

1. 丰富性

为配合《小学书法》课程的有效实施，编者收集、整理了数量足够的教育资源供执教者选用。有“文房四宝”的介绍；也有“汉字演变”历史的回顾；还有“名家”“名作”的追忆；更有当地“书家”“名碑”的考证……充分体现了编者对教育资源丰富性的重视和关注。

2. 鲜活性

为配合《小学书法》课程的有效实施，编者也收录了不少本校师生近年来创作的书法作品供学习者鉴赏与学习。这些源于实践且高于实践的鲜活资源必将成为激励师生效仿学习的典范，会发挥正能量的砥砺教育作用。

3. 典型性

为配合《小学书法》课程的有效实施，编者收录了很多“书法典故”，它们有着广泛传播的史实。借助这些典故，能唤起学生学书法的热情与兴趣；《小学书法》收编的“范例字”等都几经推敲，如能用心教与学，会收到“举一反三”、“触类旁通”的良好效果。

4. 本土性

为体现《小学书法》课程的校本、区本特点，编者选择并收录了很多地方色彩浓郁的教育资源供教与学选用。有享誉海内外的“金山农民画”(书画同源)，也有蜚声在外的“南社”纪念馆陈列作品，还有“子昂碑”等散落着金山境内“名作”等介绍。

5. 实用性

为配合《小学书法》课程的有效实施，编者还收编了一组《教案参考》，可供执教者备课时参考。教学指导书中还有《课程纲要》和教材解读及教学建议等，体现了实用的特点。

2012 年 12 月

§《小学书法》课程实施指导意见

第一部分　教材编写思路

一　总体思路

1. 整体设计，分段定位

《小学书法》教材小学五年一贯整体设计，在总目标之下按1—5年级分别细化成五个阶段目标与内容标准，编写成5册，体现其整体性和阶段性。

2. 面向全体，螺旋上升

《小学书法》一、二年级主要学习铅笔字书写，分别按基本笔画和偏旁部首为学习线索循序渐进；三、四年级主攻钢笔字、毛笔字书写，钢笔字部分按字形特点归类推进，毛笔字学习按基本笔画和偏旁部首为线索展开，以4∶3比例安排毛笔字、钢笔字训练；五年级主修毛笔字，兼顾钢笔字训练，毛笔字部分按字形特点归类临写，钢笔字主导硬笔书法作品创作。各年级学习内容相互联系，螺旋上升。

3. 注重育人，协调发展

《小学书法》注重继承与弘扬中华民族优秀文化的学习，融入地域教育资源的发掘，体现"写字育人"特质；体现时代特点和学生身心发展特点，适应学生的认知水平，促进学生综合素养的整体提高和协调发展。

二　各年级教材教学要求

一　年　级

1. 练习用铅笔写字，主要学写语文课本中要求会写的字，从独体字到合体字。

2. 养成正确的握笔姿势、坐姿和良好的写字习惯。

3. 学习并逐步掌握八种基本笔画的写法，了解笔顺规则并能运用于硬笔写字，书写较规范、整洁。

4. 初步培养学生有耐心、有毅力的良好品质。

二 年 级

1. 继续练习用铅笔写字，能按笔顺规则规范写字。培养学生写字兴趣和良好写字习惯。

2. 学习并掌握常用的偏旁部首的执笔要领和正确写法，书写规范、端正、整洁。

3. 养成正确的写字姿势，学会使用和保管写字用具。

4. 了解汉字，热爱汉字，初步感受汉字的形体美。

三 年 级

1. 初步尝试用钢笔写正楷字，学习并掌握其余的偏旁部首。开始注意行款整齐，力求美观。

2. 认识文房四宝——笔、墨、纸、砚的基本知识。学习正确用毛笔写字的姿势、执笔和运笔方法。

3. 开始学习毛笔的基本笔画，用毛笔临摹正楷字，在临摹中进一步认识汉字之美。

4. 开始陆续介绍篆、隶、行、楷各种字体及其他有关书法的知识，贯穿整个小学阶段。

5. 结合使用毛笔，训练正确姿势和良好习惯，强调书写规范、端正、整洁。

四 年 级

1. 继续使用钢笔写正楷字，认识和学写各种不同结构的字，注意行款，适当提高书写速度。

2. 用正确地握笔姿势和坐姿（或站姿）练习、临摹各种结构汉字，养成较好的书写习惯。

3. 学习并掌握毛笔字各种偏旁部首的写法和一定的书写技巧。

4. 继续强化正确姿势和良好习惯以及书写规范、端正、整洁的要求，培养审美能力。

五 年 级

1. 钢笔部分学习结构布势、结字规律和复杂字的书写。适当练习行楷字，掌握一定的书写方法和技巧，并有一定的速度。

2. 毛笔部分学写楷书，包括独体字、各种结构的合体字。学习结构布势和结字规律，开始集字临写。

3. 认识各种正楷书体，着重介绍和掌握欧(阳询)体的书写特点及书写规律，在临摹中体会书法之美。

4. 结合临帖进行正确姿势和良好习惯的训练。

5. 开设书法作品欣赏和创作的常识行动。

三 教材编写原则

1. 基础性。坚持与识字教学密切结合展开写字教学，坚持面向全体学生，打好规范、端正、整洁地书写汉字的基础，打好正确的书写姿势和良好的书写习惯的基础，在此基础上进行书法教育。

2. 渐进性。正确把握写字教学与书法教学的联系和区别，尊重教学规律，从写字到书法，从实用到艺术，由浅入深、由低到高、由易到难、逐步推进，适合学生学习。

3. 系统性。从文字系统、知识系统到技法系统梯次展开，让学生获得系统的知识和有序的训练。

4. 规范性。从写字到书法，从硬笔到毛笔，从范本和经典的选择到释语的叙述，力求做到准确、规范、不随意。

5. 可操作性。从知识与技法的展开，到板块的设置，再到量与度的把握力求科学准确，体现老师好教、学生易学。

6. 教育性。“写一手好字，做一个好人”的理念和书法文化的熏陶贯穿教材的始终，注重教育元素的挖掘，为教师完成三维教学目标全面育人奠定基础。

四 课程资源的开发与利用

本套教材由教科书(课本)、教学指导书、学生练习册组成。教科书(课本)的每一单元都由如“学一学”、“试一试”、“练一练”、“听一听”、“赏一赏”等板块组成；教学指导书除介绍课程纲要、教材设计思路外，还对每单元的教学目标、教学内容、重点难点进行扼要分析，并提出教学建议。学生练习册则为达成教科书设置的目标而引导学生展开习字训练用。这些都是实施本课程不可或缺的基本资源。除此之外，还必须进行：

1. 发动教师积极开发与利用课程资源

书法课程资源包括课堂教学资源和课外教学资源。其中课外教学资源的充分运用对激发学生学习兴趣，提高书法素养有重要作用。课外教学资源包括工具书、书法报刊、网络、习作园、展览馆里的书法作品等。

2. 积极创造条件，开展丰富多彩的书法活动

“教育在于活动”。学校要为学生持之以恒的学习创设平台。例如，开办书法讲座、举行书法展览、参加书法比赛等活动。

第二部分 教学实施建议

一 简明教学计划

一 年 级

单元	学习内容	示例	教学目标	课时	备注
学习准备	姿势与方法		1. 掌握铅笔的写字姿势和执笔方法，认识田字格。 2. 能用正确的写字姿势和执笔方法练习写字。 3. 培养学生良好的书写习惯，做到书写时精神集中。	2	
第一	横的写法	一三	1. 使学生掌握横的书写方法，包括起笔、收笔。 2. 写好带有横画的字“一”、“三”等，注意横的写法。 3. 继续培养良好的握笔姿势、坐姿。	2	
第二	竖的写法	下千	1. 使学生掌握两种竖的书写方法，包括起笔、收笔。 2. 写好带有这两种基本笔画的字“十”、“干”等，注意竖的写法。 3. 继续培养良好的握笔姿势、坐姿。	2	

（续表）

单元	学习内容	示例	教学目标	课时	备注
第三	撇的写法	人大	1. 使学生掌握撇这种基本笔画的书写方法。 2. 写好带有这种基本笔画的字“左”、“千”等，注意生字中撇的写法。 3. 培养良好的书写习惯。	2	
第四	捺的写法	天木	1. 掌握捺这种基本笔画的书写方法。 2. 写好带有这种基本笔画的字“人”、“之”等，注意生字中捺的写法。 3. 继续培养良好的书写习惯。	2	
第五	点的写法	六小	1. 使学生掌握点这种基本笔画的书写方法。 2. 写好带有这种基本笔画的字“下”、“斗”等，注意生字中点的写法。 3. 继续培养良好的书写习惯。	2	
第六	提的写法	刁江	1. 使学生掌握提这种基本笔画的书写方法。 2. 写好带有这种基本笔画的字“习”、“虫”，注意生字中提的写法。 3. 继续培养良好的书写习惯。	2	
第七 第八	折的写法	口月 区医	1. 掌握基本笔画折的写法。 2. 写好带有这种基本笔画的字“日”、“马”等，注意生字中折的写法。 3. 继续培养良好的书写习惯。	4	
第九 第十 十一 十二	钩的写法	小宝 毛儿 戈飞 子了	1. 掌握基本笔画钩的写法。 2. 写好带有这种基本笔画的字“丁”、“买”等，注意生字中钩的写法。 3. 继续培养良好的书写习惯。	6	

（续表）

单元	学习内容	示例	教学目标	课时	备注
综合（一）	实践活动：笔画大比拼		1. 说一说，我们学到的笔画。 2. 你认为哪些笔画最难写，书写时要注意什么？ 3. 写一写。 4. 评一评，看谁写得好？	2	
综合（二）	实践活动：评选写字小明星		1. 说一说，做一做，写字的姿势和方法，看谁做得最规范？ 2. 朗诵书写小口诀。 3. 用最正确的方法和姿势写一写。 4. 评一评。	2	

二 年 级

单元	学习内容	示例	教学目标	课时	备注
第一	点横、两点水、三点水	冷冲江六文河	1. 认识点横、两点水、三点水特点。 2. 掌握点横、两点水、三点水的写法。 3. 按照这三种笔画书写方法摹仿课文中的例字。	3	
第二	言字旁、单人旁、双人旁	计论仗仁行德	1. 认识言字旁、单人旁、双人旁特点。 2. 掌握言字旁、单人旁、双人旁的写法。 3. 按照这三种笔画书写方法描仿课文中的例字。	3	
第三	提手旁、木字旁、禾木旁	打扶杠杖和种	1. 认识提手旁、木字旁、禾木旁特点。 2. 掌握提手旁、木字旁、禾木旁的写法。 3. 按照这三种笔画书写方法描仿课文中的例字。	3	

（续表）

单元	学习内容	示例	教学目标	课时	备注
第四	秃宝盖、穴字头、草字头	写军 空帘 茶芝	1. 认识点秃宝盖、穴字头、草字头特点。 2. 掌握秃宝盖、穴字头、草字头的写法。 3. 按照这三种笔画书写方法描仿课文中的例字。	3	
第五	竹字头、雨字头、四点底	笑笔 点黑 雷雪	1. 认识竹字头、四点底、雨字头特点。 2. 掌握竹字头、四点底、雨字头的写法。 3. 按照这三种笔画书写方法描仿课文中的例字。	3	
第六	十字头、士字头、十字底	古克 吉志 华毕	1. 认识十字头、士字头、十字底特点。 2. 掌握十字头、士字头、十字底的写法。 3. 按照这三种笔画书写方法描仿课文中的例字。	3	
第七	心字底、竖心旁、反犬旁	想总 快情 狠狐	1. 认识心字底、竖心旁、反犬旁特点。 2. 掌握心字底、竖心旁、反犬旁的写法。 3. 按照这三种笔画书写方法描仿课文中的例字。	3	
第八	八字头、八字底、人字头	公分 只兴 金命	1. 认识八字头、八字底、人字头的特点。 2. 掌握八字头、八字底、人字头的写法。 3. 按照这三种笔画书写方法描仿课文中的例字。	3	
第九	左耳朵、右耳朵、硬耳朵	隆限 郊邮 脚却	1. 认识左耳朵、右耳朵、硬耳朵的特点。 2. 掌握左耳朵、右耳朵、硬耳朵的写法。 3. 按照这三种笔画书写方法描仿课文中的例字。	3	

（续表）

单元	学习内容	示例	教学目标	课时	备注
第十	绞丝旁、火字旁、女字旁	红纱 烧灿 妈好	1. 认识绞丝旁、火字旁、女字旁特点。 2. 掌握绞丝旁、火字旁、女字旁的写法。 3. 按照这三种笔画书写方法描仿课文中的例字。	3	
十一	马字旁、鸟字旁、工字旁	驰验 鸡鸿 攻功	1. 认识马字旁、鸟字旁、工字旁特点。 2. 掌握马字旁、鸟字旁、工字旁的写法。 3. 按照这三种笔画书写方法描仿课文中的例字。	3	
十二	门字框、广字头、走字底	问闪 庆废 过这	1. 认识门字框、广字头、走字底特点。 2. 掌握门字框、广字头、走字底的写法。 3. 按照这三种笔画书写方法描仿课文中的例字。	3	
综合实践活动（一）	好字祥词贺新年	了解制作贺卡的步骤	1. 知道做贺卡需要哪些材料。 2. 制定贺卡的样式。 3. 学会评价。	1	
综合实践活动（二）	讲书法家的故事	了解讲故事的基本过程	1. 学会收集故事的能力。 2. 学会制定比赛规则和评分标准。 3. 学习书法家的优秀品质。	1	

三 年 级

单元	学习内容	示例	教学目标	课时	备注
毛笔部分					
学习准备	姿势与方法		1. 认识握笔和写字姿势的重要性。 2. 掌握正确的握笔姿势和书写姿势。 3. 体会正确姿势的优美。	1	
	楷书欣赏		1. 欣赏历代名家名帖。 2. 掌握一定的楷书基本知识。 3. 感受书法之美。	1	
	文房四宝		1. 熟悉文房四宝的内容。 2. 了解文房四宝的一些历史。 3. 感受使用文房四宝带来的乐趣。	1	
第一	横的写法	二土正	1. 认识横的形态，学会横的写法，掌握起笔、行笔、收笔的用笔过程。 2. 提、顿、按等笔法的用笔方法。 3. 培养细心观察的习惯。	2	
第二	竖的写法（一）（二）	十干川 下丰山	1. 认识书法中的垂露竖、悬针竖的形态。 2. 掌握书写垂露竖、悬针竖的方法。 3. 培养学生观察和比较的能力。	3	
第三	撇的写法	人千有 大禾厂	1. 认识撇的特点。 2. 掌握撇的写法。 3. 欣赏撇的体态美，培养审美能力。	2	
第四	捺的写法	人八丈 文足之	1. 使学生了解捺的形态，掌握正确的书写方法。 2. 培养学生观察、比较、辨析的能力。 3. 引发兴趣，激发对祖国书法艺术的热爱。	2	

（续表）

单元	学习内容	示例	教学目标	课时	备注
第五	点的写法	六头冷 穴女江	1. 通过观察使学生了解点的形态。 2. 掌握正确的点的书写方法。 3. 感受点画的形态美。	2	
第六	提的写法	刁民红	1. 观察了解提的形态。 2. 掌握提的写法。 3. 欣赏提的形态美，培养审美能力。	2	
第七	折的写法	口马贝	1. 观察了解折的形态。 2. 掌握折的写法。 3. 欣赏折的体态美，培养审美能力。	3	
第八 第九	钩的写法	买罕飞 丁戈毛	1. 认识笔画“钩”。通过观察，知道“钩”画的形态。 2. 看演示，听讲解，懂得“钩”画书写的方法和要领。 3. 在练习同时注意书写习惯的培养。	4	
硬笔部分					
第一	自然形成	月四 力戈	1. 通过观察，辨明月、四、力、戈等字的字形特点。 2. 运用正确的书写方法，会书写这些字。 3. 体会书写要领。	2	
第二	横平竖直	王十 圭平	1. 通过观察，辨明王、十、圭、干等字的字形特点。 2. 运用正确的书写方法，会书写这些字。 3. 体会书写要领。	2	
第三	排列匀称	目言 曲勿	1. 通过观察，辨明目、言、曲、勿等字的字形特点。 2. 运用正确的书写方法，会书写这些字。 3. 体会书写要领。	2	

（续表）

单元	学习内容	示例	教学目标	课时	备注
第四	撇捺舒展	介吞 春永	1. 通过观察，辨明介、吞、春、永等字的字形特点。 2. 运用正确的书写方法，会书写这些字。 3. 体会书写要领。	2	
第五	左右对称	小示 北非	1. 通过观察，辨明小、示、北、非等字的字形特点。 2. 运用正确的书写方法，会书写这些字。 3. 体会书写要领。	2	
第六	主笔横画	安梁 齿盖	1. 通过观察，辨明安、梁、齿、盖等字的字形特点。 2. 运用正确的书写方法，会书写这些字。 3. 体会书写要领。	2	
第七	突出勾画	武思 时克	1. 通过观察，辨明武、思、时、克等字的字形特点。 2. 运用正确的书写方法，会书写这些字。 3. 体会书写要领。	2	
综合实践活动（一）	小小书签 浓浓墨香		1. 介绍活动内容。 2. 简介书签的相关知识。 3. 制作书签的方法。 4. 书签制作。 5. 评议。	2	
综合实践活动（二）	今日写字小能手 明日书法大名家		1. 讲讲书法名家小故事。 2. 说说书法名家的作品。 3. 学做写字“小能手”（完成书法作品一幅）。 4. 评议。 5. 展示。	2	

四 年 级

单元	学习内容	示例	教学目标	课时	备注
毛笔部分					
第一	十字头、厂子头、左字头	古厚在	1. 认识十字头、厂子头、左字头。 2. 掌握十字头、厂子头、左字头的写法。 3. 了解一点毛笔书写中的中锋知识。 4. 了解著名书法家——王羲之。	3	
第二	巨形框、耳朵旁、秃宝盖	匪除冠	1. 认识巨形框 耳朵旁 秃宝盖。 2. 掌握巨形框 耳朵旁 秃宝盖的写法。 3. 了解一点毛笔书写中的节奏知识。 4. 了解著名书法家——颜真卿。	3	
第三	人字头、提土旁、单人旁	翰休堪	1. 认识人字头、提土旁、单人旁。 2. 掌握人字头、提土旁、单人旁的写法。 3. 懂一点笔画的“方”和“园”。 4. 了解著名书法家——柳公权。	3	
第四	广字头、双人旁、山字旁	底待崇	1. 认识广字头、双人旁、山字旁。 2. 掌握广字头、双人旁、山字旁的写法。 3. 掌握一点笔势和笔意。 4. 了解著名书法家——欧阳询。	3	
第五	反犬旁、竖心旁、走字底	狼性近	1. 认识反犬旁、竖心旁、走字底。 2. 掌握反犬旁、竖心旁、走字底的写法。 3. 了解一点书法的整体美。 4. 了解著名书法家——赵孟頫。	3	

（续表）

单元	学习内容	示例	教学目标	课时	备注
第六	尸字头、弓字旁、女字旁	居引姿	1. 认识尸字头、弓字旁、女字旁。 2. 掌握尸字头、弓字旁、女字旁的写法。 3. 懂得一点书法作品的形式。 4. 学生书法实践，仿写横幅作品。	3	
第七	子字旁、木字旁、王字旁	孟杖理	1. 认识子字旁、木字旁、王字旁。 2. 掌握子字旁、木字旁、王字旁的写法。 3. 了解一点笔画中的“沉着痛快”。 5. 了解书法作品形式——对联	3	
第八	示字旁、心字底、戈字旁	社想我	1. 认识示字旁、心字底、戈字旁。 2. 掌握示字旁、心字底、戈字旁的写法。 3. 懂得一点书法欣赏。 4. 了解书法作品形式——条幅。	3	
硬笔部分					
第一	竖低横高	杜伍 拉肥	1. 了解书写要领。 2. 掌握书写方法。 3. 了解一点书法和音乐的关系。	2	
第二	品形如山	品晶 森磊	1. 了解书写要领。 2. 掌握书写方法。 3. 读一读《三字经》，并了解《三字经》的来历。	2	
第三	相互穿插	政河 黎琴	1. 了解书写要领。 2. 掌握书写方法。 3. 读一读悟秋情，写一写古诗《秋词》。	2	
第四	点画呼应	火江 心学	1. 了解书写要领。 2. 掌握书写方法。 3. 赏写古诗。	2	

（续表）

单元	学习内容	示例	教学目标	课时	备注
第五	左面易高	岭略 端明	1. 了解书写要领。 2. 掌握书写方法。 3. 初步掌握一点钢笔行书的特点。	2	
第六	多样变化	顺应 恙珊	1. 了解书写要领。 2. 掌握书写方法。 3. 古诗欣赏，并初步了解一点作品创作的要点。	2	
综合实践活动（一）	一起来做小报吧！		1. 了解报纸有哪些要素。 2. 掌握编小报的方法。 3. 学会评价。	2	
综合实践活动（二）	小小书法家 浓浓翰墨情		1. 初步掌握点评要点。 2. 学会养成动手整理的良好习惯。 3. 在老师的指导下整理一册班级学生优秀书法作品集。	2	

五 年 级

单元	学习内容	示例	教学目标	课时	备注
第一	首点居正 通变顾盼	哀亦率 兹深篇	1. 理解结构法则。 2. 掌握书写本领。 3. 懂得一点书法中的“笔力”。 4. 了解一些家乡书法名人——董其昌。 5. 集字创作。	3	
第二	点竖直对 中直对正	庸空京 霄卓番	1. 理解结构法则。 2. 掌握书写本领。 3. 了解书法的由来。 4. 了解一些家乡书法名人——沈度。 5. 懂得一点章法知识。 6. 集字创作。	3	
第三	中直偏右 底竖斜位	来至年 差希等	1. 理解结构法则。 2. 掌握书写本领。 3. 了解一点书法的文化精神。 4. 提高对书法的欣赏能力。 5. 书法仿作实践。	3	

（续表）

单元	学习内容	示例	教学目标	课时	备注
第四	横笔等距 竖笔等距	曲册而 昌甚里	1. 理解结构法则 2. 掌握书写本领 3. 书法欣赏和实践（硬笔） 4. 了解家乡书法名人——杨维桢	3	
第五	上收下展 上展下收	燕垂高 舍冒愈	1. 理解结构法则 2. 掌握书写本领 3. 书法欣赏和实践（硬笔） 4. 了解元书法家赵孟頫与子昂碑的故事	3	
第六	上正下斜 上斜下正	宅辰霉 爰奄餐	1. 理解结构法则 2. 掌握书写本领 3. 了解一点书法章法：扇面 4. 了解家乡书法名人——莫如忠 5. 书法实践（钢笔）	3	
第七	下方迎就 左收右放	威含暨 珏攸致	1. 理解结构法则 2. 掌握书写本领 3. 了解一点书法和画画的关系 4. 了解家乡书法名人——白蕉 5. 学写春联	3	
第八	左斜右正 对等平分	改殊辞 胎朋糖	1. 理解结构法则 2. 掌握书写本领 3. 了解一点篆刻知识 4. 了解家乡书法名人——王鸿绪 4. 书法实践：进社区写春联	3	
综合实践活动（一）	写春联 送春联	收集春联的内容及张贴的知识	1. 了解春联的书写习惯 2. 掌握张贴春联的知识 3. 知道书写春联的内容	2	
综合实践活动（二）	寻找身边的“书法家”	学会和同学一起制订一份采访计划	1. 学会采访计划的编制 2. 掌握和同学一起制作 ppt 的能力	2	

二　教学原则

1. **教育性原则**。“写一手好字，做一个好人”的思想和书法文化的熏陶是本科目的一条重要线索。教学时要注重教育元素的发掘与合理运用，切实将全面育人目标落到实处。

2. **直观性原则**。教学时要充分运用范本、范字以及形象化的语言和动作示范等各种直观手段为学生提供充分的感知，使学生获得尽可能多的感性认识，有助于掌握知识、形成技能。

3. **量力性原则**。教学时要从学生的知识、能力、身心发展以及个性特点的实际出发，设置通过学生努力能达到一定的智能发展水平的最高程度的教学目标。

4. **递进性原则**。教学时要根据知识、技能内在的逻辑联系以及学生认识、能力、体力发展的顺序，循序分档地推进，体现阶段性的递进。

5. **个别指导原则**。教学时既有统一要求，又兼顾到少数学生的个性特点和个别差异，采取多种措施分别进行指导，使学生各有所得。

三　教学方法

1. **观察法**。教师指导学生有目的、分层次、有重点地观察范帖、范字等，注重从整体到部分或从部分到整体，分清主次，寻找笔画、间架结构和行款布局间的规律性；

2. **演示法**。通过教师对范字的分解演示，使学生更好地感知，造成强烈的印象，掌握基本特征。先把范字的笔画分解出来再正确组合，一气呵成，让学生有直接的视觉印象。

3. **临摹法**。先摹后临。摹写——描摹范字，在脑中形成正确的基本表象；临写——临习范字，追求形似，在此基础上形成熟练动作，达成动力定型。

4. **比较法**。将学生临摹的字与范字、与小伙伴的字以及以往所写的字进行对照，找出异同，既获得对所学内容的正确认识，又进一步增强自信心。

5. 实习法。在教师指导下运用已掌握的知识技能从事实际操作，从而形成更熟练的技能技巧，并验证间接知识。

6. 欣赏法。教师指导学生体验书法艺术的魅力，借以激发学生学习兴趣，培养审美感。

7. 陶冶法。充分运用校园文化载体，使学生在求美的过程中得到艺术上的享受和心灵的熏陶，使思想、性格等获得有益的启示。

第三部分 教学评价指南

为了及时反馈教师的教与学生的学之效果，为教师及时调整教学方法提供主要依据，更好地促进《小学书法(写字)》拓展型课程的实施，特建立本课程的评价体系如下：

一 评价主体与方式

传统的评价方式是以教师评价为主，这种方式注重结果而忽略了学生学的过程，忽略了学生的兴趣和主动参与意识。鉴于此，本课程实行多元评价方式。

1. 学生自评。学生自我评价就是让学生对照范字，发现自己的不足，培养诚实的品格，陶冶高尚的情操。

2. 学生互评。学生互相评价也是让学生对照范字，去发现伙伴的成就与不足，在反思中学会赞赏他人，在反思中也初步意识到自己存在的不足。

3. 教师评价。教师评价是指任课老师对学生在课堂上的即时表现做出优劣之分的判断，意在激励学生不断进步。

4. 家长评价。吸引家长参与评价可多一双关注学生成长的“眼睛”，除督促学生平时的练习之外，会进一步让孩子学会反思，增强自信心。

5. 学校评价。学校评价是指每学期组织的一次小学生书法写字素养的评价。运用分年级段的评价量表，安排适当时间对学生的书法写字作品进行评价，先由任课的语文教师在评价量表上评分，达到4分以上的为A级，3分以上为B级，不到3分者为C级。对年级段的A级作品提交学校书法写字中心教研组复评审定。评价结果向学生及学生家长作反馈。并举行学生书法写字优秀作品展览，鼓励学生向更高的目标迈进。

二 评价原则

1. 形成性评价与终结性评价相结合的原则。写字教学它是一个动态发展的过程，学生写好字是在不断地努力下取得的，而取得良好的成绩与学习兴趣，学习习惯和练习方法有不可分割的联系。形成性评价是对某一学段各个方面进行评定的一张“荣誉证书”和“诊断书”。形成性评价和终结性评价都是必要的，但应加强形成性评价。

2. 定性评价和定量评价相结合的原则。在定性评价和定量评价中，应重视定性评价。教师要关怀学生，细致地去了解学生，客观地描述学生在写字练习中的进步和不足，并提出建议用最有代表性的事实来评价学生。评价应以鼓励、表扬等积极的评价为主，尽量从正面加以引导。定量评价要区分质与量的标准，定性与定量评价做到相辅相成、相互补充、相互包容。

3. 自我评价、相互评价与师生评价相结合的原则。写字评价要重视评价的多元化。自我评价和相互评价给学生留下了许多问号；师生之间的评价，教师的因势利导会给学生带来一个个句号或叹号。

4. 课内评价与课外评价相结合的原则。写字评价除了要重视课内评价，教师还要注重课外评价。当课内评价获得一定效果时，课外评价的延续就能更快促进写字教学。两种评价相结合，它既符合写字练习规律，又给农村留守学生多了一层关爱。

5. 整体性和综合性原则。突出写字教学评价的整体性和综合性，从知识与能力、过程与方法、情感态度与价值观三个方面进行评价。对学生写字的兴趣、姿势、习惯、态度、能力进行全面考察，体现写字练习的整体性和综合性。

三　评价量表

1. 学的评价

表 1　《小学书法(写字)》学习评价量表

评价要素（权重）		描述定义	评价结果：自评	互评	师评
兴趣		1. 兴趣：了解写好字意义，领略书法艺术魅力，心有诚意，树立信心，持之以恒，执着追求。			
姿势（0.09）		2. 姿势：写字姿势正确，六要：头要正，腰要直，胸要张，臂要平，足要安，掌要空；三个一：一尺，一寸，一拳。			
方法（0.06）		3. 方法：执笔方法得当，指力、掌力和腕力运用合理，不紧不松，力求稳当，灵活舒适。			
硬笔作品	笔画（0.35）	4. 笔画：掌握各种点画的形态，表现出轻重缓急节奏和线条粗细变化。			
	结构（0.35）	5. 结构：横平竖直，疏密匀称，比例适当，重心平稳，点画呼应，偏旁谦让，向背分明，错落有致，笔顺清楚，结构恰到好处。			
	整体效果（0.15）	6. 整体效果：横有行，竖有列，起讫分明，段落清楚，大小得当，款式正确，体现美观、整齐、舒服。			
软笔作品	笔画（0.35）	7. 运笔：点画起笔果断，运笔缓急轻重得当；转折收笔调锋正确，保持中锋运笔，回锋收笔。			
	结体（0.35）	8. 结体：所临字帖（范字）形似，用笔点画精到，体现范字风格特征。			
	章法（0.15）	9. 章法：整体安排，统一协调，视觉效果好，落款恰当。			
评价鉴赏能力		10. 评价鉴赏能力：能从用墨、笔画、线条等方面对作品、作业进行评价，对作品整体感悟力强。			

注：无论评价硬笔还是毛笔作品（作业），兴趣、姿势、方法及评价鉴赏能力均为评价要素集合，其中兴趣与评价鉴赏能力不计分，只作日常阶段性评价。

表 2　小学低年级学生书法写字学习评价量表

标准 等级 评价要素	评价参照标准			评价结果		
	★★★级	★★级	★级	自评	互评	师评
兴趣	喜欢好字，有写好字的意向和行动。	有写好字的意向和行动。	能按要求把字写好。			
姿势 (0.09)	写字姿势正确，做到“三个一”(一尺、一寸、一拳)到位。	写字姿势基本正确。	写字姿势有时正确。			
方法 (0.06)	执笔方法得当，做到指力、掌力和腕力运用合理。	执笔方法尚得当。	执笔方法有时尚可。			
笔画 (0.35)	各种笔画到位，线条清晰。	各种笔画基本能到位，线条清楚。	各种笔画有时能到位，线条有时尚清楚。			
结构 (0.35)	结构平整，疏密匀称，比例适当。	基本做到：结体平整，疏密匀称，比例适当。	有时能做到结体较平整，比例较正确。			
整体效果 (0.15)	通篇整洁，布局有序，字字中心。	通篇整洁，布局基本有序，每字基本在中心。	通篇尚干净，布局有时比较合理。			
评价、鉴赏能力	能从笔画、结构、整体效果等方面进行评价，作品整体感悟力强。	能从笔画、结构、整体效果的某些方面进行评价，有一定感悟能力。	能从笔画、结构、整体效果的某方面进行评价。			

表 3　小学中年级学生书法写字学习评价量表

标准 等级 评价要素	参照标准			评价结果		
	★★★级	★★级	★级	自评	互评	师评
兴趣	喜欢好字。有目标、有信心地写字练字。	喜欢好字。有写好字的较强欲望。	能有写好字的愿望。			

（续表）

评价要素 \ 标准 \ 等级		参照标准			评价结果		
		★★★级	★★级	★级	自评	互评	师评
姿势（0.09）		写字姿势正确。在做到"三个一"的基础上做到头正、腰直、足稳、臂平。	写字姿势基本正确。	写字姿势有时不正确，提醒后能纠正。			
方法（0.06）		执笔方法得当，不紧不松，力求稳当，能运用自如。	执笔方法尚得当。	执笔方法提醒后能得到纠正。			
硬笔作品	笔画（0.35）	掌握各种笔画形态并能正确书写，基本掌握运笔方法。	了解各种笔画形态，基本能正确书写，运笔有一定的序。	在教师提醒下写好各种笔画，表现出线条变化。			
	结构（0.35）	结构平整，疏密匀称，比例适当，笔顺清楚，错落有致。	基本做到（同左）。	有时能做（同左）。			
	整体效果（0.15）	横有行，竖有列；起讫分明，段落清楚，大小得当，款式正确。	基本做到（同左）。	有时能做（同左）。			
软笔作品	运笔（0.35）	运笔正确，基本掌握笔画起止运行规律。	基本做到（同左）。	有时能做（同左）。			
	结体（0.35）	所临字帖（范字）形似，用笔点画精到。	基本做到（同左）。	有时能做（同左）。			
	章法（0.15）	整体安排上体现整齐、舒适感。	基本做到（同左）。	有时能做（同左）。			
评价、鉴赏能力		能从笔画、结构、整体效果等方面进行评价，作品整体感悟力强。	能从笔画、结构、整体效果的某些方面进行评价，有一定感悟能力。	能从笔画、结构、整体效果的某方面进行评价。			

表 4 小学高年级学生书法写字学习评价量表

标准/等级 评价要素		参照标准			评价结果		
		★★★级	★★级	★级	自评	互评	师评
兴趣		喜欢书法艺术。持之以恒、执着追求。	喜爱书法。基本做到持之以恒，力求写好字。	喜欢好字。在教师督促下，较努力地写字练字。			
姿势 (0.09)		始终保持正确的写字姿势，做到头正、腰直、胸张、足稳、臂平、掌空。	写字姿势正确。基本做到(同左)。	写字姿势较正确。在教师提醒下做到(同左)。			
方法 (0.06)		执笔方法规范且形成动力定型，指力、掌力和腕力运用科学。	基本达到(同左)。	执笔方法得当，基本能做到运用自如。			
硬笔作品	笔画 (0.35)	掌握各种点画形态，表现出轻重缓急、节奏和线条粗细变化。	基本达到(同左)。	在教师指导下，写出笔画特征和线条粗细变化。			
	结构 (0.35)	横平竖直，疏密匀称，比例适当，重心平稳，点画呼应，偏旁谦让，向背分明，结构恰到好处。	基本达到(同左)。	在教师指导下，安排好结构，疏密匀称。			
	整体效果 (0.15)	行列分明，段落清楚，行款整齐，体现美观、舒适感。	基本达到(同左)。	在教师指导下，达到行列分明，段落清楚，款式正确。			
软笔作品	运笔 (0.35)	点画起笔果断，运笔缓急轻重得当，转折、收笔、调锋正确。	基本达到(同左)。	在教师指导下，保持中锋运笔，回锋收笔。			

（续表）

标准/等级 评价要素		参照标准			评价结果		
		★★★级	★★级	★级	自评	互评	师评
软笔作品	结体（0.35）	所临字帖（范字）形似，用笔点画精到，体现范字风格特征。	基本达到（同左）。	在教师指导下，做到所临字帖（范字）形似。			
	章法（0.15）	整体安排，统一协调，视觉效果好，落款恰当。	基本达到（同左）。	在教师指导下，整体安排尚好。			
评价、鉴赏能力		能从笔画、结构、整体效果等方面进行评价，作品整体感悟力强。	能从笔画、结构、整体效果的某些方面进行评价，有一定感悟能力。	能从笔画、结构、整体效果的某方面进行评价。			

2. 教的评价

表5 《小学书法(写字)》课堂教学评价量表

评价项目（权重）	参照标准			评价结果		
	★★★级	★★级	★级	自评	互评	师评
教学准备（0.2）	学习环境舒心；学习所需相关材料准备充分。	学习环境尚可；学习所需材料准备比较充分	学习环境和学习所需材料有准备，但不够周到。			
教学方法（0.2）	教学方法灵活多样；采用传统与现代教学手段相结合，注重教学过程的有效性。	教学方法运用正确；能采用一些常规教学手段展开教学，教学方式有效。	教学方法运用基本正确；但教学手段单一，不够丰富。			
教学反馈（0.2）	学生有平等参与机会；教师会依据反馈信息及时、适当调整教学进程；教师能以多样的方式调动学习积极性。	学生参与机会比较平等；教师会依据反馈信息调整一些教学进程；教师有调动学习积极性的想法与做法。	学生参与机会不够平等；教师有调整教学进程的行动和调动学习积极性的想法，但方式方法考虑不够。			

（续表）

评价项目（权重）	参照标准			评价结果		
	★★★级	★★级	★级	自评	互评	师评
学习气氛（0.1）	课堂气氛活跃、有序；教师投入、热情、耐心；学生兴趣浓厚，积极参与。	课堂气氛比较活跃和有序；教师比较投入；学生能积极参与。	课堂气氛尚可，比较有序；教师与学生能按要求完成教与学的任务。			
教学效果（0.2）	学生能按要求完成任务，大部分学生各有不同程度的收获，体验到成功的愉悦；创新意识和能力得到培养。	大部分学生能按要求完成任务，少部分学生有收获和成功的体验；创新意识与能力有感悟。	大部分学生能达到学习任务要求，学生有收获，但进步不太明显。			
教师素养（0.1）	教师基本功扎实；指导学生思路清晰，教法灵活多样；教态亲切自然，语言规范；板书设计合理规范。	教师基本功比较扎实；指导学生思路较清晰，教法较灵活；教态自然，语言比较规范；板书设计较合理。	教师基本功尚可；指导学生学法有考虑；教态和语言合乎一般要求；板书设计一般般。			

§《小学书法》课程化实施案例精选

案例一：左右结构的字的写法

教材内容：《小学书法》二年级（上）

教学时间：一课时

【教学目标】

1. 了解“明”与“和”两字的结体特点，初步掌握汉字左右结构中“左短偏上，右短偏下”的结体规律，并能正确书写相应的汉字。

2. 通过体悟汉字书写中结构避让的关系，懂得人与人之间相互谦让包容是我们中华民族的传统美德。

3. 养成正确的书写习惯和学习书法的兴趣。

【教学重点】

能用“左短偏上，右短偏下”的结体规律正确书写“明”、“和”等字。

【教学难点】

笔画的避让与穿插，把字写得既活泼又稳实。

【教学准备】

学生：彩笔。

教师：ppt，学习单。

【教学过程】

一、复习

左右结构的字的写法

二、导入

1. 出示：明、和

2. 观察：它们左右两边哪部分较短？

说说特点：左右两边，高低不一。

三、新授

（一）教学：明

1. “明”字的书写（结体）特点

师边范写边讲解：明。

口诀：短的在左往上挪，让出位置给右坐

2. 学生练习写：明。

（二）教学：和

1. “和”字的书写（结体）特点？

师边范写边讲解：和。

口诀：短的在右向下移，左右平稳才适宜

2. 学生练习写：和。

四、运用

出示投影：字例：畔、鸣、昧、眼、知、加、如、妇。

看清左右高低的区别，想想刚才学的，应该怎么写才好看。

自由选取几个写在田字格里。

教师巡视、讲评。

五、书签制作

1. 出示词语

心平气和　和睦相处

正大光明　敏而好学

清风明月　和风细雨

淡泊明志　和气致祥

2. 制作方法示范

3. 作业要求

（1）学生选择一个词语，书写书签。

（2）看清字形，注意左右结构字的写法。

（3）适当美化。

六、书签作品展示

七、作业评价

1. 学生互评

2. 教师点评

八、小结

今天我们学习了左右结构的字——左右高低不同的字的书写方法，在书写中，我们懂得要有整体考虑，注意避让，这样写出的字才和谐美观。就像我们做人，要学会谦让、包容，生活才和谐、快乐。我们还制作了书签，进行了美化，把制作好的书签送给父母、好伙伴，让他们一起分享你的快乐！

附：学习单

学　习　单

1. 照样子，写一写

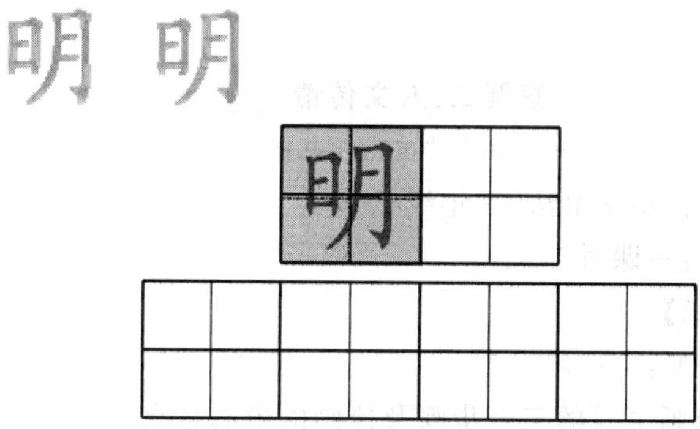

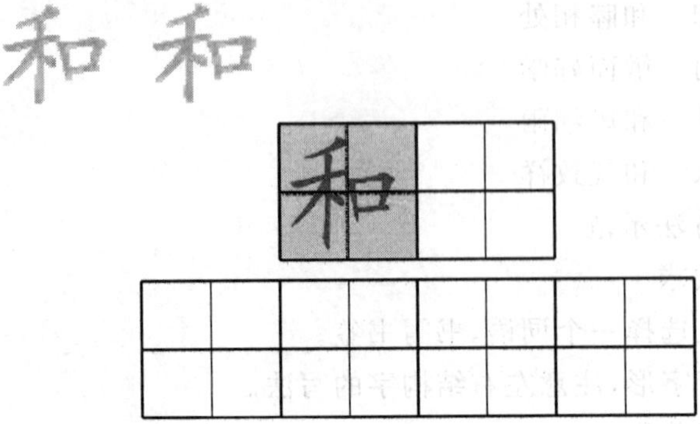

2. 任选几个练一练

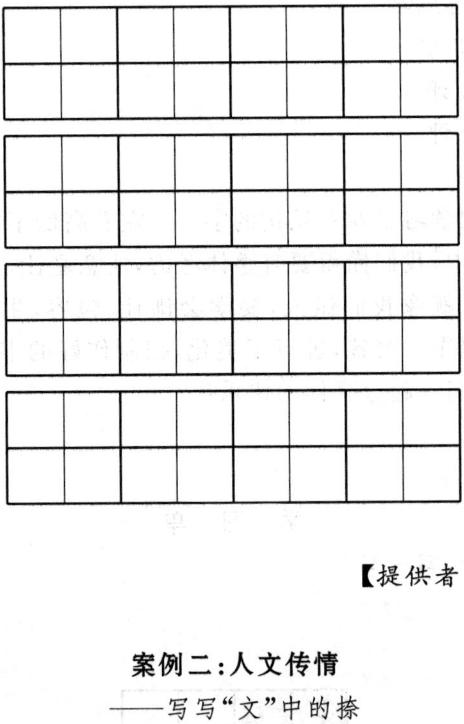

【提供者：金宪春】

案例二：人文传情

——写写“文”中的捺

教学内容：《小学书法》三年级（上）

教学时间：一课时

【教学目标】

知识与技能：

1. 知道捺画书写的三个步骤及捺画的形态特点。

2. 掌握“文”字书写方法。

过程与方法：

1. 利用描红、临摹方法完成“捺”的书写。

2. 通过书写练习，归纳“文”字的书写特点。

情感、态度、价值观：

1. 通过欣赏和认识“文”字的演变过程，感受中国汉字的魅力所在。

2. 由“文”的引申义，揭发热爱祖国文字的情感，做一个有文化的文明的人。

【教学重点、难点】

重点：掌握“捺”的书写要点。能书写美观的“文”字。

难点：顿笔后由重而轻回锋再向下平出形成一个金刀状。

【教学准备】

学生：笔、墨、纸。

教师：笔、墨、纸、PPT。

【教学过程】

一、导入课题

1. 出示用甲骨文书写的“文”，让学生猜猜这是什么字？

2. 欣赏“文”字的写法演变（甲骨文、金文、小篆、隶、楷等）。

3. 教师简要讲解“文”字形态和字义的演变过程。

4. 学生组词带有“文”字的词语。

5. 出示书写的笔画——“捺”。

二、实践归纳

1. 观察颜体的“捺”画。

2. “捺”画的书写步骤：

（1）逆锋起笔；

（2）由轻而重向右下行笔；

（3）顿笔后由重而轻回锋再向下平出形成一个金刀状。

3. 师示范“捺”。

4. 学生学写“捺”。

5. 教师点评学生书写的“捺”

6. 观察颜体的“文”字有哪些特点：

（1）独体字，笔画之间有粗细变化，整个字有厚重感；

（2） 横稍长，中间稍细，收尾似有小黄豆状；

（3） 捺画是“文”中的主笔。

三、学生描红，师生评价

1. 要求先以描红的方式，书写两个“捺”画。再书写两个“文”。

2. 学生练习（头正、肩平、胸挺、足安）。

3. 评价。

四、学生临摹，师生评价

1. 临摹“文”字。

2. 学生练习。

3. 师生互动。

五、作品创作

在宣纸上书写有“文”的词语。

1. 创作作品注意点。

（1） 书写时注意字的大小；

（2） 书写的位置要适合整幅作品的章法；

（3） 落款。

2. 学生创作。

3. 评价、展示。

六、总结

今天我们欣赏了“文”形态的演变过程，也知道了“文”字在不同时期的含义。我们又学会了捺的写法，也写出了漂亮的“文”字，最后创作一幅作品。我国有着五千年的文明历史、有着灿烂的文化，文化的传承离不开文字，我们小学生要从小热爱祖国的文字、写好字，为繁荣中华民族的文化，建设社会主义文化强国添砖加瓦。

教学设计说明：

三年级学生学习书法，从基本笔画入手，基本笔画的写到位能对他们今后写好字打下坚实基础。

我选择三年级第四单元的“捺”画作为这次上课的内容。书写“捺”画较其他笔画来说相对较难，再加上颜体的“捺”有别于其他字体的捺，我们俗称“金刀捺”。如在一个有“捺”的汉字中写出金刀捺的笔法，整个字颜体的味道就浓了。

在这次上课中，我把“捺”放到“文”字上，在“文”字中捺是主笔，因为点、横、撇等笔画先前已教过，再加上“捺”画，整一个“文”字就能书写了。

选择“文”字，基于这样的考虑：一是所编的教材中有这个字，也是我们教学中绕不过去的。二是从情感培养和传统文化熏陶来讲，从“文”字的甲骨文、金文、小篆到楷体，让学生了解祖国文字的演变。从情感上对学生渗透我国文字的博大精深，从而更加热爱我们的祖国文字。三是当今举国上下都在营造创造文化大国这样一种氛围，作为老师我们有责任教育学生写好汉字，传承祖国的传统文化。

教学中，以猜字入手，激发学生的学习兴趣。用幻灯片出示“文”的甲骨文、金文、小篆等，让学生感受到“文”的演变和奇妙。老师用浅显的文字解释古代“文”字的含义，让学生初步了解古今文字意思的区别，再通过用“文”字组词拓展学生的思维。在技法教学中，通过描红、临摹的方式学习书法，适合三年级学生的接受能力。到最后的创作部分，更进一步激发学生学习书法的热情，同时让学生体验到成功的喜悦。

【提供者：朱君辉】
2011 年 12 月 22 日

案例三：马到成功

——写好和“马”组成的不同结构的字

教材内容：校本书法教材三年级上

教学时间：一课时

教材分析：三年级的硬笔训练由一、二年级的偏旁部首训练转到汉字的结构训练与应用。

学情分析：1. 学生已掌握硬笔基本笔画、偏旁部首的书写。2. 汉字的基本结构书写与掌握还有待训练和提高。

【教学目标】

知识与技能：

1. 通过学习，认识并理解“马”字在合体字中的形态与特点。

2. 掌握含“马”字的合体字的结构要点和表现形式。

3. 通过学习训练，更好地体会此类字的结构形成，达到触类旁通。

过程与方法：

1. 利用描红、临摹方法完成“马”字不同结构汉字的书写。

2. 通过书写练习，归纳“马”字不同结构汉字的书写特点。

情感、态度、价值观：

1. 通过欣赏和认识“马”字的演变过程，感受中国汉字的魅力所在。

2. 由“马”字含义，揭发热爱祖国文字的情感，了解祖国优秀的传统文化。

【教学重点、难点】

重点：掌握“竖着折弯钩”的书写要点。

难点：掌握合体字的比例分配，使字显得匀称、美观。

【教学准备】

学生：笔、练习纸、卡片（书签）。

教师：笔、墨、纸、PPT。

【教学过程】

一、导入课题

1. 出示用甲骨文书写的“马”，让学生猜猜这是什么字？

2. 欣赏“马”字的写法演变（甲骨文、金文、小篆、隶、楷等）。

3. 教师简要讲解“马”字形态和字义的演变过程。

4. 学生组词带有“马”字的词语。

5. 出示书写的笔画——“竖折折弯钩”。

二、实践归纳

1. 观察“竖折折弯钩”画。

2. “竖折折弯钩”的书写步骤：

（1） 竖折中的“竖”不要直略向左下斜，逆锋起笔；

（2） 横折钩向里收，由轻而重向右下行笔；

（3） 钩笔时速度要快，出钩有力而尖。

3. 师示范“竖折折弯钩”。

4. 教师点评学生书写的“竖折折弯钩”。

5. 让学生说出和“马”组成的不同结构的汉字。

(1) 左右结构：驮、冯。(驮，左右相等，最后一画为斜提。冯，左窄右宽，最后一画为平提。)

(2) 上下结构：驾。(“加”字要写的扁而宽，做到上宽下窄。最后一画为平提。)

(3) 包围结构：闯。(门字框不要写的窄，左右两竖上下间距相等，横折钩要略低于左边的竖，门内“马”字不宜写得太满。)

三、学生描红，师生评价

1. 要求先以描红的方式，各书写两个不同结构的字。

2. 学生练习。(头正、肩平、胸挺、足安)

3. 评价。

四、学生临摹，师生评价

1. 各临摹两个不同结构的字。

2. 学生练习。

3. 师生点评。

五、书签创作

在预先准备的空白书签上书写和“马”相关的名言警句。

教师出示书签作品。

简单介绍书签作品形式。

1. 创作书签作品注意点

(1) 书写时注意字的大小；

(2) 书写的位置要适合整幅作品的章法；

(3) 落款。

2. 学生创作

3. 评价、展示

六、总结

今天我们欣赏了“马”形态的演变过程，也知道了“马”字在不同时期的含义。我们又学会了“竖折折钩”的写法，也写出了好多漂亮的和“马”字组成的不同结构的汉字，最后创作一幅作品(书签)。我国有着五千年的文明历史、有着灿烂的文化，文化的传承离不开文字，我们小学生要从小热爱祖国的文字、写好字。

教学设计说明：

三年级学生学习书法，从基本笔画入手，基本笔画的写到位能对他们今后写好字打下坚实基础。

我选择三年级第四单元的“竖折折钩”笔画作为这次上课的内容。书写“竖折折钩”笔画较其他笔画来说相对较难，如果把“竖折折钩”写到位了，有此笔画的字就会写得好。

在这次上课中，我把“竖折折钩”提出来重点讲，是因为在“马”字中，它是主笔，这主笔会写了马字就会写好。

选择“马”字，基于这样的考虑：一是所编的教材中有这个字，也是我们教学中绕不过去的。二是从情感培养和传统文化熏陶来讲，从“马”字的甲骨文、金文、小篆到楷体，让学生了解祖国文字的演变。从情感上对学生渗透我国文字的博大精深，从而更加热爱我们的祖国文字。

教学中，以猜字入手，激发学生的学习兴趣。用幻灯片出示“马”的甲骨文、金文、小篆等，让学生感受到“马”的演变和奇妙。再通过用“马”字组词，拓展学生的思维。在技法教学中，通过描红、临摹的方式学习书法，适合三年级学生的接受能力。到最后的创作部分，更进一步激发学生学习书法的热情，同时让学生体验到成功的喜悦。

课后反思：

1. 师生互动少，整个课堂氛围总缺了一点什么。
2. 学生书写训练的量不太足，达不到巩固的作用。
3. 对学生在课堂上出现的问题没有及时去纠正。

【朱君辉提供】

案例四：明“月”照我——行

【教学内容】

写好带有“月字旁”的不同结构的字。

【教学目标】

1. 了解汉字“月”的知识，知道“月”作为部首表示的两种意思。通过观察,能根据生字字义、"月字旁"在汉字中的位置进行区别,归纳特点。

2. 通过学习,理解并掌握"月字旁"在合体字中的形态与特点。通过练习,完成不同结构汉字的书写,做到正确、美观,并尝试作品创作。

3. 通过对"月"的进一步认识,感受祖国优秀的传统文化,激发热爱祖国文字的情感。

【教学重、难点】

重点:知道"月字旁"的书写要点,掌握合体字的比例分配,做到结构合理、美观。

难点:学以致用,进行自主创作,注意大小匀称,力求赏心悦目。

【教学准备】

学生:笔、练习纸、作品卡纸。

教师:PPT、展台、作品墙。

【教学过程】

一、激发兴趣,导入新课

1. 创设情境:由诗句"露从今夜白,月是故乡明"引入,初步感受"月亮"寄托了人们的思乡之情。

2. 出示"月"的字体演变,师简单讲解。

3. 学生交流带有"月字旁"的汉字。

4. 观察带有"月字旁"的汉字,尝试根据字义、部首位置归纳特点。

5. 师补充"肉月旁"的知识。

二、交流归纳,书写实践

1. 继续观察汉字,交流"月字旁"在不同位置的书写特点。

"月"居左——左窄右宽;

"月"居右——左右相等;

"月"居下——"撇"变"竖",上扁下宽。

2. 指导重点笔画"横折钩"。

(1) 出示含有"月字旁"的字的诗句,指名读。

(2) 例字泛红,交流书写要点。

(3) 师范写。

3. 生练习书写，师巡视指导。

4. 展示学生练习，师生评价、修改(从结构、笔画方面)。

5. 作品创作，传递情意。

(1) 出示带有“月”字的诗句，指名读。

(2) 简单理解诗句的意思。

(3) 自由选择诗句，在卡纸上进行创作，表达对异乡亲人的思念之情。

(4) 展示作品，学生介绍，师生评价。

三、总结课堂，激发情感

1. 交流收获。

2. 教师总结。

3. 布置作业。

(1) 比一比：积累“月字旁”的汉字，看谁积累得多。

(2) 读一读：找找带有“月”字的成语、诗句等，读读背背。

(3) 写一写：选择带有“月”字的诗句进行创作。

教学设计说明：

教育部《基础教育课程改革纲要》中特别指出：“在义务教育阶段的语文、美术课中要加强写字教学”，可见写字教学的重要性。开展写字教学，不仅能激发学生对祖国语言文字的热爱，还能增强学生对祖国优秀传统文化的理解和认同。作为书法特色学校的一名语文教师，认真开展写字教学，指导学生掌握笔画特点和书写技巧，养成良好的写字习惯，并在学习过程中感受祖国传统文化，是我义不容辞的责任。

一、说教学内容的选择

在语文教学中，“月”以及由“月字旁”组成的汉字经常出现。

从知识的角度来说，“月字旁”居左或居下时，大都表示和身体有关，也叫做“肉月旁”，居右时表示和月亮有关，通过观察可以发现其中的规律并进行归纳。

从书写的角度来说，笔画“横折钩”是写好“月”字及“月字旁”的关键，它要与第一笔竖撇的底部基本齐平。“月”作为部首时，它在不同的位置，形态也略有不同。居左要写得窄一些，居右要与左边部分相等，居下时第一笔“撇”要变成“竖”。但学生在书写时，经常出现“横折钩”的“折”不到位、合体字比例不恰当的问题，有必要发挥教师的示范作用，加以指导。

从情感的角度来说，月亮自古以来总是和人们的离情别绪或美好祝愿紧密联系在一起，很多诗句中都有体现。对“月”的知识的了解及对含有“月”的诗句的创作，可以让学生在学习过程中感受传统文化的美，得到艺术的熏陶。

因此，我选择了“月”作为这节写字课的内容。

二、说教学设计的实施

教学伊始，创设情境，由诗句“露从今夜白，月是故乡明”引入，让学生初步感受“月亮”寄托了人们的思乡之情，激发了学生的情感。在交流带有“月字旁”的汉字后尝试归纳特点，有助于培养学生的观察能力、思维能力和探究精神。

《上海市九年义务教育写字教学指导纲要》中指出，五年级学生要学写不同结构的字，体会和掌握笔画特点和书写技巧，教学中老师要多做示范。经过前几年的学习，学生已经对汉字的笔画、结构有了一定的了解，因此我充分发挥学生的主体作用，通过观察发现“月字旁”在不同汉字中的书写特点，适时发挥教师的示范作用，借助例字进行书写指导。评价方面，我采用教师评价、生生互评等方式，主要以学生的评价来检验学生的习得，知道好在哪里，要学习些什么；不好在哪里，要如何改进等。

作品创作环节，既是从写单个字上升到篇章层面，也是在朗读、理解、创作中感受了文字的美。学生通过认真的书写完成卡片的制作，向远方的亲人表达思念之情或传达美好的祝福。

最后，关于作业设计，积累作业有助于学生去主动探索，感受祖国文字的博大精深；书写作业有助于学生进一步巩固课堂所学。

【张娜提供】

案例五：走字底的写法

【教学内容】

半包围结构中的走字底写法指导。

【教学目标】

1. 知识与技法：初步掌握半包围结构的书写方法，并让学生加强“辶”字底、“廴”字底等半包围结构的字体的基本规律，并能举一反三运用到平时的练字中去。温故而知新，复习巩固第六单元易错的字。

2. 过程与方法：观察例字“通道、远近、延边”，通过仔细观察，了解被包围部分要紧凑，里头部分要感觉舒服，了解其书写的规律。再观察例字“迎接、建设”根据字形分析结构，记住先里后外、里紧外放的书写规律。

通过书写、比较、观察，让学生把例字写得美观、端庄、内外和谐，从而培养学生的观察能力和分析能力。

3. 情感与价值观：激发学生认真、细致的书写兴趣，感受汉字的形体美。培养学生写半包围的字要内外兼顾、相互谦让、相互包容的良好品德。

【教学重点】

看清半包围结构内外间的关系与“辶”字底的形体。

【教学难点】

原来“辶”字底写法的习惯一时难以纠正，平捺一波三折的运笔需要讲透，以及范写要准确。

【教学准备】

1. 各字的拼板，让学生认识内外的结体要求。

2. 米字格书写板(三组词语)：通道、远近、延边。

【教学过程】

一、导入新课

谈话：同学们，昨天我们对左右结构的字进行了书写练习，并且通过点评，出现的错误已经纠正，丰富了我们对左右结构字的书写经验，收获不小。我们是通过仔细观察，纠正了“结伴、始终、经验”三个词语的结体安排，不仅要正确，而且还要写得美观。今天，我们学习半包围结构的几个字和词。

二、技法指导

1. 出示三组词语：远近、通道、延边。

(1) 同学们仔细观察这几个字，它们是什么结体的字？

(2) 写这些半包围结构的字应该注意什么?

里边紧凑、上下对齐、下垂谦让、上点高仰、一波三折、注意精细的变化、捺笔舒展。

“廴”捺笔坡度略大,内部谦让,外部包容。

2. 提问与讨论

(1) 我们在平时练字时注意什么?

(小黑板)看字形、析结构、记位置、写端正、比好坏。

(2) 小结:我们练习写字要善于发现字的特点,看清字形、分析结构、记住位置、书写端正,再与字帖相比得出好坏,这样才能把字练好。

三、尝试练习

1. 每字写一遍(“通道”、“远近”、“延边”)。

2. 观察字帖,与字帖对比,发现不足,临帖写一遍。

3. 老师释析。

四、课堂练习

1. 出示“远近”、“通道”、“延边”,进行结构分析。

(1) 观察“远近”:看字形、析结构(里边结构紧凑,上部可稍稍放,下部要短要谦让。走字底中的平捺是主笔,主笔书写要一波三折,运锋起笔,第一波是平向右下,第二波由细渐渐加力加粗,然后平捺出锋,正第三波。)

(2) 观察“通道”:看字形、分析结构(里要紧凑,两个横折都要短而有力,主笔平捺要遒劲清晰。)

(3) 观察延边:我国辽宁省的一个少数民族叫延边族。观察、看字形、分析结体。(里宜小宜紧,主笔捺的角度应稍大些,横折折撇要出锋。)

2. 仔细观察字体,认真书写三组词语,每字 2 遍。

3. 教师巡视指导。

五、归纳总结

师:写好半包围结构的字,并能举一反三,注意宽窄关系、里外布局的和谐,不可离得太开,笔画互相照应、互相谦让。

附:板书设计

远近	通道	延边
里:上下对准 下竖要收	里:横折要窄 不可宽	里:宜小 宜紧
主笔:平捺一波三折	主笔:平捺一波三折	主笔:角度可大些

课后反思:

本堂课教学内容是书写"半包围结构"——内紧外放,宽窄得当,里谦让,外要包得住,举一反三,一波三折要遒劲有力。

一、观察听讲,寻找规律

同学们通过仔细地观察"远近、延边",然后通过提问知道半包围结构的字和他们之间的关系。看到老师的书写,了解到包围和被包围的密切关系,书写先里后外、激发了学生写好半包围结体的兴趣。尤其是书写"走之底"和平捺一气呵成的运笔方法。不仅调动了写字的积极性,更能让学生对知识点的掌握深刻。

二、认真临摹,尽快巩固

每学一种新的结体后趁热打铁,安排时间及时临摹,发现问题及时纠正。姿势纠正、执笔纠正,老师在巡视时及时纠正个别错误,及时表扬鼓励,提高书写兴趣。

三、联系生活,渗透教育

知识源于生活,根据生活、根据高年级学生特点,加强知识与生活的联系是激活课堂、巩固知识的有效方法。半包围结构的字是谦让与和谐的结合,和平时做人一样,要相互谦让、相互和谐、美观、合理地安置。

【戚天音提供】

专家学者指导

漕泾小学书法写字教育开创了传承中华民族优秀传统文化的先河，为金山区形成“琴棋书画”艺术特色作出了贡献。除一任又一任的学校领导执着追求和老师们的共同努力外，也得到了中国教育学会书法教育专业委员会、上海市教育委员会教研室、华东师范大学艺术教育学院和金山区教师进修学院等不少专家学者的关注及指导。

一　中国教育学会书法教育专业委员会的专业引领与培训

1999 年 5 月，漕泾小学获得了中国教育学会书法教育专业委员会授予的书法教育“实验小学”命名。7 月，时任校长张伯忠、副

刘博 李志章 于金华 陆成荣 李彪 邵献彬 吴文华 祝亚东 郭砚林 张立山 付根清 余军 张亚彬 杜卫军 臧平
张朝忠 李宏 郑根林 吴品丹 孙文斌 江从道 颜士学 王世恩 戚天音 张全忠 刘庆国 谭立新 姜文华 刘正华
马钦元 李银 顾洁迈 黄松波 崔正辉 齐作声 刘文华 刘建丰 赵锦标 虞和亚 王健 于月奎 施剑海

校长金平代表学校首次出席由中国教育学会书法教育专业委员会召开的工作会议。

同年 11 月，在市教委教研室专家沈金龙的陪同下，时任中国教育学会书法教育专业委员会常务理事长路棣携秘书长等一行专家，不辞辛劳来到地处上海市远郊的金山，实地考察了我们的书法写字教育状态，并与学校领导教师座谈，共同探讨小学生书法写字教育的目标、内容、途径和方法等。全校师生受到极大鼓舞，更加坚定了创建书法写字教育特色学校的决心与信心。

跨入新世纪后，学校几乎每年都要派出有关分管领导及书法专职教师参加工作会议和业务培训，与很多的知名专家及很多同行近距离接触，参与学术交流，听取工作指导，接受相关的专业培训。

二　华东师范大学艺术学院教授的理论支持和务实指教

专家简介：周斌，华东师范大学艺术学院美术学系副教授、浙江大学书法学博士后、中国书法家协会会员、上海市书法家协会理事。

片段一：2006 年 12 月 15 日下午，周斌教授应邀为我校教师作中国书法专题讲座。他从“书法在中国现当代的作用和价值”与“中国书法文化的特点”两方面，深入浅出地向老师们作了较为翔实的阐述。随后，他和老师们进行了互动。大家结合自己的实践，提出了不少问题：如，水笔对写字有什么坏处？小孩子练字是否对想象力有影响？书法教育是不是也是家庭的事等？周教授耐心细致地回答了大家的问题。整个讲座气氛热烈，虽只有短短两个小时，但大家都觉得受益匪浅。

片段二：2008 年 12 月 13 日，周斌教授再次来我校为师生作书法指导。他首先参观了学校的学生书法作品陈列室，了解了小朋友的书法学习现状。他一边观看，一边点评，对我校的书法教育表示赞赏。其次，和学校的书法爱好者，就学生书法与学习心理行为作了专题论述，并询问了学校在此方面的工作。期间，周教授赠送了由他撰写的《中国文学和艺术》一书，书中周教授以时间为线索，阐述了小学的发展和书法的关系，此书为我校的书法形成特色，提供了理论支撑。下午三点，他来到四楼书法教室和学校师生一起切磋书法技艺，当场为我们书写了“静观”二字，引来师生啧啧称赞。书写之余，周教授和个别书法爱好者讲解书技。整个活动

持续了一个小时。

三 上海市教委教研室专家的重点关注和亲临指导

专家简介：沈金龙，原上海市教委教研室中小学美术书法教研员，中学高级教师，现为中国教育学会书法教育专业委员会常务理事，上海市常务副主任兼秘书长，上海市书法家协会中小学工作委员会主任。

事例一：1993 年，在沈金龙老师的主导下，上海市教师写好字比赛（决赛）举行，漕泾小学教师组成的团队代表金山参赛，一举夺得郊区组团体第一名，引起沈老师的高度关注。除通过金山教研员详细了解我校写字教育状态外，特别嘱咐教研员加强指导并精心培育，为召开现场会推广写字教育经验夯实基础。

1996 年 4 月 2 日，上海市漕泾小学书法写字教育现场会如期召开。沈老师带来市书法家协会的众多领导专家、各区县的教研员以及写字教育学校的同行亲临现场观摩、指导，为推广我校的书法写字教育经验做了很多的工作。

事例二：自 1999 年 5 月获得“全国书法写字教育实验小学”命

名后，沈金龙老师接受中国教育学会书法教育专业委员会的委托，肩负着对本基地的管理指导责任。经常亲临我校了解写字教育研究与实践的推进情况，做出阶段性的工作指导。1999 年开始，我校启动首轮书法写字教育校本教材的开发研究与实践。沈老师为我们提供了理念及思路方面的指导，在基本定型课程教材的关键时期，他为我们作最后的抉择提供了建设性的建议。在他的指导下，《小学书法写字教育特色学校课程教材的开发研究》成果荣获上海市教育科学研究院首届学校教育科研成果三等奖。2003 年，在他的主导下，由上海市教育委员会教研室、上海市教育学会书法教育专业委员会联合举行中小学写字课堂教学评比活动，我校戚纪军老师代表金山区参赛，《写春联》一课教学获得课堂教学评比一等奖。

事例三：2010 年，我校展开第二轮的书法教育校本课程的研究与实践，再次得到沈老师的具体指导。《小学书法写字教育课程化的深度拓展研究》先后被立为金山区教育科研重点课题和市教育学会研究课题，沈老师在百忙之中经常到我校来走一走、听一听、看一看，与我们的研究团队结下了深厚友谊，也为我们的研究性实践出谋划策，使本项研究获得巨大成功。其研究成果荣获金山区第六届教育科研成果二等奖；金山区教育学会优秀教育科研成果奖、上海市基础教育教学研究成果二等奖、全国首届网络科研成果评选二等奖等殊荣。

四 金山区教师进修学院专家的精心培植和具体指导

专家简介：朱平，原金山区教师进修学院美术书法教研员，现金山区教育学院美术教研员，中学高级教师。兼任中国教育学会书法教育专业委员会理事、上海市常务理事、上海市小学美术书法学科中心组成员。

朱平老师长期从事金山区小学美术书法教研工作，有计划地在全区开展写字书法教学的实践与研究。曾承担市教研室委托的“金山区写字等级考试”的试点工作，为全市开展“写字等级考试”积累了可行的经验。

漕泾小学书法写字特色教育的崛起与朱平老师的精心培植和具体指导密切相关。他与我们一路携手走来，对我校的书法写字特色教育充满了感情。用他自己的原话来说：漕泾小学书法写字特色教育的形成好比是一棵大树的长成，我也曾经浇过一瓢水、培过一点土。

朱平老师在1993年组织举办金山县中小学教师“写好字”选拔赛，漕泾小学荣获县团体一等奖和个人一等奖。而后，他以全身心投入的心态认真组织指导漕泾小学参加上海市教师“写好字”比赛（决赛），使漕泾小学一举夺得“上海市教师‘写好字’团体第一名（郊区小学组）”和个人赛一等奖的荣誉。在此基础上，他出谋划策积极参与于1996年4月由市教研室主办、漕泾小学承办的“上海市漕泾小学书法写字教学现场会”。这次市级现场会的召开，是对当时漕泾小学书法写字教育工作的一个肯定和鼓励，同时也是一个鞭策、一个新的要求与新的工作起点。继这次会议之后，朱平老师与漕泾小学领导一起谋划书法写字特色教育的创建工作，指导并参与漕泾小学的书法写字教育教学工作，漕泾小学先后成为“上海市书法教育实验学校”和“全国书法教育实验学校”。朱平老师指导的两位书法写字教师（戚纪军、朱君辉）先后荣获市教研室举办的“上海市中小学写字课堂教学评比一等奖”。2012年朱平老

师应邀参与了漕泾小学书法写字校本教材的编写工作，提出了一些有益的建议，得到课题组成员的首肯和赞赏。

专家简介：

尹熙，金山区教育学院书法教研员。

1980年3月出生，祖籍合肥。自幼受家庭熏陶学习书法，于《兰亭》、《圣教》朝夕揣摩，未尝离手，寒暑移易二十余载，终有心得。现为：上海市书法家协会会员，上海市青年书法家协会理事，金山区青年联合会委员，金山区青年书法家协会主席，金山区十佳文化青年，金山区书法家协会理事。自担任区书法教研员一职起，多次深入漕泾小学调研和指导，为学校的书法特色发展出谋划策。

专职教师引领

教师是学校发展的第一生产力。漕泾小学书法写字特色教育的形成与发展与一大批热爱书法艺术的教师密切相关。如前所述，是上海市教师“写好字”团体赛让我们的教师有了一次发现自身实力的机遇，也为确立以书法写字教育作为我校办学特色项目进行重点扶持奠定了基础。

二十年中，学校的书法骨干队伍一直保持着新老更替有序的良好发展势头。从起步阶段的多人兼职（一般都担任汉语文教学工作）到初见特色端倪时的实行书法专职，先后有很多老师投入其中。本节重点介绍三位一直坚守在书法写字教育园地，并为之作出贡献且继续在奉献着的书法专职教师。除此之外，我们也清晰记得，已经退休的李展忠老师（担任过六年）和已调离本校的戚纪军老师（担任过三年）也为之做出过努力，他们与我们一起一路走来，也曾为学校的书法写字特色教育的形成奉献过光与热。

1. 戚天音

戚天音，金山区漕泾小学教师（2005 年退休），中国教育学会书法教育专业委员会会员，上海市书法家协会会员，上海市教师书法学会会员，金山区书法家协会理事。从教 40 年生涯中，一直辛勤耕耘在教学第一线，发挥着自己的特长，努力弘扬传承着书法艺术这一中华民族的优秀传统文化，1997 年荣获“上海市园丁奖”。

主要成就：1993 年 11 月荣获上海市中小学教师“写好字”比赛个人“三笔”全能奖；1997 年 4 月，荣获全国校园书法艺术教育家奖；同年 6 月，他书写的中小学生毛笔、钢笔字帖，由上海教育出版社出版，供全市中小学生试用；1998 年、2001 年、2002 年其钢笔字帖连续由百花出版社出版发行；1999 年 8 月，荣获全国“华诞杯”首届规范汉字书写大赛一等奖和园丁奖；2006 年 8 月，

荣获全国中小学教师“三笔”书法大赛一等奖（天津）；2010 年 8 月，荣获全国中小学教师“三笔”书法大赛（内蒙乌海市）一等奖和全能奖；2007 年 9 月及 2009 年 9 月，荣获全国青少年书法“优秀指导奖”；2009 年、2010 年、2011 年连获上海市民书法展入展和优秀奖；2013 年 10 月，入选金山区档案馆“金山区名人档案”；2014 年 5 月，荣获国际知名文艺家联合会授予的“首届文艺家全马奖”。

辛勤的书坛育花人

——记上海市金山区漕泾小学书法教师戚天音

一位普普通通的老教师，在教育岗位上已辛勤耕耘了 36 个春秋。靠他苦心研习、大胆实践，历经六年的书法教学工作，取得了显著的成绩。1994 年成为金山县园丁奖获得者，1997 年成为上海市园丁奖获得者，他就是上海市金山区漕泾中心小学的书法美术教师戚天音。

在东海之滨这方热土上养育了土生土长的戚天音。20 年前，自幼酷爱书法喜弄笔墨的他有幸参加了师大举办的为期一年的书法讲座，这是他正规学书法的起点。在这一年中，他得到了著名书法家的悉心指导，从唐楷颜柳入手，主攻欧赵两家，心摹手追，简直到了废寝忘食的地步。尤其是在1994年重教书法美术后，他深知需要扎实的书法知识和技能，才能教好学生。正是强烈的求知欲，使他拥有了苦学的动力。几年来他曾十余次在全国和省级书法大赛中获奖。有不少独具风格的作品被区档案馆、博物馆收藏，还有许多作品多次在书画报纸杂志上发表，并得到名家的赞誉和较高的评价。1998年2月，他接受市教材改革委员会教材编写的委托，先后书写了三至五年级6册大楷练习册及小学钢笔楷书练习册，中学钢笔行书练习册。戚天音老师在实践基础上，总结和提炼了可操作的分年级书法教学目标与评价体系，撰写了经验总结的论文。他参加的教育科研课题《小学书法写字教育的实践与思考》荣获金山区教科研成果一等奖和市级三等奖。然而他不满足于现有的成绩，而是持之以恒，在书法教育艺术园地上一如既往地寻求着创新之路。

书法，是我国历史悠久的传统艺术，祖国文化艺术的瑰宝。她有着流派纷呈、风格各异的特点，而书法艺术最基本的要求是掌握汉字的书写规律，需要长期的磨砺、传承，更需要优秀的书法教师从小学生抓起。随着国家教委和市教委关于全面实施素质教育若干改革措施的相继出台，提高学生规划汉字书写水平的任务放在重要的议事日程上。他所在的漕泾小学领导敏锐地意识到写字教育是实施素质教育的一项重要任务。戚老师是该校在书法上有较深造诣的老师。于是，让他从语文老师转为书法美术教师，学科的对口使他如鱼得水，一下就干了整整6载。“收获要靠辛勤耕耘。”他是这样说的，也是这样做的。1994年9月，他除了写字与美术课教学外，还红红火火办起了书法兴趣班。限于校舍设备等条件，就利用用来休息的时间开课，不管严寒酷暑，从不间断。6年来，他以苦为乐，从不计较个人得失。从熟悉教材、认真备课、反馈信息到课堂教学中的执笔、运笔的方法，间架结构以及教学资料的准备都做到一丝不苟，对创作一环更是严格要求。他还翻阅了大量资料，以历代名家学书经验为例激发学生的成长倾注了心血。功夫不负苦心人，在戚老师的精心培养下，

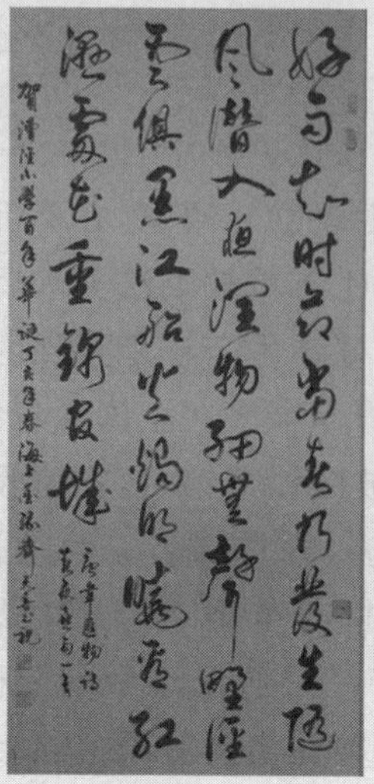

戚天音书法作品

二百余名书法爱好者中，有 40 余名学生的书法作品在全国和省市级大赛中获奖，60 余名在区县级大赛中获奖，他连续三年获得优秀指导奖。他的学生不仅在书法技艺上有了长足的进步，还活跃在班级中，为班级的黑板报、学习园地增添光彩，有的还充当了小老师，起到辐射作用；每年春节前夕，他带领 30 多位学生走上街头当场献艺，无偿赠送上千幅春联，得到了群众的赞扬，收到了良好的社会效益。

写字教育乃千秋事业，呕心耕耘十年辉煌。在刚步入新世纪的时刻，中国教育学会、书法教育专业委员会正式发文批准漕泾小学为“写字教育实验学校”，进入全国百所写字教育实验学校的行列。这是对该校和戚天音老师所取得的成绩的肯定和鼓舞，将激励他百尺竿头更进一步。

2. 朱君辉

朱君辉，金山区漕泾小学书法专职教师，上海市书法家协会会员，上海市书法家协会硬笔协会会员，中国教育协会书法专业委员会会员，金山区书法家协会会员，金山区青年书法家协会理事。作品入展 2014 年上海市第八届书法篆刻大展，2013 年获得上海市“五色大屯杯”写字教学评比一等奖，金山区中小学教师“三笔一诵”全能一等奖。

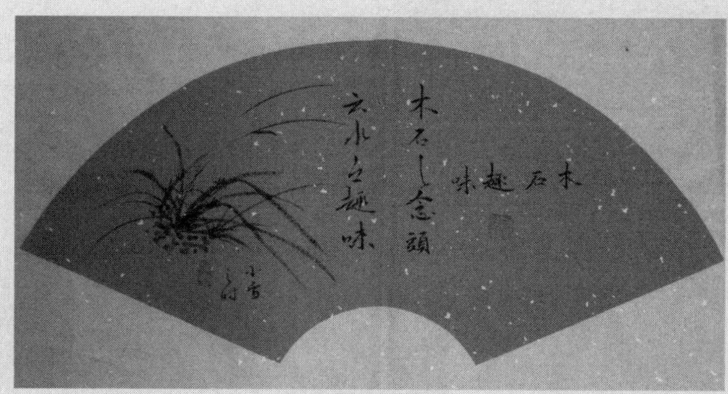

付出和收获

书法是艺术，书法是美的。美的东西总是使人产生一种赏心悦目的快感。书法可以慰藉心灵，使人心融意畅。书法又是一个神奇、充满着绚丽色彩的世界。

我是一名书法教师，在长时期的学校书法特色实践中，充分感受到了书法写字能让人产生愉悦的幸福享受。作为一名书法教师，为了学校书法更上一个台阶，我利用自身的书法优势于2012年开发和编写了一套书法写字教材，在实施过程中得到了学生的好评，整套教材在区域内加以推广，多次被评为区域特色教材。由于平时对书法的潜心苦练，2012年获金山区中小学教师“三笔一诵”全能一等奖。2013年5月，我参加了上海教委办的“五色大屯杯”书法课堂教学评比，经过自身努力，获得了全市课堂教学评比一等奖，为学校赢得了荣誉。作为书法爱好者，自身的书法修养也有了进一步的提高。书法和教学有机的结合，2011年和2013年分别分别参加由上海教委学院主办、书协协办的“翰墨香·中国梦”上海教育系统师生书法联展中荣获两次三等奖。2012年10月参加了由上海书协中小学教育委员会举办的中小学教学书法比

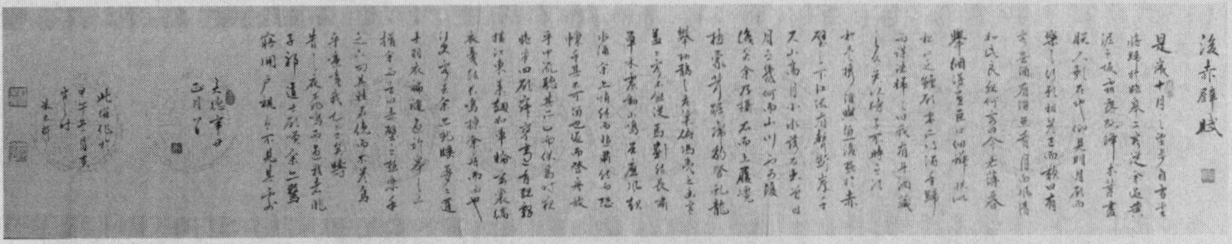

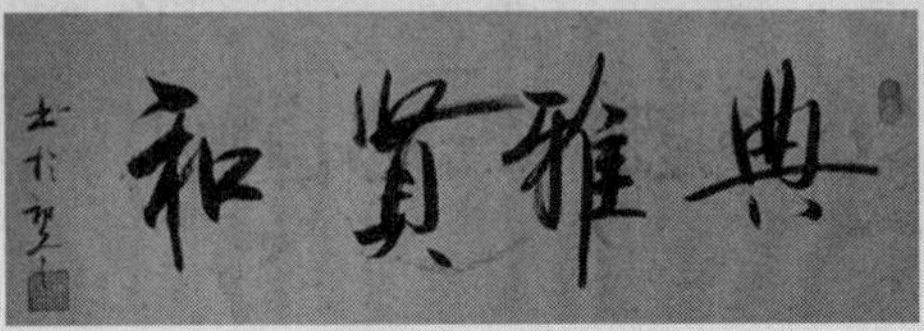

朱君辉书法作品

赛，作品入展其中。2014 年在“书教师风采，绘教育新貌”上海市教工书画比赛中获书法优胜奖。2014 年 10 月荣获上海市南苑杯中小学师生书法比赛软笔一等奖、硬笔一等奖。2014 年 12 月荣获金山区“教师书法教学技能展示活动”一等奖，同时又荣获上海市“教师书法教学技能展示活动”三等奖。2014 年 12 月荣获上海市书法先进个人。在由上海市书法家协会和美术家协会举办的“传承—未来”上海市中小学生书画作品交流活动中由于指导的学生获二、三等奖，被评为优秀指导奖。

这次作品有幸入展上海市第八届书法篆刻大展，对我来说是一次鼓励和鼓舞，看到了自己曾经的付出，又看到了自己书法水平和同行们存在的差距，我想只有在同道和前辈们的鼓励和指导下不断前行，使自己的书法修养和书写水平紧跟时代发展，使自己的作品写出时代的气息，更要为学校特色的发展贡献自己的一切。

3. 金宪春

金宪春，金山区漕泾小学书法专职教师。在小学书法教学上有着丰富的经验。2011 年编写了漕泾小学《小学书法》校本教材，所编写的区拓展教材《笔情墨趣》获得区优秀拓展性教材。在区、市级书法写字各类比赛中屡次获奖。

我与书法结缘

虽谈不上痴迷，但对书法的喜爱源自刚踏上工作时，一次偶尔的投稿获得的一次小小的奖励。

于是，闲暇之余，自觉地沉迷书法，赏阅名帖，潜心练习，便成了生活的一部分。

转任书法教师后，接触书法的机会就更多了，特别是外出学习、观展，交流，为自身对书法有了更深刻的理解。作为一名书法教师，把所学知识传授给学生，看到学生的进步、获奖和他们脸上流露出的喜悦表情，是一件妙不可言的乐事。

编写书法校本教材又是一大挑战，在这过程中付出了许多的时间和精力，但能为学校的书法写字教育出一份力觉得无悔。

书法是中国古典艺术的一朵奇葩，也是中国的国粹，有着几千年的历史。具有很高的艺术价值和实用意义。因此继承和发展书法艺术，也是热爱祖国发扬民族精神的表现。

练习书法，能陶冶人的性情，净化心灵。写字要绝虑凝神、心平气和，精神状态完全进入“静”的境界，一静而制百动。久之使书写者的身心得到锻炼，达到宁静致远，自然也就使人起到调节情绪

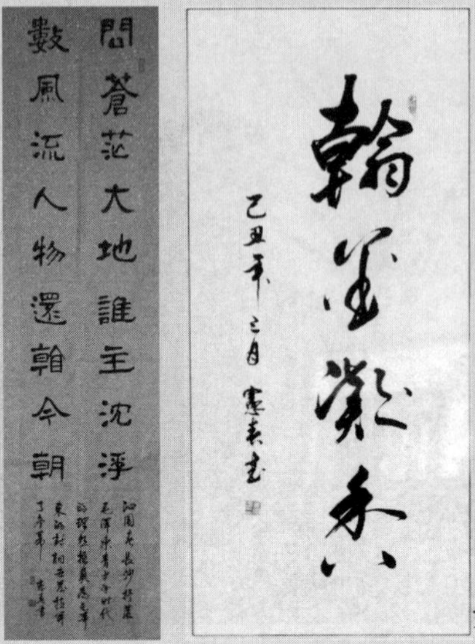

金宪春书法作品

的作用，使人心情愉快、精神轻松，减少紧张和焦虑，同时能提高兴趣，也可以改善人际关系。

练习书法有助于培养我们的自信心。当我们长期地练习书法，在书法的水平方面取得了一定的成绩后，面对别人对自己书法技能的认可，这时候我们的内心会产生一种成就感，从而使得我们更加地对自己充满自信。

练习书法能丰富自己的头脑，提高整体修养，养浩然之气，积渊博之才，得天地灵性，纳万物菁华，妙发灵机，创物我同心的大境。

“写一手好字，做一个好人”是我们学校的办学目标，根据学生的年龄特点，制定我们的教学目标，培养学生的兴趣和良好的书写习惯。教学中，从基本的执笔、坐姿和书写方法，从易到难，步步推进。为了增强学生学习的趣味性，课堂上还经常通过直观的方法进行讲解，有时还编写一些儿歌帮助学生记忆。另外，适当地把学生优秀的作品和练习进行及时的点评，可以增添学生的自信与自豪感。

书法是一门博大精深的艺术，书法课更是一个需要不断探索的科学艺术，愿这门玄妙的艺术能够以更加科学而艺术的方式走入我们的课堂，落在学生的笔端。

全体教师坚守

书法写字教育特色的形成，除了有书法专职教师梯队的努力引领外，更需要思想上认同、行动上支持的全员教师参与。

二十年中，在一大批热爱书法写字教育的骨干教师言传身教影响下，我校的所有教师对“写字教育”有着高度的事业心和责任感，他们以积极的态度参与学习培训，苦练书法写字基本功，不断提高自身的写字素养，以执着的追求和较熟练的硬、毛笔书法技能吸引和影响着学生，带领并指导学生开展习字与成长的历练，保证了书法写字教育有条不紊地展开。不仅在各科教学中重视写好字，而且使“天天练”活动长盛不衰，形成了提笔即练字的良好学习氛围，强有力地推动着面上的写字教育质量不断攀升。

以下是择取的部分教师这些年撰写的书法写字教育心得和故事，折射出他们孜孜不倦追求的心路历程。

让学生从小练习毛笔字

写毛笔字，是一项艰苦又有益的活动。俗话说：卷不离手，曲不离口。要求的就是日复一日、年复一年的长期训练，需要的是坚持不懈和持之以恒的韧劲。对于虎头蛇尾，有始无终未尝不是一个严峻的考验。然而，苦尽甘来，他给了我们一个宁静、充实的氛围，让我们有机会从嘈杂、繁琐中解脱出来调节大脑、修身养性：它锻炼出锲而不舍、勇往直前的意志；逐步陶冶自己的情操，培养正确、良好的为人处世习惯：以静制动，于是三思而行，想得周到、细致。

所以我喜欢写毛笔字，也提倡学生写它，我觉得这是对他们进行多种教育，培养各种能力的有效途径。

那么，怎样让学生从小练写毛笔字呢？

首先，教师要拥有良好的自身素质。教师对待每件事的看法、态度都是学生摹仿的依据，尤其是低年级小学生更视老师为神圣、完美无缺的象征。因此，教师要表现出浓厚的写字兴趣，端正的学习态度。教师侃侃而谈对字的认识，持久不断写出工整、有力的字，无一不是对学生最有效的示范和榜样。

其次，激发学生的写字兴趣。低年级小学生有着活泼、好动、兴趣广泛的心理特征，要让他们端端正正坐上一段时间握笔练字，自始至终保持安静、紧张的状态，实在不是一件容易的事，因此要让学生有充分的心理准备、有志炽热的写字情感、强烈的写字愿望。

我是这样做的：1. 用看图片、讲故事等形式简单讲述毛笔字的悠久历史。在逐步的启发引导下，使他们懂得，写毛笔字是对中华文化的继承和发扬，这样既增进了学生对字的认识和了解，又有机地渗透进爱国主义教育，真正做到教学与教育的统一。2. 选择几种学生适宜的碑帖让他们欣赏，在教师的分析讲解下，让他们觉得这些字写得多漂亮，这时简介一些书法家从小刻苦练字、长大后取得成功的故事，激励学生向古人学习，艰苦奋斗、勇于拼搏的精神。3. 联系生活实际，在班中举行主题班会，事前让学生找找工厂、公园、大街等各个角落有没有毛笔字的踪迹，使他们体会到毛笔书法的普遍性和实用性。在班会中，挑选几幅学校获奖作品，搞个小小展览，培养学生的自信心，告诉他们别人能做到的，他们也一样能做到，鼓励学生认真练写，每人都有机会参赛。再结合会前激励他们，你们想不想在这些地方甚至更多的地方留下自己的字，证明自己比别人强。

再次，严格要求学生刻苦练字。万事开头难，有了良好的开端，就有了一半的成功。为了适应小学生好动、生动的心理，我采用多种方法奠下这难定的基础，避免一开始就产生枯燥乏味而动摇的后果。如在教学握笔、写字姿势时编顺口溜，便于学生的形象记忆，请个学生做小老师纠正其他同学的姿势，既是鼓励，又是检查。在写笔画前，先练写一张长短的横、竖及画圈，以使学生掌握写字要领及锻炼手腕灵活转动。写好后，放松一下，做个游戏：展开想象，横和竖拼起来做什么，圆圈里画上什么变成什么，满足了小学生一张一弛、学习丰富充实的心理要求。

由于低年级学生的思维较直观、形象，在教学中就要采取示范电化教学等手段。如描红时，在黑板上范写，用彩色粉笔勾勒线条，打开投影机边描边讲解。

写毛笔字需要坚强的毅力，当有学生出现厌烦、急躁的情绪时，教师就要善于捕捉机会及时鼓气，以名人名事、寓言或县城的事例为突破口谆谆教导，使他(她)继续在正常的轨道运行，其中融进了集体主义、学习态度、理想等教育，同样对于出众者，也要不失时机地鼓励、表扬，以期望达到更高的层次。

最后，教师要让学生有用武之地。教师的职责就是教书育人，发掘学生的潜能；使之充分发挥出来，贡献于社会、国家。因此，要提供、创造机会，如在班中开展写字比赛，试着写学习园地、知识角、卫生角等角落的字；鼓励积极参加校、辅导区等比赛，让家庭、学校、社会都承认自己，充分体现自我价值，将来更好地服务于社会。

“养兵千日，用兵一时”，让学生从小练习写毛笔字，虽有一个艰苦的过程，更有一个辉煌的效应。

【王芳】
1998年4月

如何上好“天天写”?

书法作为我国独有的传统文化，蕴涵着中华民族文化的精髓。开展书法教育，是文化传承的需要，也是提高全民素质的需要。我校是一所百年老校，也是书法写字特色学校。自1999年起，学校就提出“写一手好字，做一个好人”育人目标。

为了更好实现这目标，学校设立了独特的“天天写”课程，给学生提供了一个很好的练字平台。如何上好“天天写”？需要每一个语文老师思考的新问题，我也努力在日常的教学中进行着探索与尝试。现仅以我的一堂“天天写”为例，谈谈自己的一点思考。

【案例描述】

“天天写”的铃声又响起，我与往常一样走进教室。学生们都已经在静静地、认认真真地写字。看似不应该打断的场面，那天我选择了打断。我一字一顿地说道：“请大家放下手中的笔，我们不急于动笔，先细心地读帖，看清每个字的特点。”学生们却有点不情愿地放下手中的笔。“请大家仔细观察本次书写的词语‘时隐时现’、‘完整无缺’，它们有什么特点？”几个细心的学生不约而同地说：“都是左右结构的字。”“除了这你还有其他发现吗？”有个学生答道：“都是‘左窄右宽’的字。”看来，学生们并没有看出“缺”这个字的特别之处。于是，我就把“缺”字拿出来，与其他左右结构的字进行了比较，这样一来学生一下子就发现它是“左右相等”型的了。

在本次的书写内容中，第一次出现了短句的抄写，学生也觉得很有挑战性。我抓住机遇，引导他们关注句子的特殊格式，并小结出了12个字的规律——“句首空格、句末标点、间距均匀”。通过读帖，学生发现了每个字在间架结构上的特点，看清每个笔画的位置；明确了写句子的规范格式，这无疑能够帮助他们把字写得更加端正、美观。

在完成练习之后，我选择了几本较有代表性的学生作品本进行展示，要求学生结合读帖时学到的知识，对同学的作品进行评价，引导他们发现别人的长处，提高自己的欣赏能力。当然，对于小伙伴写得不太好的地方也可以提出建议。当学生学会了如何评价后，我组织他们进行同桌间的互评，并在此基础上进行自我修改。

【案例反思】

事后，我将这次“天天写”的教学过程做了仔细回顾，悟出以下几点想法。

一、没有规矩不成方圆

我国著名教育家叶圣陶先生说：“什么是教育？简单一句话，就是要养成习惯。”在练写钢笔字的过程，要关注的习惯有很多，如书写姿势、握笔姿势、使用钢笔的习惯、静心读帖的习惯、看清字型再动笔的习惯等等。良好的写字习惯可以培养学生做任何事情都要认真、耐心的意志品质；同时，良好的书写习惯也是学生练好字的保障，因为只有姿势正确了才能把字写端正，只有细心观察、静心书写才能把字写漂亮。

但在日常的培养学生习惯过程中，我的方法比较单一，几乎都是自己的提醒、提醒、再提醒，收效不太明显。在听取他人意见、阅读了相关资料之后，我改变了方法。在学生练字的时候，给坐姿特别端正的学生拍照并展示；在评价的过程中，把书写姿势也作为标准之一，请做得特别好的学生来做小老师，示范给同学看……好习惯让人终身受益，但习惯的养成并非一朝一夕的事，关键在于持之以恒。学生书写时的这些细节更加需要教师每时每刻的关注与提醒。

二、以评价促进步

苏霍姆林斯基说过："你应当努力使学生自己去发现兴趣的源，让他们在这个发现过程中，体会劳动的成就——这件事本身就是兴趣的源。"练字的过程本就是辛苦而又枯燥的，学生很容易就会产生倦怠的情绪。如果能够让学生在练字的过程中看到自己字越写越漂亮了，感受到自己的进步，这是最好的"强心剂"。因此，在组织学生互相评价的时候，我就有意识地示范并指导学生去发现他人的优点：比如簿本整洁，没有涂改；比如某一个字、某一笔画写得特别漂亮；又比如每个字能在同一直线上等等。哪怕只是很细小的优点也尽可能地放大，在肯定成绩的基础上再提出修改的意见。

同时，我也结合班级争章活动，进行"集奖券"的活动。对于每一次练字作业中书写很漂亮的字或者进步很大的同学以奖券来表扬。利用学生好胜心强的特点，一个单元进行一次统计，比一比谁的奖券多，也收到了一定的成效。班级中也不少学生的书写明显进步了。

三、授之以渔，贵在坚持

学生的良好习惯养成贵在坚持，而教师的写字指导也贵在坚持。我们总会因忙碌的工作忽视这点，有时有点随心所欲。当然教会学生掌握千变万化的书写线条，关键是教授方法。但可惜的是，我在写字课的教学过程中，仅仅关注了某一个字或者几个字的书写指导，并没有将普遍适用的方法教授给学生；或者是进行了指导但不彻底，学生学过之后仍然一知半解。以此课为例，对于课上出现的左右结构的字，我进行了一些指导，告诉学生“隐”、“现”等字要做到左窄右宽，“缺”字书写时要左右相等，但这样的指导并不到位。从收上来的作业中可以看出，学生还是无法把左右结构的字写好。

通过书法老师指导、与同伴交流，我有了一些新的想法。以往的写字教学，常常从横、竖、撇、捺这些基本笔画开始学习，再了解字的间架结构。但对于我们的学生来说，字写得不漂亮更主要的原因是字的间架结构没有搭好。于是我在自己的之后的“天天写”上，进行了一些新的尝试，重点对于字该如何布局、各笔画之间位置关系的规律进行了一番指导。课上，同样以左右结构的字——“移”为例，我指导学生运用“穿插”、“避让”的原则来观察字型。通过这一次的指导，学生的书写时左右两部分互相穿插形成整体，相关笔画能够注意避让，字变得漂亮许多。随后，我又组织学生举一反三，他们通过观察发现大部分左右结构的字中都是这样的，如此一来我们就把“穿插”、“避让”变成了一种规律性的口诀，帮助他们写好每一个左右结构的字。

其实，每一个结构类型的字都有它自己的书写规则，如果我们帮助学生能把这些规律找出来，又能持之以恒地指导与训练，那么学生在书写时一定会更加得心应手，练字的进步一定会更大的。

【李卫红】

2012 年 12 月

写好字始于正确的姿势

我校是一所书法教育特色学校，培养目标为“写一手好字，做一个好人”。因此学校一直非常重视写字教学。在写字教学中，我们的老师都非常重视对写字的指导。在写字时不仅对学生坐姿要领、执笔姿势、运笔技巧进行指导，还对汉字笔顺、间架结构等进行具体分析，所以学生的书写水平提高很快。

本人由于书写水平有限，所以总觉得对学生的写字指导还不够到位。于是，我一直喜欢观摩其他老师的写字教学，并对他们的指导过程做一些整理与归纳，从中学习一些写字指导的方法。其中上海市二期课改教学光盘中杨翠红老师执教的《棉花姑娘》中的写字指导令我印象深刻。

【教学片断】

师：听了刚刚的录音，你能说说课文里出现了哪些医生吗？你来说。

生：我听到的医生有青蛙、燕子、啄木鸟和七星瓢虫。

师：你听的真仔细，请坐。（师贴板书）

师：让我们一起和这些医生打声招呼，每个两遍。

生读青蛙、燕子、啄木鸟、七星瓢虫。

师：（点课件）看一下啄木鸟的"啄"字，你有没有什么要提醒大家的？

生：我要提醒大家"啄"别忘了这个点。

师：嗯，这个点不要忘了，再仔细观察一下，点在第几撇处？

生齐：第二撇。

师：和这两个字比较一下（出示"吐"和"叶"），发现他们有什么相同的地方？

生：他们全是"口字旁"的。

师：好的，观察一下这两个字在田字格中摆放的位置，然后打开书到 179 页，分别描一个写两个。

生打开书准备写字。

师：第 179 页，注意写字姿势，一拳有没有？（边说边纠正学生写字姿势。）

师在教室里巡视。

师：有的小朋友已经很注意了，一拳、一尺、一寸，真端正。

师：这个小朋友坐得很端正，胸挺起来，头也抬起来。

（学生认真书写，教师巡视指导，直至孩子们都写完为止。）

【案例评析】

《棉花姑娘》是小学一年及第二学期的一篇课文。低年级的语文教学非常重视写字教学，一般每节课中都会安排 5—10 分钟的写字教学。在这节课中，杨老师安排了七分钟的写字教学，先让学生在语境中认字,然后观察,最后在田字格中写一写。既有听、讲,也让学生动手写一写,有动有静,完全符合一年级学生的年龄特点。

在这节课的写字指导中,可以看到杨老师不仅注重学生观察能力的培养,更关注学生的写字姿势。通过让学生观察字后说一说有哪些要注意的,不仅提高了学生的注意力,也帮助学生关注到了字的重点。通过对学生在书写时写字姿势的指导,不仅帮学生纠正了不好的写字姿势,也让学生巩固了写字姿势的要领:一拳、一尺、一寸,也起到了强化的作用。

杨老师十分关注学生写字姿势的做法让我触动很大,也让我明白了要想写一手好字,正确的写字姿势是基础也是关键,我们班的孩子虽然知道写字姿势的一些要领,但是在他们写字的时候做得并不是很好,所以我觉得自己需要从以下几个方面入手,加强对学生正确书写姿势的培养。

一、注意观察,注重写字姿势的指导

在平时的教学中,我要多注意学生的写字姿势,要常给他们示范正确的姿势,然后让他们按照正确的写字姿势去做。在做的时候,注重对学生的指导,及时地纠正不规范的写字姿势,并时常告诉他们一些不正确的写字姿势会怎么危害他们的健康。这样平时多注重写字教学,就能引起孩子们对正确写字姿势的重视。如果能一直坚持在写字时充分关注学生的写字姿势,及时纠正、多注意指导,相信能够帮助学生早日形成正确的写字姿势的。

二、多鼓励,并用榜样示范法

孩子是单纯的,他们期望从老师的口中多听到一些表扬的话语,对于他们身上的不足鼓励性的话语要比批评更容易让他们接受。所以在学生写字时,对于一些写字姿势比较正确的孩子要及时地给予表扬,并让其他孩子以他们为榜样,对于写字姿势有进步的孩子,要多鼓励,有时口头的表扬,一个微笑或是一个大拇指都会让他们变得更自信。在鼓励的同时用温柔的话语指出他们还存在的不足,相信他们更容易接受,也更乐意改正。

三、与家长联系,共同抓好写字姿势

因为有一部分孩子在校书写时还比较认真,但回家后的作业就会惨不忍睹，所以需要多和家长联系，让他们一起参与到帮助孩子养成正确的写字姿势的活动中来。可以充分地利用QQ群、飞信或者家校互动等多种方式提醒家长关注孩子在家的写字姿势，对于写字姿势不正确的孩子请他们及时地予以纠正，并经常将孩子还存在的一些问题和怎样解决这些问题的方法一起告诉家长，让他们一起督促孩子尽早形成正确的写字姿势。

以上是我在看了杨老师的写字教学后的一些想法，这些也是我今后在写字教学中要努力的方向。衷心地希望我们的孩子早日形成正确的写字姿势，写一手好字，做一个好人！

【*汤妞*】
2012年12月

润物细无声

“好雨当时节，当春乃发生。随风潜入夜，润物细无声。”这首诗虽是描写春雨的，但我们的教育教学又何尝不是如此。春风化雨，只有让学生在心灵上得到浇灌，才会真正触及他们的内心深处，合着老师的节拍，产生共鸣。

人们常说：“字是人的第二张脸面。”这是因为字写得如何往往反映出一个人的学识、性格、气质、风度等。《语文课程标准》指出：“写字教学要重视对学生写字姿势的指导。引导学生掌握基本的书写技能，养成良好的写字习惯。”在教学中我从以下几方面来培养学生的写字习惯。

一、激发兴趣，树立信心

“兴趣是最好的老师”，作为一名语文教师，我想方设法地调动学生的兴趣，不断让他们感受到写字的乐趣。只有这样“寓教于乐”，才能让学生感受到写好字不再是一种负担，而是一种快乐，从而提高写字教学的效果。

我班中的一个家长写下过这样一段话：“妈妈，我学书法了。看，老师圈起来的是写得好的！”听见儿子像发现了新大陆似的汇报时，为人母的我看见了希望，也庆幸儿子与我分享点滴收获。……自那以后，儿子放学一回到家就会凑上前递给我一张张毛笔书法宣纸，上面满满地写着点横竖撇捺等笔画，我就像接过心爱的宝贝，发自内心的赞叹："啊！好漂亮！横竖刚劲，撇捺有形！"儿子嗓音里充满自信："今天我写的多了一个圈，您看！"圈出的圈多了，我们相互击掌祝贺儿子的进步。

特级教师启林生曾在一次讲座中说过"要学会哄孩子"，"要准备一百顶高帽子给学生戴，要真心实意地给他们戴"。因此，教师在教学中应以表扬为主，我常挂嘴边的是"你写得真好！""你真棒！""有进步了，老师真为你高兴！"……随时对他们的学习给予肯定的评价，于是学生学习的兴趣就更浓了，自信心也随之越来越强。

二、培养学生正确坐姿及握笔的好习惯

要"学好规矩，循序渐进"。写字技巧的学习离不开这条基本原则。为此，在写字课中，对规范、漂亮的基本笔画、笔画的变化及汉字部首进行教学是重中之重。在课堂上，我把八种基本笔画、部首写法结合范字教给学生，让学生反复练习，直到笔笔到位，各个像样。学生有了这样的基础，就能学以致用，逐步写成规范的正楷字。

三、培养学生认真读帖的好习惯

读帖是指临摹者在写前对字帖静观默察、细想体味，对范字形成清晰的印象，做到成"字"在胸、意在笔先。而实际教学中，学生常常不读帖，或对字帖稍作浏览就匆匆下笔，以至顾此失彼、徒劳无功。要提高写字教学的效率，就必须培养学生的读帖能力和习惯。在每一次写字前，我有计划、有步骤地引导学生临笔画、临间架结构、临行气、临章法等。如临笔画，引导学生观察笔画的位置、起笔和收笔的方圆、藏露、笔画的长短、精细、俯仰、斜正、曲直等。让学生养成"整体把握，细致观察"的读帖习惯。

四、教师表率，潜移默化

俗话说："打铁先要自身硬。""其身正，不令而行，其身不正，虽令不从。"孔子的名言更道出了教师表率的重要作用。小学生良好书写习惯的培养不仅与教师的严格要求有关，而且教师的身教也起着至关重要的作用。教师是学生识字与写字的直接传递者，教师的一举一动会在学生心中起到一种榜样的作用，这种榜样的作用会直接影响到学生的写字习惯。教师一手漂亮、流利的字，如一个个美妙的音符，会在学生的内心深处谱出优美的乐章，那苍劲有力、清新俊秀的笔画会给学生美的享受和潜移默化的感染力。所以我在写字时始终注意要规范、认真。这样才能给学生作出良好的榜样，真正做到以身示教。

多一份鼓励，少一些训斥；多一些身体力行，少一点说教。拉近了老师与学生的距离，使学生感受到自己是学习真正的主人，在轻松自在的环境中学得新知识。

【陆士泉】

2015 年 1 月

端正态度　培养习惯　规范写字

我校是书法特色学校，“写一手好字，做一个好人”一直是师生的共同追求。尤其是到了五年级，学生面临写字等级考试的检验，写好字的任务更为紧迫，我们五年级的语文老师和书法老师在做好常规的写字教学之外群策群力，帮助学生进一步提升写字水平。

一、端正写字态度

写好字是一项没有捷径可走的艰苦劳动，并非一朝一夕所能做到，必须严格要求，端正书写态度。我们常常发现，学生在学校写的字挺好，而回家作业的字却潦草难辨、错字连篇，似乎完全不是出于一人之手。针对这样的情况，组内老师尝试了不少方法端正学生的写字态度。首先，老师们合作找来了不少有趣的书法小故事，如岳飞沙土练字。和学生分享，交流，让学生从名家身上感受到要写好字必须脚踏实地、肯下苦工，才能有所收获。同时，展示班级学生的优秀作品，让其他学生观赏、模仿，为学生树立身边的榜样，端正他们的态度。考虑到小学生爱玩、坐不住的天性，老师们又减少了学生的书写量，保证学生的写字时间，以求质的提升。为了保护学生写字的积极性，我们关注学生每一天、每一个进步，不吝啬对每一位学生的表扬和奖励，让所有学生都能感受到成功的快乐和希望。最后我们也加强了监督，不仅老师毫不懈怠地督促指导，还与家长联系，和家长一起努力帮助学生坚持练习。

二、培养良好习惯

在备战写字等级考试的过程中，学校组织了几次全年级的模拟考，以便随时了解学生的书写情况，做出调整措施。从第二次模拟考的情况看下来，我们发现正确率是学生最大的问题，学生总会出现加字、漏字、错字的现象。老师们交流各班的情况，发现学生的写字习惯较差，从而导致这一问题。张老师和我们分享了她的成功经验：在学生动笔写字之前让学生将桌面收拾干净，只留下书写本和笔，营造良好的写字环境；给他们一点时间静心，集中注意力之后再写。经过思考讨论，我们想出了指导学生先读字帖，圈出难写易错字，先在草稿纸上练习，写一行检查一行的方法等。通过学习其他学科的做法，我们指导学生在字帖上垫一把尺子，写好一行往下挪一行，杜绝学生抄漏一整行的严重现象。最后，我们一致认为要提高正确率还要多练新的内容，因此组内每天都会统一更换新的字帖，以供学生练习，帮助学生不断训练，提高正确率。在这一系列方法的实施下，学生的正确率得到了很大的提高。

三、提高书写技能

要写好字，除了端正态度、培养习惯，还要掌握一定的技能和方法。正确的写字姿势是写好字的前提，因此我们从不忘记时刻提醒学生保持良好的写字姿势。“万丈高楼平地起”，要想学生把字写好，就得从汉字的基本笔画练起。从四年级下学期开始，组内语文老师在书法老师的指导下，编制了系统的练字内容，从笔画、部首、字、词、句等方面指导学生循序渐进地练好字。在教学笔画时，我们努力使学生知道：每一个笔画都是由起笔、行笔、收笔这样一个过程完成的，要有轻重变化。这样的指导，虽然没有一下子起效果，但经过一段时间的训练后，学生明显有不少提升。笔画写好了，就该写完整的字了，每一个汉字都有一定的间架结构，结构把握准了，字也就写好一半了。所以老师们在课堂中总是会留出时间指导学生观察字形、把握结构，看似课堂写字的时间少了，但这样的练习为学生写规范的字打下了牢固基础。在巡视指导的过程中，我们发现学生写字时没有按笔顺写。因此，我们帮助学生纠正笔顺问题，时刻渗透：先横后竖、先撇后捺、从上到下、从左到右，先中间后两边，先里头后封口的写字规则。

“一分耕耘一分收获”，经过师生的共同努力，在书写等级考试中，我们取得了百分百合格率和百分之五十优秀率的好成绩。当然，这并不是结束，而是一个更加好的开始，我们会以更加饱满的热情、更加科学的方法帮助学生“写一手好字，做一个好人”。

【刘慧慧】

2014 年 12 月

重观察，用字理，提高学生写字观察能力

【案例背景】

《小学语文课程标准》指出写字中要求：(1)写字姿势正确，字迹端正，书写规范；(2)会写 1000 个常用汉字；(3)有写字的兴趣。在这种理念的指导下，教师在教学中理应给学生提供充分的写字时间和写字指导，帮助他们在学习过程中真正理解和掌握写字的基本知识和技能、写字的基本思想与方法，从而提高学生的写字素养。由于低年级学生刚刚开始接触写字，观察能力还在培养中。如何提高他们观察的兴趣，在观察中注意细节成为我一年级写字教学的重点攻克目标。

【案例描述】

片段教学：写“鱼”

师：出示图片，小朋友，这上面是什么字，你能猜一猜吗？

生：鱼。

师：你是怎么猜出来的？

生：下面一横就像鱼的尾巴，上面就像鱼的头。

师：那我们在写字的时候，千万不要忘记下面的一横，不然鱼儿就不能游泳了。

师：写字前先看还是先写？

生：先看。

师：如何看，谁会看，你先看一看！

生：鱼的头尖尖的，所以第一笔和第二笔的横撇要写得窄一些，要写得窄一些，在横中线的上面。

师：如何写得窄一些？

生：横撇的横写短一些就可以了。

师：对，这个方法非常好。鱼头尖尖的，那鱼肚子呢，大家都爱吃鱼肚子，为什么？

生：因为鱼肉多。

师：是啊，所以我们在写鱼字时候，中间的田要写得宽一些，如何做到写得宽一些？

生：横折写得要长。

师：你真棒，发现了秘诀，横折就是一个关键笔画，只要把横折写长一些，鱼肚子就胖起来了。

师：还不能忘记了什么？

生：一横的鱼尾巴，并且要长一些。

师：观察真仔细，奖励小星星。

课堂实施观察：在这一案例中，我首先运用学生喜欢的图片导入，让学生观察猜猜，这样有助于提高学生的学习兴趣。其次，渗透字理识字的方法，让学生把看和写结合在一起，先看后写。最后，提高学生观察重点，让学生找到关键笔画，横要长，横折也要长。这三个环节都是教师引导学生自己观察说出来的。与此同时，评价与鼓励为主，最后给予奖品，发挥学生的榜样作用。

【案例反思】

通过平时的写字教学，我对写字教育有了新的思考，深刻体会到一年级学生写字重在写字兴趣的培养和观察能力的提升。

一、重视观察，先看后写，提高学生的观察能力

在写字中，学生只有观察到生字笔画和结构特点，才能在不断的强化中，逐步养成自主书写的习惯。由于一年学生的认知特点，他们的观察能力还比较弱，不能将字看作是一个个组成的部分，更多的是把字看成一个整体。利用这一特点，在平时的教学中，我多采用图片的形式，先显示整体，然后把整体拆成一个个部分，让学生逐渐感悟到老师的教学步骤。在老师的引导写，学生可以一步

一步跟着老师，慢慢观察，有效观察。观察时，留给给学生更多的时间观察，正所谓欲速则不达，对于低年级学生不能操之过急，让学生明确写字的步骤，养成观察的好习惯。

二、紧抓笔画细节，重点突破，提高写字教学的有效性

汉字是由基本笔画组成的，每一个汉字都可以拆分为几个部分，俗话说牵一发而动全身，写字也是如此，一个笔画写得不好就会影响到整个汉字的感觉，因此要重视笔画的书写，尤其是笔画中的细节：如撇要有尖，捺要有脚，横折不能写成横弯，提不能写成横等等。单独的笔画小朋友都能接受，但是一放到一个字体中学生就容易忽视这些细节。小学生本身的学习特点决定了他们做不到每一个笔画都写好，最后形成一个完美的汉字。他们写字往往还是还比较分散的，如左右结构的字很容易写成两个字，上下结构的字容易分家，这就要求教师在每一个笔画中都要讲解清楚，让学生了解笔画的重要性。教学中我发现很多小朋友都是对一个笔画或者两个笔画写得不到位，破坏了整个书写的规范，因此从笔画出发，紧抓笔画，各个突破，更有利于纠正学生不规范的书写。

经历了课堂实施和反思改进的过程，我深刻体会到老师对学生学情的把握，对每个学生写字行为的理解，都直接影响他们在课堂中的教学行为，也直接决定了教学效果。尽管每个学生的个体差异性决定了他们的书写习惯、书写水平是不同的，但是教师对学生写字教学中的积极引导和思维干涉也是影响学生书写素养形成的一个重要因素。写字教育是一项长期的过程，一两节课学生的书写也并不一定得到明显的提升，但是教师可以通过调节、通过分析、通过教学策略的改进，促进学生提高对写字的重视，提高学生对自身书写的理解，提高对笔画的再认识。通过对书写过程的投入，学生得到切实的提高，教师的写字教育能力也会在认识、反思和改进中得到提升。

【刘云云】
2014 年 12 月

从笔画开始

【案例背景】

《小学语文课程标准》第一学段的阶段目标强调:要“掌握汉字的基本笔画和常用的偏旁部首,能按笔顺规则用硬笔写字,注意间架结构。初步感受汉字的形体美”。由此可见,写字教学除了要有正确的写字姿势、握笔方法外,还要让学生在学习过程中学会观察、比较,掌握汉字的间架结构,从而写好汉字。汉字形体虽美,但不易掌握,特别是对刚刚跨入学校的一年级学生而言。因此不可避免地会出现这样那样一些问题。

初学写字的一年级孩子们虽然能把笔画写得平直,但那些“横”和“竖”总是像一根根小木棍头尾一样粗,显得很生硬,缺少“提”和“按”的粗细变化。开始,我给学生讲写字时要注意提和按,同时不断地示范。可是几节课下来,我发现虽然我讲得很卖力,收效却不大。学生对我的讲解似懂非懂,听的兴趣也不大。反思课堂教学,“提”、“按”对于一年级学生来说很难理解,能不能用孩子听得明白的词指导呢,我想到了“停”和“走”。

【案例描述】

又是一节写字课,我指导孩子们写字时,就把提按改成了停和走。写横时,就教小朋友念:停停走停停回。因为学生刚写“按笔”时,总是谨小慎微,按得比较轻。因此,我在口诀中用了两个“停”进行强调,而“回”就是回锋收笔。然后,我叫小朋友一边念一边写。这一招,果然有效。学生觉得新奇有趣,写字的兴趣高涨。教室里一片“停——停——走——走——”声,很多学生写了一遍又一遍,笔画的提按也开始鲜明。

而后,我又让学生观察撇的写法,自编撇的口诀。学生编的是“停停走”。我对走的念法进行了变化,由强变弱,依次来体现“撇”先重后轻的行笔变化。其他笔画的口诀,我让学生依次类推加以变化。学生“自编自念自写”,书写水平有了明显的提高。

【案例分析】

每一个字都由基本笔画构成。因此,写好一个字,就要写好它的每一个基本笔画。而每一个笔画都须经历起笔、运笔、收笔几个过程。一年级语文教学中，在认识基本笔画的同时，还应对学生进行严格的笔画指导，让学生打下扎实的基本功，为今后的写字教学开一个好头。在实际教学中，我们常常发现，很多学生说得很好，写字时要注意笔画的提按。但让他写时，又回到了自己原来的写字习惯中，忽视了笔画起笔、运笔、收笔的过程。案例中边念口诀边书写的方法，在一定程度上解决了手脑不统一的问题。通过"嘴"这个中介，将脑的思考和手的书写统一了起来。

写字是一种枯燥的学习，要使学生乐于写字，我们就要努力激发学生的写字兴趣。儿歌深受低年级学生的喜爱，文字简炼，通俗易懂，朗朗上口。在上面的案例中把笔画造型编成"停停走走"的儿歌，学生乐于接受，从而激发了学生的写字兴趣。将"要我学"变成了"我要学"，学生的进步就明显。

学习写字，应学会观察。会观察每个字中每个笔画的粗细长短的变化，并对照例子进行比较改进，字才能写得更好。而观察是一种能力，只有从一年级开始，培养学生仔细观察字形的能力，学生的鉴赏水平才能得到提高，才能更好认识自己所处的水平。案例中，教学了横的笔画后，教师让学生自己观察其他的笔画，自编口诀练习，举一反三。既培养学生的眼力，又培养了学生的创造力。只要长期坚持，学生定会有长足的进步。

【陆佩丽】

2014 年 12 月

树立好榜样，评价有方向

【案例背景】

四(3)班学生在写字方面一直有一个弊端，那就是缺少一种书法味。虽然，他们的字迹比较整洁，写字态度也比较认真。班级里也缺少真正会书法的孩子，使得他们缺少一种榜样的力量，真正将硬笔写出几丝书法味来，还有待时间的打磨和方法的指导。幸运的是，在两年的时间里，还是出现了一批爱好写字的学生。并且，通过和个别学生以及家长的沟通，班级里的几个孩子在坚持练书法。今年，学校开展了基础素养等第制评价活动，我把评价也“搬”到了写字课上，收到了意想不到的效果。

【案例描述】

写字课上，我和以往一样让孩子们提前准备好本子和笔整齐地摆放在桌子上。与平常不同的是，我今天选了一个特别的孩子——小琪做小老师。他写字并不是特别出色，甚至是个错别字大王。他就像是个发明家，经常“发明”新鲜字。小朋友见了，疑惑不解，也有不满的嘀咕声。

但是，当他写出第一个“诬”字时，底下的声音渐渐弱了。因为小琪他写每一笔字都有顿笔，写得虽然还是有点慢，但是看上去似模似样。写好了，他的脸红红的，就像充了血似的，轻轻地放下笔，他才挪开椅子站到了一边，等待我的评价。我看着全班的孩子请他们先来评价一下。小刘马上站起来，说道：“他写得和我差不多慢，但是比我好看。”我给他竖起了大拇指，告诉他：“你不仅发现了自己的问题，也发现了别人的优点，你观察得真仔细！”我瞄了小琪一眼，看到他松了一口气。我又请小朋友举手表决小琪写得认不认真、有没有进步，全班都用手势打了钩。小琪的脸却更红了，我在投影上又展示了他之前的作品，有不少错别字。我问他为什么，他不好意思地说：“今天，在上面写字我虽然紧张，但是我看得仔细了。”听了他的话，我顿了顿，向全班孩子展示了几日前他给我的一副软笔书法作品，告诉他们这是小琪写的。全班炸开了锅，难以置信。我问他们小琪的字，它们的每一笔每一画像什么？他们小队讨论后，有的说小琪写的“捺”像一个大将军大摇大摆地踏出了步子，有的说小琪写的“横”像一个扁担……顺着他们的评价，我又将字的结构和用笔方法提出了几个重点要求。然后，我将小琪从二年级至今陆陆续续写书法的故事说了一遍，大家才明白小琪写好字真正的原因，那就是写好字需要坚持练习，也需要仔细观察。并且，写字帮助他培养了耐心和细心。

之后，孩子们才开始提笔写字。他们的字还是和以前一样干净，不同以往的是他们都认真多了。看上去，还真有点拿生命“书写榜样，创造传奇”的架子。这一课后，全班得A的孩子超过了一半。

【案例反思】

通过这节课，我主要是借着小琪的事迹，让孩子们认识到进步是需要坚持练习和仔细观察的。通过他的进步给大家树立一个榜样，争取更大的进步。

要让一整个班级一起写好字是不现实的，但是抓住一部分优秀的孩子，树立一个榜样是非常必要的。有了这一批中间力量，让孩子们从身边的榜样学起，可实施性就大多了。那么，如何去培养一个榜样呢？这需要和学生及家长有适当的沟通，在日常的一言一行中学会鼓励学生，激发学生学习书法的兴趣。尤其是软笔书法，需要不间断的练习，这需要家长在家中和孩子一起努力。而写字的好与坏是在长期的练习中，通过培养耐心和仔细的观察力一步步练就的。

另一方面，孩子在一个集体中更容易通过表现自己获得自信和成就感。那么，集体对他的评价就显得非常重要。通过同学及小队对他的评价，让孩子得到认同，肯定自己的努力和付出是具有意义的。而这次就写字而言，让小队评价是需要一定的基础的。这些内容和标准需要老师在日常的教学中有一定的规范。我在课上，会更多地运用一些比喻的方法介绍字的结构。所以，孩子在课上评价也会有样学样。那样生动形象化的语言对他们而言也更具有活力。

当然，让孩子们能够认识到写字的重要性并且努力去学习，需要一个过程。这样的方法有很多，我们需要舍弃往常那种一笔一画生硬的教学。针对班级的实际情况，我们要采取不同的方法。而这一次，我关注的是榜样和评价的作用。这个过程中，我的引导还是存在一些不足，需要在日后的教学中不断改善。

【叶红】

2014年12月

写字学困生的转化

写字是小学阶段的一项重要基本功训练，作为老师的我希望自己的学生都能写得一手漂亮的好字，但班上始终有几位学生的字写得东倒西歪、大小不一，脏脏的作业本让人看了便有一种愁绪涌上心头。

这些学生往往缺乏良好的书写习惯，他们不是把本子放歪了，就是坐得不端正，而且都没有掌握正确的握笔姿势。我偷偷拍下了他们写字时的模样给他们看，并让他们在写字本的最后一页写上写字姿势歌：头摆正，肩放平；腰挺直，脚踏实；手握笔，一寸间；胸离桌，一拳头；眼看纸，一尺远；一尺一寸一拳头，三个一字要牢记，养成习惯最要紧。每次准备下笔前，都要对照着这首歌，唯有做到了三个一，才能开始动笔。

学生的字大小疏密不一、结构把握不准确、看上去显得杂乱等，其实是因为处事太随意，没有动脑筋研究所写的字。汉字本身有它内在的规律，在写字教学中我引导学生将字进行分类。一是按结构分类。汉字的结构有很多种：上下结构、左右结构、半包围结构、全包围结构等。如，在教学上下结构的字时，我出示了两组字。一组为“忐”、“忑”、“忠”，另一组是“吴”、“笑”、“草”。我先让学生对比观察，学生不难发现这两组字虽然同为上下结构，但第一组上大下小，而第二组则上小下大。二是按偏旁分类。提手旁、草字头、三点水……在教学“层”、“居”、“屋”这几个尸字头的字时，引导学生观察这三个字被包围的部分右边不能超出部首。偏旁尸字头分三笔写成。首笔横折稍斜，横稍长。第二笔再作一短横，使两横基本平行，由此两笔组成的框架稍扁，并内收。第三笔作长撇，为主笔，要舒展，这样书写整个字才最为美观。三是按笔画归类。通过归类汉字，学生也能举一反三，掌握了每个字的特点，下笔时也就胸有成竹了。

个别学生写字潦草，用笔不稳健，我就一个一个笔画手把手地教，然后再描红—临摹—练写，让学生慢慢体会每个笔画的起笔、落笔，掌握了基本的笔画后，难写的字也能根据基本笔画一一推理。每次，我都面批写字学困生的练字本，只要有进步，我就不吝啬自己的赞美。在写得好的字上我会画圈，也会在学生的字上进行笔画的调整和修改，让他们知道自己努力的方向。为了让他们保持写好字的热情，我还特意为他们设置了“写字进步奖”并定期进行评选，这一机制激发了学生把字写好的热情。

经过长时间的摸索和实践，虽然问题还是存在的，但很多写字学困生都能正确对待写字，养成了良好的写作习惯，他们的字比起以往都有了质的飞跃。

其实，任何一个学困生都渴望成功，作为老师的我们应该为他们制定恰当的方法因材施教，最大程度挖掘学生的潜能并给予鼓励，我相信学困生也能走向属于他们的成功之路。

【陆惠春】

2015 年 1 月

上海市漕泾小学书法写字教育现场会召开

1996 年 4 月 2 日，上海市教委教研室与市教育学会书法专业委员会在漕泾小学召开“上海市漕泾小学书法写字教育现场会”，推广小学写字教学的经验。出席此次会议的有市教委教研室专家沈金龙、市教育学会书法专业委员会会长刘克、秘书长陈辉和潘立等，金山县人大副主任蔡师曾，金山县教育局党委书记蔡之敏，金山教师进修学校副校长李峙及《写字》杂志、《小学生学习周报》等代表，各区、县区法教研员，部分书法特色学校校长、教导主任、写字教师等。

上午，到会同志参观了漕泾小学写字教学的现场和展览室，还请到会书法家当场表演。下午集中开会，会议由市教委教研室沈金龙主持，教育局党委书记蔡之敏致欢迎词，并介绍了本县的特色

上海市漕泾小学书法写字教学现场会召开（大会会场）

教育概况，漕泾小学校长张伯忠、教师戚天音及家长、学生代表分别汇报二年多来写字教学的成绩和体会。县人大副主任蔡师曾讲话，强调加强中小学写字教学的重要性，他说："书法艺术是中华民族的瑰宝，有几千年文明史，在国外也有深远的影响。学校要重视写字教学，培养出一批小书法家，但师资力量是决定因素。县进修学校要加强写字骨干教师的培养，以带动全县抓好'写好字'教学。"

全国教育研究会常务理事、上海市书法教育研究会会长刘克讲话，主要肯定了漕泾小学写字教学的成绩。他说："漕泾小学经过二年时间的建设，写字教学能取得这样好的成绩，很鼓舞人心。"他强调指出：写字是各课教学的基础，中小学生一定要练好这个基本功，学校写字教学搞得好关键是老师，这样学校的特色就出来了。漕泾小学虽然地处偏僻，办学条件差，但草窝里可以飞出金凤凰，通过这次现场会将会推动全市的书法教学。

市教委教研室领导作了总结发言，指出："漕泾小学写字教学的成果与经验为全市写字教学作出了榜样；学校领导重视，教师认真教学，家长积极配合，学生乐于参与，促进了向素质教育转轨，德智体全面发展。漕泾小学写字教学的成绩又为金山县艺术教育增

戚天音老师上书法写字教学公开课

添了光彩，为进一步推动本市中小学书法写字教学起了很好的作用。现在市教委教研室关于上海市中小学写字等级标准及操作方法（草案）已出台，将对写字教学规范化、标准化、可操作化上了一个新的台阶，今后小学生毕业，必须经过写字等级考试达到一级标准合格，初中生毕业达到二级标准合格、高中生毕业达到三级标准合格方能毕业，这充分说明写字教学作为中小学越来越显得重要，希望各校要真抓实干，把这件造福于子孙后代的大事抓好。”

最后漕泾镇副镇长陈延东代表党委、政府感谢市、区、县各级领导、专家对我镇小学写字教学的关心和支持，并希望今后还要多关心、指导，使本镇中小学写字教学再上一个新的台阶。

【陆金林　提供】

上海市小学生交通安全书法美术作品比赛活动影响深远

为进一步提高小学生的交通安全意识和交通文明观念，从1996年起上海市公安局交警总队和市教委联合在全市范围内组织开展小学生交通安全书法美术作品征集评选活动，至今已经走过十九个年头。漕泾小学作为全国书法写字教育实验小学之一，一直以满腔的热情、务实的态度以及一定的实力积极参与这项活动，并取得不俗的成绩。它对促进书法写字教育办学特色的形成产生着积极的影响。

在九六年的首届比赛活动中，我校学生冯伶俐(11岁)一举夺得书法项目一等奖、吴文英(十岁)获得优秀奖，喜讯传来全校师生奔走相告、欢欣鼓舞。大家在向获奖师生表示热烈祝贺的同时，掀起了练书法、写好字的热潮。

这一活动对学校正在推进的书法写字教育产生深远影响。在以后的每届比赛活动中，我校师生都以此为榜样，赛前积极备战，赛后认真总结，几乎每届都有学生的优秀作品或入围、或得奖，并且将其拓展之美术作品领域，也曾得到过区内的不少奖项。更为重要的是，学生们在参与书法美术作品的创作过程中学习、了解和掌握了交通安全常识，增强了交通安全意识，从小培养了自觉遵守交通法律法规和文明参与交通的良好习惯。同时，活动还让师生拓展了视野。同学们在教师的引领下积极参与各级各类机构举办的书法比赛，从“大场杯”到“真彩杯”，由区内走向市内乃至全国，为弘扬中国传统文化努力，为争创学校书法教育品牌奉献。

【戚天音　提供】

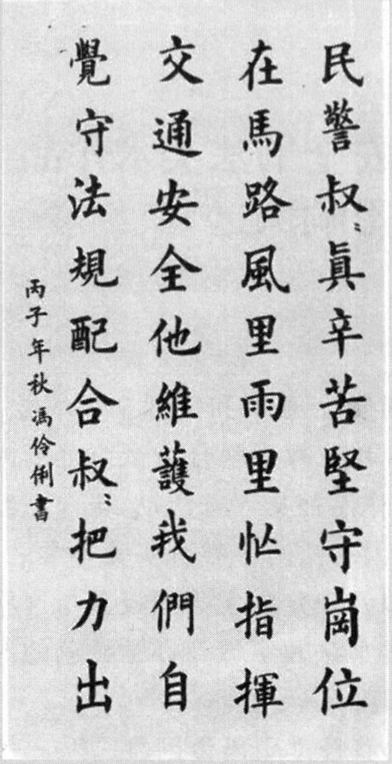
民警叔叔真辛苦堅守崗位
在馬路風里雨里忙指揮
交通安全他維護我們自
覺守法規配合叔叔把力出
丙子年秋馮伶俐書

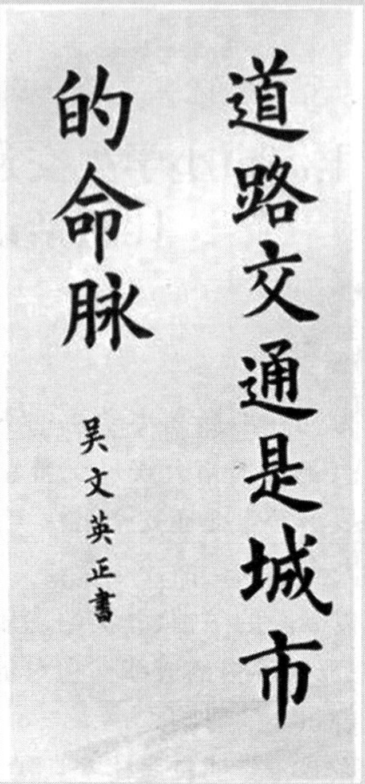
道路交通是城市
的命脉
吴文英正書

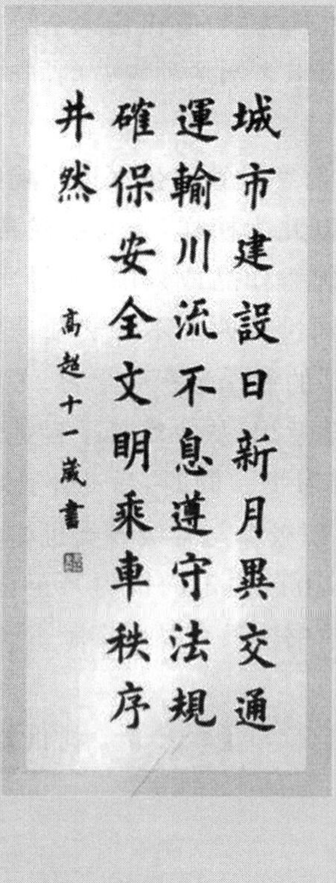
城市建設日新月異交通
運輸川流不息遵守法規
確保安全文明乘車秩序
井然
高超十一歲書

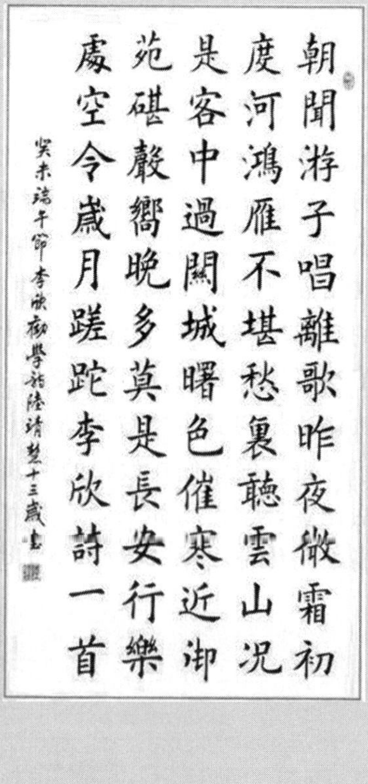
朝聞游子唱離歌昨夜微霜初
度河鴻雁不堪愁裏聽雲山況
是客中過關城曙色催寒近御
苑砧聲向晚多莫是長安行樂
處空令歲月蹉跎李欣詩一首
癸未端午節
陸靖
十三歲書

长江后浪推前浪

——记漕泾中心小学辅导区学生书法竞赛

继今年五月的教师书法比赛之后，我辅导区于十一月八日又开展了一次别开生面的书画竞赛。本次书画竞赛的人数之多，涉及面之广是前所未有的。自一年级至六年级，参加比赛的137人。分低、中、高年级三个层次。低年级一、二年级硬笔比赛(铅笔)，三、四年级毛笔、硬笔(毛笔是摹写，钢笔80字的正楷书体)；高年级的毛笔和钢笔(大楷16字，钢笔80字)。各年级的书写内容均为统一规定的字数和内容。在内容上都从技法、技巧笔画结构各方面来考虑，就是从竞赛中看学生所掌握的技法、技巧的熟练程度。比如中年级的毛笔摹写，看学生的运笔方法，在每个笔画运笔是要求一笔完成，不准重复涂改；高年级的毛笔既要求运笔、笔势和字的间架结构，要求全面而较高。从字体中看到"永"的八大笔法。在竞赛过程中要求正确的执笔方法和端正的写字姿势。因此，这次竞赛无论从姿势、执笔还是从运笔和字体等各方面的要求较高。

从竞赛结果的作品看，有三方面的特点。首先，从作品的质量都体现学生掌握的技能的熟练程度。第二，从作品的艺术方面看充满了童趣和雅趣。第三，从竞赛的结果看，哪个学校重视这方面的，师资力量强的，那么获奖率就较高。并且可以看到各校比赛前的加紧练兵，大大提高了书写水平。

这次竞赛，为下一次竞赛打下了良好的基础，进一步形成"长江后浪推前浪"的可喜态势。为落实学校领导提出的"抓特色，创名牌"的要求，为巩固和发展已取得的成果，争取再上一个新台阶。

【戚天音　提供】

1999年12月

“老外”也介入，文化在交汇

——“赛科杯”交通安全主题活动记

2003年10月，落户于金山漕泾的上海化学工业区赛科公司（中外合资企业）主动派员与学校联系，提出了要与我们合作，共同举办交通安全月活动。这是因为在实地考察我校书法、绘画等艺术教育的过程中，赢得了他们的认同和赞赏。

依据事先的约定，赛科公司派出高管为师生作讲座，和我们的学生一起进行交通安全方面的宣传。孩子们在教师的指导下，通过创作并书写宣传标语、构思并绘制交通安全方面的画、用喜闻乐见的文艺形式表现交通文明的主题等，努力提升着社会公众的交通文明意识，改变其不文明的习惯和行为。活动中期，赛科公司宣教科还特地从孩子们创作的书画作品中挑选了10幅，复制并印刷

在扇子上,赠送给他们的员工和我校的师生。在闭幕式上,我们的师生为特邀的地方政府官员、教育局的领导及社会各界来宾现场制作书画百米宣传长卷,赢得广泛的好评。

本次活动,许多"老外"介入其中,让我们的师生与老外有了近距离的接触与交流,东西方文化在我们这里交汇,给活动增添了不少的喜气,还让我们体验了他们对生命教育的重视以及工作作风的严谨和个人修养的出众。

【陆金林　提供】

2006 年 10 月

金山区小学生“写好字”五年推进计划启动大会的鞭策

2006年10月17日上午，金山区小学生“写好字”五年推进计划启动大会在漕泾小学举行。教育局副局长蒋志明、教育局调研员薛毓良、教师进修学院副院长袁晓英、市教委教研室教研员沈金龙，金山区小学生“写好字计划”协调小组、指导小组的全体成员以及全区各小学的校长参加了这次会议。

会上，漕泾小学校长张朝晖和吕巷小学校长何自强交流了书法写字教育的认识与体会。蒋志明副局长宣读了《金山区教育局关于建立“推进‘写好字计划’协调小组”和“推进‘写好字计划’指导小组”的决定》，并由金山区推进“写好字计划”协调小组副组长薛毓良对《金山区小学生“写好字”五年推进计划》作了详细的说

明。市教委教研室教研员沈金龙提出了几点建议。最后蒋局长代表教育局作了重要讲话。

《金山区小学生“写好字”五年推进计划》的出台，表明了金山区教育局对写字教育的重视和关注，旨在形成写字教育的区域化联动和连贯，形成各学校以点带面、共同发展的格局。

我校是一所百年老校，在写字教育方面有着丰厚的积累，在九十年代就取得过较为突出的成绩。随着人事变动和时间的推移，我们的写字教育随着惯性在发展，也出现了瓶颈，要进一步发展需要一个更大的平台和机会，本次启动大会的召开无疑是一个良机。这次大会在我校举行，既是肯定了我校已经取得的写字工作的成效，也是对我校进一步提升写字工作效能的鞭策。大会上，沈金龙教研员的几点建议很实在。他说，对于书法写字教育，学校的领导一定要重视，要全面落实好写字教育过程中的三维目标；一定要由专职的书法教师或专门负责的老师负责写字教育工作，教师的指导一定要到位。他的建议为我校写字工作的进一步发展指明了方向。我们要在原有基础上，在改变观念、写字师资培训、写字教材校本化等方面，继续加大力度、改进措施、完善制度，扩大影响，切实提高学生们的写字水平，提升他们的品德习性，真正实现“写一手好字，做一个好人”的育人目标。

【吴丽娜　提供】

不灭的精神，永恒的记忆

——漕泾小学师生参加龙华烈士陵园碑文临摹活动记

2008年4月2日下午，我校四十多名师生来到上海市爱国主义教育基地“龙华烈士陵园”，参加市教委举行的“感恩思源，面向未来”——上海市中小学生清明主题教育活动。

学生们一到龙华烈士陵园“碑林区域”，就被分成三个小组。一组学生来到碑墙的北壁，在老师的带领下，共同欣赏29幅碑刻的作品：他们一起读读这些音节铿锵、语句激昂的诗文，说说事先了解到的作者生平、作诗的背景和作者所要表达的思想感情，整体感悟风格各异的书法艺术，然后当场在碑壁前临摹作品；一组同学来到南壁鲁迅先生的《为了忘却的纪念》原文碑刻前，听老师介绍鲁迅的生平和这篇文章的背景，师生一起朗读文中有关句子，并且

结合文章内容进行书法创作；另一组小朋友则与参加本次活动的市“五老团”战士一起互动，同学们谈论了参加本次诗文临摹活动了解到的知识与感受，老战士诉说了战争年代的生活、理想与抱负。既切磋了书法技艺，又交流了心灵感悟。

本次活动让孩子们进一步了解了先贤们所处的历史背景和他们的成长环境，知道了无数的先贤（革命志士和共产党人），为了民族的解放、人民的幸福、社会的进步、人类的理想和世界的和平，英勇地献出了宝贵的生命。透过这些诗文，让学生感受到了先贤们远大的抱负、崇高的使命、慷慨的气概、坚强的意志和伟大的人格。感恩思源，激发了他们的爱国情怀。同时，让学生通过楷体、隶书等基本字体的临摹，领略了我们中华民族永远值得自豪的书法这一古老艺术的魅力。因为身临其境，学生印象深、触动大。同时，也向社会展示了我校书法写字教育成果。学生们所写的毛笔字，受到了市委领导的好评。

【吴丽娜　提供】

春联送百姓，和谐暖人心

——“写春联、送春联”社会实践活动的坚持

每逢新春佳节来临之际，漕泾小学的师生在镇区闹市地段一隅设摊书写春联，赠送居民群众，为即将到来的新年增添喜庆的氛围。

今天是难得的冬日暖阳，老天爷似乎也为孩子们的义举所感动，在连日的风雪后，出现了可贵的暖阳。虽说是暖阳，但寒风还是有点凛冽，不过，孩子们一点都没有叫苦，一到现场，都积极主动、摩拳擦掌。正所谓台上一分钟，台下十年功啊！不一会儿，一条条或显喜气、或寓财运、或示前途的春联跃然纸上，挂在预先准备好的绳线上，显得尤为壮观。现场还来了三位书法老师，他们也非常积极，热情挥毫。居民们接过老师和孩子们递过来的春联，都

54
vatti 華帝
漕泾小学写春联送春联活动

喜笑颜开，声称写得真好、孩子们真棒，这样的活动真不错。据了解，漕泾小学这次上街写春联，仅一个上午就为居民群众送出春联200对，接受春联的有来沪人员，更多的是本地居民。

漕泾小学的写春联、送春联活动是一项传统。从1998年春节启动至今，从未间断过。他们不仅仅限于漕泾镇闹市街区，还在金山区人民政府、金山卫镇文体中心、朱泾镇紫金广场、漕泾镇海涯新苑等处留下过孩子们的身影。

春节贴春联是我国的传统。漕泾小学这一特色项目的开展，一方面把春节辞旧迎新、喜庆吉祥的气氛通过春联这一中国传统文化形式传递给社区的居民，使社区居民欢度一个快乐、文明、平安、祥和的新春佳节；另一方面，学生们在写春联、送春联的过程中，了解了中国的历史，关注了历史文化遗存，传承了民俗文化，并且在服务他人的过程中增强感恩社会的意识、体会和谐家庭的温暖环境；同时，也为弘扬学校书法写字特色、丰富人文教育内涵、促进社区文化建设等赢得良好声誉。

【潘晓　提供】

2008年2月18日

写一手好字，做一个好人

——漕泾小学校园写字节的举办

为进一步推进书法写字教育特色的发展，为师生搭建展示交流的平台，在校园营造浓厚的“读好书，写好字，做好人”氛围，自2011学年开始，学校每年举办一届校园写字节。学校领导集体高度重视写字节的举办，除制定详细的实施方案外，每项活动落实到位。写字节活动形式多样、内容丰富，既注重沿承，又力求创新。

第一届写字节于2011年11月21日启动，历时一个多月。先后开展了学生写字定级考核、作业本书写评比展览、教师“三笔字”比赛、写字教学论文征集、讲书法家的故事、举办市教育学会课题《小学书法写字教育课程化的深度推进研究》中期展示研讨等活动。其中参与面最广、影响最大的数全校学生参加的写字等级考

核。这是学校第一次组织学生进行写字单项测试。本次测试从学生的写字姿势及写字质量两方面进行考核,写字姿势分合格、须努力两个等级,写字质量分优秀、良好、合格、须努力四个等级。监考老师负责对学生的写字姿势进行考核,戚天音等三位书法老师负责全校学生写字质量的评价。在其后的几届写字节上,学生书写考核成为了“固定”项目,但每一年都有所发展。首先是项目、人员的增加:从第二届写字节开始,增加了有部分三至五年级学生参加的软笔比赛,至第四届全体三至五年级学生均参加了软笔书法比赛。其次是评奖项目的完善。从第二届写字节开始,除了给学生评定书写等级之外,每个年级各评选出十名硬笔书写小明星和十名软笔书写小明星,每个年级评选写字优秀班级。全校性的书写比赛,也为更多的学生创造了展示自己的机会。

学生写字能力的提高离不开教师的有效指导。从第一届写字节开始,学校除了开展教师“三笔字”比赛,评选校园书法十佳教师、优胜教师、优秀教师之外,还特别重视语文教师、书法教师的教学指导能力提升。在写字节上或进行写字教学研讨,或开展写字教学论文(案例)征集交流活动。第一届写字节上,重点课题“小学书法写字教育课程化的深度推进研究”进行了中期展示研讨,朱君辉、金宪春两位书法教师展示了书法教学公开课。第四届写字节

上，语文教师张娜老师为全体教师展示了一节高质量的硬笔书写指导课，从一个侧面反映出我校写字教学整体水平的提高。通过几年来对写字教学的探讨，老师们对“写一手好字　做一个好人”的培养目标有了更明确的认识。第四届写字节的案例征集主题定为“写字与育人”，因为我们已清晰地认识到写字教学的重要意义不仅在于它能提高学生的汉字书写素质，还渗透着育人的功能。教师在以字育人的过程中培养学生良好的人格和习惯，培养学生勤奋刻苦的精神，提高学生的审美能力。在不断的交流与总结中，老师们对写字教学更为重视，教学观念得以提升，教学能力不断提高。

经过几年的实践探索，我校的写字节活动越来越成熟，影响力也越来越大。在2014年“用心写字，书写美好人生”的写字节上，我校成功举办了“晨曦杯”校际联盟书写比赛。这次比赛有漕泾小学、金山小学、漕泾中学、民办水库小学等5所学校的100名学生参加。在悠扬的古筝乐曲声中，学生们各显身手，充满自信。比赛分硬笔和软笔两大项目进行，有的学生两项都参加了，显示了深厚的功底。学生们的字或轻舞飞扬，或刚正有力，或古朴典雅，都充分体现了各校写字教学的成果。交大附小以递交作品的形式参加了本次教师组和学生组的书写比赛。金山小学的教师也以递交作

品的形式参加了教师组的书写比赛和教师写字案例征集、学生及家长的写字故事征选等活动。几所学校还派出教师参加了写字教学课堂研讨活动。我校邀请了区教育学院的写字、美术教研员来为我校的写字书法特色进行把脉，指引方向。

每年一届的写字节活动，不仅丰富了校园生活，而且让漕小学子在多姿多彩的生活中体验成长的快乐，进而营造出积极向上的校园文化氛围，推动着书法写字教育朝着既定的目标前行。

【李梅　提供】

市教育学会课题阶段性成果展示研讨活动在漕泾小学举行

2011 年 12 月 22 日下午，2010 年立项的上海市教育学会课题“小学书法写字教育课程化的深度推进研究”阶段性成果展示研讨活动在漕泾小学举行。区教师进修学院副院长邵文斌、科研德研室主任丁云章、教研科研员朱平、陈金良、陈中山、高瑛，区内各小学科研室主任和书法写字骨干教师等 50 多人出席本次活动。活动由科研员周明主持。

与会者首先观看了反映漕泾小学师生展开书法写字特色教育活动成效的展板，尔后分别观摩由金宪春老师执教的二年级《左右结构的字的写法》和朱君辉老师执教的三年级书法《人文传情——写写“文”中的捺》，接着课题组长潘亚军作课题研究的阶段性成果

介绍；潘校长在简要阐述背景与意义及研究概况后，着重对取得的主要研究成果和实践的初步成效做了展开。最后，对存在的困惑及后续研究的设想也向与会者做了交流。与会的来宾积极参与现场的点评互动，充分肯定漕泾小学课题组在一年半时间内，已经取得的成功开发编写《小学书法（写字》校本课程教材、初步形成小学书法写字教育的校本运作机制以及初步建立《小学书法（写字）》科目的评价机制三方面成果；充分肯定课堂教学展示、展板和视频等折射的实践成效显著。除此之外，还对课题组提出的困惑与问题给了现场解惑指导，对存在的不足提出了改进建议。邵文斌副院长在充分肯定成果及其价值后，谈了自己的感想，并对后续研究寄予更多的期盼。

综观本次研讨活动过程，既有思想碰撞，也有精彩的点评，还有深度的分析，更有精练的总结、肯定和期望，是一次教研与科研有机结合的有益尝试。

【陆金林　提供】

2011 年 12 月 27 日

“书香漕小”参加金山区素质教育论坛交流展示活动

2014 年 5 月 27 日，以“学校的重要使命——文化传承与发展”为主题的 2014 年金山区素质教育论坛暨第二轮“写好字”五年行动计划推进大会假座第一实验小学举行。“书香漕小”书法项目在全区中小学特色项目中脱颖而出，参加了本次素质教育论坛外场展示活动。

三位“小书法家”在现场挥笔泼墨，一展书法才华。用学生们书法作品制作成的书签、明信片得到了专家、领导和同行的高度称赞，也让学校的素质教育成果得到了充分的展示。与此同时，由 10 位学生参与的“百人书法”现场也展现了漕泾小学近年来的书法教育成果。

外场的活动结束后，素质教育论坛正式开始。书法专职教师朱君辉代表漕泾小学参加了论坛交流。他以《在“静气”中编好教材，惠及学生》为题，介绍了我校近年来展开的新课改背景下书法教育课程化的实践与研究，重点展示了新开发的《小学书法》校本教材及实施概况，引起了与会者的浓厚兴趣及关注。

虽然参与类似的交流展示活动不是第一次，但是本次的展示交流内容更全面、形式更丰富。对本校而言，参与此次活动具有里程碑意义。她必将进一步引发学校对特色项目、特色品牌建设有更广阔、更深入的认识和思考，也将在写字教学上继续加强探索，为师生发展搭建平台，更好地体现“写一手好字，做一个好人”的理念。

【朱君辉　提供】

“晨曦杯”学生校际书法写字比赛在漕泾小学举行

2014年11月28日下午，“晨曦杯”学生校际书法写字比赛在漕泾小学隆重举行，来自交大附小、金山小学、民办水库小学、漕泾中学和漕泾小学的百余名学生参加了比赛。

比赛由漕泾小学党支部书记胡卫英老师宣布开始，在悠扬的古筝乐曲声中，学生们各显身手，充满自信。比赛分硬笔和软笔两大项目进行，有的学生两项都参加了，显示了深厚的功底。学生们的字或轻舞飞扬，或刚正有力，或古朴典雅，都充分体现了各校写字教育的成果。

我们五所学校在写字教育方面有着共同的目标和追求，本次活动本着“写一手好字，做一个好人”的共同理念，积极引导学生关注和弘扬民族传统文化，促进学生校际之间的交流，进一步完善资源共享、共同提高，形成共同发展的格局。

漕泾小学书法项目参加市学校少年宫学生篆刻展示活动

2014 年 11 月 16 日，由上海市精神文明建设委员会办公室、上海市教育委员会联合举办，中国福利会少年宫承办的“塑中国魂，圆中国梦”——上海市学校少年宫学生篆刻展示活动在中福会少年宫举行，漕泾小学“晨曦”乡村少年宫书法项目也参加了此次展示活动。

活动现场展示了以社会主义核心价值观“24 字”为创作内容学生作品，还现场展示了书法项目。活动中，既有小书法家现场书写，又有对学校书法特色的介绍和与来宾的互动。中共上海市委宣传部副部长、市文明办主任燕爽、市文明办副主任姜鸣等领导听取了学员的介绍，观赏了学员的书法作品。活动内容丰富、形式多样、效果良好。

第三部分

成效篇

学生感言

(一)

二年级第一学期刚开学的时候，无意间听一位同学说他在学毛笔字，我们班有些同学也在学，想到老师曾经讲过“字如其人”，一手漂亮的字可以给他人留下美好的印象，于是我在妈妈的陪伴下报名学写毛笔字。

第一天上课时，老师教我坐姿、握笔，毛笔握在我手中怎么也不听使唤，弄得到处都是墨汁，就连简单的“一”字也写得像波浪号，这时我才体会到写毛笔字不是件容易的事，当初报名时的激情仿佛一落千丈。我对自己已有点没信心了，接下来写的每一笔像是和我没关系，都不是我写似的。这时的我已被老师注意到了，我心想：“麻烦了，肯定要挨批评。”这时老师并没批评我，而是接过我手中的毛笔，反复地教我握笔写字每个细节，还对我说：“今天是你第一次写毛笔字，比有些同学第一次写得好多了，要想写得好，只要勤加练习就一定行！”听了老师的话我似乎又倍感信心十足。不知不觉下课的时间到了，我带着老师布置的作业回到家中，开始完成第一次毛笔字作业，一遍、二遍——我不厌其烦地写着，最后从中挑出一张作为作业交给老师点评。

三年级第一学期开学时，我从毛笔字小班跳过中班直接进大班，当坐在大班的教室里，面前的每个大同学使我感到巨大压力，我写的字怎么和他们比，这一切被妈妈看见了，她主动找到老师，要求老师把我调到中班去，老师肯定地对妈妈说：“我心中有数，陈岳可以的你放心吧”。听了老师的话，妈妈也没说什么。我也明白了老师的苦心，更加努力地练习。一段时间后我每次交给老师的作业基本都能得到老师的夸赞。前段时间老师告诉我，继续加油明年三月份有个少儿书法大赛就有希望参加。

如今我爱上了写毛笔字，我现在的目标就是参加明年三月份的少儿书法大赛。

【三(1)班　陈岳】

（二）

说起“写字”那还不简单啊，一撇一捺就是一个“人”字，但是从幼儿园开始妈妈就在我耳边唠叨，光会写字不算你厉害，怎样写好字才是关键，她经常跟我说你拿笔姿势要怎样、写字姿势要怎样怎样，但我觉得自己挺规范的呀，妈妈可不这样认为，她总能指出这样那样的毛病，你听她的唠叨又来了：写字很重要，字如其人，只有写好字，才能做好人。

其实我的字在班级里属于挺漂亮的，老师还把我的字作为榜样向同学推广呢，为此我还有点沾沾自喜。

但是之后书法课上老师的话让我为自己的沾沾自喜感到惭愧。记得那节书法课，老师示范在黑板上写了几个字：日、月、水、火、土，让我们在练习本上写。

我想这几个字也太简单了吧，很快我就用下笔如有神的速度写完后拿给老师看，老师看后说：“你的字和我们班的小朋友比还过得去，但是外面有得是写得比你好的人，人外有人，天外有天，你不能有点成绩就沾沾自喜。”我听后脸一下子红了，从此我端正了自己的写字态度，认真临摹，不厌其烦。

功夫不负有心人，经过一段时间的练习，我的字终于有了进步，也写出了自己的风格，同时也让我明白了写字就像做人一样，要脚踏实地，不能有点成绩就沾沾自喜。

【三(2)班　汪家依】

（三）

前几天，我荣幸地参加了五校的写字比赛。写着写着，过去练字的情景又历历在目。

记得那是一堂书法课，老师让我们用毛笔写一个“之”字。他先讲了这个字的结构、写法，还在黑板上写了大大的“之”字。当时我心想：这个字笔画不多、很简单，写好它应该不成问题。当老师把纸一发下来，我就迫不及待地左手按住纸、右手拿起毛笔，沾了一点墨汁写了起来。可是，意想不到的事情发生了，手中的毛笔像是喝醉了酒似的不听使唤了，写出来的“之”字点不点、横不横、捺不捺，简直是一个怪胎。正在我束手无策时，老师发现了，他走过来先找出了我的毛病，然后手把手地把“之”字写了一遍。尤其是他的那一句“要写好字，须苦练”的话让我铭记在心。

从那堂课起，我端正了写字的态度，慢慢地爱上了写字。每天做好回家作业，我都会写上几页，就是去爷爷家玩时，我也会带着我的“好朋友”(毛笔)。记得有一次忘了带墨汁，我就用毛笔沾一点水在地板上练，爷爷夸奖了我，还给了一点奖励呢！

功夫不负有心人，我的字进步很快，常受到老师的表扬，我会更加努力，把字写得更好！

【四(2)班　陈溢恬】

(四)

小时候，妈妈总是对我语重心长地说：“孩子，写手好字最重要！”

从上小学一年级开始，妈就希望我能够写一手漂亮的字，于是我参加了学校的写字班。朱老师对我们就像朋友一样，当我们写得不好时他给我们加油；当我们总是弄不清字的结构时，他给了我们耐心的指导。

记得在一次写字课上，朱老师给我们讲解完以后，就让我们开始练，先让我们在一张练习纸上写，写好后再往正规的书法纸上写。我按照老师说的，不一会儿就写完了，我把自己的作业拿给朱老师看，心想这回一定得到老师的表扬，因为我是第一个写完的。可是，当朱老师看完以后，亲切地说道：“你觉得这几个字，哪个字最不好写呢？你是不是还没有掌握它的要领呢?”我心里很不高兴，说：“不就是‘新’嘛!”我理直气壮地说：“我觉得我写得挺好看的呀!”朱老师耐心地指导我说:“这个字应该是第二个横长,第三个横最短。”于是给我做了示范。我心想:有什么了不起的,哼!一脸的不服气。但是,当我看到朱老师认真的眼神,我就一下子明白了,写字就像做人一样不能马虎,一定要踏踏实实、认认真真。所以,在朱老师的指导下,我写了一个漂亮的“新”字。这回我觉得,这不是一个字的问题,而是一个人做事的态度和做人的准则。

这几年来,我的字有了很大的改变,班主任老师也好几次都推荐我去参加写字比赛呢!我想告诉大家:写好字非常重要,请大家练一手好字吧!

【四(2)班　毛佳乐】

(五)

在四年学习生活中,我每天不仅勤奋学习,还坚持认真练字,因为我铭记“写一手好字,做一个好人”。

每天,我做完作业后就会拿出《写字本》来练字,而且一练就是半个小时以上。就这样日复一日、年复一年,我的字终于有了明显的进步,但我不满足,因为我一直觉得自己没有班里写字最漂亮的人——王惠轩那么优秀。她是我们班写字小明星,她的本子就像是一幅画,有着老师啧啧称赞的书法味。老师经常以她为榜样让我们学习。因此我更加努力地练字,但我始终不如她。

有一次下课,我就问她字写得这么好的奥秘是什么?可没想到,她只是简单地回答:“写字只要用心写、用心观察就行了。”这么简单吗?我试着去理解、摸索。课上,老师说到字的结构时,我听得比以往更认真了。原来仔细观察,每个中国字的笔画都是有讲究的。举个例子吧,“捺”这个笔画放在“走字底”里,就要非常舒展大气、平捺有力,就让我们觉得这人非常自信。“字如其人”说的是不是这个意思呢?

功夫不负有心人,我慢慢地知道该怎么做了。我拿写字本开始练字,但我不再像以前一样只要求把字写好,而是用眼睛去观察每一个字的结构。首先,我会想一想为什么一个部首作为独体字的时候是胖胖的，成为部首后却变得瘦瘦的。然后，我再去感受字的一笔一画，写出字自身代表的意思。果然，没过多久，我的字又得到了提升。

写字也给我带来了不少收获，写字测试中我获得三星级，被评为“硬笔小明星”……在这个过程中，我得到了快乐，更主要的是学习的好习惯和好方法。通过写字，我还改掉了急躁的毛病。

【四(3)班 顾一晴】

（六）

写字非常重要，正所谓“字如其人”。写一手好字反映了一个人做人做事的态度。

以前，我写字就像甲骨文东倒西歪的、很难看，妈妈看了我的作业常常火冒三丈。于是，妈妈和我商量，给我报了书法班，在书法班里我经历了一些难忘的事情。

记得一次软笔等级考试，我正在一笔一画地写字，但我写得很慢，眼看着大家都要交卷了，我急得像热锅上的蚂蚁，握笔的手都像筛子似的，抖啊抖。我拼命握住手，可是一点效果也没有。耳边还传来了我旁边的同学和前面的同学一直在对自己的作品评头论足，说哪个字的笔画写好了或者写坏了，这使得我更加静不下心来。结果，我这张字写得歪歪扭扭，每个笔画都似乎是偷工减料的。我沮丧极了，真想一气之下把毛笔给扔了。突然，耳边回响起了老师曾对我们说的话：“写字，首先要自己定下心来，耐心是第一点。其次，也要学会观察，那就是细心。最后，才是恒心，需要你坚持。”我想想也是，我如果连第一点都没做到，更不要说以后了。所以，我接过老师给我的一张白纸，又写了一遍。从这件事，我体会到了写字不能受别人影响、要有耐心，然后安静下来了才能细心观察、才能写好字。

不久，我又经历了一次硬笔等级考试，我写着写着竟然写错了一个笔画，但是这一次我静下心来，先慢慢地轻轻地擦一擦，再认真地改一改。

小朋友们，你们看，写字是多么的重要啊！所以以后大家一定要好好加油、认真写字，写什么样的字，做什么样的人！

【四(3)班　李涵宇】

（七）

每个暑假，我都会在戚老师那里学写书法。渐渐地，我与写字结下了深厚的情缘。

还记得第一天去上书法课，我满心欢喜地走到教室门前，推开门往里一看，有的同学在里面洗毛笔；有的同学和戚老师在讨论书法。我正在门口发呆时，戚老师走过来对我说："你先进来吧！"过了几分钟，我们开始正式上课了。上课时，大家坐得端端正正，仔细地听戚老师讲各种字的笔画、运笔方法和握笔方法等。过了一会，戚老师让我们试着写几个简单的字。刚开始我写得格外认真，当我写到第三个字时，戚老师笑着对我说："不错，写得不错，继续加油。"我一听，心想：老师表扬我了，我一定不能辜负了老师的期望。于是，我又开始认真地写了起来。可是没过几分钟，我的手就有点酸痛的感觉了。我刚想放弃，可看到其他同学都还在埋头努力地写着，我想：他们都没放弃，我怎么能放弃呢？于是，我又提起毛笔写了起来。

一张、两张、三张……连续几天我都这样坚持练习。

可是，我的手臂也一天比一天酸痛，我开始怠慢起来。书法课上，也不时听到有同学的抱怨声："好累呀，我们休息一会儿吧！"和我想到一块儿去了，我心中暗自高兴，于是，我拿出课外书津津有味地看起来，忽然耳边响起了好友的声音："别看了，我们来不是为了看书的，而是来写书法字的呀！不然可要前功尽弃的哦。"这一番话深深地触动了我。是呀，老师给我们一遍一遍地示范，我们一天天地来到这里，为的是什么呢？为的是写一手好字！想到这里，我不顾手臂疼痛，又再一次拿起笔写了起来。

寒来暑去，写字已经成为我的一个爱好，不再有手臂痛坐不住的时候了，看见自己写出的一手字，心里有一种说不出的愉快。在每天的写字中，我懂得了凡事贵在坚持，只要坚持就会有收获。

【四(4)班　陆领苗】

（八）

写一手好字，是一件非常重要的事。把字写好并不是一件容易的事情。以前我的字写得字非常难看，所以我决心要把字给写漂亮。每节书法课上，我会认真地听金老师讲过的每一句话，并且把重要的内容记在心里。

一次书法课上，金老师给我们讲了竖弯钩的写法。老师讲好后，给每人发了一个小本子让我们练习。我拿起笔正准备写，可是我心中突然很害怕，一直在想写错了怎么办？写错了怎么办？这时金老师过来了，他好像看出了我的心事，便说："不要怕写错，只要你认真地写，就会把字写好看。"我听了之后，鼓起勇气，拿起笔慢慢地写。金老师看见了我写的字，说："写得真不错！"这时，好几个同学都过来看我写的字，我心里开心极了。回到家，我拿出我的练字小本子，开始练老师今天教的"竖弯钩"。我胸有成竹地拿起笔，开始写……"文洁，快吃饭了，看看现在几点了？"我一看钟表，原来已经五点半了。啊！我居然忘记了时间。

现在我的字写得很漂亮，因为我每天都有在练字。希望其他小朋友也能把字写得端正又好看！

【五(2)班　庄文洁】

（九）

今天我要跟大家分享的是在我身上发生的硬笔书法小故事。

几个星期以前，学校对写字等级模拟考优秀的同学进行了表彰。看着同学们手中精美的奖品，还有脸上那灿烂的笑容，我的心里很不是滋味，平日的情景一一浮现在我眼前：

多少次，我是在"左手零食，右手写字"的状态下完成作业的？多少次，我为了早点下楼玩而草草完成作业？多少次，当奶奶要我把字写好一点时，我还满不在乎地对奶奶说："那不是小菜一碟吗？"……

放学回到家，我翻出了好几年没用的小方格本子，一笔一画地练起字来。过了一会儿我有些累了，手臂开始微微发酸，脖子也好像有些僵硬。我告诉自己："这点累算什么？一定要坚持！"这时，门外传来一阵敲门声，我没有搭理，继续写着。奶奶只好推门进来，对我说："写累了，休息一会儿吧！"我斩钉截铁地对奶奶说："我不累，为了达到优秀，我一定要刻苦练习！"奶奶见我如此坚定，也不好再说什么了。我写了一遍又一遍，看着自己的字渐渐变得"横平竖直"、渐渐变得"有棱有角"，我心里甜甜的，因为我知道：只要我肯努力练字，就一定会取得成功！不仅如此，每天作业上的字，我也像练字一样对待，一笔一画，从不马虎！

经过了这样的练习，我的硬笔字大有进步，连平时要求严格的妈妈也对我竖起了大拇指！我坚信，只要努力，就一定会取得成功。

【五(3)班　夏语嫣】

（十）

幼儿时期，我就拿着铅笔在纸上歪歪扭扭地写写画画，有时妈妈握着我的小手教我写自己的名字，一遍、一遍又一遍，直到把自己的名字写得端端正正。

小学一年级，我进入以书法特色教育的漕泾小学。如鱼得水，开学后的第一个周五，一位书法老师自我介绍后，带领我们全班同学来到一个散发着浓浓墨香味的教室。我们满心欢喜，原来这是学校书法专用教室，按老师的吩咐，我们各自找到自己的位置坐好。老师首先"约法三章"，告诉我们以后怎么爱护公物、怎么爱惜纸笔墨、怎么遵守课堂纪律，之后依次分发给我们每人一支毛笔、一张书法纸。紧接着，老师像变魔术一样，只见他右手握毛笔，左手反背在背上，挺直腰板，似乎要凌空挥笔，好威风。顿时，一种敬慕之情油然而生！然后老师一边讲握笔方法，一边走上前为我们每个同学纠正握笔姿势，过了些时间老师运笔自如写下漂亮的"国"字，我有了跃跃欲试的欲望。似懂非懂，到了我们自己临摹的时间，我认认真真地在纸上练习，啊！好特别，不再是用铅笔书写的感觉，于是我更好奇书法老师的本领。

从此，我每堂书法课都用心琢磨，从不放弃。直到今天，虽然我还没能像老师那样娴熟运笔，还得左手压纸，右手一笔一画书写，但老师的气质深深印在我的脑海中，我终于写出了大大的“国”字的滂沱！

俗话说“见字如见人”，我将不间断写好汉字，做一个好人！

【五(4)班　王楠】

(十一)

“书法”这是一个多么耀眼的名词，在我三年级时总觉得是高不可攀的。然而，我校竟办起了书法班，听说教书法的戚老师是颇有名气的。但我总想农村小学生能登上这大雅之堂吗？还是不敢问询。

过了一年，书法画廊里一幅幅优秀的作品使我看傻了眼。嘿，真棒！每次书画比赛获奖的尽是我校书法班的同学。让我羡慕极了。怎么办？找班主任和父亲。在班主任和父亲的合力下，书法老师终于收下了我。我这个插班的能赶上吗？别的同学都已经学了一年了，写的字一定非常好，可我……让老师讨厌怎么办？不进想进，进了却又为难，我犹豫不定。然而，我遇上了好老师，的的确确的好老师，只要一有空他就给我补课指导。“永”字是老师教我的第一个字。点画的要领，用笔的方法，结构的恰当，他总是不厌其烦地教。我自知自己和别的同学写的字差距大，要刻苦地练。中午，我一有空就写毛笔字；做完回家作业，我又拿起笔来练，而且天天如此。就这样，我经过戚老师的耐心指导和自己勤奋的练习，渐渐地跟上了别的同学。老师望着我的运笔过程、书写的字体高兴地笑了，我望着戚老师那慈祥的脸，心中有说不尽的感激……

【六(4)班　蔡琳琳】

载《小学生学习用报》第556期，1996年6月24日

家长心语

（一）

都说字如其人，可是有的人不是这么认同的。现在都是科技时代了不需要写字了，“写字这么简单，还要学吗？”如果你抱有这种想法，那就大错特错了，看起来就是那样简单的横竖撇点捺，实际上却没有那么容易，一笔一画你都要用心体会，所以我一直对徐嫣然灌输写字一定要认真、用心去写。

记得徐嫣然上一年级的时候，有一次放学回家她在做作业，我走进书房看她写字。当我看到她字写得那么乱，像鸡爪一样，我让她先停下，到隔壁房间拿一本字帖来，我拿起字帖，对她说：“就你这字，你觉得自己写得不错了，可是给别人看看就是一个不及格，你还是先练练笔画吧！”她拿起笔就写：“横竖撇点捺，有什么困难，切！”写完后，我看了更生气了：“徐嫣然啊，不是我说你，你的字实在不像字啊，点不像点，像个漏气的气球；横不想横，像条虫；竖不像竖，树干都比你直。”她听了就将那页撕了，重新又握起笔。我又说：“你握笔的姿势都错了，怎么能写出一手好字呢？”我拿起笔边说边示范：“握笔的时候，拇指食指着笔，中指从下面盯着，形成一个三角形，这样笔就不容易脱落还有手离笔尖一公分左右，这样就不会被光线挡住，并且很轻松。”她接过笔写了个字，还真不错。我又说：“现在开始写笔画，点要轻下笔，由轻到重向右下行笔，稍按后即可收笔，不能重描。”她一遍一遍地写，终于得到了我的肯定……从那时起，我发现她的字写得大有进步，抄写本子上的“A”也开始多了起来，她对写字也渐渐感兴趣了。

写字是人的眼力、感觉、思维、个性、动作习惯在纸上的综合反映。认真写好字可以让小朋友的智力潜能和学习兴趣大大提高，也是养成良好习惯的一小步。希望徐嫣然以后要写好一手字，做一个好人。

【三(3)班 徐嫣然家长】

(二)

墙上的闹钟滴答地走着，无形的时光静静地流逝。一晃小俞同学已是三年级的小学生了，依稀还记得两年前第一次来到漕小，第一次参加新生家长会，第一次听到“写一手好字，做一个好人”的教育目标，当时让我联想到在电脑日益广泛的时代，人们越来越依赖电脑而忽视书写的现状，心想：学校能以书法写字教育为突破口，带动全校整体发展，相信我们的孩子会得到全面发展。

面对“零起点”的小俞同学，当第一次握笔写字时，她的心情只能用兴奋来形容，对写字充满兴趣，每次完成老师布置的作业后，都要求自己再练习。看着小俞同学的认真模样，欣慰之情由然而生，觉得小俞宝贝长大了，有小学生的样子了。

或许过了书写兴趣的热乎劲，或许伴随着书写难度的增加，慢慢地小俞对书写失去了兴趣，每次书写马虎对付，在我的严格要求下，她总是流着眼泪不情愿地重写，看着她这样的学习态度，我看在眼里急在心里。后来我利用故事引导，利用睡前跟她一起阅读《孔丘练字》和《王羲之勤奋练字》的故事，当她听到孔子坚持练习写字不睡觉、王羲之用馍馍蘸墨吃的故事时，她深深体会到这两位名人刻苦学习的精神，懂得了在学习的时候只要努力，用毅力克服学习中的一些困难，就能取得好成绩的道理。

后来很长一段时间里，小俞同学都能用较端正的字体来完成作业，在遇到生字、笔画比较多的字时，她会自言自语道：“要有恒心、有毅力、才能成功。”有时发现她写错别字时，我会拿出一张空白纸跟她一起写，我会故意将字写错误或写得难看，让她发现我的错误，在寻找错误的过程中她也了解到字的笔画和顺序。在此过程中她通过“小老师”的角色，提高了学习、书写的兴趣，更提高了自信心。

读一本好书，拓宽了我和小俞同学的交流渠道；写一手好字，潜移默化中改变了小俞同学的学习和做人态度。我和小俞同学约定会将“读好书”继续读下去，“写好字”继续写下去，“做好人”继续做下去。

【三(4)班　俞思晨家长】

（三）

弹指一挥间，“书法”陪伴在儿子成长道路上已经5年之久了。回想起当年选择以“书法”为伴的初衷，仅仅是因为儿子活泼好动的性格。那时候儿子还只是幼儿园中班的“小宝宝”，老师经常反映儿子太过于好动很难静坐片刻，为了培养他的静心，为入小学提前作准备，我陪他走入了书法的世界。

刚开接触书法，儿子兴致还比较高，上书法课时能主动拿起毛笔，但他不是练习点画，而是胡乱涂鸦，俨然把毛笔当成了画笔。没过多久，枯燥乏味的书法课渐渐地使他产生了厌倦，毫无兴趣可言。一个学期的书法学习，效果简直是“颗粒无收”。“儿子不是学书法的料，还是尽早放弃吧！”这样的念头曾不止一次地从我脑海里掠过。但是当看到书法班里，一些坚持练习书法两三年孩子的书写效果时，我不断说服自己不能轻言放弃，我要用实际的坚持给儿子树立榜样！于是我调整了自己的心态，不去刻意强求学习书法会给儿子带来什么，而是享受书法学习带给儿子潜移默化的过程。我不再严厉地逼迫儿子刻苦练习书写，而是半玩半学地让他自由选择书写的意愿。渐渐地，原先在他身上那股对书法的厌恶感逐渐离他远去。但是问题接踵而来，由于儿子的年龄尚小，书法课上能吸收和理解的能力有限，原本只是陪读的我不得不在书法课上认真听讲，然后在闲暇之余把自己从书法老师那儿学到的关键书写要领手把手地教他，不厌其烦地重复练习每一个点画、不同结构的文字。就这样坚持学习练习后，儿子渐渐从会书写简单的点画到能书写出带点笔锋的字形，从了解字的结构到掌握字形结构的变化、字体的布白匀称。

儿子从刚开始被我逼迫，到现在真正喜欢上书法，一路走过的点点滴滴是儿子成长过程中的历练，同时也让他学会了坚持的可贵。书法不是一朝一夕的速成，而是需要“细水长流”的坚持，很高兴我们一起坚持了下来，收获了书法带来的自信，书法的魅力无穷无尽，相信继续走下去会收获更多更多……

【四(2)班 陈智涵家长】

(四)

书法，是中国的传统文化，也是很美的一种艺术。作为家长，我认为孩子在课余时间，练练书法，不仅可以拓展兴趣爱好，也是一种修身养性的好办法。在学校组织的“晨曦”乡村少年宫书法兴趣班中，我们家毛毛也投入到书法学习中。但是毕竟是孩子，天性爱玩，老是静不下心来，还会开小差。刚开始学写毛笔字时，为了能有正确的写字姿势和一定的臂力，练悬笔也是必修课，还必须坚持练习。看毛毛慢吞吞地抬起手、悬起了笔，还没几分钟，就一副忍不住手酸难受，想把笔扔了的样子，真叫人哭笑不得。

我温柔地对毛毛说：“毛毛，练毛笔字是不是很辛苦啊?”毛毛眨巴眨巴眼睛，可怜巴巴地对我说：“妈妈，练毛笔字真的好难，而且好无聊。”“但是你不是也羡慕别人写的一手好看的字吗，其他人也是通过刻苦和坚持不懈地练习才收获了成果啊。”“可是妈妈，真的好难，好累呀！我怕坚持不下来!”“那妈妈给你讲个故事好不好，”我摸摸毛毛沮丧的小脑袋，轻轻地对她说：“以前，有个大书法家叫王羲之，他自幼酷爱书法，练习书法很刻苦，甚至连吃饭、走路都不放过，真是到了无时无刻不在练习的地步。没有纸笔，他就在身上划写，久而久之，衣服都被划破了。有时练习书法达到忘情的程度。一次，他练字竟忘了吃饭，家人把饭送到书房，他竟不假思索地用馍馍蘸着墨吃起来，还觉得很有味。当家人发现时，已是满嘴墨黑了。”

毛毛津津有味地听着，一把钻进我的怀里，撒娇地说：“妈妈，他真傻，又是把衣服划破，又是把墨给吃了。”“傻孩子，如果他不这么专心致志，也就不会有他后来的成就，成为一代书圣呀！所以说一个人要取得成功，就要有坚持不懈的毅力。如果半途而废的话，不仅之前的努力白费，最后也没有收获。”“那妈妈，我答应你，我也好好练字，坚持下来。等过年的时候，写一副漂亮的对联贴在家里的大门上。”“好好好，妈妈相信你一定可以做到！”说完，我亲了亲毛毛可爱的小脸颊，她立刻有了动力，继续拿起毛笔认认真真地练起字来，我不由欣慰地笑了。

通过学校良好的书法学习氛围、老师尽职的专业指导，还有家长的鼓励支持，如今的毛毛爱上了写字，书法大有进步。

【四(2)班　毛佳乐妈妈】

（五）

我有一个又可爱又乖巧的宝宝，他已经上小学四年级了，每天早上他都会带上鲜艳的红领巾，高高兴兴地背着书包上学。他爱学校、爱学习，总把老师告诉他的一句话——“字如其人”挂在嘴边。

我问他什么意思，他说：“老师说了什么样的人就会写什么样的字，如果我是认真细心的人，就会写出端正整洁的字。”可是，他并不擅长写字，写错字的时候时常出现，他总是不停地修改，把本子弄得皱巴巴、脏兮兮，简直像一团废纸。有的时候急了，他还“吧嗒吧嗒”留着眼泪写。

还记得小时候上幼儿园，我每天大手握小手教他写一页横二页竖。那时候，他的小手拿着笔，眉毛都挤在了一起，手臂却在发抖。时间久了，他会轻轻地告诉我：“妈妈，我手有点疼。”虽然嘴里还叫着手疼，但他仍然坚持把字写完，一天天一页页，有时候握笔太重，中指第一节的地方都留下了深红的印记。他似模似样写“横”和“竖”的样子，就像是发生在昨天一样，留在我的记忆里。孩子虽然小，什么都不懂，但是这种坚持不懈的精神使我很感动。所以，每当他寻找不到方法，而我又无法给予帮助的时候，我就跟他讲起这段回忆，不停地在他旁边鼓励他，每当他因为坚持不下去伤心的时候，我会陪伴他，给他一点小惊喜。

三年级的时候，孩子的字终于能够端端正正、四四方方了。虽然，他并不是班级里最优秀的，但是他告诉我老师总会表扬他的进步。他在一次次的鼓励中获得了许多快乐和自信，渐渐地我发现他的字越发好了。有一次,他一回到家就拿着老师为他画上五角星的本子给我看,看着横平竖直的字和他眉飞色舞的模样,让我感觉无比高兴。没过多久,他又告诉我老师选他做小老师了,老师拿着他的阅读本去展示给其他小朋友看了,我真的很欣慰。

随着年龄增长,更多的是知识的增加和能力的提高,我希望他能够就像老师说的那样"写一手好字,做一个好人!"

【四(3)班 吴徐家长】

(六)

女儿在书房练字,写下了"功在不舍",看着这4个字,我不禁想起那么一件事。

那是读初二暑假里的一天,我突然心血来潮,想让自己成为一个书法大师,因此特地到漕泾文具店里买了一支毛笔和一瓶墨水,还买了大张的白纸,开始练字。可是,写什么呢?练字不是一天两天能练成的,就想到了"功在不舍"这四个字,第一天写了几大张的"功在不舍",第二天继续写了几张"功在不舍",自己感觉写得不错,换几个字练吧,就想到了"马到成功"。可是这"马到成功"四个字写来写去怎么看都不顺眼,比"功在不舍"差好多,想想这练字真难,一气之下把毛笔扔了,就此结束了我的书法大师之梦。想想自己写的"功在不舍",不免有几分讽刺……

现在,见到女儿开始摆弄笔墨,我一下子有了后继有人的感觉。女儿刚开始写,手上没有劲,几个字歪歪扭扭、不像样,看着手也痒痒,我一挽袖子,说:"让爸爸来写几个字给你瞧瞧!"我写的依然是"功在不舍"四个字,这么多年不写了,想不到这四个字风采不减当年,女儿还以为我是书法高手,其实我就这四个字写得稍微好点,我主要是给她解释这四个字的含义和练书法的关系。

女儿写毛笔字有段时间了,有一天晚上女儿又在写毛笔字,看到她熟练地蘸墨,心里顿觉宽慰,我就一直在旁边看着她写,写得倒是挺认真的,但是写出来的字不怎么样。我一会儿说这一撇太粗了,一会儿说这一竖太短了,女儿突然回过头来撅着嘴说:"就是因为你一直盯着,所以写不好。"我一下子没话说了,心里暗笑,我不盯着看，你写出来还不知道是什么样子。

这个学期开始，女儿每周六去学校练习书法。我父亲老是开玩笑地问孙女，“钱昕玥，你每周都去，学到什么了吗？”“学到了。”女儿也是一如既往地同样回答，我们都会心地一笑。有一天，我看到桌上有一张纸，上面的毛笔字写得有模有样，我问女儿是不是照着字帖描的，女儿眉眼带笑，说是她自己写的。我突然感到女儿有了很大的进步，这么多天的坚持有了回报，这才真的是功在不舍。

我对女儿说，练字如做人，贵在坚持，心浮气躁写不出好字，书法大师们不仅字写得好，其人品更是让人敬仰。中国的书法源远流长，老实说自己真不懂，希望女儿能持之以恒，把我们书法这个特有的文化传承下去。

【四(3)班　钱昕玥家长】

（七）

儿子幼儿园一毕业，我就让他学习写书法。因为儿子从小就毛毛躁躁，静不下心来，所以我想通过书法来培养他的耐心，能让他静下心来。

儿子上小学的第一天，我牵着他走进漕泾小学的大门，就被校园浓浓的墨香味给感染着。学校到处展示了书法作品，那时我想：有朝一日，儿子的作品也能被悬挂在校园内，那该多好啊！

如今，儿子已经四年级了，他也把学校“写一手好字，做一个好人”这一话挂在嘴边，我也时常问他：“写好字和做好人之间有什么联系呢？”“要写得一手好字，必须要静下心来，认真地书写，态度端正了，字也就能写好了。做人也是这样的，要做一个堂堂正正的人。”儿子总是这样一本正经地回答我。确实，在学习书法的过程中，他成长了不少。

还记得今年暑假，书法老师收到北京寄来的“全国青少年书画大赛”的通知，儿子也光荣地入选了。他既兴奋又难过，兴奋的是能去首都北京参加比赛，这是一件多么不容易的事情；难过的是，去北京比赛就不能参加暑期游泳了，游泳是他最喜欢的项目之一，他很不舍。我告诉他：“游泳每年都有，明年还可以参加，但是去北京比赛可能只有一次机会。”儿子是个很懂事的孩子，他自然选择了去北京。在接下来的日子里，为了能取得好成绩，他每天练习书法，经常是汗流浃背，我看在眼里，疼在心里。

比赛的日子终于来临，“功夫不负有心人”，这次比赛儿子荣获“特等金奖”，是儿童组的最高奖项。我特别激动，也为儿子感到高兴，他的付出有了回报！

书法伴着孩子的成长，收获了许多，希望他在这条道路上走得更加坚定、更加从容。

【四(4)班 陆佳梁家长】

(八)

为了让儿子能写出一手漂亮的字，在孩子6岁那年的暑假里，征求他同意的前提下，为他报了个书法班。学习前，孩子很积极地要求和我一起去准备笔墨纸砚。

初学，自然横不是横、竖不是竖。但经过老师的点拨，倒也有悟性。我心中窃喜：嗯，孺子可教！有一天，我下班回家，平时儿子只要听到我回家就会跑出来迎接我的，可是今天怎么没见他的身影。于是，我轻手轻脚地走近书房，透过门缝，我喜出望外——咦！那小子正在专心致志地练习着。我走近他的身旁。“啊！妈妈，你怎么站在这里了！”儿子抬起头问我。看到他成了大花脸，我忍不住大笑起来：“你……你写得太认真了，没听到到我回来呀？”看着我笑得前仰后合，儿子摸不着头脑。我拿出一面镜子给他，我俩相视而笑。他对我说：“老师说下个星期要交一张好点的作品要参加第十七届世界和平书画展国际青少年组的比赛，我一定要练好它。”功夫不负有心人，果真儿子在这次比赛中获得了第一次金奖。

就这样，随着儿子的书法水平不断提高，练习的字体越来越多，有楷书、隶书、行书三种字体。从2010年开始，参加中国美术学院社会美术水平考级中心的书法考试，一步一个台阶，至今为止已通过了七级考试，还获得了不少得荣誉：第十七届世界和平书画展国际青少年比赛金奖，第十八届世界和平书画展国际青少年比赛金奖，第十九届全国中小学生绘画书法作品比赛书法类一等奖。

“路漫漫其修远兮，吾将上下而求索。”书法之路还很长，希望儿子在书法这条路上能够越走越远、越走越好。

【五(1)班　陆缪晨家长】

（九）

“妈妈，我写书法了。看，老师用红笔圈起来的是写得好的字！”听见真正步入小学生活的儿子像见了新大陆似的汇报时，为人母的我看见了希望，也庆幸儿子与我分享点滴收获。

自那以后，儿子放学一回到家就会凑上前递给我一张张毛笔书法宣纸，上面满满地写着点横竖撇捺等笔画，我就像接过心爱的宝贝，发自内心地赞叹：“啊！好漂亮！横竖刚劲，撇捺有形！”儿子嗓音里充满自信：“今天我写的多了一个圈，您看！”圈出的圈多了，我们相互击掌祝贺儿子的进步。

日子一天天过去，书法练习儿子一如既往，我却陷入困惑，笔画练习也算熟练，写出的汉字怎么体现不出“横平竖直、堂堂正正”的中国娃气质？我平心静气地说道：“在书法课上要认真观察老师如何运笔、精心临摹。”我用试探的语气提醒儿子课上认真学习。

儿子信心百倍地说：“好！”

“我们平常多练、多感觉？”

“是！”

“我们一开始就注意字体结构，在米字格中的位置以及关键笔画……”

“明白，老师讲解过、示范过。”

……

每次一番心灵沟通收效甚微，怎么办？与其纸上谈兵，不如也模仿老师的模样行动起来，我备好笔墨砚和儿子一起书写，还真没想象的那样简单！请教儿子：“妈妈就想把字写得好看一点，帮妈妈看看什么地方需要改正？”儿子乐于付出，把老师交给他的经验和自己的写字体会一并交给我，“妈妈进步啦！”再一次，我们相互击掌祝贺我的进步。

“我们继续！”我和儿子异口同声，又继续练习书法。

就这样，在学校老师的精心指导下，儿子不断地与我分享练书法的收获。五年即将过去，儿子的书法一天比一天进步，也练就了他蓬勃向上的精神！

【五(4)班 王楠家长】

学生获奖情况

1. 2005年，在上海市“大场杯”中小幼学生书法美术作品展活动中，6名学生分别获软笔书法一、二、三等奖，2名学生分别获得硬笔书法二、三等奖。

2. 2007年，在上海市“真彩杯”学生绘画书法作品展活动中1名学生获书法作品三等奖。

3. 2008年，在全国第十三届中小学生绘画书法作品比赛中17名学生获一、二、三等奖，在上海市“真彩杯”书法作品比赛中2名学生获优胜奖，1名学生获入围奖，在金山区小学生“写好字，迎奥运”作品巡展中学校获团体二等奖，6名学生获等第奖。

4. 2009年，在上海市真彩杯书法比赛中1名学生获优胜奖，在首届全国大中小学生规范汉字书写大赛中1名学生获入围奖。

5. 在区第二届全国学生规范汉字书写比赛中夏琪、李琪玮2位同学获小学一组（硬笔）一、二、三等奖；蔡心兰、许俊逸2位同学获小学一组（软笔）二等奖（2010.09）。

6. 张玉婷等6位同学在第十二届全国推广普通话宣传周活动——第六届全国语言文字规范化知识大赛中获优胜奖（2010.03）。

7. 蒋天玮等7位学生在第六届全国中小学美术展书法作品比赛中获金奖，夏琪获银奖（2011.03）。

8. 在2012年金山区学生“写好字”书法教育现场展示评比活动中，沈周卉获小学组硬笔（铅笔）三等奖、殷潘晔获小学组软笔（毛笔）三等奖（2012.11）。

9. 姜俊恺获2013年金山区学生书法作品展二等奖（2013.11）。

10. 陆昊韬获市“中华诵·2013学生规范汉字书写大赛”小学

生二组软笔二等奖(2013.12)。

11. 陆昊韬获2014年"英雄在我心中"金山区中小学生书法比赛四等奖(2014.06)。

12. 在2014年"南苑杯"上海市中小幼师生书画展评中,范宏翔、陆昊涛、姜俊恺荣获学生书法软笔二等奖,陆佳梁荣获学生书法软笔三等奖(2014)。

13. 在2014年度全国青少年儿童书画高端选手现场决赛中,14名学生分别获特等金奖、金奖和特等奖(2014.08)。

14. 在第四届新星杯全国青少年儿童书画作品展评活动中我校25位学生分别获一二三等奖(2014.09)。

15. 陆昊韬获十八届金山区交通杯书画杯比赛一等奖(2014.12)。

16. 姜俊凯、范宏翔、毕凤至获十八届金山区交通杯书画杯比赛二等奖(2014.12)。

17. 陆佳梁、李佳杰获"社会主义核心价值观"书法比赛二等奖(2014.12)。

教师校本培训体会

2013年，由戚天音、朱君辉编写的“练就一手好字，提升育人之能”书法培训课程被评为金山区“十二五”校本培训优秀课程。漕泾小学的所有教师分三批接受了该课程的培训，进一步提升了全员教师的书法写字素养。

以下择取的是部分教师的校本书法培训心得，可见一斑窥全貌。

（一）

本学期，学校继续举办书法培训班，由戚天音老师任教，李梅老师担任班主任。参加学习的学员有音乐、体育、科技组的部分老师和2014引进的几位新教师，共20人。第一次上课戚老师就给我们介绍了很多书法知识及握笔姿势，还让大家欣赏了很多优秀的书法作品。我们认真地欣赏着这些作品，对学习与传承书法这一中华民族特有的传统文化技艺充满着兴趣。

在接下来的学习中，学员们都会在课前自觉地上交一份自己的书法学习作业。通过戚老师的检查、分析、点评与鼓励，大家都能从中得到很多的启示和激励，从而使自己的作业一次比一次进步。有一次，戚老师给大家欣赏了几幅楷书作品，要求大家可以根据个人的喜好及能力进行一定的临摹，并要求大家在培训结束时能拿出一幅作品。这次新授的主要内容是练习走之底和建字底的字。走之底是一个非常难写的部首，特别是其中的捺笔，这是整个部首的关键之笔。建字底与走之底一样，也要注意捺笔的书写。捺脚是根本，捺笔的角度和长度对一个字产生重要的稳定作用。戚老师先在黑板上作示范，但是学员们对这两个部首还是觉得把握起来有些困难。于是，戚老师建议大家可以先描摹，在有了一定的感知后再进行临摹。在这个过程中，戚老师很细心地讲解，又走下来手把地指导我们。在戚老师耐心、细心的指导下，使我们对学习这两个比较难写的部首有了足够的信心。

时间很快，一学期的学习就这样结束了。期末的时候，每位老师都交了一幅作品，戚老师还特地将其与第一次交的作业作了比较，我们看了之后哄堂大笑。我们笑自己学习之前稚嫩的字体，也为自己在经过一学期的书法培训之后的明显改进而欣喜地笑。虽然之前写得不好，但从中也看出了我们的进步和收获。

在这次书法培训中，学员们深深体会到戚老师精湛的书法功底无可比拟。他那精益求精、认真负责的精神也让我们感动。我们学校是书法教育特色学校，这样的培训课程意义非凡。希望还能有机会继续跟戚老师学习，不仅要学习他深厚的书法知识和技能，更要学习他的为人师表、爱岗敬业的道德风范。真正做到：写一手好字，做一个好人！

【钱桃红】
2015 年 1 月 20 日

（二）

书法是一门艺术，是一门修身养性的艺术、一门博大精深的艺术。一学期的书法培训，让我学到了很多的东西，对于书法的认识也渐渐加深了。

起初，我对书法没有任何的头绪，对它的印象也只停留在初中那会写过几次毛笔字。拿笔的姿势有点生疏，写的时候手还会抖。经过戚老师一学期的耐心指导，虽然依然达不到很优秀的程度，但慢慢地感觉在运笔的时候，没有开始时的那么紧张了。每一次的书法课，我都在学习、都在进步。

人常说，书法是一门修身养性的艺术。从前的我的个性比较急，自从这学期学了书法，偶尔在闲暇的时间也会在家里写写练练。不知不觉时间过得很快，有时候一坐就是几个小时，写了一遍又一遍；有时候，不知不觉已经写了一地。写书法的时候让我觉得内心很平静，我的性格也在学写书法的时候慢慢地有所改变，现在的我比较从容。学写书法的过程也是在逐渐了解自己、完善自己个性的过程。

书法是一门很神奇的艺术。在慢慢练书法的过程中，我对自己的要求也在不断地提高。一开始，看着自己写的字我很失望。总觉得字体的结构呀、笔法呀都有很大的问题。无论是整体看还是单个看，都不太好。但慢慢地跟着戚老师学习，他每次都会很耐心地指出那里字体的结构不对啊，这个笔法怎么写啊，有时候你写得不顺的时候，他又会很认真地亲自示范。在学习书法的过程中，我也在慢慢地对自己严格要求，写得不好的重写，写得不好的回去再补写，直到写得好为止。

其实，我认为书法折射的是一种人生观，处事不惊，力求完美。面对事情的时候要从容、要踏实，只有每一笔、每一步都写好、走好，最后呈现出来的才是好的字。你走好人生的每一步，你的人生才会稳扎稳打，没有遗憾。没有做不到的事，只有你努不努力，做好一件事，用心与否非常的重要。

【何雨菁】

2015 年 1 月

（三）

作为一名教师，能写好字、写一手好字，这是职业所要求的。这次的教师毛笔字培训使我意识到了写一手好字对于教师的重要。因为教师的字体会潜移默化地影响学生的字。

本次教师书法培训请了书法技能高超并且在书写方面有很大成就的戚天音老师执教。戚老师从基本笔画入手，结合汉字结构特点，给老师们讲述了书法的基础知识，并生动地演示了毛笔字的起笔、运笔、收笔。汉字是由最基本的横、竖、撇、捺、点、提、折、钩八种笔画组成的，而每一笔画必须经历起笔、运笔、收笔三个过程。戚老师还教了我们一些练字的口诀，这些口诀看似简单，但从细微之处揭示着汉字的结构美，能提高教师读帖、临帖的水平，为提升练字的实效性作好坚实的铺垫。

在戚老师讲课的过程中，大家认真听讲、体会，个个都那么的聚精会神。当戚老师宣布自由练习时，老师们个个昂首挺胸、坐姿端正，手握毛笔仔细临摹每一个笔画。在听戚老师讲解、演示的过程中，我发现自己写的字存在很多问题。特别是自己对字的结构把握得不是很好，导致字的结构不够美。在写每一个字之前都要想一想如何才能写好它，并且写出美感。

戚老师讲解后，自己静下心来练一练，体会到练字的技巧与快乐，看着字帖上的字，一笔一画地慢慢练，练的不只是字，也是一种心境。书法练习既是书法技能的训练、提高过程，又是锤炼一个人的意志和心境的方法。

意识到自己写字中的不足，今后我将会在空闲时间多练字，练就一手好字。

【沈建梅】
2015 年 1 月

（四）

为期一个学期的书法学习使我受益颇深，从戚老师那里不仅学到了很多笔墨知识，更多的是对人生的领悟，使我得到了很多启发。练一手好字，可以让自己受益终生。字的好坏从一定程度上可以反映个人的性格和修养，把字写得整洁规范，可以给其他人留下好的印象；反之，就会给别人留下坏的印象。练习书法可以修身养性。学习书法可以改变一个人毛躁、急功近利的坏毛病，养成耐心、细心和毅力等良好的品质。练习书法还可以陶冶情操，练习书法要求具备良好的心理状态和高度的学习热情，日复一日地坚持下去。如何练习书法呢？练习书法，要喜欢和热爱书法，以高度的学习激情投入到练习中去。练习书法，要懂得创新，不能一味模仿，要有自己的风格和特点。练习书法，还要有一颗坚持的心，持之以恒，不能半途而废，只有坚持到底才会有收获。

练字的人，虽然不可能人人成为书法家，但人人都可成为一个书法艺术爱好者。我们在学习书法的同时，不能急于求成，更不能一曝十寒，它是一个长期的细水长流的过程。既要注意人品的修养，要不务虚名，不好高骛远，还要富有刻苦踏实的学习作风。

总之，此次书法培训学习提高了我的书法水平，在今后一段时间中，我要尽量挤出时间，静下心来认真练习、思考、积极行动，争取尽快地消化和吸收培训的知识，达到培训的目标和要求。兴趣是最好的老师，我会一直坚持下去。

【季晓辰】

2015 年 1 月

（五）

一学期的书法培训学习结束了。在培训中，通过戚老师的言传身教，使我对书法有了更深入的了解。此次培训，时间虽短，感受颇深，受益匪浅。我深深地感受到它不仅仅是一次对专业知识的学习，更重要的是传递着一种责任，那就是传承祖国书法传统文化的责任。作为参加培训的教师，深知培训意义和此次书法学习的重要性。通过培训，认识到作为教育工作者对书法传承的重要性。中国文化博大精深和源远流长。而书法作为中华民族的传统艺术，又是中国上下五千年来的优秀文化，它与中国文化相表里，与中华民族精神成一体，有着深厚的文化内涵，是世界艺术之林的奇葩。中国书法自古以来深受人们喜爱，它既能锻炼意志，又可陶冶情操；既反映个人的意志，又体现民族精神，是中华民族灵魂的具体体现，因此书法艺术成为沟通我国和各国人民友谊的桥梁。

众所周知，书法是我国独特的传统艺术，千百年来一直为人们欣赏和喜爱。人们之所以会喜欢她，正是因为她能示人以美，可以说她是无声的音乐、静态的舞蹈。它触发人们对美的感受和联想，它是审美与实用的结合体。学习书法不只是提高写字的水平，还能提高人的艺术修养和人的良好心理素质，如练习书法可以陶冶情操。练字也像音乐一样能够陶冶人们的情操，使人振奋，受到美的感染。如学习王羲之秀美挺拔的字体，可使人的性格变得开朗活泼；学习颜真卿端正的字体，就好像聆听一首抒情小调，可以使人性格朴实、厚重；中国自古讲究“文如其人”，许多大书法家都是做人的楷模，他们的精神有助于陶冶情操。

【李霞】
2015 年 1 月

（六）

金秋九月，伴着宜人的秋色我很荣幸成为漕泾小学这所百年名校的一名语文教师。在这里我不仅感受到了严谨务实的教育氛围，更是被这里浓郁的书香气息所感染和震撼。漕泾小学历史悠久，文化底蕴深厚。学校以书法教学为特色和先导，大力传承和弘扬中华瑰宝——书法艺术。积极倡导：写一手好字，做一个好人的理念，秉承中华传统文化以德育人。

进校伊始，我有幸参加了教师书法培训，受益匪浅；通过教师“三笔字”书写比赛，使我知不足而后知进步。其实在练字的过程中，字也在练我这个人。练字要认真，横是横、竖是竖、点是点、折是折，一笔都不能马虎。研究学问也一样，做任何事情也都一样！练字不一定是人人都要练成书法家，但练字能让我们变得更细腻、更严谨、更执着、更勤奋，也许那才是最有意义的收获吧！作为一名语文老师，书写的漂亮规范会给学生的一生带来很多的影响。教师，这个教书育人的职业要想和日新月异的时代变化与时俱进，除了提高自身的素质以外，还有就是不断学习、不断提高。写字如人生，一笔一画容不得马虎！让身心沉浸在专注的快乐之中，便能得到无可比拟的满足感。如果你正茫然于快乐的根本，不妨执起笔来，让习字的墨迹引领自己，找到由心而发的喜悦。总结我练习书法的过程，我有一些体会比较深刻，练习书法的过程也是陶冶性格和培养高尚志趣的过程，它使我形成一种做事踏实细微、一丝不苟的作风和百折不回的毅力；写得一笔好字能使旁人赏心悦目，心生敬佩之意，同时也愉悦自己，顿生成就感。用时下时髦的说法就是“双赢”吧！

学校通过开展“写字节”活动和评选“写字小明星”，旨在“让一手好字伴随孩子一生”的教育内涵落到实处。作为一名小学语文教师，我认为写字教学既是语文教学中很重要的组成部分，也是弘扬和传承民族文化的重要途径。在写字教学中，我很重视对学生写字姿势的指导：引导学生掌握基本的书写技能、正确的书写姿势和执笔方法，养成良好的写字习惯，掌握汉字的基本笔画和常用的部首，能按笔顺规则用硬笔写字，注意间架结构。在学生初步感受汉字的形体美的同时，做到书写规范、端正、整洁。写字不仅在一定程度上反映一个人的语文水平，而且从一个侧面反映出一个人的文化素养；写字不仅有利于巩固识字，也利于培养集中注意、做事耐心细致的习惯和审美能力。正是基于写字教学的功能和意义，学校高度重视写字教学。

总之，要让学生练就一手好字，不是一朝一夕的事。只有从细微处入手，不断地坚持。在写字教学中，我们要不断总结和思考，使写字教学更加有效，让孩子们用心习字的同时，发现原来写字是这样的美好。

【冯亚莉】

2015 年 1 月

近几年教师个人获奖情况

1. 金宪春、朱君辉两位教师荣获中国美术教育委员会颁发的优秀园丁奖(2010.12)。

2. 在2011年金山区中小幼教师“三笔一诵”比赛中,朱君辉、秦梅、钱桃红分别获全能一、二、三等奖;陈沫忠、金宪春、张辉忠获钢笔字和粉笔字二、三等奖;金宪春获毛笔字三等奖(2011.12)。

3. 朱君辉、金宪春、张颖在金山区第十六届小学生交通安全美术、书法作品评选活动获优秀指导奖(2012.02)。

4. 朱君辉在上海市“五色大屯杯”写字教学评比活动中获一等奖(2012.12)。

5. 2013年度“全国教师书法教学基本功书写展示”中,戚天音获硬笔、毛笔入展作品奖;朱君辉、沈琼等2人获粉笔入展作品奖;陈沫忠、顾少峰、陈荣、秦梅、潘亚军、金敏超、潘晓等7人获粉笔入选作品奖;朱君辉、沈琼等2人获毛笔入选作品奖。

6. 朱君辉在金山区中小学书法教育骨干教师书法作品比赛中,分别获软笔类、硬笔类一等奖(2014.05)。

7. 朱君辉在2014年“南苑杯”上海市中小幼师生书画展评中,荣获教师书法硬笔一等奖(2014)。

8. 朱君辉在2014年“南苑杯”上海市中小幼师生书画展评中,荣获教师书法软笔一等奖(2014)。

9. 朱君辉获“书教师风采　绘教育新貌”优胜奖(2014.09)。

10. 朱君辉作品入展“上海市第八届书法篆刻大展”(2014.09)。

11. 戚天音在新星杯全国青少年儿童书画作品展评活动中荣获优秀辅导员称号(2014.09)。

12. 潘亚军、朱君辉荣获2014年度上海市书法教育先进个人(2015.01)。

书法写字教育品牌效应显著

自上世纪九十年代起，我们一直行走在以书法写字教育为突破口，全面实施素质教育之路上。继 1999 年获得中国教育学会书法专业委员会授予的“实验小学”美誉后，我们继续加强书法写字教育特色学校的创建工作，充分利用自主开发的校本课程教材和自创的工作经验指导着新的实践，把书法写字与做人教育有机结合起来，推动着特色教育的进一步发展，探索着属于我们的特色之路。

一　学校获得的书法写字教育方面的荣誉

序号	荣誉名称	获奖日期	颁奖单位
1	上海市书法教育实验学校	1997.6	上海市教育学会书法专业委员会
2	中国教育学会书法专业委员会实验学校	1999.5	中国教育学会书法专业委员会
3	全国艺术教育模范学校	2003.6	中国陶行知研究会、解放日报等
4	上海市艺术教育特色项目	2009.12	全国第三届中小学艺术展演上海组委会
5	上海市书法教育先进集体	2011.05	上海市教育学会书法专业委员会
6	第二十三届国际少年儿童书画大赛优秀集体奖	2011.10	第二十三届国际少年儿童书画大赛组委会

（续表）

序号	荣誉名称	获奖日期	颁奖单位
7	《小学书法》获金山区小学课本课程设计比赛拓展型课程一等奖	2011.11	金山区教师进修学院
8	2006—2011 年金山区写字教育先进单位	2012.02	金山区教育局
9	国家级规范汉字书写教育特色学校	2012.6	教育部国家语言文字工作委员会
10	金山区学生“写好字”书法教育现场展示评比活动优秀集体	2012.11	金山区青少年活动中心
11	“2013 年度全国教师书法教学基本功书写展示”活动优秀组织奖	2013.09	中国教育学会书法专业委员会
12	全国书法教育实验学校	2013.12	中国教育学会书法专业委员会
13	第四届新星杯全国青少年儿童书画作品展评活动团体一等奖	2014.9	新星杯全国青少年儿童书画作品活动组委会
14	金山区学校少年宫最受欢迎项目	2014.12	金山区文明办、金山区教育局
15	金山区青少年民族文化技艺培训特色项目	2014.12	金山区教育局
16	在“传承·未来”首届上海市中小学生书画作品征集交流活动中获优秀组织奖	2015.1	上海市书法家协会、上海美术家协会

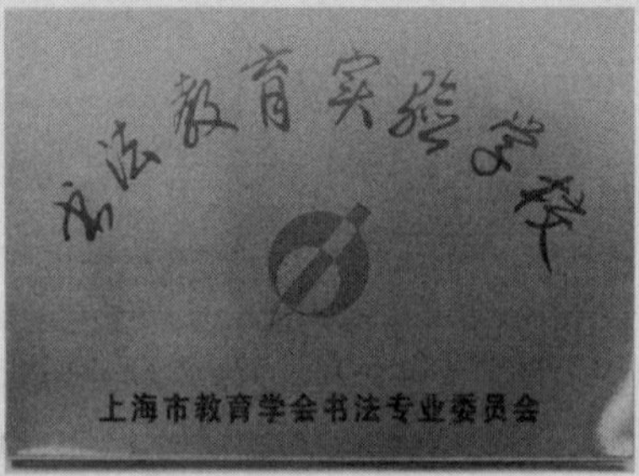

二　获奖的书法写字教育研究成果

序号	成果名称	奖项	获奖日期	颁奖单位
1	小学书法写字教育的实践与思考(首届教科研成果)	一等奖	1998.05	金山区教育局
2	小学书法写字教育的实践与思考(第六届普教科研成果)	三等奖	1998.12	上海市教育委员会
3	小学书法写字教育特色学校课程教材的开发研究(第二届教科研成果)	一等奖	2001.05	金山区教育局
4	小学书法写字教育特色学校课程教材的开发研究(首届学校教育科研成果)	三等奖	2001.12	上海市教育科学研究院
5	城郊型现代学校个性化文化建设的实践研究(第四届教科研成果)	二等奖	2008.05	金山区教育局

（续表）

序号	成果名称	奖项	获奖日期	颁奖单位
6	城郊型现代学校个性化文化建设的实践研究（第三届学校教育科研成果）	三等奖	2008.10	上海市教育科学研究院
7	小学书法写字教育课程化的实践研究（首届教科研成果）	优秀成果奖	2014.01	金山区教育学会
8	小学书法写字教育课程化的实践研究（第六届教科研成果）	二等奖	2014.05	金山区教育局、金山区教师进修学院
9	小学书法写字教育课程化的实践研究（首届基础教育科研成果网络博览会）	二等奖	2014.07	中国教育学会
10	小学书法写字教育课程化的实践研究（基础教育教学成果）	二等奖	2014.10	上海市教育委员会

学校工作不断发展进步

近年来,“漕小人”继续以书法写字教育为载体,通过进一步深化项目研究,集聚“校园人”的智慧与力量,在努力打造书法写字教育品牌的同时,深入贯彻实施国家、市、区中长期教育改革和发展规划纲要(2010—2020年)所提出的目标与任务,用实际行动诠释着“情系金山,崇德笃教,大气睿智,追求卓越”的金山教育精神,在立德树人、课程教材改革、教师队伍建设、教育质量提升等多领域取得新的突破,得到全社会的广泛认同和赞誉。

一　写字教育让学生的经历更丰富

在“写一手好字,做一个好人”的培养目标指引下,立德树人工作进一步得到强化,书法与德育、书法技艺学习与行为品格培养融为一体。

如,在校园内到处可见墙壁上、橱窗内、楼梯口展示了各书法大家的作品和学校历届学子留下的墨迹。大厅内偌大的“写一手好字,做一个好人”时刻提醒着学生写字与做人的关系。每一楼层的不同字体的“静”字仿佛就是一种无声的语言,不仅提醒学生要保持学习环境的安静,更让学生在校园内随时随地感受到书法的魅力。在各班教室内,都会设立书法作品展示栏,张贴学生书法作品,展示各类优秀作业等。那一份份清秀美观的作业,那一幅幅刚劲有力的书法作品,无声无息中影响着所有的学生,激励着他们写好每一个字。

又如,以书法文化中的“静”文化为切入口,实施着习惯培养的三强化:一是学科渗透“外在强化”。每天通过15分钟的天天写,强化学生的坐姿、握笔姿势、写字姿势等,培养学生的静心与专注。

二是活动渗透“潜移强化”。让每一个活动都成为一种教育方式，让活动成为学生感动自己、培养人格的教育资源。三是抓住重点“反复强化”。学校每周都有一个明确的行为训练重点，训练与考核逐步递进，促进学生养成良好的行为习惯。

再如，每年春节前夕，学校都会组织师生到街镇、社区开展写春联送春联活动。小书法家们挥笔泼墨，一幅幅极具新年特色的春联、一句句美好吉祥的祝福无不传递着新春的喜庆与吉祥。同时，学生还在老师的带领下上门为孤寡老人等送上了春联与祝福，在寒冷的冬日为大家带来了丝丝暖意。

还有，学校的书法社团积极参加各级各类展示活动。举例来说，2014 年 11 月学校书法项目参加了“塑中国魂，圆中国梦”上海市学校少年宫学生篆刻展示活动。活动中，既有“小书法家”的现场书写，又有对学校书法特色的介绍和与来宾的互动。中共上海市委宣传部副部长、市文明办主任燕爽等领导听取了学员的介绍，观赏了学员的书法作品，让学生备受鼓舞。

总之，书法写字教育不仅提高了学生学规范汉字的水平，也使学生的学习态度、习惯、意志品质等发生了深刻的变化。我们用书法特色引领学校德育工作前行，不断提升着德育工作的实效，得到上级领导和社会各界的认同。当下，学校是上海市安全文明校园、金山区文明单位、金山区中小学行为规范示范校、上海市红旗大队。

二 写字教育让课程改革更深入

在“写一手好字，做一个好人”的育人目标下，学校的课程教材改革有了突破性进展。学校先后引入“新基础教育”、“理解教育”、“愉快教育”等理念与实践，开展了持续不断地“聚焦课堂，追求适合学生发展的教学”实践与研究，取得了良好的实效。

一是基础型课程校本化实施有创新。通过加强教学“五环节”探索，课程实施更规范。老师们在备课时，能做到认真解读课标与教材，精准分析学情，进行充分预设；在上课时，能做到以学定教，顺学而导。将关注的视觉聚焦到每一位学生，让他们及早进入学习状态，教学过程力求流畅，教学有坡度、有层次，教学媒体运用合理，教学方法灵活多样……对学生的课堂练习和课后作业能做到精心设计，及时反馈。在抓个别辅导时，能针对不同层次的学生设计个性化辅导练习，抓两头、带中间，既培养优势学生，指导他们拓展知识面、提升能力，又重视对学习困难生的辅导工作，适当降低学习要求，促进其不断进步。在做教学评价时，能从“知识技能”、“综合实践”和“兴趣习惯”三个维度科学设计评价内容与要求，做到评价主体多元、评价方法多样，努力发挥评价对学生的激励促进作用。通过强化校本研训，课程实施更深化。多年来，学校积极追随上海市愉快教育研究所先后开展“新课改背景下，小学学科学习设计的实践研究”和“学习任务单”的推广发展研究和“班级授课制条件下，基于精准学情分析的支架式教学的实践研究”等项目研究，较好破解着课程实施过程中的一个又一个难题。通过加强教学质量监控，向管理要质量、要效益。如，定期或不定期进行学科知识、能力的抽查，与教师一起做好质量分析，帮助教师改进教学。定期召开教学工作会议、教学质量分析会，研究、讨论、分析并解决教学中存在的共性问题。

二是拓展型课程建设进一步完善。首先，对限定拓展课程加强实施指导，努力提升实施质量。如，体育活动课统筹安排，实现规范化。结合快乐活动日的开展，学校将其中一节体育活动课统一安排在周五下午。体育组进一步完善了体育活动的内容、场地与器材的安排，以更有利于各班体育活动的开展。班队活动课加强指导，实现主题化。学校每月确立一个主题，开展形式不一的活动，并加强研讨，以充分发挥班队活动课的阵地作用。社会实践课加强设计，实现课程化。依据学生年龄特征及社会教育资源特点，加强对社会实践活动的设计探索，不断丰富社会实践活动的形式、内容、内涵等，引导学生走进社会大课堂，开展自我服务实践、家庭服务实践、认识自然实践、认识社会实践等社会实践活动，培养学生的社会实践能力和创新能力。其次，对非限定拓展课程加强研发推进，发挥其特有作用。《小学书法》课程研发的成功带动了校本拓展型课程的研发，现阶段学校已经在《学科类》、《艺术类》、《健身类》、《科技类》等领域开发了 20 多门科目，正在供发展学生个性特长作选择。

三是探究型课程建设在不断拓宽探究学习时空和积极开发利用教育资源方面下功夫。首先保证每周一课时学习“探究型课程学习包”规定的内容。其次实行课内与课外相结合,在课内接受教师的集中指导,开展集体交流,利用课余、节假日、寒暑假时间进行小组或个人的学习探究活动,接受教师针对性的具体指导和帮助。

总之,“让课程改革更深入、让学生经历更丰富”是我们的追求。在全员的共同努力下,取得的实效是有目共睹的。近年来,学校先后获得首批国家级规范汉字书写教育特色学校、上海市书法教育先进集体、上海市首届基础教育教学研究成果二等奖、金山区教育科研三十年先进集体、金山区校本培训先进单位、金山区作业改进推进项目先进学校等殊荣就是最好的证明。

三　写字教育让师资队伍建设更有成效

学校发展成就教师发展,教师发展决定着学校的发展。多年来,我们在区教育学院师训办的指导下,严格按照“十二五”师训要求开展培训工作,规范管理,注重实效,教师的专业水平和学校的办学质量得到提升。

首先,通过建立与完善师训机制,提升队伍综合素养。“十二五”期间,学校高度重视“十二五”研修计划和个人发展规划的制定。并充分利用政治学习、教师大会、教研(备课)组长会议、学校信息化平台等渠道多次进行宣传发动,使全校老师清楚地了解“十二五”师训的要求和细则。为确保培训的质量,学校还为此制订了《漕泾小学教师培养制度》,明确了师训工作操作原则、目的意义、形式内容,确定了制度保障及组织管理细则。此外,学校加强对各级培训过程的管理。做到了培训时间、内容、人员一一落实,要求各项活动有记录和信息反馈记载。有困难一起研讨,有经验共同分享,确保了培训活动有序高效开展。

其次,基于校情设计课程,使培训更贴近学校对教师的要求。在师德素养类课程培训中,我们以活动为载体,着眼于育德能力的提升,先后开展《“廉洁从教　敬业爱生”教育活动》、《“学习优秀教

师　弘扬伟大师魂"师德大讨论》、《"爱生月"系列活动》、《小学教师专业标准学习》、《"看电影，讲师德，树师风"主题教育活动》等研修，不仅做到学习内容丰富、活动形式多样，而且注重反思总结，努力提高活动效益。如，观看《2011感动中国》颁奖典礼后，各组室开展讨论；紧接着开展"关爱学生，和学生交朋友"三个一活动，既激发了大家要做一名好老师的热情，又提升了教师的育德能力。又如，在学习和实践的基础上，倡导教师撰写学习心得及感悟。我们先后开展了一句话感言、"我的爱生格言"征集评比、撰写心愿小故事、演讲比赛等活动，并在年级组层面及学校层面进行讨论和交流。学校每年还开展说说"我的教育教学故事"评比活动，把故事上传学校平台供大家分享。在实践体验类课程培训中，我们的选课更贴近校情。一是以发展办学特色为抓手，开展书法技能培训。这几年，我们以市教育学会课题《小学书法写字课程化的深度推进研究》项目推进为契机，开设了《写就一手好字，提升育人之能》的校本培训课程，请"戚天音工作室"的退休教师戚天音为全校老师进行培训。通过分批推进并积极创设"三笔字"比赛、举办写字节等平台，既让全体教师学有所得，又为推动书法教育持续健康发展夯实了师资基础。二是以课题引领，提升教师的实践智慧。如，以区级重点课题《"学习任务单"在小学课堂教学中的实施策略研究》为抓手，开设了《优化作业设计　提升教学效能》及《学习任务单的设计与实施》两门实践体验类课程。又如，在"等第制"和"零起点"教学全面铺开后，又结合加盟的愉快教育研究所的《班级授课制条件下，基于精准学情分析的支架式教学的实践研究》，开设了《基于课标定内容　科学评价促发展》、《精准分析学情，搭建多元支架》两项培训课程。这些校本培训课程与日常教学工作紧密结合，进一步规范着各个教研组的教学研究活动，取得良好效果。

再次，着眼未来发展，聚焦青年教师队伍培养。近年来，依据事业发展的需求，每年都有不少青年教师入职，他们是漕泾小学的未来。为此，学校加大了新教师培养工作的力度。除继续传承"师徒结对"等经典做法外，还认真组织开展"青年沙龙"活动。在党支部和团支部牵头下，青年教师沙龙活动有序展开。如，本学期开展的"微笑课堂"活动，青年教师们撰写了案例，在区展示活动中刘芳老师就参与了微论坛活动。另外，在与交大附小的学习型团队的共建活动中，不少青年教师也得到了锻炼。与此同时，为青年教师成长提供平台。如，要求新教师每个学期上一次全校性的亮相课。学校领导、带教教师和相关学科教研（备课）组的老师都积极参与教学设计与试教，在反复讨论、磨课的过程中，让她们得到锻炼，成长迅速。

这些年，我校的队伍建设取得不俗的成绩。据不完全统计，先后由二十多位教师获得上海市三八红旗手、上海市园丁奖、上海市书法教育先进个人、“世博先锋行动”金山区优秀共产党员、金山区园丁奖、金山区优秀班主任等荣誉称号。在区第六届教育科研成果奖评比中，我校有 4 个课题获一等奖；在区新苗杯课堂教学评比、区青年教师教学基本功比赛等活动中，我校教师取得了较好的成绩。今年 6 月我校九位老师代表区参加上海市双语教师才艺比赛，获团体一等奖。青年教师培养工作取得良好成效，各位见习教师顺利走上了教育教学岗位，刘慧燕、叶红、丁祎、孙娟等被评为区优秀见习教师。

当下，基础教育改革已经步入深水处，不进则退，我们别无选择。如果说，书法写字教育已经为我们办人民满意的学校打下了一个很好的基础的话，那么，从 2012 年启动的创建“新优质学校”活动又让我们前行了一大步。我们一直行走在教育改革之路上，所走的每一步都很扎实、很稳健。

【钱青、施慧丽、李梅提供】

2015 年 2 月

漕小书法：金山区第十轮青少年民族文化技艺培训特色项目

书法是艺术，艺术是最美的，美的东西总是使人产生一种赏心悦目的快感。书法可以慰藉心灵，使人心融意畅。书法又是一个神奇、充满着绚丽多彩的世界。

漕泾小学是一所百年老校，有着深厚的文化积淀，百年的过程，百年的回忆，传承着祖国优秀的文化。漕小有一批痴迷于书法的老师，更有陶醉书法之中的可爱孩子……当下我们既要识读古人留下来的文化，更有责任去传承先辈们留给我们的宝贵文化精粹。经过长时期师生实践，“写一手好字，做一个好人”已成为我们百年漕小的办学目标，也得到了社会的认可。

自学校开展创建书法写字教育特色学校研究性实践以来，我们充分利用学校书法资源，吸纳了一大批对书法有兴趣的学生，进

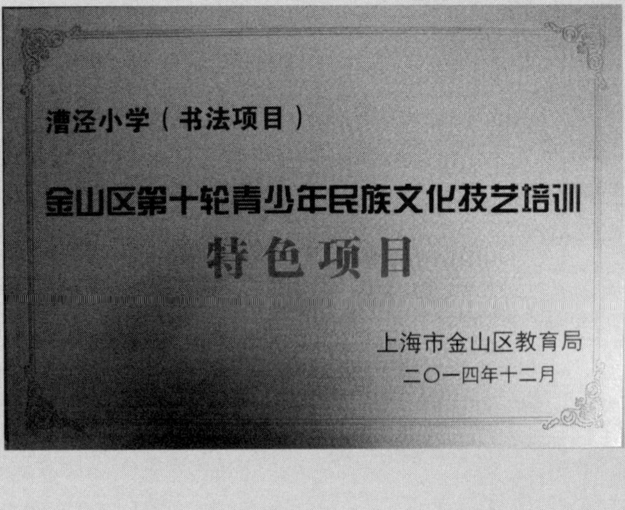

行书法技法、书法欣赏、书法创作这样一个学习过程。在这样一个实践过程中，学生得到了书法写字是一种愉悦的幸福享受：可以使人欲念顿消、胸怀坦荡、性情豁达；又体验到了用心写字又可以使人摒弃粗陋与偏执，忘却烦恼与忧愁。也学会了虚心与博爱，在恬淡中获得自尊与坦然。

"漕小书法"走过的路还不算太长，已经获得过多方面的肯定。本次参与区教育局和区青少年活动中心联合举行的重新评估和验收，荣获"金山区第十轮青少年民族文化技艺培训特色项目"。这是对我校特色教育的又一次肯定与鞭策。现阶段，"漕小书法"项目实施的主渠道在漕泾小学"晨曦"乡村少年宫推进。

书法艺术教育:漕泾中小学九年一贯制特色项目

漕泾小学是一所书法写字教育特色学校,每届毕业生大都进入对口的漕泾中学就读,其中不乏有书法才能的学生因受各方面条件的制约,他们无法像小学那样痴心于书法学习。

金山区中小学生写好字新一轮五年推进计划启动大会的召开,给处在迷茫中的这部分学生带来福音。在区教育局的倡导下,漕泾小学与漕泾中学进行书法艺术教育对接,把书法写字教育延伸下去,发扬光大。

2012 年 9 月,漕泾中学和漕泾小学两校相关领导汇聚在漕泾小学,商讨对接事宜。中学的领导参观了书法作品陈列室,翻阅了漕泾小学书法写字教材,观摩了学生书法写字教学现场,两校在交流中寻找到了共识。

在漕泾中学缺乏书法师资的情况下,漕泾小学选派朱君辉老师去漕泾中学授课,和漕泾中学相关教师共同辅导学生书法写字。

为了整体提高漕泾中学书法写字的水准,也为了书法写字的持续发展,两校联盟共同开发了漕泾中学书法校本教材——《翰墨书香》。这一教材的开发,极大地推动了两校书法写字的发展。

平时两校互通有余,交流各校的写字成效。2012 年两校双双被评为金山区写字教育优秀学校,2014 年 5 月两校书法写字经验在金山区素质教育论坛上作交流发言。

两校对接,资源互通,成果共享,形成了区域优势。

附:"漕泾中小学九年一贯制书法艺术教育"特色项目简介

书法写字教育这一特色项目已发展成为漕泾艺术教育的区域性品牌。在有效推进漕泾中小学书法艺术特色项目衔接延伸的过程中,漕泾中学拟充分发挥教师的个人特长,倡导团队合作,做响做强"漕泾学生书法写字"这一区域性艺术教育品牌。通过多种形式的教学活动,促使学生掌握书法写字的基本知识、基本方法和基本技能,不断增进学生对书法写字艺术的学习和了解,有效提高学生的艺术修养。同时,结合各级比赛、学校艺术节、书法写字学习成果汇报展示、社区实践等相关活动,使更多的学生参与,充分展示特长,让学生真正受教育,为推进素质教育的发展、提升艺术教育水平作出新的贡献。

1. 小学书法现状分析

漕泾小学书法写字教育是学校办学特色项目,历来受到了学校领导一贯的重视,"写一手好字,做一个好人"是学校的育人目标。近年来,学校坚持用普及与提高相结合的发展思路做强这一项目工作,通过书法兴趣班专门训练,培养了一批书法特长生;开设拓展型校本课程——写字课,开展"天天写"活动,提高所有学生的书法写字水平。2010 年,学校又以《小学书法写字教育课程化建设的实践研究》和《小学书法写字教育课程化的深度推进研究》课题为新一轮研究平台,展开校本特色课程的再度开发,打造更贴近校情且相对成熟的小学书法写字教育课程教材体系。学校安排两位书法写字专职教师,返聘书法名师来校为语文老师、青年教师和学生们辅导书法写字。另外,学校还成立和健全了"戚天音书法工作室"和"书法作品展览室"。除了在课程教学和科研领域的实践和研究外,学校还不断丰富书法写字教育活动和社会实践活动,从而逐渐形成了自己的品牌和特色。

书法写字教育作为漕泾小学办学特色项目,受到了教育行政和学校领导一贯的重视,有关领导多次强调学校办学特色项目能有效衔接、在区域延伸。但是,由于漕泾中学没有书法写字的训练与学习,中小学书法写字艺术特色项目衔接不上的问题已困扰着有关领导和学生家长多年,也阻碍了这一艺术特色项目的可持续发展。近几年来,漕泾小学学生升入到我校,其中有一大批学生在有关教育活动中不断展现才能,在有关比赛活动中屡屡获奖,这为学校延伸漕泾小学"书法写字"课程提供了基础,同时学校也有一定的师资力量。所以,对于漕泾中小学书法写字教育进行有效衔接，有着其可行的基础。

2. 漕泾中学书法写字教育方案

（1）阶段性培养规划

漕泾中小学书法写字教育的衔接为学校学生书法写字的培养提供了有利的因素，探索书法写字培养的阶段性目标、积极构建小学与初中衔接一体的书法写字训练机制是创建学校艺术教育特色的切入口。学校书法写字教育阶段培养规划为“点面结合，综合提高”：“点”是在预初、初一年级开设书法写字课，配备专职教师；“面”是成立学校书法写字社团和语文课教学中安排一定的书法写字课时，对预备及以上年级的学生在原有的基础上训练，同时开展丰富的书法写字教育活动和社会实践活动，并在原有的基础上认真总结、扩大影响，全面提高学生的书法写字水平。

（2）做好有效衔接相关工作

① 师资力量

小学目前拥有书法专长师资共 2 位，另有语文学科教师，师资充足，可进行小学学生的书法写字指导。中学配备一名专职教师，并聘请书法写字名师开展师资培训、社团教学活动等指导工作。

② 生源

我校生源均源自为小学，学生接受过普遍书法写字培训，其中有相当部分的学生参加过书法兴趣班专门训练，有相当的基础。因此，在初中有效衔接就有了基础；同时，在初中阶段，学校通过开设书法写字课和社团活动，使原有的这些生源队伍得以保留，确保了书法写字教学的完整性和训练的可操作性，推动书法写字教育的可持续发展。

③ 设备场地

书法写字课进入学校课程安排，按照课表以班级为单位上课，因此不占用专门的教师场地。当然，为有效延伸学生书法写字教育，进一步提高中学生的书法写字水平，学校应为相关教育教学配备部分材料。

④ 训练时间

在预初、初一年级每周安排一课时的书法写字拓展课，安排每周一课时的学生社团训练。

⑤ 专项经费的分配

专项经费可在先解决外聘教师经费的前提下，余额部分由中小学共享。

（3）有效延伸，做响做强“漕泾中小学学生书法写字艺术特色”品牌。

在有效推进漕泾中小学书法艺术特色项目衔接延伸的过程中，既要充分发挥教师的个人特长，也要积极倡导团队合作，加强团队凝聚力，做响做强“漕泾学生书法写字”这一区域性艺术教育品牌。首先，中小学有关部门和教师根据学生的年龄特点分段制订详细有效的教学计划分层推进，通过多种形式的教学活动，促使学生掌握书法写字的基本知识、基本方法和基本技能，由易到难，梯度教学，从而提高学生对书法写字学习的兴趣。其次，积极组织学生书法写字社团参加课外艺术实践活动，不断增进学生对书法写字艺术的学习和了解，有效提高学生的艺术修养。同时，结合各级比赛、学校艺术节、书法写字学习成果汇报展示、社区实践等相关活动，使更多的学生参与、充分展示特长，让学生真正受教育，利用实践活动锻炼队伍，从中也更多地争取社会、学校和家长的认可。再次，为提高教师的指导水平，邀请校外具有较高造诣的书法写字专家通过“请进来”的办法，为我校的艺术特色教育培养了一支骨干教师队伍。另外，在加强教师自身学习的同时，为书法写字指导教师创造外出学习观摩的机会，开阔教师的视野，更新教育观念，吸取先进的教学经验。

我们将根据这一工作方案，在中小学的共同携手努力下，把书法写字教育这一艺术特色项目发展成为漕泾艺术教育的区域性品牌，并有效衔接和延伸，做响做强“漕泾学生书法写字”这一区域性艺术教育品牌，以推进素质教育的发展、提升艺术教育水平。

《笔情墨趣》:金山区小学拓展型课程示范科目

书法是中国特有的艺术珍宝,它有着悠久的历史。尽管以计算机为代表的信息化时代已来到,书法仍以其独特的艺术魅力,为人们所津津乐道。为进一步弘扬与传承祖先留下的丰富艺术遗产,《书法》已列入我国基础教育的重要内容。

当下,金山区正在着力打造以"琴、棋、书、画"为标志的艺术教育区域特色,作为全国书法教育实验学校的我们,责无旁贷承担起开发《书法》区域课程的重任。鉴于学校已成功开发《小学书法》校本课程教材的经验,在金山区教师进修学院有关教研员的建议下,从 2011 年起由我校书法教师牵头,组织本区部分小学书法专职教师组成《笔情墨趣》科目开发团队,成功开发《笔情墨趣》这一书法教育区本课程,并获得金山区拓展型课程评选"示范课程"殊荣。

本课程旨在为书法感兴趣的学生提供自主选择学习的平台,为未来的进一步发展夯实基础,在"为学生打好良好的书写基础"、"注重学生观察、分析、模仿等能力及意志、耐心等良好品质的培养"、"倡导自主、合作、探究的学习方式"等基本理念指导下,致力于学生书写能力的形成与发展,致力于兴趣、习惯、意志和情感的熏陶与激发,致力于书法文化的传承与弘扬……本科目集学、练、赏、思、创于一体,具有很强的实用性。经过一年多的试运行证明:能为全体学生的全面发展和终身发展提供有效帮助。

附:金山区小学拓展型课程《笔情墨趣》科目实施方案(试行)

一、科目开发的背景

书法是中国特有的艺术珍宝,它有着悠久的历史。千百年来，我们的祖先在不同的历史时期，创造出不同的书体。书坛名家辈出，流派纷竞，佳作如林。书法以它独特的艺术魅力，为我们留下了丰富的艺术遗产。随着社会的发展、时代的变化，尤其是信息化时代的到来，电脑已经走进了人们的生活、学习和工作，因此对传统的书法人才的培养，书法艺术的传承都带来了前所未有的冲击。作为学校、作为老师传承中华文明、弘扬优秀文化是责无旁贷的，开设书法科目作为基础性课程的补充是很有意义的。

金山区正在着力打造以“琴、棋、书、画”为特色的区域课程，在金山区十二五中长期教育发展规划中又提出“崇文通理、成就人生”的教育思想。在此背景下开发《笔情墨趣》科目，就显得尤为必要。

另外有很多学生对书法写字练习抱有极大的兴趣和热情，同时练习书法除能提高学生的书写水平外，也有利于他们身心健康及非智力因素的培养，激发他们对祖国传统文化的热爱，体现了以人为本的教育理念。

二、科目目标

1. 在书法欣赏、临摹创作的过程中，知道行笔规律，能运用正确的方法书写八种基本笔法及其变化，初步掌握集字创作的方法。

2. 在书法欣赏、临摹创作的过程中，养成良好的书写习惯，形成主动探究、勇于创新的品质。

3. 了解书法是中华民族的优秀文化精粹，激发学生热爱祖国文字的情感，促进学生审美情操、心理素养、综合能力的发展。

三、科目内容

（一）内容序列及分目标（颜真卿的《勤礼碑》）。

（二）内容说明：

本科目选择颜真卿《勤礼碑》为学生书法启蒙的范本，主要考虑到以下几个方面：

1. 中国楷书发展到唐代可以说达到顶峰阶段，其成就以颜真卿为代表。他的楷书具有庄严雄伟的气派，用笔横轻竖重；竖笔向中略呈弧度，刚中有柔，富有弹性感，兼以笔画重，力足中锋；结构方正茂密，方中呈圆更增加他那气势宏大、圆润浑厚的美感。

编号	章节	内容	例	章节目标	内容目标	练习字例	课时 内容课时	课时 章节课时
一	书法入门	作品欣赏		1. 初步了解中国书法艺术。 2. 知道正确的书写习惯。 3. 通过欣赏、练习，初步产生对学习书法的兴趣。	1. 了解历史上的一些著名书法家及他们的代表作。 2. 知道文房四宝，掌握毛笔的使用和保养。		2	3
		书写工具						
		姿势方法			1. 学会正确的执笔方法和写字(坐姿)方法。 2. 能运用正确的书写习惯进行基本的运笔训练。		1	
二	基本笔画	横		1. 认识八种基本笔画的基本形态。 2. 初步掌握基本笔画的运笔方法。 3. 在练习书法的过程中，初步感受书法线条的魅力，养成正确的书法习惯。	1. 认识基本笔画“横”的基本形态。 2. 初步掌握基本笔画“横”的运笔方法。		1	9
		竖			1. 认识基本笔画“垂露竖”和“悬针竖”的基本形态。 2. 初步掌握基本笔画“垂露竖”和“悬针竖”的运笔方法。	悬针竖、垂露竖	2	
		撇			1. 认识基本笔画“撇”的基本形态。 2. 初步掌握基本笔画“撇”的运笔方法。		1	

（续表）

编号	章节	内容	例	章节目标	内容目标	练习字例	课时 内容课时	课时 章节课时
二	基本笔画	捺			1. 认识基本笔画“捺”的基本形态。 2. 初步掌握基本笔画“捺”的运笔方法。		1	
		点			1. 认识基本笔画“点”的基本形态。 2. 初步掌握基本笔画“点”的运笔方法。		1	
		钩			1. 认识基本笔画“钩”的基本形态。 2. 初步掌握基本笔画“钩”的运笔方法。		1	
		折			1. 认识基本笔画“折”的基本形态。 2. 初步掌握基本笔画“折”的运笔方法。	横折、竖折、撇折	1	
		提			1. 认识基本笔画“提”的基本形态。 2. 初步掌握基本笔画“提”的运笔方法。		1	
三	综合练习（一）	欣赏		1. 巩固基本笔画的运笔方法，提高基本笔画的线条质量。 2. 感受书法艺术的魅力，增强对书法的兴趣。	1. 进一步了解书法史上的名作。 2. 了解一些书法常识。 3. 了解颜真卿及其主要作品。		1	3
		笔画练习			1. 熟练运用基本笔画。 2. 进一步提高基本笔画的线条质量。		2	

（续表）

编号	章节	内容	例	章节目标	内容目标	练习字例	课时	
							内容课时	章节课时
四	临摹	临摹	《勤礼碑》	1. 了解临摹的意义。 2. 了解字帖的风格特征。 3. 掌握临摹的步骤和基本方法。	1. 了解临摹的意义。 2. 了解字帖的风格特征。 3. 掌握临摹的步骤和基本方法。		1	1
五	基本笔画及其变化	横	王、非	1. 巩固基本笔画运笔方法。 2. 通过练习掌握基本笔画的变化。 3. 提高审美能力，感受书法之美。	1. 感受左尖横、右尖横的形态特征。 2. 掌握左尖横、右尖横的写法。	林、甫	1	9
		撇	千、史		1. 感受平撇、竖撇的形态特征。 2. 掌握平撇、竖撇的写法。	人大、任	1	
		点	半江空		1. 感受撇点、挑点、侧点的形态特征。 2. 掌握撇点、挑点、侧点的写法。	羊汪、家	3	
		钩	戈、化		1. 感受斜钩、竖弯钩的形态特征。 2. 掌握斜钩、竖弯钩的写法。	武、羌	2	
		折	日、亡		1. 感受横折、竖折的形态特征。 2. 掌握横折、竖折的写法。	目、凶、	2	

（续表）

编号	章节	内容	例	章节目标	内容目标	练习字例	课时 内容课时	课时 章节课时
六	综合练习（二）	临摹与创作	临摹	1. 初步了解章法的四种基本形式。 2. 能按要求准确临摹例字，进行简单的集字创作。 3. 在临摹和创作的过程中，养成仔细观察、认真比较的习惯。 4. 在临摹过程中进一步体会书法线条的变化，初步感受书法艺术的魅力。	1. 了解章法的四种基本形式。 2. 能临摹四种基本形式的作品。		1	5
			横幅		1. 了解横幅的特征和创作要领。 2. 能用集字法创作简单的横幅作品。	天下为公	1	
			条幅		1. 了解条幅的特征和创作要领。 2. 能用集字法创作简单的条幅作品。	祖国长春	1	
			斗方		1. 了解斗方的特征和创作要领。 2. 能用集字法创作简单的斗方作品。	正大光明	1	
			团扇		1. 了解团扇的特征和创作要领。 2. 能用集字法创作简单的团扇作品。	书山有路	1	

2. 勤礼碑是颜真卿晚年所书，其书法艺术已进入完全成熟阶段，通篇气势磅礴、雄健整肃、敦厚庄重，为颜氏晚年佳作，

此时颜真卿楷书已臻完善，充分展示了颜体宽大宏博的艺术风格。其运笔特征明显，学生容易掌握。

3. 在学习颜真卿书法的同时，学习他秉性正直、笃实淳厚、有正义感，从不阿于权贵、屈意媚上，以义烈名时的时代精神。

四、科目实施

（一）基本要求

1. 招收对象和方法

本科目主要针对对书法感兴趣的学生自主选择学习。

2. 招收人数

每个活动组 20 人左右。

3. 场地要求

书法专用教室或适合书法活动的教室（配有必要的书法活动材料和工具）。

（二）实施方式

主要通过名作欣赏、示范演示、讲授分析、临摹练习、创作交流、作品展示等开展活动。

写字育人，养成教育应贯彻全过程。书法写字教育不单单是让学生写一手好字，更重要的是要全面发挥它的育人功能。为此，教师在实施教学活动中要将写字能“育德”、“启智”、“审美”、“健体”和养“习惯”等方面的共识贯穿于整个教学过程，尤其要突出对学生的修养进行指导。如，培养认真、庄重、坚韧不拔的意志品质，通过执笔提出作品正确、清楚、整洁、美观等要求，不断规范学生的行为，培养具有专心、细心、耐心、恒心、责任心和严谨治学的下一代。

（三）实施原则

1. 兴趣性原则

俗话说兴趣是最好的老师。对于小学生故事是最感兴趣和具有吸引力的。在泱泱书史中，古今书法家留下了大量生动有趣的故事。如东晋王羲之的“吃墨汁”、“题扇桥”、“黄庭坚换白鹅”等故事。在书写练习过程的同时，穿插一些书法家的小故事，无疑对学

生有很大的激励作用。古今名家勤学苦练的故事,可以极大地增强学生练字的信心,把兴趣转化为志趣。

2. 实践性原则

临和摹是书法学习的主要手段,学生只有在不断地实践练习中才会掌握书写的基本技能。

3. 多样性原则

随着社会的发展,多样性的现代教学手段可以提高书法活动的效果。如运用多媒体设备等可以让学生更多地了解祖国的书法知识,以及对运笔的方法等有较为直观的感受。

4. 可持续性原则

中国书法有着悠久的历史,汉字书写的美学价值得到了超越国界和汉字使用范围的承认。因此,写字教学可以陶冶学生的情感、培养审美能力和增强对祖国语言文字的热爱和文化的理解。然而,写字是一种技能,技能的形成不是一蹴而就的,需要长期的、坚持不懈的磨练。教师在教学过程中要不断插入作品欣赏课,提高学生学习的动力。

五、科目评价

评价目的:为了及时反馈学生的学习效果,为教师及时调整教学方法提供主要依据,更好地促进《书法》科目课程的实施,对学生采取相应的评价措施。

(一) 评价原则

1. 多元性原则

书法科目的评价是评价主体、评价内容、评价手段、评价方法等多元评价方式相结合。教师在阶段性评价中采取定性评价和量化评价相结合的原则,在评价过程中注重引导学生自我评价及同学互评,同时鼓励家长、社会等参与评价。

2. 发展性原则

通过评价促进教学可持续发展。评价旨在了解学生书法学习的状况,及时调整学习的策略与方法,从而促进学生更好的发展。

3. 整体性原则

评价关注学生在眼(书法欣赏)、手(书法技巧)、心(书写状态)三个方面的协调发展,同时关注行为规范的养成,提高综合素养。

（二）评价对象

1. 学生

评价主要是对书写的习惯，作品的完整性、规范性及对作品的整体感悟力等进行综合评价。

2. 教师

评价主要体现活动准备是否充分，活动设计是否合理，教学手段是否得当，讲练比例是否合理。

3. 科目

主要针对科目目标设定是否符合学生的认知水平，科目内容设计是否科学合理、循序渐进，科目评价的是否具备可操作性和有效性，科目的实施是否正常开展。

（三）评价主体及方法

1. 评价主体

主要有学生、教师、学校、家长、社区等。

2. 评价方式：

主要有自评、互评、综合评价。

六、附评价表

附一：学生学习评价

1.《笔情墨趣》科目学生学习综合评价表

评价项目	评价指标			评价主体		
	★★★	★★	★	自评	互评	教师评
书写习惯	书写姿势正确，执笔方法规范，熟练掌握运笔方法。	书写姿势比较正确，执笔方法符合要求，运笔正确。	书写姿势基本正确，执笔方法基本符合要求，运笔方法尚正确。			
作业作品	能工整、规范、整洁地完成作业，能临写简单短小的作品，笔法正确、到位。	能工整、规范、整洁地完成作业，笔法运用基本正确，能在老师的指导下完成一些小作品。	能工整、整洁地完成作业。			

（续表）

评价项目	评价指标			评价主体		
	★★★	★★	★	自评	互评	教师评
欣赏与评价	能从用墨、笔画、线条等方面对作品、作业进行评价，对作品整体感悟力强。	基本能从用墨、笔画、线条等方面对作品、作业进行评价，对作业作品有一定的感知能力。	基本能从用墨、笔画、线条等方面对作品、作业进行评价。			
课堂习惯	认真、专心、有耐心。肯动脑，勤发言。书写习惯很好。	认真、专心，能举手发言，尚能注意保持书写整洁。	基本能做到认真、专心，也能举手发言，基本能保持书写整洁。			

2.《笔情墨趣》科目课堂作业评价

姓名	等第	优	良	合格	不合格
	态度				
	质量				
	综合				
	态度				
	质量				
	综合				
	态度				
	质量				
	综合				
	态度				
	质量				
	综合				
备注	1. 每次作业及时评价，对作业表现在相应的栏目内打√； 2. 态度包括作业的及时度、整洁度、作业量，质量包括用笔的准确度和造型的准确度，临摹作业主要看接近原帖的程度，创作主要看章法的布局； 3. 态度和质量全优综合评价为优，有一项不合格综合评价为不合格，有一项为合格不能为良。				

3.《笔情墨趣》科目课堂表现评价

姓名	等第	优	良	合格	不合格
	态度				
	质量				
	综合				
	态度				
	质量				
	综合				
	态度				
	质量				
	综合				
	态度				
	质量				
	综合				
备注	1. 每次上课及时评价，对作业表现在相应的栏目内打√； 2. 纪律主要看课堂表现，教师自行设计相应要求及标准。出勤情况：缺勤为不合格，迟到或早退根据时间长短给良或合格； 3. 态度和质量全优综合评价为优，有一项不合格综合评价为不合格，有一项为合格不能为良。				

附二：《笔情墨趣》科目教师活动组织评价表

评价项目	评价指标			评价主体		
	优	良好	一般	学生	学校	家长
活动准备	准备充分，设计合理。	准备比较充分，设计合理。	有准备，设计基本合理。			
活动方式	手段新颖，讲练比例合理。	手段较新颖，讲练比例较合理。	活动有手段，讲练比例基本合理。			
活动效果	学生积极参与、兴趣浓厚。	大部分学生积极参与，兴趣较浓。	部分学生积极参与，兴趣较浓。			
活动反馈	反馈及时、评价合理。	反馈较及时、评价较合理。	有反馈、有评价。			

附三:《笔情墨趣》科目评价表

评价项目	评价指标			评价主体		
	优	良好	一般	学生	学校	家长
目标设定	符合学生的认知水平,体现三维目标的落实。	基本符合学生的认知水平,能体现三维目标的落实。	考虑到学生的认知水平,能关注三维目标的落实。			
内容设置	内容设置科学、全面、合理。	内容设置较科学、全面、合理。	内容设置基本科学、合理。			
科目实施	时间保证、内容充实。	能时间保证、内容较为充实。	有活动时间、有活动内容。			
科目评价	可操作性强、评价效果好。	可操作性较强、评价效果良好。	有操作性、评价效果一般。			

书画艺术：金山区漕泾镇“一镇一品”文化特色项目

以戚天音为代表的书（书法）、阮四娣为代表的画（农民画）奠定了漕泾镇创建书画艺术特色文化的基石。

戚天音是一位退休教师，自幼酷爱书画，秉承家学，深受书画艺术熏陶；他悟性高、进步快、勤学苦练、博采众长，书法作品受到人们的赞许和专家的肯定。多次在全国教师书法大赛中荣获金奖及一等奖。个人编写的“书法字帖”已由上海教育出版社出版，经市教材审委会审定，确定在全市中小学试用。戚老师在校任职期间积极推进书法教学，其所在漕泾小学被中国书法教育委员会命名为全国书法教育实验学校基地，两次荣获市书法教育成果奖。

阮四娣，上海金山区漕泾人，金山农民画成就最大的画家之

一。在第七届中国艺术节上，98 岁的上海金山农民画女画家阮四娣被文化部授予“2004 年中国现代民间绘画优秀画家”称号。阮婆婆 13 岁起，学过剪纸、绣花、织土布，这些女红农家活为她日后作画打下了基础。

为了积极贯彻落实科学发展观，努力构建和谐社会，漕泾镇文体中心自 2005 年起建立了“书法美术基地”，启动了创建以书画艺术为重要项目的“一镇一品”特色文化。戚天音老师作为总辅导员，在他的组织和指导下，漕泾幼儿园、小学、中学和社区学校开设书法绘画特色班。学生总人数达到 500 人左右，年龄最小的 4 岁，最大的 82 岁。在戚老师的悉心指导下，学员进步飞快，硕果累累；其中获得国家级比赛一等奖的两名，市级比赛分获一、二、三等奖共 20 多名，获区级比赛一、二、三等奖的有 40 多名。

十年如一日坚持的传统项目有：开办“老年大学”书法班，由戚天音直接授课。举办青少年书法兴趣班，为学有所长的孩子提供研习平台；组织以书会友的艺术家沙龙，共同切磋书画技艺。举办一年一度的书法、绘画、摄影作品评选与展览。开展文化“三下乡”活动，为村民做现场书法表演，一起感受文化活动的魅力。

如，2012 年 6 月，漕泾镇党委、政府成功主办“多利升”西瓜评

品暨金山漕泾书画摄影邀请赛。因为“多利升”西瓜是漕泾特色农产品之一，也是漕泾的一张名片。2000 年开始获得专利，从 2005 年以来，“多利升”西瓜已连续 8 年获得上海市评优、推优金奖品牌，2010 年 4 月被评为“中国著名品牌”的称号，这是漕泾的骄傲，也是金山的骄傲。而“书画”艺术是漕泾镇的特色文化品牌，曾多次参加区、市、全国性书法、绘画比赛，并屡次获得等第奖。让文化走进希望的田野，成为展示我镇特色农业和特色农产品风采的平台。活动凸显了“特色农业展成效，品牌文化显亮点”的独特效应。

又如，2013 年 11 月，镇党委、政府结合首届市民文化节活动开展，举办了“艺秀漕泾——2013 年金山漕泾书画摄影邀请赛优秀作品展暨颁奖仪式”。将历时七个月收到的书画、摄影作品 300 余幅中评出的 21 幅获奖作品呈现在大家面前，充分表达了我们用书画描绘漕泾的日新月异，用镜头采择漕泾秋日的美景。书画和摄影体现了创作者对漕泾浓浓的热爱之情。

再如，2014 年，在全面学习贯彻党的十八届四中全会精神的日子里，漕泾镇党委、政府主办了“中国梦 · 金山美 · 漕泾情——2014 年金山漕泾书画摄影邀请赛优秀作品展”，精心为漕泾人民打造一份文化大餐，以画笔和镜头记录漕泾发展的新面貌、新风

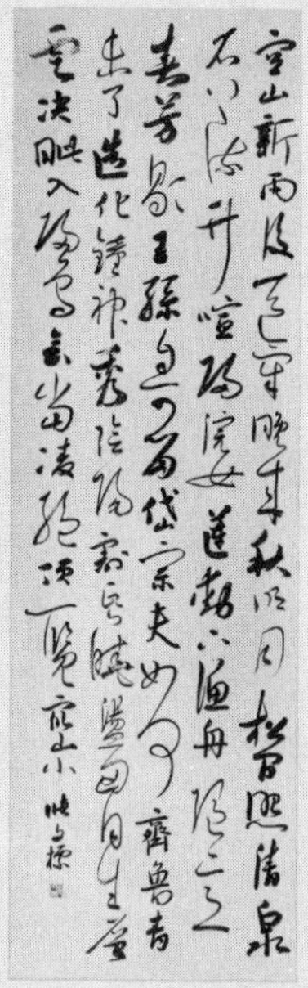

采。参与此次邀请赛共有 120 余人，共收到书法、绘画、摄影作品 500 余幅。经本次书画摄影邀请赛评委组的评选，18 幅书画、摄影作品分别获得等第奖，55 幅作品获得入围奖。这些作品，传承创新，相得益彰，笔随时代，墨见精神。其形式、布局、构图乃至造型、色彩各异，风格、境界各有所殊，但均蕴涵着极其深厚的艺术底蕴、鲜活的时代气息和很高的审美价值，展示了中国传统文化中的“和谐”元素和现代创新精神的完美结合，彰显了昂扬向上的勃勃生机，是漕泾镇文化工作史上的一件盛事，也是对漕泾品牌文化“书画”的一次检阅和展示。

第四部分

经验篇

建设好“321工程”，培养21世纪人才[①]

张伯忠

我们漕泾中心小学地处东海之滨，杭州湾畔，是一所带辅导区的农村小学。现在74个教学班，学生2607人。其中村校49班，中心校25个教学班。教职工210人，直接从事教学工作的教师154人。

近年来，我们在上级教育部门和地方党政的领导和关怀下，在县教师进修学校的支持下，面对日新月异的经济和教育发展的新形势，紧紧依靠全体教职工，进一步端正办学思想，坚持全面贯彻党的教育方针。围绕“知识能力并进、品行体魄健康、个性特长发展”这一办学目标，积极投入由应试教育向素质教育转轨这一伟大实践。学校的各项工作都取得了较好的成绩。在响应县局提出的创办特色学校的工作中，我们充分发掘学校的强项优势，确定了以写字教学为抓手，逐步将写好字作为我校的一大办学特色，并将此作为一项工程，简称“321工程”，纳入学校的“九五”发展规划。经过一段时间的努力实践，取得了一些初步成果。

一 何谓“321工程”?

“321工程”是指充分发挥我校在书法艺术上有较高造诣的人才优势，通过营造良好氛围和教师言传身教，从“写好”字到写“好字”有计划、有目标地训练，最终达到教师的“三笔”字(即钢笔、毛

① 注:于1996年4月2日在“上海市漕泾小学书法写字教育现场会”上交流。

笔和粉笔），毕业生的“二笔”字（即硬笔和软笔）均达到同类学校的一流水平。因为它是一项有序的且有较完整的系统训练规划，故我们就将其称为“321 工程”。

二　对建设好“321 工程”的认识

建设和发展学校办学特色是在应试教育向素质教育转轨这一特定的历史背景下提出的，反映了教育要适应社会主义事业发展的需求。特别是在争创特色意识不断增强的今天，作为一般的农村小学也应立足自己的优势，对自己办学特色的形成进行探索和实践。这是我校广大干群形成共识的基础。几年的实践，我们对建设“321 工程”有以下几点认识：

1. 抓好写字教学是落实教学大纲的需要。《小学语文教学大纲》明确指出：写字是一项重要的语文基本功训练。不仅如此，大纲还就小学阶段各年级写字教学的内容和要求作了详细的规定。原市教育局的《当前改进小学语文课堂教学的意见》中对写字教学和训练也曾提出过要求：各年级都要建立共识培养正确的写字姿势和写字习惯。针对学校教育中对写字教学要求贯彻不尽如人意的情况，国家教委办公厅（1990）025 号文件《关于加强义务教育阶段中小学生写字教学的通知》指出：“写字时义务教育阶段的基本训练之一，搞好写字教学，对学生的学习和今后的工作都有重要作用。对学生的写字都要严格要求，加强指导，使学生养成良好的书写习惯。”李鹏、陈云等中央领导同志也曾指示要让青少年写好字。……所有这些都充分表明了从中央到各级教育行政部门都十分重视青少年的写字教学。为我们抓好这一工作奠定了坚实的理论依据。

2. 抓好写字教学是实施素质教育，发展学生个性特长的需要。由应试教育向素质教育转轨已是教育改革发展的必然趋势。不少学校在实施素质教育、培养发展学生个性特长方面，为我们提供了许多成功的经验。我们认识到，小学教育是国民基础教育，必须着力抓好双基、培养能力。而小学语文又是工具学科，识字写字是基础的基础。写好字是一个人终生受用的技能，写好字也是体现一个人的语言文学素养的重要标志之一。从写字到写好字的训练过程中，对培养学生的思想素质、心理素质及审美素养等都具有极其重要的作用。这是我们搞写字教学特色的动因之一。

3. 写好字又是当地经济发展的需求。从我镇近年来的情况看，每年均有许多初、高中毕业生回到家乡投身于两个文明建设，现代农村需要有文化的青年，更需要有艺术特长的人才。记得九三年，我校所在镇村二级企业按规定要进行企业上等级验收。一段时间内，企业中的各种标牌、标语、规章制度以及会议室的布置等都需要书写，而企业中能够出色担当此重任的人相当缺乏。于是许多企业领导纷纷来校求援，使我校不少出色的教师忙得不亦乐乎。这给我们以新的启示。写好字虽在一部分人眼里还显得不那么重要，但它却与社会的两个文明建设息息相关。作为人才培养中奠基工程的小学教育，搞好写字教学，使学生从小练好字已经是刻不容缓。

4. 写好字是提高师资队伍素质的需要。国家教委办公厅在《关于加强义务教育阶段中小学生写字教学的通知》中指出：各师范院校在语文基础知识教学中，要认真抓好写字知识的讲授和写字训练，并使师范生具有指导学生写好字的本领。在教师进修时，要把掌握书写的有关知识及书写教学方法作为教师的一项基本功。所有任课教师在板书和批改做作业等方面要为学生作出表率。书法艺术作为我们中华民族宝贵的文化财富之一，有其源远流长的历史，更有灿烂辉煌的未来。要继承中华民族这一宝贵的文化财富，主要的还要依靠直接担负传道、授业、解惑的教师这支队伍的言传身教。基于这一认识，我们搞好写字教学，特别在教师队伍中开展苦练写字基本功训练作为迫切提高教师队伍素质的一个重要方面。

三 建设好“321 工程”的具体做法

字作为人类生产、生活过程中交流传递信息与记事的一种符号，写得一手好字不仅给人以赏心悦目之感，而且反映出一个人在语言文学方面的素养。教给学生一手好字，不仅关系到每个学生今后的成长，而且也关系到我们整个民族的文化素养，是一件利在当下、功在千秋的大事，也是当代教师刻不容缓、责无旁贷的职责。为此我们展开了认真地探索，初步形成了些许不成熟的做法。

1. 营造良好的建设“321 工程”的氛围。俗话说，兴趣是最好的老师。我们清楚地意识到，要搞好写字教学，必须要调动师与生两个方面的积极性。首先，抓教师兴趣的激发。我们充分发挥有书法专长教师的排头兵作用。戚天音老师在书法上有较高的造诣，曾二次获得过全国硬笔书法比赛一等奖，又获上海市教师写好字（钢笔、毛笔、粉笔）三个单项第一名，前几年在任教语文学科时所指导的学生曾多次在辅导区及县级写字比赛中获奖。在他书法艺术的感染下，不少中青年教师纷纷效仿戚老师，开始了苦练写字基本功的实践。我们先后在中心校和护塘小学成立两个教师书法兴趣小组，由他担任指导老师。经过一年多时间的勤学苦练，终于取得了初步成果。1993 年小组中的部分成员参加了县教师“写好字”比赛，一举获得市郊区组第一名的殊荣，这些荣誉的获得对教师队伍和社会各界振动很大，一下子在全辅导区范围内掀起了练字的高潮，各村校都建起了教师书法兴趣小组，中心校成立了写字教学中心教研组，隶属于教导处和校写字教学领导小组的直接领导，并对写字教学开展作为进一步推动教师写字练字积极性保持和巩固的重要措施，学校每年由工会牵头组织一次教职工书法赛，特别是 95 年度参加教职工书法赛人数空前，收到了良好的效果。

其次在学生方面，我们根据农村小学的特点，着眼于面向全体学生，每学年都要按照教学大纲中各年级对写字教学的内容及要求印发给每位老师，以正确、端正、整洁作为我校学生写字练字的最基本要求。每学期班级都要举办一次优秀作业评比，将优秀的作业张贴在教室学习园地或学校画廊中，每校（组）每学期也要举行优秀作业（作品）展览。广泛搜集学生在写字练字方面的典型事迹，利用校会、班会、红领巾广播、队报等形式加以宣传报道。此举，激发了学生写好字的热情，在整个校园内形成人人写好字的良好氛围。

2. 寻找多途径有机结合的最佳契合点。在实施“321 工程”的实践中，我们感到：要全面提高学生的写字能力，达到预期的目标光靠课堂教学还远远不够，还必须依靠家庭、社会等多方面配合，形成齐抓共管的局面。第一，主学科与其他学科相结合。《大纲》规定，写字是一项重要的语文基本功训练。因此，我们特别注重语文学科中的写字教学，从不挤占教学计划中的写字课，真正做到专时专用。同时在每年聘任语文教师时，将教师自身的写字能力作为衡量教师能否胜任语文教学的重要条件。写字教学最初的阶段是教笔画，笔画教学是写字教学的奠基工程。唐孙过庭在《书谱》中曾说："积其点画，乃成其字"，可见笔画教学在写字教学中的重要地位。我们要求教师在教学时的每一笔画、每个字的书写都要成为学生的示范。在注重语文学科写字教学的同时，我们也没有忽视其他学科教学的写字要求。尽管数学中的一个个数字、英语中的一个个字母、音乐中的一个个节拍等等，所有这些都不离开书写。只有以语文这门学科作为主渠道，其他学科的紧密配合，协同并进，持之以恒，才能使学生在良好的氛围中逐步培养写好字的习惯。第二，普及与提高相结合。《大纲》对小学生写字的要求是：用铅笔或钢笔把字写得正确、匀称、干净。这是对所有学生的最基本要求。要全面实施素质教育，培养21世纪的合格人才，还必须要充分发展学生的个性特长。这是因为人与人之间在个性心理特征上存在着差异，况且每个学生的兴趣爱好、家长的期望等方面也不尽相同。为此，我们在抓普及的基础上，还着重抓了提高工作。根据学生不同的年龄，从各班选拔出书写能力较强的学生组成书法兴趣小组，班级的书法兴趣小组由语文老师教师担任，校级的书法兴趣小组则安排事业性强、业务能力高、有一技之长的两位老师担任。利用放学后和双休日时间专门负责教学与指导，并先后到石化、金山、上海等地参观名家作品展览等。经过两年来的加强训练，这部分学生不仅软笔、硬笔书写工整、美观，学会了许多书写技巧，而且还具备了一定的审美能力。第三，校内与校外相结合。诚然，学生写字能力高低与学校对写字教学的重视程度、师资水平有密切关系，但离开了家长对子女的关心和帮助是不行的。俗话说，家长是孩子的第一任老师。学生对练字兴趣的保持和巩固，还得靠家长来培养。家长的身体力行和对孩子在写字方面的期望，以至于对每门功课家庭作业的书写要求，无一不对自己的子女产生深刻的影响。自从我校抓写字以来，就成立了家长委员会，定期召开家委会和家长会议，研究和探讨家庭配合的途径和方法，还邀请书法指导老师为全体家长作书法知识、技能、方法指导等内容的专题讲座，还不时地邀请部分家长来随堂听课。使家长既了解学校内的教学情况，又学到了不少家庭指导的知识和方法。对家长来说，也是一个充实提高的过程；对孩子来说，家长到教室中听课，无疑是对他（她）的最大的关心和爱护，也是他们炫耀自己学习能力的好机会。从而进一步促进了学校教学质量的提高。

3. 运用科研手段，确保写好字教学特色的最终形成。近年来，随着教育科研知识的普及和大量科研成果的推广，教师们对教科研在教育、教学中的地位和作用越来越明确，科研意识正在不断增强，以科研为先导、用科研手段来指导教育教学实践已经成为全体教师的共识。实践使我们感到，尽管我校近几年来在写字教学方面加强了领导和管理，建立了一支较强的师资队伍，学生的写字能力普遍得到了提高，取得了初步的成果。但总体上看水平还不很高。要使我校写字教学再上新台阶，必须运用科研手段，解决具体操作中的理论指导。于是我们在 1994 年 9 月确立了“对建设写好字特色学校的认识和实践”的重点课题展开研究。参与该课题研究的人员由学校领导、教研骨干及写字教学骨干等 9 人组成，校长任课题组组长。该课题旨在通过对小学生有计划地从写好“字”

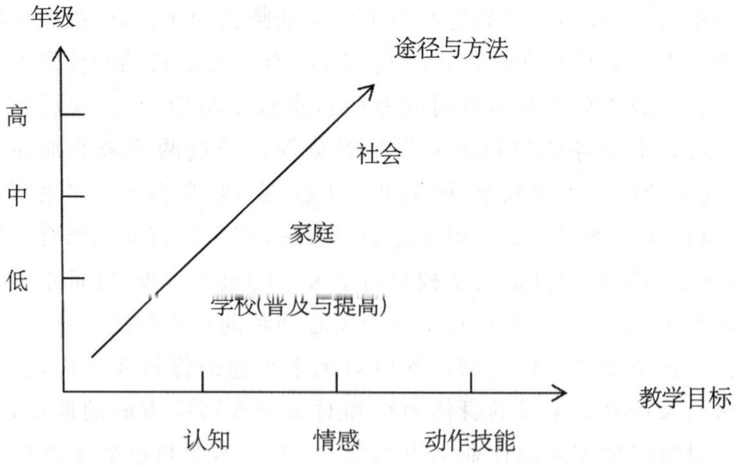

到写“好字”的情感、认知和动作技能领域内的实践，探索形成我校办学特色的理论依据和具体做法，为其他学校争创办学特色提供具体经验和思维方法。为此下设四个子课题展开有计划的研究，它们是形成写好“字”良好氛围的研究；写“好字”教学目标的研究(包括认知、情感和动作技能领域)；促成“写好字”特色形成机制的研究(旨在探讨基本途径和方法)；进行普及与提高两层次的实践研究(旨在总结实质性的经验)。各项研究工作可用三位矩阵图加以说明。

自课题启动以来，工作进展顺利。部分阶段性成果已被全体师生所接受，广泛运用于实践。目前该课题已被列为县级课题。

四　实施“321 工程”以来的体会

1. 写字教学，可以大面积提高学生的写字能力，促进学生作业书写的规范。由于有了从领导到教师形成的共识和有目标地齐抓共管，学生们的写字能力有了较大幅度的提高。结构匀称、整洁美观这一基本要求，已经成为大多数学生写字或做作业的自觉要求。教师们普遍反映，近几年学生的作业本和试卷书写规范、整洁、字迹工整漂亮，过去常常出现涂涂改改的现象，如今不大有了，即使是一些学业上的“差生”，尽管答案不正确，但字也是写得认认真真、一丝不苟。而参加班级或学校书法兴趣小组的学生，其作业及书法作品更是令人刮目相看。今天各位领导和专家从我们展示的班级黑板报、学习园地、作业展览、书法作品及版面中均可以看到我们的初步成果。这里就不一一例举了。

2. 抓写字教学，有效地促进了学生非智力因素的发展，有助于学生其他方面的进步。由于练字时要集中注意力、凝神静气、一笔一画地认真写，再加上各科作业均有严格的书写要求，参加书法兴趣小组的同学更有严格的规范，这些都对学生的非智力因素产生了积极的作用。学生们学习的态度比以往更端正、耐心细致，认真作业的良好学习习惯、坚持不懈的意志品格以及健康向上的审美情趣等都得到了较好的培养。这不仅对学生在写好字方面有着深刻的影响，而且对学生的学风、良好道德品质、良好行为规范的形成，乃至对学生在学习文化科学知识方面都有着很好的促进作用。我校近年来学风有了进一步好转，学生的道德品质和行为规范方面有了长足的进步，教学质量正在不断提高，这不能说与我们重视写字教学毫无关系。我们时常可以看见高年级的同学在课间对教师的板书、某块黑板报或墙报评头论足，提出看法或建议；也常常听到学生家长反映，因家长的字写不好，而遭孩子的批评。更有家长看到学校里展出的作业或作品后，怎么也不相信自己的孩子字写得这么漂亮。纷纷赞扬我校抓学生的写字训练，是一件造福后代、功德无量的大好事。正如有位领导同志曾说过：训练学生写好字，其功效会远远超出练字的本身。

3. 抓写字教学，提高了教师练字的自觉性。国家教委办公厅《关于加强义务教育阶段中小学生写字教学的通知》指出：提高师资水平是加强写字教学的关键。同时又指出：要把掌握书写的有关知识作为教师的一项基本功，所有任课教师在板书和批改作业等方面要为学生作出表率。在学生写字和书法能力提高的同时，客观上对教师提出了更高的要求。如今一桶水和一杯水之间的关系这一简单而又深刻的道理已是广大教育工作者人人皆知的。担任美术书法的教师，他们纷纷要求进修提高，向高一层次学历迈进，渴望学到更多的专业知识和技能。大多数的其他任课教师则与书法艺术结下了不解之缘，舞弄笔墨、切磋技艺已成了这部分教师课余生活的一项重要内容。不少中青年教师苦练"三笔"基本功，积极参加校内的各项书法竞赛。教学中板书工整、行款整齐，堪称学生的表率。与此同时，还自费订阅了大量的有关书刊，不断汲取营养，努力形成自己的风格。总之，全校上下掀起了一股自觉练字的热潮。

目标既已明确，序幕已经拉开，成效日趋明显，在座的领导专家远道而来上门赐教，更增添了我们的信心和干劲。我们愿借会议的东风，进一步扎扎实实地抓下去，向更高的目标迈进。

小学书法写字教育的目标与评价[①]

张伯忠

在基础教育由“应试教育”向“素质教育”转变，学校发展方式由计划经济体制下的单一化向社会主义市场经济体制下的多样化、特色化转变的教改大背景下，我们与众多的兄弟学校一样，走向了由单纯的应付考试转到对学生全面素质的培养，使教育实践踏上了以学生全面素质提高为着眼点的征途上。

由于我校地处远郊，经济相对滞后，硬件设施等不尽如人意。但寻找自身优势，探求自主发展的认识并不落后。1993 学年度我们教师组团参加“写好字”团体赛，分获县、市小学组第一名，引发了以拥有的书法人才优势抓书法写字教育进而全面推进素质教育的构想。我们认为：写字是一项重要的语文基本功训练，搞好写字教育，对学生的学习和今后的工作都有重要作用。落实素质教育，学生写得一手好字，本身是一种素质的体现；同时写好字的过程中，学生的良好习惯、意志等心理品质、审美情趣都可以得到修炼、可受益一辈子。

因此，我们成立了课题组，在“创建书法写字教育特色学校的认识与实践”项目引领下，展开了立足本校实际，展开对小学生写字途径与方法等的探索。为期近三年的探索，让我们对小学书法写字教育的目标与评价体系有了较全面的认知，今借本次会议的东风就我们研发的“小学书法写字教育的目标与评价体系”做个交流，恳请在座的领导、专家和同行赐教。

---

① 注：于 1997 年 5 月在江苏徐州召开的全国首届写字教学研讨会上交流。

一　小学书法写字教育的目标

制定目标体系是一种比较可行的工作策略，它能为广大教师开展教学实践进行导向，又能为建立评价体系，构建办学模式(运作机制)提供依据。根据小学语文教学大纲对小学生写字教学的要求和赞可夫的“最近发展区”理论、布卢姆的“掌握学习策略”我们制定了小学书法写字教育的分年段教育目标(见表1)。

表1　小学书法写字教育的分年级段教育目标

目标 年段	认知目标	情感目标	技能目标
低	1. 认识汉字的基本笔画、偏旁部首和方块字等特征。 2. 掌握书写笔顺和间架结构等知识。 3. 初步掌握写字姿势和执笔方法等要领。 4. 懂得使用和保管写字用具。	了解写好字的重要性；激发写好字的兴趣。	1. 写字姿势正确(一尺一寸、一拳，头正，足安身直)。 2. 执笔方法得当(笔杆向后偏，掌心空拇指食指捏笔，用力不紧不松)。 3. 铅笔字写得正确(不多笔，不少笔，不把笔画写错，写出笔画特征)、端正和整洁。 4. 会使用和保管写字用具。
中	1. 掌握汉字结构的布势组合变化、偏旁部首的安排和字形搭配比例、异同等知识。 2. 掌握正确的写字姿势和执笔方法。 3. 懂得仔细观察范字的要领和意义。 4. 初步养成良好的写字习惯。	初步了解汉字书体演变的历史，有习好字的情感体验。	1. 写字姿势正确(头正腰直，胸张，足稳，掌空，臂平)。 2. 执笔方法得当(五指执笔方法，起笔、行笔和收笔运笔方法)。 3. 铅笔字熟练，钢笔字正确、端正(横平竖直、结构合理，间架匀称，大小得体整洁)。 4. 毛笔字临摹形似。
高	1. 学会审视书法作品优劣的方法，懂得欣赏好作品的方法。 2. 能从理论上吸取养料提高修养。 3. 初步了解创作要求，从楷书到行书，对布局行款、章法等有所探求。 4. 掌握读帖的基本方法。	用其所能展开社会实践活动，树立为家乡，为群众服务的观念，陶冶高尚的情操。	1. 掌握运笔、用墨和布局的能力。 2. 指、腕、臂、身按书写规则而动作，形成“动力定型”。 3. 钢笔字正确、端正、整洁，行款整齐、较熟练。 4. 毛笔字临帖形似神似。 5. 软、硬笔创作有个性。

二　小学书法写字教育的内容

教育内容是学校实现教育目标体系的重要保证，是教师和学生开展教育活动的基本依据，同时也是确定教学方法、教学形式和教学手段的重要依据。我们对教材的选择和编写持慎重态度，分二步走：第一步，选用现有的写字教材；第二步，在总结经验教训基础上编制本校相应的写字教材，形成我们特有的专用教材。

三　小学书法写字教育的原则

教育原则是教学工作中必须遵循的基本准则。我们根据特定的小学写字教学目标和对写字教学过程实践的反思，提出以下几条教育原则。

1. 直观性原则。在写字教学中充分运用范本、范字以及形象化的语言和动作示范等各种直观手段为学生提供充分的感知，使学生获得尽可能多的感性认识，有助于掌握知识，形成技能。

2. 量力性原则。写字教学要从学生的知识、能力、身心发展以及个性特点的实际出发，设置通过学生努力能达到一定的智能发展水平的最高程度的教学目标。

3. 递进性原则。写字教学要根据知识、技能内在的逻辑联系以及学生认识、能力、体力发展的顺序，循序分档地推进，体现阶段性的递进。

4. 个别指导原则。在教学中既有统一要求，又兼顾到少数学生的个性特点和个别差异，采取多种措施分别进行指导，使学生各有所得。

四　小学书法写字教育的方法

教学方法是沟通教与学共同活动的中介，是完成教学任务的

“桥”和“船”。我们在多年的教学实践中，联系写字教学的课型特点，形成了激发学生学习交兴趣和求知欲、传授知识、形成技能技巧的好方法。其中既充分考虑了教师施教的方法，也比较注重了学生学的方法，提高了教学效果。

1. 观察法：教师指导学生有目的、分层次、有重点地观察范帖、范字等，注重从整体到部分或从部分到整体，分清主次，寻找笔画、间架结构和行款布局间的规律性；

2. 演示法：通过教师对范字的分解演示，使学生更好地感知，造成强烈的印象，掌握基本特征。先把范字的笔画分解出来再正确组合，一气呵成，让学生有直接的视觉印象。

3. 临摹法：先摹后临。摹写——描摹范字，在脑中形成正确的基本表象；临写——临习范字，追求形似，在此基础上形成熟练动作，达成动力定型。

4. 比较法：将范字与学生临摹的字进行对照、找出异同，从而使学生获得对所学内容的正确认识。

5. 实习法：在教师指导下运用已掌握的知识技能从事实际操作，从而形成更熟练的技能技巧，并验证间接知识。

6. 欣赏法：教师指导学生体验书法艺术的魅力，借以激发学生学习兴趣，培养审美感。

7. 陶冶法：充分运用校园文化载体，使学生在求美的过程中得到艺术上的享受和心灵的熏陶，使思想、性格等获得有益的启示。

五　小学书法写字教育的评价参照常模

教育评价是根据教育目标和教育原则，利用切实可行的评价方法和技术对教学过程及预期的教学效果给予价值上的判断，以提供信息改进教学和评价对象作出某种资格证明。我们认为，小学写字教学的评价既是分阶段的总结性评价，也是多种水平的形成性评价。为此，我们抽象出其中的评价要素，并按 A、B、C 三级不同的水平建立评价参照常模(详见表 2—表 5)。

表 2　小学生书法写字教育评价要素量表

<table>
<tr><th colspan="2" rowspan="2">评价要素
（权重）</th><th rowspan="2">描述定义</th><th colspan="3">评价结果</th></tr>
<tr><th>A
5</th><th>B
3</th><th>C
1</th></tr>
<tr><td colspan="2">兴趣</td><td>1. 兴趣：了解写好字意义，领略书法艺术魅力，心有诚意，树立信心，持之以恒，执着追求。</td><td>（强）</td><td>（一般）</td><td>（弱）</td></tr>
<tr><td colspan="2">姿势
（0.9）</td><td>2. 姿势：写字姿势正确，六要：头要正，腰要直，胸要张，臂要平，足要安，掌要空；三个一：一尺，一寸，一拳。</td><td></td><td></td><td></td></tr>
<tr><td colspan="2">方法
（0.6）</td><td>3. 方法：执笔方法得当，指力、掌力和腕力运用合理、不紧不松、力求稳当、灵活舒适。</td><td></td><td></td><td></td></tr>
<tr><td rowspan="3">硬笔</td><td>笔画
（0.35）</td><td>4. 笔画：掌握各种点画的形态，表现出轻重缓急节奏和线条粗细变化。</td><td></td><td></td><td></td></tr>
<tr><td>结构
（0.35）</td><td>5. 结构：横平竖直，疏密匀称，比例适当，重心平稳，点画呼应，偏旁谦让，向背分明，错落有致，笔顺清楚，结构恰到好处。</td><td></td><td></td><td></td></tr>
<tr><td>整体效果
（0.15）</td><td>6. 整体效果：横有行，竖有列，起讫分明，段落清楚，大小得当，款式正确，体现美观、整齐、舒服。</td><td></td><td></td><td></td></tr>
<tr><td rowspan="3">软笔</td><td>笔画
（0.35）</td><td>7. 运笔：点画起笔果断，运笔缓急轻重得当；转折收笔调锋正确，保持中锋运笔，回锋收笔。</td><td></td><td></td><td></td></tr>
<tr><td>结体
（0.35）</td><td>8. 结体：所临字帖（范字）形似，用笔点画精到，体现范字风格特征。</td><td></td><td></td><td></td></tr>
<tr><td>章法
（0.15）</td><td>9. 章法：整体安排，统一协调，视觉效果好，落款恰当。</td><td></td><td></td><td></td></tr>
<tr><td colspan="2">创作
（1.0）</td><td>10. 艺术效果：行气贯通，一气呵成，墨色和谐，重心稳当。</td><td></td><td></td><td></td></tr>
</table>

注：无论评价硬笔还是软笔（创作作品），兴趣、姿势和方法均为评价要素集合，其中兴趣不计分，只作日常阶段性评价。

表3　小学低年级学生书法写字素养评价量表

评价要素 \ 标准 \ 等级	参照标准			评价结果		
	A级	B级	C级	A 5	B 3	C 1
兴趣	喜欢好字，有写好字的意向和行动。	有写好字的意向和行动。	能按要求把字写好。	（强）	（一般）	（弱）
姿势 (0.9)	写字姿势正确，做到“三个一”(一尺、一寸、一拳)到位。	写字姿势基本正确。	写字姿势有时正确。			
方法 (0.6)	执笔方法得当，做到指力、掌力和腕力运用合理。	执笔方法尚得当。	执笔方法有时尚可。			
笔画 (0.35)	各种笔画到位，线条清晰。	各种笔画基本能到位，线条清楚。	各种笔画有时能到位，线条有时尚清楚。			
结构 (0.35)	结构平整，疏密匀称，比例适当。	基本做到：结体平整，疏密匀称，比例适当。	有时能做到结体较平整，比例较正确。			
整体效果 (0.15)	通篇整洁，布局有序，字字中心。	通篇整洁，布局基本有序，每字基本在中心。	通篇尚干净，布局有时比较合理。			

表 4 小学中年级学生书法写字素养评价量表

评价要素 \ 标准 \ 等级		参照标准 A 级	参照标准 B 级	参照标准 C 级	评价结果 A 5	评价结果 B 3	评价结果 C 1
兴趣		喜欢好字。有目标、有信心地写字练字。	喜欢好字。有写好字的较强欲望。	能有写好字的愿望。	(强)	(一般)	(弱)
姿势(0.9)		写字姿势正确。在做到“三个一”的基础上做到头正、腰直、足稳、臂平。	写字姿势基本正确。	写字姿势有时不正确,提醒后能纠正。			
方法(0.6)		执笔方法得当,不紧不松,力求稳当,能运用自如。	执笔方法尚得当。	执笔方法提醒后能得到纠正。			
硬笔	笔画(0.35)	掌握各种笔画形态并能正确书写,基本掌握运笔方法。	了解各种笔画形态,基本能正确书写,运笔有一定的序。	在教师提醒下写好各种笔画,表现出线条变化。			
硬笔	结构(0.35)	结构平整,疏密匀称,比例适当,笔顺清楚,错落有致。	基本做到(同左)。	有时能做(同左)。			
硬笔	整体效果(0.15)	横有行,竖有列;起讫分明,段落清楚,大小得当,款式正确。	基本做到(同左)。	有时能做(同左)。			

（续表）

标准＼等级 评价要素		参照标准			评价结果		
		A 级	B 级	C 级	A 5	B 3	C 1
软笔	运笔 (0.35)	运笔正确，基本掌握笔画起止运行规律。	基本做到(同左)。	有时能做(同左)。			
	结体 (0.35)	所临字帖（范字)形似，用笔点画精到。	基本做到(同左)。	有时能做(同左)。			
	章法 (0.15)	整体安排上体现整齐、舒适感。	基本做到(同左)。	有时能做(同左)。			

表 5　小学高年级学生书法写字素养评价量表

标准＼等级 评价要素	参照标准			评价结果		
	A 级	B 级	C 级	A 5	B 3	C 1
兴趣	喜欢书法艺术。持之以恒、执着追求。	喜爱书法。基本做到持之以恒，力求写好字。	喜欢好字。在教师督促下，较努力地写字练字。			
姿势 (0.9)	始终保持正确的写字姿势，做到头正、腰直、胸张、足稳、臂平、掌空。	写字姿势正确。基本做到(同左)。	写字姿势较正确。在教师提醒下做到(同左)。			
方法 (0.6)	执笔方法规范且形成动力定型，指力、掌力和腕力运用科学。	基本达到(同左)。	执笔方法得当，基本能做到运用自如。			

（续表）

评价要素＼标准＼等级		参照标准 A级	参照标准 B级	参照标准 C级	评价结果 A 5	评价结果 B 3	评价结果 C 1
硬笔	笔画（0.35）	掌握各种点画形态，表现出轻重缓急，节奏和线条粗细变化。	基本达到（同左）。	在教师指导下，写出笔画特征和线条粗细变化。			
硬笔	结构（0.35）	横平竖直，疏密匀称，比例适当，重心平稳，点画呼应，偏旁谦让，向背分明，结构恰到好处。	基本达到（同左）。	在教师指导下，安排好结构，疏密匀称。			
硬笔	整体效果（0.15）	行列分明，段落清楚，行款整齐，体现美观、舒适感。	基本达到（同左）。	在教师指导下，达到行列分明，段落清楚，款式正确。			
软笔	运笔（0.35）	点画起笔果断，运笔缓急轻重得当，转折、收笔、调锋正确。	基本达到（同左）。	在教师指导下，保持中锋运笔，回锋收笔。			
软笔	结体（0.35）	所临字帖（范字）形似，用笔点画精到，体现范字风格特征。	基本达到（同左）。	在教师指导下，做到所临字帖（范字）形似。			
软笔	章法（0.15）	整体安排，统一协调，视觉效果好，落款恰当。	基本达到（同左）。	在教师指导下，整体安排尚好。			
创作艺术效果（1.0）		行气贯通，墨色和谐，重心稳当，有创意。	基本达到墨色和谐，重心稳当，行气贯通。	在教师指导下，能达到重心稳当，视觉效果不差。			

六　小学书法写字教育评价的方法

每学年的第二学期，我们举行一次小学生书法写字素养的评价。根据分年级段的评价量表，安排适当时间对学生的书法写字作品进行评价，先由任课的语文教师在评价量表上评分，达到4分以上的为A级，3分以上为B级，不到3分者为C级。对年级段的A级作品提交校书法写字中心教研组复评审定。认知和情感目标的达成则通过平时教师的随堂考查进行，评价结果向学生及学生家长作反馈。并举行学生书法写字优秀作品展览，鼓励学生向更高的目标迈进。

以上这些仅仅是我们的一孔之见，能否对推动中小学生“写好字”起导向激励作用，有待大家的检验。

在创建书法写字特色教育中渗透生命教育的实践①

陆金林

《中共中央国务院关于进一步加强和改进未成年人思想道德建设的若干意见》的颁发，体现了以胡锦涛为总书记的新一届中央领导集体对未成年人思想道德建设的高度重视和密切关注。中小学加强生命教育是贯彻落实《若干意见》的一大重要举措，应当且必须全面规划、系统推进。

应当承认，在较长的一段时期内，我们的教育存在“重智轻德”的现象。在应试教育的背景下，学生被视作装填知识的“容器”，“填鸭式”、“满堂灌”和反复机械的训练使学生失去了生命的“灵气”。我们认为：目前学校对包括身心健康素质在内的学生全面发展的理念一点也不落后，要讲缺损最大的恐怕还是在理念与行为的跟进上存在着较大的差距。

中小学生命教育的任务是帮助学生认识生命、珍惜生命、尊重生命和热爱生命，促进学生身心健康发展。我们认为：书法写字教育具有“多赢”的价值取向。它不仅是一项重要的语文基本功训练，而且能对学生身心健康发展起重要作用。学生写好字的过程，就是良好习惯、意志、心理品质、审美情趣等的修炼过程。因此，我们在创建与培育书法写字特色教育中工作学生生命的存在，想方设法促进学生身心健康发展，有机渗透生命教育并将其作为学校的一项办学特色发展下去。

---

① 注：于 2005 年 12 月在金山区贯彻实施《生命教育指导纲要》推进会上交流。

多年的实践使教师们感悟到写字与“育德”、写字与“启智”、写字与“审美”、写字与“健体”、写字与“养习惯”等方面密切相关。我们的实践曾被专家誉为看似“语文写字教学”，却是一种“德育”，也是一种“心育”，更是一种“情育”。

一　依托书法写字活动课教学，努力探索学生全面发展的元素

从1994年启动的《小学书法写字教育的实践与思考》课题，取得了丰硕的研究成果。除总结提炼了创建书法写字教育特色学校的办学经验外，我们还形成了小学书法写字教育目标与评价体系。在我们的目标与评价体系中，有认知、情感和动作技能三大领域的具体要求。教师们在书法写字活动课的教学中，努力寻求着有利于学生全面发展的元素。如，结合课堂教学的设计，有意识地选择、组合有关教学内容，对学生加强思想道德教育；又如，在指导学生练字过程中，通过有层次地指导学生观察、比较、摹写、临写和创作等，不断发展学生的智力；再如，在强化修炼的过程中，积极培养学生的良好习惯和意志品质；在作个别辅导时，一再强调写“满格字”，有意识地增大运动幅度，锻炼学生的指、腕关节，增加灵活性；再譬如，有计划地引导学生欣赏作品、参观书法作品展等，激发学生的学习兴趣，陶冶高尚情操。实践告诉我们：书法写字教育除对提升学生写字素养有明显效果外，还对学生良好习惯的培养，意志、毅力的磨练，审美情趣的激发以及为人方式等有着明显的促进作用。

二　开发和编制校本课程教材，巩固和发展学生身心健康教育成果

从1998年起，我们又投入了《小学书法写字教育特色学校课程教材的开发研究》，通过为期三年的努力，我们分别编制了《小学书法写字教育与特色学校创建》的校本师训课程教材和《小学生书法写字活动课系列教材》，运用校本课程教材来巩固和发展特色教

育成果。与此同时,进一步加大学生身心健康发展教育工作的力度。学校辟有书法写字专用教室并配备专兼职相结合的师资队伍以及安排专用课时予以推动,将养成教育贯串于整个教学全过程,尤其突出对学生修为的指导。如培养认真、细心、庄重、坚忍不拔的意志品质;通过写字训练,提出作品正确、清楚、整洁、美观等要求,不断规范学生的行为,培养着专心、细心、恒心、责任心和严谨治学的下一代;还刻意安排作品欣赏等环节,激发学生的审美情趣,将热爱生活、追求自身发展、推进同伴互助等理念有机渗透于教学过程中,凸显着促进学生身心健康发展的成效。

三 营造个性化校园环境氛围,发挥隐蔽课程的教育影响作用

环境育人的功能早已为大家所公认。2001 年 2 月我校实现整体搬迁,学校采用统一规划、分步实施的方法精心打造校园环境。在自然环境的布置上,从校园的绿化抓起,经过几年的努力,有了春有花、夏有荫、秋有果、冬有绿的生机盎然的视觉效果;校园内添置的公园椅、石板凳等设施,点缀其中,更为师生休闲小憩提供了好场所。漫步于校园各处,有仿佛置身于小公园的感觉。在人文环境的营造方面,更是努力彰显着我校书法写字教育的特色文化,师生的书画作品整齐有序地张挂于大厅中、走廊间和各种室内,展现着校园主人对特色文化孜孜不倦的追求,激励师生朝着“写一手好字,做一个好人”的育人目标奋进。若是你观察得特别仔细,你还会发现在走道的两旁树着一些标牌,上面写着“心中苦闷及时吐,常叫愉悦驻心田”等语句;在一些植物上挂着诸如“请当心,你会踩痛我的!”等标识,这些创举引导着我们的学生理解自己、关爱他人、亲近自然、珍惜生命,实现关爱生命的自觉。

四 组织社会实践活动,增加学生接触社会、体验生活的机会

给学生创造一个多彩的生活世界,感受人生的愉悦也是我们

经常思考的课题。结合展示我校书法写字教育的成果，我们每年都要组织一定数量的社会实践活动。做得最为经典的有两项，一项是与金山区交警支队等联手开展一年一度的“交通安全杯”书画大赛。这类活动我们不是只停留在指导学生写字作画送作品参与评奖上，而是刻意安排一系列活动。如，邀请交警支队的警官来为学生作交通安全的系列讲座，让学生领悟认识生命、珍惜生命、热爱生命的道理，学会遵守交通规则、加强自我保护的技能。2003年，落户于上海化学工业区的赛科公司主动提出与我们合作，共同举办“赛科杯”交通安全月活动。“老外”的介入，与我们学生一起进行交通安全宣传，除了给活动增色不少外，还让我们体验了他们对生命教育的重视以及工作作风的严谨和个人修养的出众。二是每年组织学生上街现场书写和赠送春联，吸引了社会各界群众的观摩和投入，在父老乡亲接受学生送上的对美好生活祝福的同时，我们的学生也在现场体验了生命的涌动和心与心的交流，倍增了热爱生活的情感和信心。

五　不断丰富个性化校园文化内涵，延伸和拓展生命教育的内容

围绕着书法写字教育个性化特色校园文化的营造，也将热爱生活、珍惜生命，追求人与自然、人与人和谐相处的理念融入其中。近年来，我们积极组织“阅读中快乐成长”的“读书节”活动，旨在不断扩大学生知识面，更多的是让学生感悟做人的道理。又如，积极引导学生上网，开展网上读书体会交流活动。校园网上《漕小论坛》中的“心灵之桥”、“家校热线”、“童年”、“小荷”和“学生读书活动交流区”等栏目都是很好的交流平台。这种从校内延伸到校外，从学生延伸到家长、老师等的交流方式，让我们的学生在感受网络文化的同时，提升着自己的生存技能和生命质量。再如，在学生中有组织地推广游戏活动，让学生在做游戏的互动中增加了同伴之间的友谊，学会了怎样与他人合作、与同伴互助，感悟生活的乐处，保持健康生活方式的重要。

综上所述，我们在创建书法写字特色教育的过程中，将关注学

生身心的健康发展作为一项重要工程来加以实施，取得了一定的成效。主要表现在：

一、教师的教育理念得以转变与提升，关注学生身心健康发展成了大家共同的追求。

在创建和发展书法写字特色教育的同时，学校有意识、有组织地引入一师附小的“愉快教育”、华师大的“新基础教育”、“理解教育”等研究成果进行物化。在“走向学生的理论与实践”课题牵引下进行研究性实践，创造着属于自己的教育成就。尊重生命、珍视学生生命的存在，追求提升学生的生命质量和全面发展，让课堂乃至整个校园充满着生命的活力成为大家共同的追求。学校连续三年开展“说说自己的教育故事”活动，吸引了众多教职员工的积极参与。2004 年 3 月我校为全区小学界同行专门举行了一场“说教育故事”的演讲活动，赢得了与会领导、专家和同行的一致赞誉。进入漕小网站的“教育论坛”，我们也可以读到许多发生在我们校园内的教育故事以及大家对这些教育故事发表的观点和见解。从这些教育故事中我们能解读出老师们对学生身心等全面发展的关注与热烈追求，感受到教师教育理念发生的根本性转变。

二、学生的身心健康素质得以发展和提升，珍惜生命、热爱生活成了学生的自觉。

小学阶段是整个教育的奠基工程。这段时期的教育影响价值，远远超出该阶段而扩展到终身。因为小学教育所处的特殊地位，我们对小学生的关注着重体现在精心呵护上。也正是在教师们有意识的积极引导下，在校学生普遍养成了良好的行为习惯，也懂得了如何去热爱生活、珍惜生存环境、掌握安全技能、乐于和他人合作，在关心自己的同时懂得怎样去关爱他人。在学校举行的小学生体育运动会上，看到我们的孩子积极参与、勇于拼搏、合作互助等良好的竞技状态，令人忍俊不禁。到学校心理健康咨询室走一走，也会发现前来咨询的学生。说明我们的学生有了接受心理疏导和加强自我保护的意识。从《农村小学生健康人格的培养研究》中看到，我们的学生在诚信守法、平等合作、勤奋自强等方面有着长足的进步，一切都朝着良性的方向前行。

生命教育旨在帮助学生认识生命、尊重生命、珍惜生命、热爱生命，提高生存技能，提升生命质量，它是一个系统工程。为此，光在书法写字特色教育推进中的渗透还不够，我们还需要在以下几方面作进一步的努力。一是对生命教育内容的拓展。特别是在引导小学生认识生命现象，了解自身生长发育特点，在树立正确的人生观上下功夫。二是对生命教育途径的延伸。要有机渗透在学校教育的各门学科、各个环节、各个方面。既要充分运用学科教学渠道，传授科学的知识与方法：又要突出重点，利用课内课外相结合等方式开展形式多样的专题教育；更要坚持以实践体验为主，开展丰富多彩的课外活动。还要进一步重视营造学校、家庭和社会的和谐人际环境，发挥环境育人的作用。三是进一步唤起教职员工对生命教育的自觉。教育的成效在于教育者对其选择的倾向性和投入的主观能动性。尽管我们许多教师都做了些许有益的尝试，但追求无止境，况且也的确存在发展的不平衡性，有待进一步组织教师深入学习和加强实践，以进一步唤起对生命教育的自觉。

育人，从写好字开始[①]

张朝晖

信息化社会的来临使现在的孩子从刚开始学习就步入了少纸、无纸时代。随着孩子们敲击键盘的速度越来越快，他们的字也却越写越难看。其实，不光是小学生，连许多大学毕业生的字都难以示人。

写字真的“没用”了吗？

其实，写字的好处并不仅仅在于让字写得漂亮，更大的意义在于练习写字的过程，实际上就是陶冶情操、培养审美能力、提高文化修养的过程。在中国古代教育中，书法可以说是读书人必修的一门课。笔画的粗细、俯仰、呼应、疏密等美学中的很多原理，就蕴涵在每一个汉字中。要领会这些道理，必须多加练习；而领会了这些，不仅能把字写好，还能触类旁通，有助于理解和发现其他方面的美，养成良好的习惯。

基于这样的认识，我校自1993学年度开始，对书法写字教育进行了长期的探索与实践。经过三任校长及全校教师的共同努力，取得了一定的经验与成绩，现作一个简要的回顾，一方面总结学校在推进书法写字教育工作的得失，同时也为今后工作明确自己的工作思路。

回顾十几年的心路历程，我校的书法写字教育之路走过了以下四个阶段：

一是孕育和摸索阶段(1994.9—1996.4)

1993学年度我们学校组团参加“写好字”比赛，分获县、市小

① 注：于2006年10月在金山区小学生“写好字”五年推进计划启动会上交流。

学组第一名，引发了我们的思考，确定了以拥有的书法人才优势抓书法写字教育，全面推进素质教育，创建办学特色。从 1994 学年度起，组建课题组，设计《小学书法写字教育特色学校的认识与实践》课题研究方案并展开研究性实践，取得了可喜的成果。1996 年 4 月，市教研室和市书法研究联合会在我校召开现场会。

二是理论与实践研究阶段(1996.5—1998.12)。

现场会后，我们继续以课题为牵引，加强书法写字教育实践，总结研究成果，提炼出特色教育办学思想、小学书法写字教育目标与评价体系和特色教育运行机制三方面经验。《小学书法写字教育的认识与实践》研究成果获上海市第六届教育科研成果三等奖。

三是校本教材开发阶段(1999.1—2000.12)。

继续发挥科研先导的优势，精心构建特色学校校本课程开发框架并编制配套教师的师训及学生教材。《小学书法写字教育课程教材的开发研究》获上海市教科院首届学校教育科研成果三等奖。

四是运行完善阶段(2001.2—2006)。

对课题的研究成果进行推广并进一步完善，组织相关的教师培训，对面上的学生进行普及指导。推进书法写字教育特色走向成熟。

经年累月的积淀，使我们对书法写字教育的认识越来越深刻，对书法与写字这两个概念有了全新的认识。一开始，我们把目标定位在书法上，老师们更多地钟情于毛笔，认为只要学生的毛笔字写好了，多拿几个奖项回来，学校的特色也就形成了。实际的情况是，我们的学生经过教师的指导，确实有一部分学生得奖了。我们的学生参加小学生写字等级考试每一次都是全部通过。然而与我们当初的愿望相比，我们的学生整体写字水平与全区的整体水平并没有明显的优势。我们的学生的字迹与“书法写字实验学校”的称号并不相配。

学校领导层经过反思，感到必须正确把握书法与写字之间的关系。写字是练习书法的基础，对于学校教育来说，只有让学生先写好字，只有对写字有了特殊的兴趣以后，才有可能练好书法。因此，我们逐渐把目光逐步转向学生的群体，要让大部分的学生都能写好字，并且把我们的育人目标定位“写一手好字，做一个好人”。

在我们的实践中，老师们努力寻求着有利于学生全面发展的元素。如，结合课堂教学的设计，有意识地选择、组合有关教学内容，对学生加强思想道德教育；又如，在指导学生练字过程中，通过有层次地指导学生观察、比较、摹写、临写和创作等，不断发展学生的智力；再如，在强化修炼的过程中，积极培养学生的良好习惯和意志品质；在做个别辅导时，一再强调写“满格字”，有意识地增大运动幅度，锻炼学生的指、腕关节，增加灵活性；再譬如，有计划地引导学生欣赏作品、参观书法作品展等，激发学生的学习兴趣，陶冶高尚情操。实践告诉我们：书法写字教育除对提升学生写字素养有明显效果外，还对学生良好习惯的培养，意志、毅力的磨练，审美情趣的激发以及为人方式等有着明显的促进作用。

十几年的艰苦探索，我们感到我们还是积累了一定的经验，摸索到一些规律。我们的主要做法是：

1. 营造良好的书法写字教育校园文化氛围

作为一所把书法写字为特色的学校，我们深谙环境对学生无形的教育作用。因此，我们在优化学校内部环境，营造书法写字教育的校园文化氛围上作出了很大的努力。

从校园的醒目标语、画廊的作品展示，到办公室的布置、教室的板报、学生的作业园地、会议室师生作品的陈列等，都努力体现了师生书法写字的底蕴，显示这一作为我们民族特有的传统文化在师生中逐渐地扎根、发芽和生长。

2. 发挥书法写字教育中两支队伍的作用

搞好书法写字教育，师资队伍是关键。在实践过程中，我们一直十分注重书法骨干教师的使用、培养。除了书法功底扎实的戚天音老师外，我们又培养了 2 名青年教师，加强了书法写字教研组的力量。同时，我们加强了校本培训，曾组织开展书法校本课程培训，对教师进行书法技能训练。每学期组织教职工书法赛，以此激励更多的教师以高度的事业心和责任感，苦练书法基本功。本学期要求每位教师每月交 2 份作业，一份毛笔字，一份钢笔字，请书法教师进行评估并作出点评。其次，发挥学生骨干队伍的作用，即通过课外书法兴趣小组教育受训，加速其书法技艺长进，在普及

“面”上的写字教育中充当“小老师”角色，发挥其教师无法替代的影响、辐射作用。

3. 保障书法写字教育管理上的“到位”

近年来，我们对全校每个年级的学生每周安排一节写字课，由专职的书法教师指导，保证不挤占、不挪用；另外，学校还从上学期开始，每天安排15分钟的天天写活动，由专门的教师巡回指导。班主任教师负责日常管理，校领导每天对天天写的情况进行检查。

对于天天写的内容，我们也经历了一个摸索的过程。从一开始的比较随意、不成系列，到如今的与现行教材相结合。教师要求学生积累的古诗、成语、都成了学生练字的素材。

4. 强调书法写字教育导向上的四个“结合”

在实施书法写字教育过程中，为达到预期的目标，我们寻找到四个结合点。

① 语文与非语文学科的有机结合。写字是语文教学的一项训练，语文学科担负着指导学生写字的主要任务，按一定的序组织教学和训练，分层递进。非语文学科也应对书写提出规范的要求。协调并进，持之以恒，形成良好的氛围和合力，齐抓共管。

② 学科教学与活动课有机结合。在语文课中的写字课，认真指导，发挥主要作用；写字活动课，让学生练习，适当作指导。两者配合力求默契，追求最佳教学效果。

③ 普及与提高相结合。普及是指对面上学生落实写好字的基本要求，提高则是对参加书法兴趣小组学生发展其个性特长的要求。二者相辅相成，普及是提高的必要条件，提高是普及的出发点和归宿。

④ 校内与校外相结合。办学特色的形成与发展主要靠学校抓，但离不开家长和社会的关心与支持。校内与校外结合，一是学校充分利用家委会和家长会，告知分阶段实施目标，要求家长配合抓；二是开展社会实践活动，让学生将学到的本领去开展社会服务活动。

5. 遵循五条运作原则，作为发展特色教育的基本准则

① 整体性原则。强调学校是一个统一的整体。作为这个整体中的各层次组织和成员，都要围绕学校办学的总体规划与目标，

面向全局、立足本职、齐心协力、积极投入,以保证整体目标的实现。

② 系统性原则。强调发展学校特色是一个系统工程。在实施写字教学的实践中,根据知识、技能等的内在联系,以及学生身心发展的规律,循序、系统、连贯地实施。

③ 递进性原则。强调兼顾学生的差异,处理好统一要求与因材施教的关系。从具体情况出发,分类指导,分档推进,使每个学生都能得到充分的发展。

④ 实效性原则。强调写字教育活动要讲究实际效果,努力提高即时效果和发展长期效应。切忌盲目的无效劳动。

⑤ 激励性原则。强调依据赫兹伯格的"双因素理论",充分激发成就感,激励每个学生的动因,使学生不断进步。

一直有人问我们,你们搞书法写字教育,到底有没有取得成效? 也许我们可以这么回答:效果肯定有的,写字教育本身解决的就是一个育人的东西,是看不出来的,或者说是短时间里看不出来的,是个长期的过程。

也有我们的老师问我们:搞书法写字教育,孩子们的字真的好些了吗? 其实,这个问题应该由教师自己来回答。上学期,我们实行了一个学期的天天写之后,一位外出参加监考的老师回来说,我们学校学生写的字感觉上要好些。我想,这就是成效,只要我们坚持下去,成效肯定会更明显。

我也经常问我们自己的老师,你感觉到了孩子们的进步了没有? 孩子们有没有进步,关键看老师有没有真正重视、有没有有效指导、有没有真心地去感受孩子们的进步。

这次,区教育局推出了"写好字"五年推进计划,我们感觉这是一个非常好的举措。其中的推进措施非常的具体有力。对于我们基层的学校来说,一定要非常重视这项工作。只有学校的领导真正重视了,那么你的学校就会有成效;只有班主任老师重视了,你的这个班级就有效。

写一手好字，做一个好人①

——漕泾小学推进素质教育的实践与思考

金　平

作为一所普通的农村小学，长期的教育实践告诉我们，小学教育的教育影响价值，远远超出该阶段而扩展到终身。为此，我们有责任和义务积极投身到全面实施素质教育的行列之中，为学生的终身可持续发展做一点我们力所能及的事。

一　认　识

实施素质教育、办出学校个性应有很多的路径。早在20世纪九十年代初，我们就在寻找着自己的办学特色，一次偶然的教师写好字比赛获奖的经历，使我们有了柳暗花明的感觉。正是有了这样的基础，我们才选择了"书法写字教育"作为我校全面实施素质教育的突破口。我们认为：写字是一项重要的语文基本功训练，学生写得一手好字，本身就是落实素质教育的一种体现。练习写字的过程，同时也是培养学生良好的行为习惯、坚强的意志、高尚的审美情趣和正确思维方式的过程，可以使学生受益终生。十多年来，我们应用教育科研的技术与方法，先后确立并展开了《创建书法写字教育特色学校的实践与思考》、《小学书法写字教育特色学校校本课程教材的开发研究》、《书法写字教育特色校园文化的创建》等课题的系列化研究。实践结果表明，写字与"育德"、"启智"、"审美"、"健体"等方面有着密切的关系。同时，书法写字又是中华

---

① 注：于2009年5月在金山区素质教育论坛上交流。

民族优秀传统文化的重要组成部分，“书法写字教育”是实施民族精神教育文化认同的重要载体。“写一手好字，做一个好人”也就成了我校的育人目标。

二　实　践

1. 营造个性化校园环境氛围，发挥隐性课程的教育功能。2001 年 2 月我校实现整体搬迁，学校采用统一规划、分步实施的方法精心打造校园环境。在自然环境的布置上，从校园的绿化抓起，经过几年的努力，以最少的投入，获得了上海市花园单位的称号。在人文环境的营造方面，师生的书画作品整齐有序地张挂于大厅、走廊和各种室内，真正实现了建筑与绿化互相掩映，书画和师生形影相随。

2. 每天每节都是写字课，一撇一捺写好每个字。写字教育具有开发学生“多重”潜能的效应，因此我们把这种理念努力体现在全员、全素、全程之中。在普及层面上着重抓三方面工作：一是各科教学坚持落实写好字基本要求，倡导学生写“满格字”，把字写端正、写正确、写美观；二是语文学科凸显写字技能训练，写字课不挤不占，教师精选教学内容，认真加以指导，积极组织讲评；三是开设 15 分钟的“天天写”特色课程，以备课组为单位落实好各年级的书写内容，配备专门的教师负责指导学生练字。在提高层面上着重抓两方面工作：一是开展书法兴趣小组活动，二是组织学生参加各类比赛。十几年的坚持，虽然还没有真正达到“见字识校”的境界，但还是涌现出一大批有书法特长的学生，学生的整体写字水平有了长足的提高。期间，学生的学习习惯、意志品质、做人行为等都发生着悄然的变化。

3. 专家引领与同伴互助，建设好书法写字教育队伍。学生成长离不开教师的引领，教师成长需要学校作不懈的努力。近年来，我校采取了许多措施，致力于队伍建设。一是邀请专家指导；二是送教师参加各类培训；三是成立戚天音书法教育工作室，继续发挥已退休教师的指导辐射作用；四是为教师练字交流提供必要的条件。2003 年，我校教师参加上海市首届写字课堂教学评比获一等奖，教师写好字的意识与能力得到增强，写字教育氛围良好。

4. 创设展示学生才艺的舞台，积极参与社区文化建设。结合展示我校书法写字教育的成果，我们每年都要组织一定数量的社会实践活动。具有代表性的有：一是参与金山区“交通安全杯”书画比赛。二是坚持十多年组织学生上街送春联。三是先后参加市教委“感恩思源，面向未来”龙华烈士陵园碑文临摹活动和金山区民族文化培训成果展示大型活动等。四是为当地政府机关、企事业单位提供了许许多多我校师生的书法作品。为学生展示才艺创设了舞台，又较好地促进了社区文化的建设，也为学校赢得良好声誉。

三 思 考

1. 素质教育，重在成长过程与经历。写字教育可提升学生多方面素质，而提升学生素质最重要的是需要经历与过程。我们的写字教育不光追求写“好字”本身，重要的还在于学生的过程“浸润”。在这个“浸润”过程中，学生所接受的既是一种“德育”，又是一种“情育”，更是一种“心育”；写字教育贯穿了学做人的全过程。上海“二期课改”也积极倡导让学生在主动经历学习过程中获得知识技能、培养态度情感和实践创新能力。因此，在课堂教学中我们要注重激发学生的兴趣，提高学生参与课堂学习的积极性，关注学生在学习过程中产生的情感体验，尽力让每个学生在每节课上都有所得；在组织丰富多彩的教育活动时，我们也要重视学生参与活动的过程，力争让每项教育活动给学生留下深刻的印象。

2. 素质教育，核心应该在课堂。我们追求学生写好字，本意不在通过加班加点式花过多的时间去强化，其着力点在于课堂教学主渠道。因此，全面实施素质教育的核心应该在课堂上。我们也可以从以下三方面去理解：一是从学生在校时间上丈量，学生求学的绝大部分时间在学校、在课堂中。二是从学校教育的功能上考虑，学生的健康成长需要教师的引领与指导，而这种引领和指导大多在课堂内实现。三是从课程教材的实施上考量，学校开设的所有课程都需要经教师在课堂上演绎后使学生习得。回顾我们近几年开展的“课堂,素质教育的核心之家”和“聚焦课堂,追求适合学生发展的课堂教学”等教学研究系列活动过程,颇有收获和心得。接下来要做的是:开放课堂,通过同课异构研究、跨学科研究和利用晚托课实行“走班制”上课等实践来提高全面实施素质教育的能力和素养。

3. 素质教育,需要课程化推动。从书法写字教育校本课程的开发研究中我们获得这样一个启示:“学生写好字,需要借助课程化推进。”综观上海二期课改,《课程标准》较好地构建了以素质教育为核心,促进学生个性发展,特别注重创造性学力和发展性学力培养的课程体系。它既具有前瞻性,又有一定的灵活性,我们应将其视作全面实施素质教育的“范本”。我们所要努力的重心应体现在提高课程的领导力和执行力上,要认真组织教师学习《课程纲要》、解读教材、分析学情和精选并优化组合教学内容等;面向全体学生,通过我们行之有效的实施新课程,促进学生全面健康成长。此外,还要结合校情或教师的个人特长,开发校本课程教材,为学有余力的学生提供个性化课程。

综上所述,我校以书法写字教育为抓手,把落脚点放在育人上,十五年坚持不懈的研究性实践取得了一些成绩,但距离“全面”还有很大的差距。就目前而言,我们所缺失的不只是理念,而是先进理念指导下的更深入的教育实践。

书香教学固根基，文化传承促发展①

潘亚军

我校地处东海之滨、杭州湾畔，是一所普普通通的农村小学。1993年，在市教委教研室举办的上海市教师“写好字”比赛中，我校教师代表金山县获郊区组团体第一名和所有单项第一名。1996年，上海市教委在我校召开了写字教学现场会。1999年，获得中国教育学会书法专业委员会的授牌。我们以此作为新的起点，进一步加强写字教育工作，以“写一手好字，做一个好人”为培养目标，自主开发校本课程，用自创的工作经验指导新的实践，把书法写字与做人教育有机结合起来，努力营造人人讲普通话、人人写规范字的浓烈氛围，推动着书法写字教育的进一步发展。

一 明确目标，健全了规范汉字书写教育工作的立体化管理网络

1. 建立并健全了规范汉字书写工作的立体化管理网络

健全的组织机构是促进学校工作规范、有序、高效开展的前提。我校自2004年起，成立了书法教研组，开设了专门写字教育课程。学校成立了以校长为组长的书法写字教育工作领导小组，学校两位书法教师以及全体语文教师为成员。校长室全盘把握工作思路，教导处主抓师生的训练和提高，书法教师主抓写字特长生的训练和培养，全体成员能围绕写字教育，遵循教育教学的规律，分步实施，逐项落实，形成了较为科学、合理、有效的管理体系。

---

① 注：2012年国家级规范汉字书写教育特色学校创建工作汇报。

2. 拟定并实施了具有学校特色的规范汉字书写制度

写字教育是义务教育阶段的一项基础工程。小学是基础教育的"基础",我们清醒地认识到写字教育要从端正姿势教起,笔画、结构、运笔方式一点都不能马虎。1999年,学校以市级课题《小学书法写字教育特色学校课程教材的开发研究》为载体,把培养全校师生良好书写习惯和书写能力作为推进素质教育、提高教学质量的一项重要内容来抓,课题组定期召开专题会议,研究部署学校各个阶段的工作任务及整改措施,将规范汉字书写的要求纳入培养目标、管理常规、基本功训练,渗透到各项教育教学活动中。

3. 投入并完善学校书法写字教育的硬件设施

随着我校书法写字教育的不断深入,原来仅有的一间书法教室已不能满足学校写字教育的需要,学校克服了校舍资源紧张的现状,又辟出一间教室改造为书法专用教室。室内分别配有习字桌椅、毛毡、笔墨等学习用品。另外,学校还专辟了一间书法写字作品展示室,室内布置着一件件我校师生装裱精美的书法写字作品,不定期组织学生欣赏这些优秀作品,为营造良好的书香氛围起到了很大的作用。

二 规范管理,保证规范汉字书写教育特色创建

1. 开设课程,研发教材

1998年,学校利用师资等自身优势,申报了上海市教师奖励基金会课题——《小学书法写字教育特色学校课程教材的开发研究》。在课题牵引下,发挥书法特长老师的优势,分别编制了《小学书法写字教育与特色学校创建》的校本师训课程教材和《小学生书法写字活动课系列教材》,并运用课程教材培训老师,指导学生"写好字",取得了大面积提升师生写字素养的良好效果。课题研究成果获金山区一等奖和上海市教科院学校教科研成果三等奖。

2. 保证时间,有效落实

2004年起,每班每周专门安排了一节书法(写字)课,由专(兼)职教师任教。从写字姿势到基本笔画书写,教师们一丝不苟地指导学生展开训练,力求每位学生都能做到规范地写好每一

个笔画、每一个字。2007年起，学校又另外安排15分钟的“天天写”，并努力做到“三到位”：一是时间到位，15分钟的“天天写”，供全体学生练字所用；二是教师到位，语文教师负责指导学生练字，书法骨干教师与校领导做巡回指导与检查；三是内容到位，以备课组落实好各年级的书写内容，依据教学目标选用有关写字材料。

3. 完善内容，优化方法

关注写字教育在我校已好多年，也累积了较为丰富的教学经验。为更好地继承与发展，学校请书法教师到书店对各类教材进行遴选，为学生购买了教材，与校本教材结合使用，起到了不错的效果。指导教师认真研究教法学法，提高讲解的效率，加强个别辅导和学生体验。同时努力选用新颖的教学方法，组织有趣的教学活动，以激发学生的学习兴趣。如在讲到字的结构时，通过编顺口溜的方法让学生把规律熟记于心，在讲到难写笔画时，通过讲书法家的故事、赛一赛等方法消除学生的畏难心理，增强写好字的信心。

4. 科学评价，促进发展

写字教学的科学评价有利于提高师生规范汉字书写的积极性，也有利于培养学生良好的书写习惯和对汉字文化的尊重与热爱，为此我们首先在课题《小学书法写字教育特色学校课程教材的开发研究》的实践过程中，针对小学写字教学分阶段的总体性评价与学生多种水平的形成性评价，抽象出了其中的分为三级不同的水平激励评价参照常模（详见附件），并在每学年的第二学期，举行一次小学生书法写字素养的评价，评价结果向学生及学生家长作反馈。其次，我们完善了书面考查（考试）评价标准，在语文考查（试）中增设书写基本内容，并设有卷面分，以此来促进学生在平时学习中养成良好的写字习惯。再次，我们改革了教学评价方法，教导处把书写水平纳入教师课堂教学的评价之中，师生的板书也作为教学的基本功的重要内容参与课堂教学评价，全体学生作业水平、态度（写字习惯）纳入评价中，以激励汉字书写教学健康发展。

三　搭建平台，实现师生规范汉字书写素养与能力的共同提高

• 教师

1. 加强研讨，增强意识

我们充分发挥骨干教师作用，利用语文备课组这一阵地，加强书法写字教学的研讨，同时集聚全体教师智慧，整合书法写字教育资源，推进学校书法写字教育的发展。2008 年，学校在各年级组就“如何加强学校书法写字教育，抓好基础，做出亮点”进行讨论的基础上举行了“书法写字教育论坛”。教师们从师资、理念、机制、环境等方面就加强书法写字教育提出了自己的意见与建议，这一研讨对推进我校书法写字教育的发展将起到积极的影响。2009 年，在金山区素质教育论坛上，金平校长作了以“写一手好字，做一个好人”为主题的专题发言，介绍了我校以书法写字教育为载体积极推进素质教育的实践与思考，引起了与会者的共鸣。

2. 加强培训，提高技艺

学生成长离不开教师的引领，教师成长需要学校作不懈的努力。近年来，我校采取了许多措施，致力于队伍建设。一是邀请专家指导。上海书法家协会理事华东师范大学教授周斌博士多次来校向全体教师进行指导讲座，并结合教师的作品进行点评与个别指导示范；二是送教师参加各类培训。先后送金宪春、朱君辉两位书法教师参加上海市书法实验学校骨干教师培训和金山区书法教师培训班的学习，并组织教师参加外校的书法教学研讨活动，为他们进一步提升专业水平创造了条件；三是成立戚天音书法教育工作室。利用政治学习时间，为全体教师开设了“书法写字”、“古诗文与书法”校本培训项目，发挥学校优秀教师的指导辐射作用；四是为教师练字交流提供必要的条件。学校工会每年组织教职工的“三笔”比赛。教师们赛前认真训练，比赛时相聚一堂，互相切磋技艺，收到了良好的效果。2003 年，我校教师参加上海市首届写字课堂教学评比，获一等奖；2010 年，两位教师获第七届全国教师三笔字书法大赛粉笔组一等奖，硬笔组二等奖，软笔组三等奖和优秀

奖。教师写好字的意识与能力再一次得到增强，写字教育氛围良好。

• 学生

1. 营造校园氛围，发挥教育功能

2001年2月我校实现整体搬迁，学校采用统一规划、分步实施的方法精心打造校园环境。在自然环境的布置上，从校园的绿化抓起，经过几年的努力，以最少的投入，获得了上海市花园单位的称号。在人文环境的营造方面，师生的书画作品整齐有序地张挂于大厅、走廊和各种室内，真正实现了建筑与绿化互相掩映，书画和师生形影相随。

2. 关注教学过程，提高写字水平

每天每节都是写字课，一撇一捺写好每个字。写字教育具有开发学生"多重"潜能的效应，因此我们把这种理念努力体现在全员、全素、全程之中。要求各科教学坚持落实写好字基本要求，倡导学生写"满格字"，把字写规范、认真、端正，让"提笔即练字"的理念转化为学生自觉的行动。多年的坚持，学生的整体写字水平有了长足的提高。

3. 重视学科作业，培养学习习惯

作业是最好的练字训练，也是最经常的检测手段。学校要求教师重视学生日常作业的指导与评价。各班教室开辟了展示栏，不定期展示各科优秀作业。期中、期末语文测试时，认真统计写字得分率，结合卷面情况进行细致分析，制定调整措施，以进一步提高写字教学实效。每学年，学校举行规范汉字书写比赛和学生优秀作业展，组织全体同学进行参观，并进行了师生观后感交流，有效推动了学生良好学习习惯的养成。

4. 创设展示舞台，激发学习兴趣

结合展示我校书法写字教育的成果，我们每年都组织一定数量的社会实践活动。具有代表性的有：一是参与金山区"交通安全杯"书画比赛；二是坚持十多年组织学生上街送春联；三是先后参加市教委"感恩思源，面向未来"龙华烈士陵园碑文临摹活动和金山区民族文化培训成果展示大型活动等；四是为当地政府机关、企事业单位提供了许许多多我校师生的书法作品。在参与这些活动与比赛的过程中，学生们的书法写字水平得以进一步提高，对书法的兴趣得以进一步激发，自信心也得以增强。

四 借助成果，促进规范汉字书写教育特色的再度提升

活动是最好的教育。我们在积极开展书法写字教育展示活动的同时，精心组织学生参加各级各类的活动与比赛，在活动与比赛的过程中提高学生的书法能力，激发他们的信心，也促进了学校规范汉字书写教育特色的再度提升。

据不完全统计，2005年至今在组织参赛的全国中小学生绘画书法作品比赛中，13名学生分别获得软笔书法二、三等奖，16名学生分别获得硬笔书法等第奖，学校获组织工作先进集体；在“双龙杯”全国少年儿童书画大赛中，10位学生获奖；在上海市“真彩杯”书法作品比赛中，5名学生获等第奖；在上海市“大场杯”中小幼学生书法美术作品展中，6位同学获软笔等第奖，32位同学获硬笔等第奖；在金山区小学生交通安全书法作品评选中21人次获等第奖；在区小学生“写好字，迎奥运”作品巡展中，我校荣获团体二等奖，其中9名学生分获一、二等奖，在区第二届全国学生规范汉字书写大赛中，5位同学获等第奖。潘亚军校长获2010—2011年上海市书法教育先进个人，金宪春朱君辉两位教师获中国美术教育委员会颁发的优秀园丁奖。

迄今为止，学校已经成功举办上海市书法写字教育现场会，两次在全国写字教学研讨会上作交流发言，金山区“写好字”五年推进工作启动大会在我校召开，学校被命名为“全国书法写字教育实验小学”、“上海市书法写字教育实验学校”；“书法写字”项目被列为上海市中小学艺术教育特色项目和金山区青少年民族文化技艺培训重点项目，学校连续被评为金山区语言文字示范校。

实践证明，以书法写字教育为抓手，创建规范汉字书写教育特色学校，不仅可以使学生领会理解汉文化以及书法艺术的崇高和深广的哲思情理，还激发他们的民族自豪感和爱国情感，塑造完美人格。十几年的坚持，虽然还没有真正达到“见字识校”的境界，但还是涌现出一大批有书法特长的学生，学生的整体写字水平提高

了。期间，学生的学习习惯、意志品质、做人行为等都发生着悄然的变化。

在总结以往实践的过程中，我们也得到了一定的启示，觉得规范汉字书写教育工作的落实应重在过程与经历，核心应在课堂，并需要课程化推动。我们以创建区素质教育实验校为契机，对我校书法教育工作未来的发展进行了思考和规划，在《书法写字教育引领，促进学生多元发展的实践研究》实验项目的引领下，确立了课题《小学书法写字教育课程化的实践研究》。该课题的研究目标是在前一轮展开《小学书法写字教育特色学校课程教材的开发研究》所形成的成果基础上，紧扣二期课改新理念和推出的语文学科新教材并关注学情等，在发展办学特色的过程中再度开发校本书法写字教育特色课程教材。相信，我们在先进理念指导下，将进一步深化学校书法写字教育的内涵，开展更为深入的教育实践，提升学生的全面素质，使写字教育成为我校教育文化的鲜明特色。

写一手好字，做一个好人①

——漕泾小学书法写字教育文化链建设项目记

陆金林

引　言

学校文化是一个学校的品牌，是学校巨大的无形资产。它以特有的物质形式和精神形式向外部呈现，影响和制约着“校园人”的活动和“校园人”的发展。多年来，我们在构建“书法写字教育”特质文化上做过艰辛探索，“写一手好字，做一个好人”是彰显个性的育人目标。近年来，学校积极应对中小学书法写字教育不断被弱化的趋向，始终不渝地将传承书法写字个性化文化作为一件大事来进行重新规划与实施。

一　目标与思路

在“为了每一个学生的终身发展”核心理念指引下，以学校已有的办学经验积累为基础，通过“再造氛围→激活机制→活动引领→展示成果→总结提升”这样一个过程，进一步凸显文化育人的价值取向，创新、固化和发扬光大“写一手好字，做一个好人”的特质校园文化。与此同时，在发扬光大这种特质文化的过程中引领教工更加认同和自觉融入这一主流文化中，让它成为凝聚和激励学校群体成员进行教改的精神力量，成为素质教育深入实施的一种

① 注：于 2011 年 12 月在金山区教育工会年会上交流。

激励机制，成为学校发展的强大内驱力。

二　过程与方法

1. 再造氛围

为再次激发“漕小人”传承与创新书法写字文化的热情，我们依据时代特点、学校特征和办学特色，展开新一轮科学规划，精心打造个性化校园文化的行动。如，刻意开展“我为发展书法写字教育特色文化献一计”金点子征集活动；又如，组织教工游览绍兴兰亭，感受书法文化魅力；再如，组织紧扣“写一手好字，做一个好人”主题的校园环境更新活动等。

2. 激活机制

围绕“构建现代学校个性化特质文化”之目标，我们在激活机制方面又展开了一系列行动。如，发挥戚天音工作室效应，开展书法写字教师的培训（语文教师及 35 周岁以下）。又如，以“小学书法写字教育课程化的实践研究”这一市级课题为抓手，展开书法写字教育特色校本课程教材的再度开发研究。再如，将“书法写字项目”课程化。学生层面的“拓展课程”加“天天写”，开设特色班（兴趣班）。在提升师生书法写字素养的同时，凸显育人功能，发挥隐蔽课程的作用。

3. 活动引领

寓教育于活动之中是我们的追求。一是定期组织教工书法比赛。2010 年以“推进书法写字教育，发展特色校园文化”为主题，比赛项目设毛笔字和粉笔字板书两项；2010 年的主题是“孕育书法特色文化，丰富学校人文内涵”，比赛项目为“三笔字”。二是展开对外交流。除积极组织师生参赛等活动外，2011 年 9 月承办亭林片教工“三笔字”书法作品评选与展示，共同切磋，互相学习。三是从 11 月 21 日至 12 月 26 日隆重举办漕泾小学 2011 年写字节。主要的活动有：教师“三笔字”比赛，书法写字教育论坛……

4. 成果展示

在本项目的推进过程中，我们的阶段性成果也在不断显现。准备集中展示的有 2 项。一是举办师生优秀书法作品展览；二是承办“小学书法写字教育课程化的实践研究”课题中期展示活动。除提供中期报告供研讨用以外，这次活动还向来宾展示新编的校本课程教材，书法课堂教学展示，拍摄的视频及版面展示，学校优秀书法作品陈列室……

5. 总结提升

一是评选表彰为本项目推进做出重要贡献的人与事。二是展开进一步固化本项目的经验总结与理论探讨。

三　成效与经验

1. 取得的实效

(1) 文化育人价值不断显现。通过全校师生员工的共同努力，我们实现了建筑与绿化相互掩映，书画与师生形影相随的预设目标。步入校园，置身于绿树成荫、鲜花点缀、纤尘不染的环境中，使人心情舒畅。走近大厅，“写一手好字，做一个好人”十个楷书大字悬挂在醒目位置上，随时提醒着师生要立字立人；踏进教室，各班“最喜爱的名人名言”经师生的写、拓、裱后装框上墙，潜移默化地影响着师生的志向。教师眼中有学生，专心事业、学业而又和谐相处的理想状态在本项目的推动下已经显现。

(2) 书法写字课程化初显端倪。在“小学书法写字教育课程化的实践研究”课题引领下，课题研究已取得很多阶段性成果。一是基本完成新一轮校本特色课程教材的再度开发工作，在边开发边试行过程中不断修正和完善。二是有效提升了《小学书法(写字)》这一校本拓展型课程的教学质量。三是结合书法写字特色教育的推进，学校也把国家课程、地方课程的校本化实施以及校本课程建设摆上重要议事日程，准备再用一年的时间，统整和完善好基础型、拓展型、探究型三类课程的校本化实施计划，进一步推动学校内涵发展。

(3) 精彩纷呈的活动折射出校园人的快乐与幸福。伴随着书法写字课程化建设活动的展开，也推动了学校其他活动的展开。校园内教职工活动此起彼伏，精彩纷呈。既有独具匠心的以“树师风，铸师魂”的职业道德教育；又有以“更新观念，提升业务素养”为主导的岗位练兵活动；还有以“满足教职工精神需求”为主要内容的文化、体育、娱乐活动等。以“夸夸我身边的好伙伴”为例，各组室都推荐了选手上台演讲发生在组内的好人好事，大家都感到非常的亲切；再以“沐浴在春风里”越野长跑（走）活动为例，全体教工倾巢而出，快乐地簇拥在大自然的怀抱中，共同体验春风拂面中的运动、健身、快乐之情感。丰富多彩的教师活动营造起和谐融洽的人际关系，使教职员工的向心力、凝聚力不断增强。

2. 主要的经验

（1）目标导向是前提。书法写字个性化校园文化的建设既需要有具体的目标支持，也需要运用既定的目标导向。只因为本项目有较好的事先预设，才确保了各项实践活动的正常有序运作。在我们的“十二五”发展规划中，可看到我们努力：目标采用一次性规划，体现在学校发展规划中；工作分步推进，反映在学校每学期的工作计划中。

（2）行为跟进是关键。书法写字个性化校园文化的表象是学校中的大多数人表现出来的做事方式和处事态度，其核心是这些方式、态度的“内隐规矩”和“内隐概念”。只因为我们有这方面的思考，也就有了一个个实实在在的具体行动来加以推进。也许个别教师对有关活动不一定很认同，但我们的本意是通过活动“裹挟”大家前行，让教职工在活动中体验，在行动中提升。

（3）载体牵引是保证。书法写字个性化校园文化建设需要不断创新载体。近年来，我们在文化建设载体的开发上，动了不少脑筋。本项目的策划与实施就是一个“大手笔”。围绕这一项目展开的活动都是一个个有效的载体。除此之外，学校文化建设也绝非仅此一个项目，还有诸如“为人　为师　为学”的系列活动、“用业绩体现带头，用行动诠释奉献”创先争优活动等。

（4）群策群力是根本。书法写字个性化校园文化建设更需要校园人的互动。为此，动员和组织最广大群众加入是义不容辞的职责。我们发动群众开展献计献策活动，让大家在全员参与的过程中接受教育与体验，为创新文化载体、提升文化育人效果服务。

结束语

本项目取得一定成果，不仅有前瞻性理性思考和原创的基本经验，而且实践富有成效。同时，它也告诉我们：

文化的形成要靠实践积累，不能一蹴而就；

文化建设是一个动态过程，理应与时俱进；

文化建设新经验需要不断总结，逐步提升；

文化建设需要在构建社会主义和谐社会框架下重新审视，更需要一代代“校园人”的发展创新和薪火相传。

写一手好字，做一个好人①

李　梅

我校高度重视语言文字工作，始终把说普通话、写规范字、提高语言文字运用能力作为素质教育的重要内容，把语言文字规范化工作与学校教育教学工作相结合，把创建语言文字规范化示范学校作为学校工作目标，建立健全语言文字工作机构和工作制度，加大宣传、推广、普及普通话和用字规范化等各项工作的力度。

近年来，我校在“写一手好字，做一个好人”的培养目标的引领下，自主开发校本课程，用自创的工作经验指导新的实践，把书法写字与做人教育有机结合起来，努力营造人人讲普通话、人人写规范字的浓烈氛围，逐渐形成了鲜明的学校特色。

一　普及与提高并重，一撇一捺写好每个字

写字教育具有开发学生“多重”潜能的效应，我们把这种理念努力体现在全员、全程之中，从普及及提高层面开展工作。在普及层面上着重抓三方面工作：一是各科教学坚持落实写好字基本要求，要求学生把字写端正、写正确、写美观。语文学科用足用好写字课，教师精选教学内容，认真加以指导，积极组织讲评；二是开设15分钟的“天天写”特色课程，以备课组为单位落实好各年级的书写内容，配备专门的教师负责指导学生练字；三是举办“写字节”，以丰富多彩的活动激发学生写好字的愿望。在提高层面上着重抓三方面工作：一是开展书法兴趣小组活动及开设书法特色班，保证

① 注：于2012年3月22日在金山区语言文字工作推进会上交流。

上课时间，培养书法人才；二是开设拓展型课程——《书法（写字）》，每周一课时，配备专职书法教师进行指导，在凸显写字技能训练指导的同时，进一步强化兴趣激发、习惯培养和文化熏陶；三是组织学生参加各类比赛。十几年的坚持，涌现出一大批有书法特长的学生，学生的整体写字水平有了长足的提高。

二　专家引领与同伴互助并举，建设好书法写字教育队伍

学生成长离不开教师的引领，教师成长需要学校作不懈努力。近年来，我校采取了许多措施，致力于队伍建设。一是邀请专家指导；二是送教师参加各类培训；三是成立戚天音书法教育工作室，进一步发挥其指导辐射作用，对教师开展每周一课时的校本培训，为教师修炼基本功与交流切磋提供必要的条件；四是充分发挥骨干教师作用，利用语文教研组这一阵地，加强书法写字教学研讨；五是开展“书法教育论坛”，集聚全体教师智慧，整合书法写字教育资源，推进学校书法写字教育的发展。经过努力，教师写好字的意识与能力得到增强，写字教育氛围良好。2003 年，在上海市首届写字课堂教学评比活动中，我校教师获一等奖。2010 年，两位教师获第七届全国教师三笔字书法大赛粉笔组一等奖，硬笔组二等奖，软笔组三等奖和优秀奖。上学期，我校老师参加区“三笔一诵”活动，共有 10 人次获得等第奖，书法教师朱君辉老师获得了综合项目第一名的好成绩。

三　开发校本课程教材，提升师生写字素养

从 1998 年起，我们就萌发了开发校本课程教材的念头，申报了上海市教师奖励基金会课题——《小学书法写字教育特色学校课程教材的开发研究》。在课题牵引下，发挥书法特长老师的优势，分别编制了《小学书法写字教育与特色学校创建》的校本师训课程教材和《小学生书法写字活动课系列教材》，并运用课程教材培训老师，进而指导学生“写好字”，取得了大面积提升师生写字素

养的良好效果。课题研究成果获金山区一等奖和上海市教科院学校教科研成果三等奖。如今，我校又以区级重点课题《小学书法写字教育课程化的实践研究》为引领，初步构建起《小学书法(写字)》课程教材体系：一是编写了《小学书法(写字)》课程校本教材；二是重建了《小学书法(写字)》课程的校本运作机制；三是基本形成了《小学书法(写字)》课程教材的评价方式方法。上学期，我校成功举办了本课题中期展示活动。

四　创设平台展示学生才艺，积极参与社区文化建设

我们在校园内创设各种平台展示学生在写字方面的才艺。推普周活动中，制作推普书签，书写推普日记；学校橱窗里，展示着学生的优秀作品，定时更换；教室的板报上，展示着学生的特色与风采；各学科的优秀作业展评，小小书法家的评选等活动，使写字优秀的学生一次次获得成功感，感受写字的乐趣。

除此之外，我们把展示平台延伸至社会。每年我们都要组织一定数量的社会实践活动。具有代表性的有：参与金山区"交通安全杯"书画比赛；坚持十多年组织学生上街送春联；先后参加市教委"感恩思源，面向未来"龙华烈士陵园碑文临摹活动和金山区民族文化培训成果展示大型活动等；为当地政府机关、企事业单位提供了许许多多我校师生的书法作品。各项活动为学生展示才艺创设了舞台，又较好地促进了社区文化的建设，也为学校赢得良好声誉。

着力打造富有学校特色的语言文字工作是我们不懈的追求，今后我们会加倍努力，在先进理念指导下开展更为深入的教育实践，争取取得更优异的成绩。

在“静气”中编好教材，惠及学生[①]

朱君辉

各位领导、老师，上午好！

我今天交流的题目是：在“静气”中编好教材　惠及学生。

本人是金山区漕泾小学的一名书法教师。在从事小学书法写字教学中，常常有这样的困惑，由于教材的缺失制约着学校书法写字教育的普及和发展。基于这样的一个状况，我们试着编写了一套适合我们学校的书法校本教材。

教材由一至五年级五册组成，内容分八个板块：

一、基本笔画、偏旁部首、汉字结构。

二、书法小知识。

三、古人书法名家的故事。

四、名家书法作品欣赏。

五、常见书法作品形式及简单的创作。

六、浅显的书法理论知识。

七、地域文化、人文的熏陶。

八、书法写字综合实践活动。学以致用。

教材编好后，为使老师更规范有序地用好校本教材。我们还编写了《小学书法》教学指导书。与此同时我们还编写了各年级书法写字配套练习册，以达到练习巩固的作用。

经过两年的实施，这套校本教材有以下特点：

1. 面向全体，重视基础。

2. 尊重规律，循序渐进。

---

① 注：于 2014 年 5 月在金山区素质教育论坛上的交流。

3. 自成系统，便于操作。

4. 文化熏陶，凸显育人。

如果你们问：我们学校的写字状况怎么样？我可以引用宋人杨万里的诗句“小荷才露尖尖角”。要想让学校书法写字教育“映日荷花别样红”，还有很长艰辛的路要走。因此今天借助这样的机会，恳请各位专家提出宝贵的建议，以便我们把教材编写得更好，惠及到我们每一位学生。

我们一直有这样的一种愿望：在平和氛围中，让越来越多的学生执着手中的笔，涌动心中的情，荡漾出去……

谢谢！

抓写字教育研究，促特色教育发展[①]

金山县漕泾小学“写字教育”课题组

我校地处东海之滨，杭州河畔，是一所带辅导区的农村小学。重视和加强写字教学已有多年的历史，在落实国家教委办公厅(1990)C25号“关于加强义务教育阶段中小学教学的通知”文件精神过程中，下决心，花力气，发挥书法写字教师的人才优势，狠抓了学生书法兴趣小组的活动。取得了既出成绩，又积累经验的硕果。同时也引发了我们以抓书法写字教育为突破口，逐步将写好字发展为我校的办学特色的念头。“对建设书法写字教育特色学校的认识和实践”课题也应运而生，研究与实践同步推进，书法写字教育的办学特色日显端倪。

一

“办学有特色，教学有特点，学生有特长”是八十年代中期上海教育界讨论的一个热门话题。它体现了学校教育的发展应当遵循的“统一性和多样性”的矛盾运动的规律，以更好地适应社会主义现代化建设的需求。由此，涌现了许多办学思想端正、办学模式清晰的特色学校。

九十年代，我国教育界提出且广泛传播的“素质教育”理论和实践为创办特色学校的研究提供了更广阔的时空背景。1993年

① 注：本文发表于《金山教育》1997(2)。课题组主要研究成员：张伯忠、陆金林、金平、戚天音、刘林聪、朱君辉、顾少锋、施士英、李展忠等。执笔：陆金林。

中共中央在《中国教育改革和发展纲要》中提出了由应试教育向素质教育转轨的严肃命题，其必要性和紧迫性集中表现在人们的价值观、人才观发生了重要的变化。即二十一世纪的社会主义一代新人将面临世界高新技术迅速发展的挑战。上海作为长江流域地区所处的“地位”和建成与国际接轨的“经济中心”、“科技中心”和“金融中心”，理应站在办一流教育的制高点上，展开艰巨又富有挑战性的教育改革实践，其工程之浩大、力量投入之多举世瞩目。素质教育的提出，对于人们的转变教育思想，注重学生的身心培养和全面发展起着积极的导向作用。它使得学校由单纯的应付考试转向对学生自身素质培养的重视，使教育实践踏上以学生身心素质的提高为着眼点的征途。

写字是一项重要的语文基本功训练。搞好写字教育，对学生的学习和今后的工作有重要的作用。即将推出的写字等级考试将与计算机、外语、普通话一样，作为九十年代衡量人的素质的重要标志之一。为此，我们展开写字教学的实践和研究，发展和创建办学特色，在理论和实践上均有充分的依据。在教育哲学、学与教的心理学、课程论、教学论、系统科学等理论指引下，我们运用文献法、专家咨询法、行动研究法和科学经验总结法等研究方法，初步构建了书法写字教育特色学校的办学模式进行运作，写字教学的研究与实践取得了突破性的进展。

二

办学模式的提出要为实现办学目的（宗旨），以培养目标为核心，以教育组织为载体，办学诸要素优化组合和教育活动的组织管理作为有机统一的整体。因而，它具有规定性、整体性、稳定性、实效性和示范性的特征，我们围绕书法写字教育特色提出了以下的运作机制：

一、完善了发展学校写字教育特色的总体规划及目标与评价体系

素质教育说到底就是全面发展的教育。它决不是“合格＋特长＝全面发展”的简易公式所能替代的，而有着十分丰富的内涵。为此，我校从 1995 年起形成了“培养知识能力并进、品行体魄健

康、个性特长发展的社会主义事业的建设者和接班人”的办学总目标，并已成了全体干群的共识。

书法写字教育是落实素质教育的一项具体任务，要发展为我校办学特色，需要经过全体教职工的长期努力，是需要一个过程的。为此，我们制订了长远的规划和分阶段目标。强化目标意识，实行目标管理。

与此同时，我们在实践的基础上，总结和提炼了可操作的分年级写字教学的目标与评价体系，包括教学目标（认识、情感和技能）、教学内容、教学原则、教学方法和教学评价指标等一整体套有序、系统的训练与评价规划，正在指导着书法写字教育的实践（另撰文发）。

二、发挥了特色教育实践活动中两支队伍的作用

办学有特色，除有切实可行的规划与目标外，还要有创办、保持和发展特色教育的师资队伍，且这支队伍具备进行特色教育的素质、能力、知识和技能。我们在实践过程中十分注重对书法骨干教师的使用和培养。我校的一批书法骨干教师对“写字教育”有高度的事业心和责任感，以勤奋的敬业精神和较熟练的硬、毛笔书法技能吸引和影响着学生，带领和指导着学生。同时地影响着周围的教师，起了强有力的辐射作用。加上工会每年组织教职工书法赛等活动推波助澜，这支队伍正在不断发展壮大。

其次，发挥学生骨干队伍的作用，即学校课外书法兴趣小组教育受训的学生队伍。这支队伍在书法教师的指导下，在自身很强内驱力的支配下，书法技艺长进很快。在“面上”普及写字教育与训练中，我们要求他们在班内发挥作用，充当“小老师”的角色，发挥教师无法替代的影响、辐射作用。

三、体现了特色教育管理上的三“到位”

发展和形成学校办学特色是一个系统工程，需要有一定的行政措施予以保证，尤其是在“面”上的普及方面。我们在注重抓“点”上提高的同时，更注重“面”上的普及。从 1996 学年起，我们做到了“三到位”。

时间到位。除语文学科的写字课保证不挤不占外，学校每天安排 20 分钟的写字课外活动课，供全体学生练写字用；学校书法

写字兴趣小组另有专用时间予以保证。

教师到位。教师全员参与学生写字课外活动，每班配备二人，一人负责硬笔，另一人负责抓粉笔。书法骨干教师与校领导做巡回指导和检查。

内容到位。先依据教学目标选用有关写字教材施用，再计划自编学校的写字教材。目前学校统一规定的习字教材为上海书画出版社(96版)“小学生系列字帖”，自编教材工作已正式启动。

四、强调了特设教育导向上的四个“结合”

在实施特色教育过程中，要达到预期的目标，必须寻找多途径有机结合的最佳结合点，我们强调了四个“结合”。

1. 语文与非语文学科的有机结合。写字是语文教学的一项训练，语文学科担负着指导学生写字练字的主要任务，按一定的序组织教学和训练分层递进，非语文学科也应对书写提出规范的要求。协调并进，持之以恒，形成良好的氛围和合力齐抓共管。

2. 课内与课外有机结合。课内是指教学计划中的写字课，认真指导，发挥主要作用；课外指写字课外活动课，供练习用，适当作指导。课内课外配合力求默契，追求最佳教学效果。

3. 普及与提高相结合。普及是指对面上学生落实好写字基本要求所提，提高则是对参加课外书法兴趣小组学生发展其个性特长而提的要求，它们间相辅相成，普及是提高的充要条件，提高是普及的出发点和归宿。

4. 校内和校外相结合。办学特色的形成与发展主要靠学校抓，但离不开家长和社会的关心与支持。校内与校外结合的第一层意思是学校充分利用家委会和家长会，告知分阶段实施目标，要求家长配合抓；第二层意思是则开展社会实践活动，让学生将学到的本领去为社会展开服务活动。

五、遵循了以下五条运作原则

在特色教育过程中，我们始终用以下五条原则，作为发展学校特色教育必须遵循的基本原则。

1. 整体性原则。强调学校是一个统一的整体，构成这一整体的是多层次、多因素的结构。作为这个整体的各层次组织和成员，都要围绕学校办学的总体规划和目标，面向全局、立足本职、齐心协力、积极投入，以保证整体目标的实现。

2. 系统性原则。强调发展学校办学特色是一个系统工程。构成这一系统的诸要素都处在相互联系中，发挥作用；作为方法论，在实施写字教学的实践中，根据知识、技能等的内在联系，以及学生身心发展的规律，循序、系统、连贯地进行。

3. 递进性原则。强调兼顾学生的差异，处理好统一要求与因材施教的关系。从具体情况出发，分类指导，分档推进，使每个学生都能得到充分的发展。

4. 实效性原则。强调写字教学活动要讲究实际效果，努力提高即时效果和发展长期效应。切忌盲目的无效劳动。

5. 激励性原则。强调依据赫慈伯格的“双因素理论”，充分运用成就感、奖励、发展和期望等激励因素，激发每个学生的动因，使学生健康成长。

六、恰当地处理好六个方面的关系

全面实施素质教育进程中，发展本校书法写字教育特色。我们认为：抓书法写字教育仅仅是落实素质教育的一项任务。落实素质教育任务涉及方方面面，因此提出了处理好以下六个方面的关系。

1. 处理好特色教育和素质教育的关系。素质教育说到底是全面发展的教育。我们强调发展学生的个性，必须置于全面发展的大前提下，使我们的学生有特长，以适应未来社会对人才需求上的挑战。因此，发展特色教育与全面落实素质教育任务是一个统一的整体，不能割裂。

2. 处理好特色教育成效与常规办学水平的关系。在特色教育取得显著成效的同时，学校常规的办学水平也应该是优秀级的，决不能舍本求末、位置颠倒。

3. 处理好特色教育“点”和“面”的关系，抓特色教育不应着眼在少数几个尖子学生上搞英才教育，而应更注重“面”上学生的普及。其覆盖面应不低于80%。

4. 处理好近期目标与长远规划的关系。发展办学特色需要经历一个过程，作为学校领导既要有长远的规划，又要有阶段性的近期目标，造成一环扣一环的链式结构并呈螺旋式上升。

5. 处理好特色教育的“教”与“学”的关系，小学写字教育出不了书法家，而是打扎实的基础。教师要注重授之以“渔”，加强学法指导与好习惯的养成。

6. 处理好特色教育的“学”与“用”的关系。学校中学到的本领要在社会实践中实施和运用，让学生从小树立为当地的两个文明建设服务的观念，故提倡诸如“上街送春联”等实践活动尤为必要。

三

我们已经作了多年的努力，取得了一定的实效。校舍和教学设备很不起眼，但走进校园，一股书法写字教育的浓浓气息将迎面扑来，令人赏心悦目。1996 年 4 月 2 日，上海市教委教研室、市教育学会书法专业委员会联合在我校召开“上海市书法写字教学现场会”，初步展示了我校书法写字教育的成果。与会的近百位专家、领导和各区县的书法教研员以及书法特色学校的领导同行对我校的特色教育成果作了充分的肯定。多家新闻媒介机构作了积极报道，这是对我们的鼓励和鞭策。现时隔一年又余，我们在教育理论的指导下以点带面继续进行实践，一面抓紧开发性研究。在较完整的且操作性较强的目标与评价体系和特色教育运作模式的导向下，继续重视“点”上的提高和发展，更注重“面”上的普及。令人振奋的是 1996 年暑假我校学生参加市教委与市交警总队联合举办的“交通安全杯小学生书画大赛”上，冯伶俐同学（十二岁）荣获郊区组书法第一名大奖，吴文英同学（十一岁）荣获优胜奖，又一次显示了我们的实力。更为可喜的是，学生们的写字能力有大幅度的提高。正确，工整，结构匀称，整洁美观这一写好字基本要求，已经成了大多数学生的自觉要求，难能可贵的是，1997 年 2 月 5 日，我校 48 名学生在教师的带领下，走上街头，当场演技，为过路群众书写和赠送了近千幅春联，收到了良好的社会效益。学校的特色教育有声有色，其他各项工作均有长足的进步，得到了上级教育部门的密切关注和好评。

小学书法写字教育的实践与思考①

陆金林

本课题是在基础教育由“应试教育”向“素质教育”转变，学校发展由计划经济体制下的单一化向市场经济体制下的多样化、特色化转变的大背景下，从农村小学的实际出发，以我校多年的实践探索为基础，发挥我校书法写字教育的强项优势，并将此作为全面实施素质教育的突破口，通过把“书法写字教育”作为研究的载体，探索和总结经验，以达到全面推进素质教育的目的。在教育哲学、教育心理学、系统科学、课程论和儿童发展心理学等理论的支撑下，运用行动研究法和科学经验总结法等主要研究方法，围绕以下目标开展研究：

1. 小学书法写字教育的目标与评价；

2. 书法写字教育运行机制的构建和实施；

3. 书法写字教育文化氛围的营造及学校办学特色的发展。

整个研究自1994年9月至1997年12月止，历时三年余。本课题主要的研究成果如下：

一、构建小学书法写字教育的目标与评价体系

书法是艺术性的写字，写字是实用性的书法。我们开展的书法写字教育，显性目的是写字，写好字，潜在追求的是书法艺术。

根据小学语文教学大纲对小学生写字教学的要求和赞可夫的“最近发展区”理论、布卢姆的“掌握学习策略”，通过多轮运作和筛

---

① 注：发表于《上海市第六届普教科研获奖成果集》1998年版。主要研究成员：张伯忠、陆金林、金平、戚天音、刘林聪、朱君辉、顾少锋等。执笔：陆金林。

选，构建了两维结构的小学书法写字教育的目标体系：低、中、高年级维和认知、情意、技能目标维。教育目标分为运用语言文字作了具体、科学和准确的界定和描述。

小学书法写字教育的评价既是分阶段的总结性评价，又是多种水平的形成性评价。为此，我们抽象出评价要素，并分为 A、B、C 三级水平建立了评价参照常模。形成的小学书法写字教育的评价体系分别由“小学生书法写字教育评价要素表”（评价要素及有关的描述定义和权重）、“小学低、中、高年级学生书法写字要素评价表”（评价要素维和参照标准维）组成，其中评价参照标准维中分别有 A、B、C、三个等级的描述定义。

在小学书法写字教育的目标与评价体系中，尚有与之相匹配的 4 个模块：第一模块是选用自编教材作为教育内容；第二模块是提出了直观性、量力性、递进性和个别指导四条教育原则；第三模块是采用了观察法、演示法、临摹法、比较法、实习法、欣赏法和陶冶法七种教育方法；第四模块是对评价的操作提出了可行的建议。

二、形成书法写字教育的运作机制

我们将书法写字教育作为我校全面实施素质教育的突破口，作为学校深化教育改革、探索自主发展的教育实验项目，作为一种有创意的办学思想。经过几年的探索，形成了一套行之有效的运作机制。其要点有：

1. 营造良好的书法写字教育的校园文化氛围，期望目标是充分发挥隐蔽课程对师生潜在的教育影响与作用。

2. 发挥教师书法骨干和学生书法写字“领头羊”两支队伍的作用，以利于进一步加强指导力量和拓展面上的普及工作。

3. 管理上做到教师、内容和时间的“三到位”，通过行政措施予以保证。

4. 导向上做到语文学科与非语文学科、课内与课外、校内与校外、普及与提高四个方面的有机结合，目的是形成全方位齐抓共管。

5. 强调运作中贯彻整体性、系统性、递进性、实效性和激励性五条原则，以此作为发展特色教育的基本准则。

6. 恰当地处理好宏观和微观两个层面上特色教育与素质教

育、特色教育与常规办学水平、近期目标与长远规划、“点”与“面”、“教”与“学”、“学”与“用”这六个方面的关系。

三、书法写字教育实践取得了令人瞩目的成效

主要表现在：学校到处充盈着书法写字特有的校园文化色彩，书法写字教育成了学校教育的特色项目；写好字已成了师生共同、自觉的追求目标；师生的书法写字素养有了大幅度的提高；学生的学习态度、习惯、意志品格和审美情趣等个性品质发生了显著的变化；有力地促进了学校实施素质教育和全方位工作的整体优化。

书法写字教育的成果影响已走出金山、上海，走向全国。“小学书法写字教育的目标与评价”曾于1997年5月在“全国首届小学写字教学研讨会”上作了学术交流。昔日名不见经传的我校，如今已跻身于创特色学校的行列，充分显示了我们拥有的深厚底蕴，赢得了社会的认同。

本课题研究通过对实践过程的反思，得出了两点重要的结论：

1. 书法写字教育能促进人的全面而富有个性的发展。大量事实说明，书法写字教育对于学生习惯的养成、意志的磨练、思维的发展、人格的健全、情操的陶冶和思想品德的修炼等具有重要促进作用。从这个意义上说，书法写字教育既是美育也是情育，更是心育。

2. 以书法写字教育为基础，可以也能发展成为特色学校。因为从学校实际出发，发挥拥有的强项优势，创建特色学校是每个学校的追求。诚然，特色学校的形成不是一蹴而就的，而是需要经历一个阶段性的过程，学校的办学特色与特色学校之间不是一条简单的通道。但只要我们持之以恒地执着追求，继续付出艰苦的努力，定能成为特色学校。如今我们创建书法写字教育特色的过程本身，正有力地推动着我校工作的全面进步。

总之，就学生而言，我们期望培养的不必是书法家，而是在我们的学生走向社会时，从他们写的字、他们的行为方式、作风习惯、价值观念中，就能知道他们曾在我们这样的环境中浸润过，这就是我们真正的成功，也是真正落实了素质教育。

【作者单位：金山区漕泾中心小学】

1998年10月

小学书法写字教育特色学校课程教材的开发研究报告[①]

金 平

一 背景及意义

近年来,科学技术迅速发展,知识经济日显端倪,教育在未来社会中的作用愈来愈引起社会的关注。国运兴衰,系于教育,百年大计,教育为本。面向21世纪的教育,追求人本位的理念更为强烈。21世纪中国的进一步跨越式发展,需要更多的全面发展与个性健康有机结合的复合型人才加盟。为此,学校教育必须走出整齐划一的教育内容、千篇一律的培养模式等误区,应该为具有特殊才能的学生发展提供个别化课程,以充分开发他们的潜能。《中共中央国务院关于深化教育改革全面推进素质教育的决定》指出:调整和改革课程体系、结构、内容,建立新的基础教育课程体系,试行国家课程、地方课程和学校课程。上海的二期课改,主要目标是以素质教育为核心,促进学生个性发展,特别注重构建培养创造性学力和发展性学力服务的课程体系,其中包括有强化人本与人格养成学科类建设方面的新课程诞生。由此推断:"以本土化为特色"是我国课程教材改革的发展趋势之一。将表现为课程的形式和内容也将进一步本土化,教材编写更具本土色彩。

与此同时,21世纪的学校教育更富有挑战性,对教师的素质

---

① 注:发表于《上海市"绿叶计划"成果集(第四集)》2001年2月版。主要研究人员:金平、陆金林、胡卫英、戚天音、朱君辉、顾少锋、钱友林、戚纪军。执笔:金平、陆金林。

将提出越来越高的要求，这就需要教师必须接受继续教育、终身教育的理念。目前，师训的重心已由学历补偿向专业化能力本位作根本性的位移，能力本位是数千年中国文化演化的最新理念，也是中华民族走向“世纪人”的现代化过程中的本质要求。教师素质的多样性与差异性，也注定了教师继续教育的课程呈现多样化的发展趋势。

我们虽是一所普通的乡镇小学，但已有近百年的办学历史，拥有自己多年积淀的文化底蕴。近年来，学校以“书法写字教育”作为实施素质教育的突破口，以科研作为推进器，通过5年多来的上下求索，在理论与实践上都有不俗的建树。《小学书法写字教育的实践与思考》获上海市第六届科研成果三等奖，书法写字教育的办学特色已成为学校一道亮丽的风景线，学校已被中国教育学会书法教育专业委员会命名为“写字教育实验小学”，跻身全国百所实验小学之行列。最为可喜的是，书法写字教育促进了学校全方位工作的发展和进步，荣获上海市第四届“教育科研先进集体”称号。

《小学书法写字教育的实践与思考》创造的书法写字教育目标与评价体系和一整套比较完善的运作机制，正在继续指导着我们的实践。创建书法写字教育特色学校是我们的追求。我们以为：特色学校的形成需要经历一个阶段性的过程，需要我们继续做孜孜不倦地探索。为此，我们对小学书法写字教育做延伸研究，本课题主攻的目标定位在师训、学生用的校本课程教材开发研究上，旨在形成自己的特色教材，对创建特色学校做进一步地推进。

本课题研究的显著意义就在于：以小学书法写字教育教材建设和书法写字教育师训课程教材建设作为研究问题，既能根据农村小学学生的特点，运用书法写字教育为研究载体加强美育，促进学生的个性化发展。又能推进学校办学特色的成熟和特长教师队伍的成长，扩大特长教师队伍的辐射面（区→市）。并通过对校本课程教材开发的实施策略研究和理性思考，为各级各类学校校本课程教材开发研究提供可资借鉴的经验，为丰富和不断完善基础教育课程教材建设理论宝库作贡献。

二　目标、过程和方法

1. 研究目标

通过对诞生于本校的《小学书法写字教育的实践与思考》获奖成果的推广应用研究，在新基础教育理论、现代课程论、教学论和教育的心理学理论的指导下，构建中小学书法写字教育师训课程和编制相应的教材；构建以“本土化特质”为特征的小学书法写字教育学生课程和编制相应的系列训练教材；总结提炼和创造校本课程开发的新经验，为丰富和发展我国课程教材建设理中论宝库作贡献。

2. 研究过程

第一阶段(1999.4—2000.6)

课程教材开发研究阶段：(1)课程教材开发的理论和相关策略的研究；(2)师训课程教材的编制研究；(3)学生课程教材的编制研究。

第二阶段(2000.7—2000.12)

课程教材的试运行阶段：(1)用自编的师训教材对本校的语文教师及书法写字兴趣小组指导教师作培训；(2)用自编的学生用教材对部分学生作试用；(3)在试用的过程中不断修正和完善教材体系。

第三阶段(2001.1—2001.2)

研究成果总结阶段：(1)正式出版师训教材和学生课本；(2)撰写课题研究总报告；(3)整合汇编“小学书法写字教育课程教材开发研究成果集”。

3. 研究方法

主要有：文献法，用于收集、整合有关课题研究的最新信息资料。行动研究法，用于课程教材开发研究和试运行等全过程。反思实践法，用于课程教材开发研究经验的总结提炼和理性思考。

其次，教育调查法、专家咨询法等。用于广泛征求各方面意见和吸收合理化建议等。

三　主要的研究成果

经过近两年来的潜心研究，在课题组成员的通力合作下，在校行政的大力支持下，迄今为止已基本完成了课题立项时的预定研究目标：即完成了师训课程教材的构建与编制；完成了小学生课程教材的构建与编制，总结、提炼和创造了校本课程教材开发研究的新经验。现作系统介绍如下：

1.《小学书法写字教育与特色学校创建》师训课程教材简介

（1）目标定位

该课程纲要是由漕泾小学写字教育课题组的区、市级获奖科研成果《小学书法写字教育的实践与思考》转化而成，旨在为提供小学语文教师（担负小学生写字教育任务）、中小学书法写字教育课外兴趣小组活动课教师等提供在职校本培训用。在能力本位的理念下，着眼点放到提高该部分教师的书法写字基本素养上，包括对中华民族书法写字发展的回顾和小学书法写字教育德育、美育价值的认识、小学书法写字教育目标、原则、方法、内容及教学评价的掌握，教师的书法写字技能提高的有价值提示和参考等。既为教师在这方面能力的可持续发展和提高提供帮助，也为创建书法写字教育特色学校、弘扬中华民族优秀文化艺术等做进一步的推进。

（2）教材框架

该课程纲要为 5 章 20 节。第一章：创建书法写字教育特色学校的办学思想。包括书法写字的历史演变、现代背景下的书法写字教育、书法写字教育的德育价值和以书法写字教育为突破口，创建特色学校。第二章：书法写字教育的目标、内容、原则和方法。第三章：书法写字教育特色课程的机制构建。包括营造良好的书法写字教育校园文化氛围、体现书法写字教育管理上的“三到位”、发挥书法写字教育中的两支队伍作用、强调书法写字教育导向上的四个“结合”、遵循的五条运作原则、形成激励机制和处理好宏观和微观两个方面上的六个方面关系。第四章：书法写字教育的评价。包括评价常模和评价方法。第五章：教师的书法写字技能训练。包括教师技能培训的可能性、途径和方法以及教师书法写字技能训练实践。全册课程纲要约 2 万字,可用 30 学时完成,学分为 3 个。

(3) 教材特点

a. 通俗易懂。该课程纲要是由科研成果转化而成,是课题组成员多年从事书法写字教育研究所创造的经验结晶,源于实践、贴近校情。文字叙述朴实无华,既无经典著作上的你云我云,又无实践过程中的文字游戏。当然,它也不是一般意义上的点滴经验,而是经多轮筛选形成的自成体系的成熟经验。加上编者在文字上的反复推敲,使通篇教材线条清晰、内在逻辑性强,易为学习者理解、吸收和记忆。

b. 实践性强。该课程纲要避免了从理解到理论的诠释,而将更多的视角投注于提高教师的书写技能上,为学习者进一步拓展练习提供了思路。如果说《小学书法写字教育的实践与思考》研究成果较侧重于理性思辨的话,而师训课程纲要则在重新审视的基础上,增加了教师书写技能训练实践篇。这是基于目前师训重心是从"学历补偿型"转向到"研修提高型",强调实践操作的考虑。这是向能力本位作根本性位移的一个很好的实例。这也与书法写字教育侧重于技能训练的特点相吻合。

c. 适用性广。写字是语文教学中一项重要的基本功训练。写字是书法的基础,书法则是艺术性的写字。中华民族书法艺术历来是我国文化艺术宝库中的一朵耀眼的奇葩,它涉及整个汉语文学习的范畴。从这个意义上说,该教材培训对象涉及的范围是很广的。除了像本校要创建书法写字教育特色学校的写字教育实验学校的教师群体外,更多的是从事汉语文教学的老师,因为写好字是每个中国人的起码要求。

(4) 使用策略

a. 理论联系实践学以致用。学习的目的全在于应用。在能力本位的全新理念下,加强受训教师书写技能的训练指导不仅必要且十分重要。一手好书法不是靠几天的强化学习训练所解决的,课程纲要提供的仅仅是让学习者展开进一步实践给予方法和途径上的参考。诚然,没有理论指导的实践是盲目的实践,课程纲要用较多的篇幅阐述理念,目的是让实践者廓清一些模糊认识,切实将书法写字教育作为实施素质教育的一项突破性工作来抓。因此,提倡理论联系实践的好学风是课程纲要编写者的一个重要意图。

b."普及""提高"结合分档推进。接受培训的教师书法写字的基本功基础不会整齐划一,存在差异是必然的。因此,在实施培训时,着眼点应放在普及上,设置大部分教师都能达得到的教学目标,让他们都能得到成功的体验。诚然,也应关注一部分基本功较扎实的受训教师,给他们设置的教学要求可高些,鼓励他们朝"研究提高型"方向发展。这就有了普及与提高相结合分层施教、分档推进一说,对教材的使用应具有灵活调控意识。

c."自学""辅导"互补相得益彰。成人教育的最好途径在于提倡自学,通过自学感悟到的要比别人强行灌输的效果好得多。当然,这并不排斥加强学习辅导的必要,学习辅导能起到释疑解难、事半功倍的效果。"自学"与"辅导"均具有其不可替代的重要作用,可它们间有优势互补的功能。因此,该课程的师训应提倡"自学"与"辅导"相结合,起到相得益彰的效果。

(5) 教学评价

本课程教材作为师训选用,教学评价通过组织考查来实施。考查内容由两部分组成:一是撰写学习心得一篇;二是当场书写(软、硬笔)书法作品各一幅。采用模糊评判等级制(优良、及格和不及格)作综合评定,归入培训档案。

2. 小学书法写字教育学生课程教材简介

(1) 目标定位

该课程教材是根据《小学语文教学大纲》对写字的基本要求和上海市中小学生写字等级考的相关要求,并参照我校书法写字教师多年来的成功实践经验而着手编制的。旨在为创建书法写字教育特色学校的学生提供有效训练作指导,同时也可让开展书法写字训练课外活动课的各类学生选用。

(2) 教材框架

整个教材共分 11 册。可分为一、二年级系列,三、四年级系列和五年级系列 3 部分。其中一年级(上、下)合订 1 册;二年级(上、下)2 册。教学训练内容为铅笔字,每册教材学习需要 16 课时。三年级钢笔字上下 2 册、毛笔字 1 册;四年级钢笔字上下 2 册、毛笔字 1 册。教学内容为钢笔字 8 课时/每学期,毛笔字 8 课时/每学期。钢笔字为 32 开本,毛笔字为 16 开本。五年级(上、下)2 册,教学训练内容为钢、毛笔字(钢、毛笔字学习内容在同一册书上),为 16 开本,学习需用 21 课时/每学期。

(3) 教材特点

a. 识写结合,循序渐进。汉字是音、形、义的结合体,识字与写字必须同时兼顾。根据少年儿童骨骼发育的特点,有专家建议小学起始年级学习汉字以识为主,写字的数量应酌减。我们在认同上述建议的同时,借鉴"最近发展区"学说,在编写写字教材时尽量做到由易到难、循序推进,不追求急功近利。

b. 提供范例,触类旁通。入选教材的范字进行了精选,做到归类贴切。旨在通过对范字的练习指导,达到对同类字的触类旁通,以达到事半功倍的练习效应。

c. 设计新颖,省时高效。从已有经验积累出发,硬笔书法与软笔书法既有联系又有区别,在本次编写的教材中,三、四年级继续沿用分开编的传统做法。而五年级教材则大胆改革创新,将硬笔与软笔的训练指导放到同步上,以达到互补提高的高效率目的。

d. 要诀提示,强化记忆。教材中独具匠心地设计了一些练习要诀,且一律采用通俗易懂、极易诵读的书面语,使学生对练习的同一类字有较强的记忆痕迹,便于学生自学巩固,起到无师自通之目的。

e. 欣赏激趣,加强美育。为防止枯燥乏味的练习而导致学生厌学情绪的发生,编者不时地穿插一些作品供学生欣赏。一方面激发学生练字兴趣,另一方面让学生潜移默化地接受美的熏陶,充分体现书法写字教育既是美育也是情育,更是心育的理念。

f. 纵有发展,横有变化。从整套教材的体列来纵向比较,均设置了一个个与年龄段发展相吻合的目标,是一个循序渐进的过程;从横向来加以考察,避免了千篇一律的程式化模式,做到每个阶段形式上有变化。通过整个五年一贯的持之以恒的训练,使学生受到较全面、全方位的教育训练。

g. 描仿入体，发展个性。该套教材自楷书入手，且采用本校戚天音老师的(贴近学生实际)楷书手写体，在完成一定量的基础训练后，学生可根据自己的特点，由教师作参谋，指导学生练习某一书体，以达到发展学生不同个性之目的。

h. 教学相长，易于操作。该套教材能充分体现编写者的意图，执教的老师可从教材中体会到该如何合理、科学地指导学生练习。学生也可以从中领悟到自学与接受辅导的真谛，因而能起到教学相长之目的。

(4) 使用策略

a. 写字育人，养成教育应贯彻全过程。书法写字教育不单单是让学生写一手好字，更重要的是要全面发挥它的育人功能。为此，教师在实施教学活动中要将写字能"育德"、"启智"、"审美"、"健体"和养"习惯"等方面的共识贯穿于整个教学过程，尤其要突出对学生的修养进行指导。如，培养认真、庄重、坚韧不拔的意志品质，通过执笔提出作品正确、清楚、整洁、美观等要求，不断规范学生的行为，培养具有专心、细心、耐心、恒心、责任心和严谨治学的下一代。

b. 普遍要求与分类指导同步推进。对面上的学生，可通过写字课、天天练等教学组织形式提出普遍要求，循序渐进，逐步提高他们的写好字素养。针对书法兴趣小组或书法特长班的学生，由于他们起步的不一、发展水平有差异，需要教师为他们设置不同的教学目标，进行分类指导，分层次地不断提升他们的书法写字素养，使书法写字教育特色学校的学生写字素养呈现应有的各层次发展水平。

c. 教学过程细化，教学方法优化。目前小学的写字课，一般采用的是 20 分钟小课或 40 分钟大课的形式。无论是小课也好，大课也罢，宜将教学过程分为"二段式"。即精心讲授、规范示范阶段和认真临写、精心辅导阶段。两个阶段所占用的时间以 1∶2 为宜。因此，在第一段中，要求教师讲解通俗、演示规范，重点突出和课堂激活；在第二段中，要注意授人以渔、因人施教和引导读帖。充分运用"看、记、写、比"等多种手段来提高课堂教学效益。

d. 多渠道全方位开展社会实践活动。写字是一项重要的基本功训练。一手好字可受益一辈子,但一手好字绝对不能靠一朝一夕所能达到的。为此,教师要教育学生养成勤学苦练的好习惯,通过课内与课外、校内与校外、学校与家庭等多渠道敦促学生苦练基本功。带领他们走出校门、走向社会、参与竞赛、书写春联等,让他们有施展自己才能,享受成功体验的机会,可取到事半功倍的良好效果。

(5) 教学评价(略)

详见:《小学书法写字教育的实践与思考》中的教育评价量表。

3. 对校本课程教材开发的理性思考

写字是书法的基础,书法是艺术性的写字,两者联系紧密。经过近 2 年的对小学书法写字教育特色学校的师训和学生学习用课程教材的开发实践,使我们对构建"以本土化为特质"的校本课程教材有了新的认识。

(1) 校本课程教材开发的重新解读

何谓"校本"? 校本即为"以学校为本"、"以学校为基础",它包含三方面的含义:一是为了学校,二是在学校中,三是基于学校。也就是指要依靠学校中的人为改进学校实践和解决面临的问题,去挖掘学校客观存在的潜力,让学校资源更充分地利用起来,让学校的生命活力释放得更彻底。

课程教材是耳熟能详的概念。但需要指出的是:课程的本质特征是"序",只有"序"化了的教育内容才能称得上课程。学校课程就是教学生认知"序"化了的事物及其运动规律和"序"化了的认知方法。迄今为止,我们为发展书法写字教育特色所作的一切努力都是紧紧围绕"校本"而进行的,目前特色教育课程教材的开发研究,又是一次新的突破和飞跃。

因此我们认为校本课程教材开发的实质:就是以一个学校为基地,由教师和学生作为参与的主体,辅之以课程专家学者、社区的有识之士与家长等共同参与。从学校实际出发,对国家课程、地方课程进行选择、改编或针对国家、地方课程的不足进行全新创新,目标是促使学生个性潜能优势的充分发挥,促进学生的个性全面发展、教师的教学特长有效展现和学校的办学特色成果凸显。

(2) 校本课程教材开发的价值取向

校本课程教材开发的目的是为了更好地体现学校的办学特色,发展并培养学生的个性特长,同时也充分地开发和展现教师教学个性特长,更好地贯彻落实国家的教育方针,更有效地促进个体和社会的健康发展,它的价值追求在于"个性化"。

事实上,每所学校都有独特的文化历史背景、外部条件和内部条件,这些条件的综合就形成了该校的具有自己特色的办学传统和校风。办学传统是该校在办学历程中所积淀的学校文化结晶,而校风是"此校与彼校之间自然存在的个别差异"。校本特色课程教材的构建是实现办学特色的重要载体,一定要突出学校办学的"个性化"。

而教师呢?实际上,教师首先是一个人。"一个真正的教师永远是一个个性,一个鲜明的个性,独具一格的个性。"教师的个性品质必然影响着其对课程的选择和组织,教师对学生的影响不仅仅表现在学识方面,而且更重要的是在人格方面。因此,要让教师直接参与校本课程开发,在于开发过程中充分体现教师的鲜明个性。

还有,教育是一项培养人的社会活动。这一本质决定了学生是教育的出发点和归宿点。每个学生都有他的生活经历、兴趣爱好、情感体验和个性的"闪光点",校本课程的开发应为尊重、发展和展示学生的个性提供更广阔的空间。

校本课程教材开发的价值取向——个性化。因为,人的个性潜能是无限的,教育的使命在于唤醒、发掘个体的个性潜能。

(3) 校本课程教材开发的目标与内容

校本课程的设置是全面贯彻国家教育方针,提高教育效益和人才素质的重要举措,其意义是深远而广泛的。它打破了传统的必修课一统天下的格局,为学校办出个性特色注入了活力、拓宽了渠道,为培养学生的创新意识提供了"阵地",同时也为教师"一专多能"的发展提供了机遇。

校本课程从本质上讲应是学校根据自己的办学思想自主进行的课程开发。不存在统一的模式,也不应有"统一"开发的要求。学校和教师是课程开发的主体,是积极主动的参与者、贡献者,这是毫无疑问的。

我们认为，校本课程教材开发的目标是促使学生个性潜能优势的充分发挥，促进学生的个性全面发展、教师的特长有效展现和学校的办学特色成果凸显。所以应将视角关注在以构建发展特色教育为主上。这是鉴于考虑到教师的积极参与、学生的认知背景与需要、学校的主客观条件及其所处的社区的经济与文化水平，凸显学校自身特色等原因。

从这一目标出发，可供校本课程教材开发的教育资源非常丰富。可从学校办学的特色为出发点，也可由教师的特长为出发点，更多的可从社区学生对教育内容的需求上考虑等等。

（4）校本课程教材开发的原则

a. 自主性原则。校本课程教材开发立足学校，是学校根据自己的教育理念，在对师生的需求进行系统评估的基础上，充分发掘和利用学校的课程资源，通过自行研讨、设计和参考专家意见等方式编制出来的，可供师生选择的课程。它不受国家课程、地方课程的制约，具有鲜明的自主性。

b. 适用性原则。校本课程教材开发是针对国家课程、地方课程开发中的局限性而采取的一项重要举措，其目的是更好地弘扬师生的个性潜能优势，促进学生个性全面和谐地发展。它的归宿点必定是更突出实际价值，密切联系教育、教学实际，学以致用。适用性是校本课程教材开发的生命力所在。

c. 实践性原则。校本课程教材开发源于学校师生多年的教育实践，是教育实践演化的结晶。因而决定了把实践放在突出的地位。在能力本位的全新理念下，一方面指导校本课程培训实践，加强实践操作，注重能力和技术的培训。另一方面指导学生的学习实践，注重培养学生的创造性学力和发展性学力。实践性是校本课程教材开发的另一鲜明特征。

d. 区域性原则。校本课程教材开发虽立足学校自身，但它决不是学校的自我封闭、学校乃至地方间的相互割据。事实上，它吸纳了本地区的许多教育、教学研究的成功经验。在开发的过程中进行了一定数量的横向交流，融进了社会生活的实际变化和社区有识之士的教育观点和要求，是一个地区联动的过程。对推进当地的教改将起重要辐射作用。

(5) 校本课程开发的环节

校本课程开发是一项艰巨而又复杂的工程，它有其基本的工作环节(见下图)。

目标确定→方案制定→组织编写→尝试实践→评价反馈→修改完善

a. 目标确定。开发校本课程一定要从学校的办学目标(培养目标)出发，根据学校的教育理念，分析师生的需求，筛选学校的教育经验，确定一个符合校情的开发目标及阶段工作要求。必要时，要请有关的专家进行论证。

b. 方案制定。围绕课程开发的目标，组织对课程教材框架的研讨，做到越详细越好操作，形成一个具体方案。

c. 组织编写。按照课程编制方案尽可能多地采集和占有资料。借鉴他人经验为我所用，并精心编写，融入现实生活的实际变化和有识志士的最新教育观点，使课程教材具有鲜明的时代气息和个性。

d. 尝试实践。编制的课程教材一定要进行试用，在这个过程中肯定存在编写者未估计到的情况，尝试实践的目的是为了对其修改和完善。期间最起码要经历一个周期试用，才可对课程教材的信度、效度作出判断。

e. 评价反馈。在经历一个周期的试用过程中，编写者要不断搜集来自教学一线人员的意见和建议，同时向课程专家进行咨询，请他们来作论断性评价，为修改完善夯实基础。

f. 修改完善。针对来自各方面的意见和建议，编写者应及时进行修订。我们的校本教材编写就是照此流程进行的，其中有许多地方是经使用后进行修改完善的。

四 实践的结果

从 2000 年 7 月起，我们用了一个学期的时间将编制的课程教材雏形在本校的语文教师、担任书法写字教学的教师群体以及部分学生中做试运行，以求得对这套自编教材的认同。师生们普遍反映，这套教材植根于本校，贴近校情，源于实践并指导实践，对拓展校本培训、体现教育最新理念、深化课程教材改革、推进特色学校创建进程和创出地区联动、教育资源共享新路子等具有重要的现实意义;构建起特色教育课程教材,与已有的办学思想、目标与评价体系和较完整的一套行之有效的运作机制,构成了小学书法写字教育特色学校所拥有的完整体系,为中国教育学会书法教育专业委员会命名的“写字教育实验学校”再添加了一个新亮点。

(一)拓展了在职教师岗位培训课程教材可供选择的空间

在职教师岗位培训是现代信息社会知识社会下的特有产物。这是因为现代科技的迅速发展,世界知识总量以三至五年一个轮回的几何级增长和优胜劣汰自然法则无情地展现在人类面前,人们普遍接受了终身学习的理念。教师作为“人师”,不仅是为了自身的生存,而且还肩负着引导下一代学会生存、迎接挑战的重任,其重要性凸显不言而喻。综观上海的“八五”师训,基本上采用由培训机构按教师任教学科提供课程教材进行比较统一的再学习,到了“九五”有所改进,主要采用培训机构提供一部分课程教材,再用远程教育开设一部分课程相结合的方式来进行。可供教师按需选择的课程教材余地不大,且培训机构担负的面广量大的培训任务苦不堪言,草草收场式的走过场培训效果不佳。现在,在学校发展校本化理念下,涌现了许多校本课程教材、校本培训的模式和校本培训基地等,弥补了这方面的不足。因为校本培训更切合校情,贴近教育、教学实际,有利于教师的知识“充电”和能力提高。以我们编制的《小学书法写字教育与特色学校创建》师训教材为例,它为教师展示的是我校自己创造的经验,体现了我们的最新教育理念和自身的文化底蕴。接受培训,除了增长知识、提高能力外,更多的是形成共识,物化教育理念,并付诸于实实在在的教育实践行为。

学院式的培训、远程教育,再加上校本培训,组成了更优化的师训新途径和新模式。更适合教师的个性化发展,从这个意义上说,校本课程教材的开发为在职教师岗位培训添上了新亮点。

（二）体现了“走向学生”的全新理念

“以人为本”，基础教育面向的是一切孩子，一切为了孩子，为了孩子的一切。书法写字教育作为实施素质教育的突破口，作为一个有创意的教育实验项目，我们的本意是追求“写一手好字，做一个好人”。事实上，通过多年的上下求索，我们已赢得同行的高度评价和社会的认同。

编写校本课程教材的目的是想探求一条省时高效的新途径。因为我们看到这样一个事实：一方面，花费了大量时间练字，没有练好的大有人在，练好的也大有人在；另一方面，用平时常规的时间练字，字写得好的也不在少数。究其原因：既有教师指导有方无方的问题，也有使用的教材科学性强不强的问题。因此，我们认准了只有通过师生联动这条路，即通过教师的提高来促进学生的发展。

事实也表明：运用自己的校本教材对担负写字教学任务的教师做培训，使教师的业务素养有了长足的发展。教师教育观念的更新和业务素养的提升，对学生的发展提高是一种有力的推动，书法写字特色教育使学生的学习习惯和品质发生了质的变化。由此也使学校各方面工作又有了新的发展和进步。从 1998 年始我们在“主题引领活动，物化教育理念”的口号下，先后进行了“课堂，素质教育的核心之家”、“走向学生”等一系列主题活动，将学校工作推向了一个新的台阶，在向全区进行展示活动时，得到了来宾的高度赞扬。因为，我们体现了真正意义上的“走向学生”——为学生的发展动真情、下苦功、多服务。

（三）推动了课程教材改革向更纵深方向发展

课程教材改革运动各国都在进行，当代世界课程改革的追求正在更多地着眼于人类自身，关注人的发展，面向 21 世纪的课程改革。一方面，既要立足现实，适应社会发展的需要，又要着眼未来，有效地影响社会发展；另一方面，既要考虑人的发展的共性，又要考虑人的发展的个性。上海二期课改的主要目标是以素质教育为核心，促进学生个性发展，特别注重构建培养创造性学力和发展性学力服务的课程体系，其中包括有强化人本与人格养成学科类建设方面的新课程诞生。中国如此之大，地区发展水平又是那么的不平衡。因此，我们所作的以构建本土化特质为目标校本特色教育课程教材的努力，符合时代发展的要求，体现出我们的执着追求，是对课程教材改革的有益尝试。诚然，一个学校的“能耐”毕竟有限，但众多的学校都有了这方面的意识和作为，其力量是不可低估的。这是因为“创建特色学校是每个学校的追求”。

国家课程教材、地方课程教材，再加上校本课程教材的优化组合，可为学生的个性发展构建起具有时代特色的课程教材体系。从这个意义上说校本课程教材的开发推动了课程教材改革向更纵深的方向发展。

（四）推进了特色学校创建工作的进程

“创建特色学校是每个学校的追求”是近年来教育发展的新趋向。这是因为学校所给学生的，不仅仅是精致的知识、方法、技能，更多的是为人的道理、生存的方式、学习的能力。学校不仅要为学生的发展提供规范、科学的环境，更多的是在这个基础上的一种文化。我们深知，这一目标的实现不可能一蹴而就的，需要经过艰苦努力、锲而不舍。发端于1995年的这一办学目标，已经历了一个孜孜不倦的探索过程。从研制小学书法写字教育目标与评价体系到创造一套行之有效的特色教育运作机制，期间又不断完善了特有的办学思想和教育理念，我们已经获得了巨大的成功。名不见经传的乡镇小学已有了相当范围的影响力和知名度，并被中国教育学会书法专业委员会命名为“写字教育实验小学”。围绕以创建特色教育作为目标而编制的书法写字课程教材为创建特色学校提供了更为有效的支持系统。

有专家预言：创建特色学校，不仅要有自己的教育思想，还应有自己的课程、教材和教学模式等，我们认同这一观点。从这个意义上说，校本课程教材的开发研究推进了创建特色学校工作的进程。

（五）闯出了走地区联动、教育资源共享的新路子

地区联动、教育资源共享和地区性推进教育改革是近年来的

教改发展新趋势。这方面的理论研究成果颇多。作为基层一线的我们除了学习吸收前人创造的经验外，更多地着眼于教育实践和积累，进行再创造的反思。综观现有的以发展特色教育作为目标的校本课程教材，比较集中于师训选用上，且取得了令人瞩目的继续教育效果。我们的校本课程教材开发研究不只停留在师训上，还将目光投注于学生的课程教材上。除了提供给本校的学生试用外，还将使用的范围扩展到同类学校的课外兴趣班学生群体中，与此同时还期望有更多的学校加盟到我们一起来。最近，我们与上海市晨光进修学院合作成立了“上海晨光书画培训中心”，意在积极“推销”我们自己，走地区联动、教育资源共享之路。

总之，通过对小学书法写字教育特色学校课程教材的开发研究，加上在此之前的实践，我们拥有了自身的办学思想、培养目标、课程教材、评价体系和运作机制，并继续指导着我们的实践。我们所追求的不是一般意义上的写好字，而将视角始终放在为学生的发展上，为教师乃至学校的发展上。什么时候得到真正意义上的社会认同，这才是我们真正的成功。

本课题研究得到金山区教科室蔡梅千主任的悉心指导，也得到了金山区漕泾小学张伯忠、潘晓、陈沫忠等同志的协作，在此一并表示感谢。

写一手好字，做一个好人[①]

——城郊型现代学校个性化文化建设的实践与思考

金　平　陆金林

（一）

学校最值得品味的是学校拥有的文化。现代学校文化是凝聚和激励学校群体成员进行教育教学改革的精神力量，是素质教育深入实施的一种激励机制，是学校发展的强大内驱力。

苏霍姆林斯基曾说过："对周围世界的美感能陶冶学生的情感，使他们变得高尚文雅。"美国教育家布莱森也曾指出，任何一所学校环境都在默默地对孩子们发表演说，而且孩子们的确会注意它，不知不觉中接受熏陶和影响。

学校文化建设是当前许多学校普遍关注的热点话题，这是因为在经历追求个性化办学特色过程后引发的思考。我们漕泾小学地处杭州湾畔，虽距大都市上海 50 多千米，但紧靠石化城；既受大都市文化的冲击辐射，又具乡村文化的背景特征。从上世纪九十年代起，在追求"合格＋特长"的办学理念下，运用自身拥有的师资优势，在发展"书法写字教育"办学特色上作了艰辛的探索，初步构建起具有"书法写字教育"特质的校园文化。学校是中国教育学会书法专业委员会命名的全国百所"写字教育实验学校"之一，"写一手好字，做一个好人"是彰显个性的育人目标。

---

① 注：发表于《书法赏评》2007 年第一期（国内统一刊号 CN23—1313；国际标准刊号 ISSN1004—213X）；本课题主要研究成员：金平、陆金林、张伯忠、张朝晖、潘晓、胡卫英、陈沫忠、张宝安、徐晓岭、阮琴美、吴丽娜。

近年来，地区经济建设发生重大变化。上海化学工业区的落户、四通八达交通网的建成、外来人口的大量导入和金山化工城的定位，使本地区的产业链、信息链、文化链等发生巨大变化。经济的快速增长，带动了科技、教育、文化等进一步发展。世纪之交，上海市中小学达标工程的推进，使我校的硬件环境得到脱胎换骨的改造，办学条件可与大都市的现代学校相媲美；现代交通设施的不断完善，拉近了与大都市的距离；上海二期课改的推进，使全新的教育理念深入人心。学校致力于继承基础上的新一轮发展，提出“走向学生——为学生的发展动真情、下苦功、多服务”的办学新理念，并通过教育科研课题引领的研究性实践，取得教师专业发展、学生全面进步、学校的跨越式发展和社区的积极回应等“多赢”。步入我们的校园，呈现在人们面前的是整洁美丽的校园、独具个性的办学理念、充满生机和活力的教育教学活动、富有时代气息的精神风貌、传承多年的浓郁书法写字特色文化等，构成了学校一道亮丽风景线。但是，上海的新一轮发展给我们提出新的挑战，社区文化品位的提升与异域文化对我们的影响等，让我们感到所做的工作尚处于一种起步阶段，需要进一步的延伸与拓展。追求与时俱进是我们的目标，我们不因地处远郊而游离于社会大文化背景之外，创建城郊型现代学校是我们新的追求。

我们深知：文化的形成需要传承与积淀；文化的教育影响力巨大；培育学校文化是一种高品位的追求。追求学校文化建设实践研究的过程能对培养学生综合素质，优化育人环境，促进学校改革、发展与稳定等起重要作用。

（二）

一、城郊型现代学校个性化文化建设的理性思考

1. 城郊型现代学校文化的内涵

① 什么是文化？文化是指人类在社会历史发展的过程中所创造的物质财富和精神财富的总和。因此，它既是显形的（物化的、具体的），又是隐性的（理念的，像空气一样弥漫在生态环境中）；它在一定程度上是一种认同态度和认同方式。

② 学校文化是社会文化的子系统。它是以学校群体成员为

主体，是他们在教育教学和管理等实践中逐渐共同创造生成的体现时代特征和社会进步的价值观念、思维方式、行为规范及其活动结果。它以具有学校特色的精神形式、制度形式和物质形态为外部表现，并影响和制约着学校群体成员的活动方式、精神面貌与文化素养。

③ 现代学校是指在知识社会初见端倪和全面建设小康社会的大背景下，涌现的能够适应市场经济和建设学习型社会的基本要求，以完善的学校法人制度为基础，以现代教育观为指导，学校依法自主、民主管理，能够促进学生、教职工、学校、学校所在社区的协调和可持续发展的一类学校。

④ 城郊型现代学校文化是指初步构建起现代学校制度、地处城乡结合部(既受都市文化的冲击辐射，又具乡村文化背景特征)的学校，在群体成员的共同努力下创造生成的体现时代特征和社会进步的价值观、行为方式及其活动结果。它以其特有的精神形式、制度形式和物质形态向外部呈现，影响和制约着学校群体成员的活动方式、精神面貌与文化素养。

2. 现代学校文化的特征

① 独特性。学校文化是一个具有自身特质的社会文化子系统，它有着自身特定的文化氛围。包括特定的人际关系、生活习惯和文明习惯，有自己特殊的文化载体和文化设施等，形成了特定的文化建设环境。

② 开放性。虽说学校文化是一个相对独立的社会文化子系统，但它不是封闭的。恰恰相反，现代学校文化建设同样关注开放。只有开放，才能根据学校的培养目标，选择和生成更多的先进文化，促进现代学校文化的进一步发展。

③ 主体性。现代学校文化的创造是以学校群体成员的共同参与为主体。因此，尊重他们的主人翁地位，倾听他们的意见与建议，创造和谐融洽的工作学习环境，最大限度地发挥每个成员内在的潜力和创造力等，是现代学校文化建设的关键。

④ 生成性。现代学校文化是社会的一种亚文化，它不是社会文化的简单照搬，而是根据育人目标，对复杂的社会文化进行选择、提炼和再创造。它将随着时代的前进、社会的进步，在继承基

础上进行创新。通过“再创造”与“创新”,生成有自己特色的文化。

⑤ 时代性。学校文化受社会文化的辐射和影响,带着鲜明的时代印痕。随着社会的前进,多元的文化会通过各种信息渠道无序地涌进学校,使学校面临不断选择、转化和更新,追求时尚,创造新文化,引领社会文化前进,是新时期中国学校的文化使命。

3. 现代学校文化建设的新视点

① 强化推动力。文化的形成需要经历一个长期的积淀过程,注重现代学校文化建设起源于对个性化办学特色的追求。人们在践行“三个代表”重要思想的过程中,越来越意识到学校文化引领社会文化进步的重要性。教育行政部门也积极推动,上半年教育部发出的《关于加强中小学校园文化建设的通知》就是最新的一例。上下联动,形成了一股强大的推动力。

② 重视文化力。学校文化是学校教育的重要资源,是全面育人不可或缺的重要环节。良好的学校文化能以鲜明正确的导向引导鼓舞师生,以内在的力量凝聚、激励师生,以独特的氛围影响、规范师生。文化在一定意义上是一种认同,因此“文化”一词不能光作为名词使用,更多地被用作动词来解读。

③ 凸显个性化。综观现代学校文化建设的成果,我们不难发现个性化特征尤为明显。有的与学校传承的优良校风、教风、学风紧密相连,有的与现代教育理念的择取相对应,有的与多年追求的办学特色项目相挂钩,有的受区域联动彰显地区性办学特色相链接……其最大的特点是体现在各自独特的办学理念上。

④ 追求时尚化。人们已从不同的维度对学校文化建设进行理论诠释和实践探讨,但追求时尚在今天同样受到一部分人的青睐,成了“重塑”现代学校文化的新招。如,借鉴企业形象识别进行学校形象的设计;又如,建设学校温馨场所,关注师生满意状态;再如,创新学校组织架构,进行管理制度建设等。人们都认同,今天是时尚的,明天就是普通的,到了后天就是一种传统。

二、现代学校个性化文化建设的实践经验

1. 构建一个目标

在科学发展观的指导下,学校发动全体教职工参与学校发展三年规划(2004—2006)的研讨与制订,有意识地将这一过程作为引导建立共同价值取向、思维方式和行为准则的过程，以此达成"漕小人"共同奋斗愿景。

［附 1］

"漕小"办学目标：以新基础教育理论为指导，以科研为推进器，以创建书法写字教育特色学校的过程为抓手，关注教师的素质，着力于青年教师的成长；以学生主动发展为本，建立现代育人理念，构建具有独特校园文化的上海城郊型现代学校。

"漕小"培养目标：努力使学生成为具有创新意识，德智体美全面发展的四有新人。写一手好字，做一个好人。

"漕小"文化建设目标：把充盈着书法写字特色的校园文化作为(隐性)课程来开发，并以此为契机营造校园、丰富学校可持续发展内涵，促进"校园人"的综合素质全面提高和学校办学品位的进一步提升；坚持隐性与显性环境建设相结合，做到校园的"净化、美化、文明化、个性化"，发挥环境氛围引领师生成长、社区进步的重要作用；坚持学校与社区相结合，坚持学校全面发展与办学特色相结合，期望的是：什么时候，我们的学生毕业出去、进入社会，从他们写的字、他们的价值观、行为方式、作风习惯中，就能知道曾在我们这样的学校里浸润过。做到树木与建筑相互掩映，师生与书画形影相随。

2. 强化两大过程

一是实践的过程。学校文化建设既需要领导集体的前瞻性思考，更需要"校园人"心向一致的研究性实践。如，为培育更好的教育研究文化，2004 年起学校每年都举行一次"说说自己的教育故事"活动。要求全体教职工立足自己的工作岗位，选择发生的典型事、感人事写下来，说给同事听或发到网上讨论，引发大家对教育问题的深入思考，推动教育改革的深入发展。又如，为打造精致而富有内涵的校园环境，学校按绿化、净化、美化、文明化等分层要求，发动教职工开展讨论与实践，从小事做起，从自身做起……

二是物化的过程。存在决定意识，前瞻性的理性思考只有不断物化，才能更好地发挥文化的教育影响功能。如，上世纪九十年代后期起，先后开展"转变观念，中老年教师教育教学研究系列活动"、"课堂，素质教育的核心之家"主题活动、"新基础教育理论的推广发展研究活动”、“话说理解教育”研讨活动以及“追求‘适合学生发展’的课堂教学设计、实施及评价研究”等活动，较好地实现将先进的教育理念物化成教师实实在在的教育行为之目标。又如，为构建和谐校园，学校珍视师生在校园中的主体地位和无穷创造力，以丰富多彩的活动为载体，最大限度地调动起大家的积极性，较好地提升了员工间的亲和力与向心力。

3. 拓展三方面内涵

学校文化是学校组织的整体文化，它是同一圆心下的一个“集合”概念，包括物质文化、制度(规范)文化和精神文化。在研究性实践中，我们不断拓展与丰富它们的内涵。

① 物质文化。物质文化处于学校组织整体文化的最外层，包括校园建筑、校容校貌、教育教学设施(设备)、师生的物质精神产品等。2001 年 2 月，学校整体搬迁至新校舍，现代化教学设施(设备)的武装以及校园环境的精心设计等，校容校貌发生了巨大变化。随着研究性实践的推进，我们在校园生态环境的进一步构建上又做了许多延伸与拓展，还就师生的物质精神产品开发作不间断的努力。

② 规范(制度)文化。规范(制度)文化处于组织整体文化的中间层，包括管理体制、组织机构(结构)、规章制度、课程教材以及人员结构关系模式等。教育改革在深入推进，各种新情况、新问题不断涌现，在机遇与挑战并存的背景下，我们的规范(制度)文化建设必须跟着教育改革的发展趋势与时俱进，兼顾承上启下。

③ 精神文化。精神文化是组织整体文化的内核层，包括办学思想、教育观、质量观、价值观、学生观，校风、教风、学风、行为习惯、管理行为的潜规则和思维方式等，还有各种文化艺术、科技、体育娱乐活动等。在《“走向学生”的理论与实践》课题研究过程中，我们已经形成对现代学校办学新观念系统的共识，通过全员性的研究性实践，较好地内化为教职工的实践行动。但精神文化更多的是一种理念文化，更需要通过活动作为载体来进行物化，我们经历了一个深度开发的过程，并在开发过程中进一步完善。

4. 走出四个认识误区

学校文化建设是一个全员性的参与过程，对它的认识不可能一步到位。在研究性实践中，课题组成员积极引导部分师生逐步走出一些认识上的误区。

① “物质文化就是环境建设”。2001 年，学校整体搬迁至新校舍，学校领导重视学校外部环境的打造。从校园的净化、绿化和美化抓起，使学校的内部环境有了明显的进步。于是，在教职工中产生学校文化建设就是物质环境的改进，但我们没有认同。因为，同样的物质在不同人的眼中看法不尽一致。所谓的物质文化更多的是指人对待物质的认同态度与认同的方式。因此，学校提出“营造校园，丰富内涵”的号召，及时引导教职工走出这一认识误区。

② “制度(规范)文化等于规章制度制订”。多年来，学校致力于规章制度建设，这种刻意追求学校规范化管理的做法无可厚非。问题是说到制度(规范)文化，有人总是以我们学校的规章制度有多齐全、完整来证明制度(规范)文化做得有多好。其实不然，学校尽管有各种各样的规章制度约束，但人们对其认同的态度和方式是有距离的。我们追求的制度(规范)文化是体现对所订制度(规范)认同下的一个个具体行动。因此，近年来，学校致力于组织全员参与式的制度(规范)建设。

③ “精神文化等于舆论宣传”。学校在醒目的区域将办学理念、办学目标、教风、学风等张贴出来，各班在教室布置中彰显自己的个性等，这些都是营造健康向上文化的必要手段，应该提倡并发扬广大。但是，不能将其作为精神文化的代名词，我们的精神文化需要组织中的人对学校精神的认同态度与方式。于是，学校追求精神文化建设的生成过程。

④ “学校文化就是多搞一些活动”。谈文化当然离不开文化活动，但刻意追求多搞活动，在学校内大兴“造节”运动，追求形式上的热热闹闹，将学校文化建设局限于多抓文化活动上就有失偏颇了。因此，我们更多将注意力放到长远规划上，狠抓经济投入、环境改善、活动策划和师资队伍建设等方面。

5. 坚持五条策略

① 目标导向策略。学校文化建设需要有具体的目标体系支持，为了让目标成为“校园人”所认同的共同奋斗愿景，我们通过集思广益、展开讨论来形成大家认同的源于实际且切实可行的学校

文化建设目标。另一方面，积极运用既定目标导向，确保学校文化建设正常有序地运作。对学校文化建设目标采用一次性规划，体现在学校发展规划中；分步实施，反映在学校每学期的工作计划内。

② 行为跟进策略。学校文化的表象是学校中的大多数人表现出来的做事方式和处事态度，其核心是这些方式、态度的“内隐规矩”和“内隐概念”。鉴于此，我们通过策划一个个具体活动来加以推进。如，规章制度的出台，则通过广大师生的广泛讨论，得到大多数人的认同后再公布。再如，为了物化先进教育理念，采用“主题引领活动”来推进，并形成系列，让教职工在活动中体验、在行动中提升。

③ 载体牵引策略。学校文化建设需要不断地创新载体。近年来，我们在文化建设载体的开发上动了不少脑筋。在学校“硬件”建设上，年年有新举措。如，在校园的围墙上，师生动手新绘一组美术画；对学校“后花园”则加紧设计和施工，尽早为师生添一个新的活动场所。在“软件”建设上，更是下了很大功夫。如，充分利用校园网，在网页上开展思想工作交流；又如，策划和开展丰富多彩的文化活动，营造起浓浓的学习、文化、娱乐等活动氛围。

④ 转化生成策略。学校文化建设注重了“传承文明”，将我们的书法写字教育特色加以巩固和发展，使办学“亮点”更为鲜明。我们深知，现代学校的文化使命，不应该仅仅停留在“传承文明”上，还要履行起传播和创造新文化以引领社会发展的使命。如，我们在传承书法写字文化的基础上，又较好地拓展了学校的美术文化；又如，在信息技术高度发展的今天，我们的网络文化又成了学校工作的新“亮点”。

⑤ 群策群力策略。学校文化建设更需要校园人的互动，动员和组织最广大群众加入是义不容辞的职责。为此，我们发动群众开展献计献策活动，让大家在全员参与的过程中接受教育与体验，为创新文化载体、提升文化育人效果服务。

6. 推出六项举措

① 精心营造校园环境

校园环境既是学校文化的物质载体，又是学校文化的重要形式。依据时代的特点、学校的特征和本校的办学特色,科学规划,精心打造。

首先是校园的净化、绿化和美化。净化是最起码的要求,随时随地展现在人们面前的是赏心悦目的感觉。绿化是充分利用现有的空间植树、栽花和种草等,并加强管理,做到"春有花、夏有荫、秋有果、冬有绿"。进入校园,有一种仿佛置身于"花园"似的感受。美化不但表现在校园的整体布局上,还应体现在校园环境点缀的形式上,包括教室文化。

其次是彰显学校的办学特色。"写一手好字,做一个好人"是我校的育人目标。围绕这一育人目标,学校倡导"走向学生——为学生的发展动真情、下苦功、多服务"。校园环境的布置都紧扣这一主题,渲染这一主旋律。因此,在整体规划的同时,每年都有创意地推进,做足这一方面的文章。

② 强化规范(制度)文化建设

我们在创建书法写字教育特色学校的过程中感悟到:特色学校的形成需要经历一个建规范的过程,而建规范的最终目的是超越规范。因此,学校发展必须从重建规范着手。规范(制度)是管人的行为底线的,形成规范(制度)文化才是归宿,因为它是管人的道德追求和精神导向的。"十五"期间,我们在重新审视以往制度建设得与失的基础上,进一步强化校长负责、党支部监督保障、教代会参与学校民主管理的三位一体的学校管理体制,制定和修订了一系列门类齐全、覆盖面广的规章制度,在制定的过程中积极组织教职工参与全过程,不断地运用这些规章制度来调整校园人之间的关系,引导大家对规范(制度)文化的认同和一致,保证人与人的和谐相处。

③ 努力塑造校园精神

多年来,学校追求"合格+特长"的办学理念,以书法写字教育作为实施素质教育、创建特色学校的抓手,取得了一定的实效。跨入新世纪,学校管理者以其特有的教育机制,以"新基础教育"理论为指导,开展《"走向学生"的理论与实践》"龙头"课题研究,带领教师大力展开研究性实践。通过这样一个过程,将学校的办学思想、教育观、质量观、价值观、学生观等广为传播,学校的教风、学风、校风初步形成，校园人的行为习惯、管理行为的潜规则和思维方式等都发生着重大变化，不断向精神文化内核逼近。

［附2］

“漕小”校风：朴实中求创新　合作中求竞争。

“漕小”教风：理解学生，教在心灵；理解教师，勤学奋进；理解自己，塑造人生。

“漕小”学风：勤奋刻苦　智慧学习。

④ 积极策划师生文化活动

教育的最终目标是教学生“学会做人”。因此，遵循学生身心发展规律，充分发挥学生个性特长，开展形式多样的活动，寓教育于活动之中是我们的追求。另一方面，教育工作者也在丰富多彩的教育活动中，实现自我教育，提升文化素养。在精心策划师生文化活动中，我们注重以下几点：

一是重视活动的创意。活动设计充分体现通俗性、益智性、趣味性和创造性，有利于培养和锻炼学生多方面的素质。例如，有一段时间，学校发现学生“户外”活动较少，不利于学生的全面发展，特提出了创编学生游戏的活动。师生互动，一共汇编了16种游戏，师生一起参与课余嬉戏，“游戏节”收到令人满意的效果，给学生留下了终身难忘的印象。又如，新春送“福”，师生上街写春联送春联活动一直是我们的传统项目，我们已经坚持了多年。每年春节前夕，在漕泾镇闹市区，并排放上一些桌子、椅子，桌上摆好了毛笔、墨汁和笔毡，师生共同参与现场写春联，送给来来往往的父老乡亲，深受广大群众欢迎。

［附3］

“小朋友，你能帮我写副春联吗？”“当然可以。”“老爷爷，你想写点什么？”“就写这句‘福旺财旺运气旺　家兴人兴事业兴’吧！”“行！”不一会儿，老爷爷双手拿着这清秀的散发出墨香的春联笑呵呵地走了。

“街上有一些学生在写春联，字写得很不错，我已经要了一副，你要不要，给新家添点喜气。”一位中年妇女一手拿着墨迹未干的春联，一手在打电话。

二是重视活动的过程。活动的目的是开阔视野、丰富知识、陶冶情操、增强能力、提高素质，提升学校文化“含金量”。因此，吸引广大师生全员、全程参与尤为重要。

［附 4］

教室里悬挂名人名言。学校要求发动学生去查阅资料，摘录其中自己最喜欢的几条在班内念给同学听，并分别说说每条所表达的意思；然后全班讨论，选择其中的几条；再请老师书写后装裱悬挂，作为激励全体学生的座右铭。

这样的过程就是一个“育人”过程。

［附 5］

提升教师的反思性教育研究能力。学校连续策划 3 届全员性的教学评比活动。教师必须完成精心设计教案、认真组织课堂教学（信息中心全程录像、刻录光盘）、做好课堂教学实录、撰写教学反思并进行交流等环节，教研组还要选择典型课例进行说课和评课等。

在这里，我们更多的是关注这样一个过程。

三是特别重视主题教育活动的开展。因为它具有系列性、系统性的特点，持续的时间也较长，其教育作用相对强而持久，在学生的一生中留下的印象特别深刻。从 2001 年起，我们连续举办 5 届读书节活动，先后开列的主题有“我阅读，我快乐”、“阅读中快乐成长”、“好书伴我行”、“书香溢校园，阅读共成长”等，得到了社会各界的认同和赞助，先后设置“晨光杯”、“连通杯”、“赛科杯”等。在德育领域，先后举行“同唱一首歌”、“让节约成为我们的一种习惯”等专题教育活动，均给师生留下了值得回味的记忆。

⑤ 加大开发运用校本课程的力度

校本课程教材开发是学校文化建设的创新载体之一，它对传承学校已有的文化积淀起重要作用。二十世纪末，我们曾开发“书法写字教育特色学校”校本课程教材，既推进了办学特色的持续发展和进步，又推动了学校各方面工作的拓展和进步。与此同时，积累了一定的校本课程教材开发经验。

围绕“个性化学校文化建设”的目标，结合二期课改的推进，我们根据学生年龄特征和身心发展规律，利用学校拥有的优势，继续深度开发系列性校本课程教材，作为学校拓展型课程——社会实践(活动类)教学使用。如:“学生人格‘两难’故事读本”、“‘网上阅读’课程教材计划”、“漕泾地区乡土教育资源读本”……这些课程在传承、积淀和发展学校文化中发挥着了特有教育功能。

⑥ 走向社区,与社会互动

我校所处的社区,由于“上海化学工业区”的崛起以及现代交通网的构建,社区发展出现日新月异的变化,跨国企业的落户给我们带来多元文化,学校文化建设也掀开了新的一页。我们曾与上海赛科石油股份公司联合举行过“赛科杯”交通安全主题教育月活动,在领略大公司企业文化气息的同时,推进了学校文化建设的步伐。又如,我们也曾与山东省交通工程总公司的施工的项目部开展手携手共建精神文明活动,也给师生留下深刻印象。

2006 年,我们以“开发乡土资源对学生进行热爱家乡教育的实践研究”课题为抓手,在学校开展民族精神教育,组织师生走向社区、与社会互动,积极参与社会实践活动。在互动的过程中,吸收企业文化、农村特色文化、社区文化等各方面的“亮点”,为丰富学校文化的内涵和实践开辟新途径,积累新经验,创造新成果。

(三)

漕泾小学创始于 1907 年,是百年老校,有着深厚的文化积淀。在“城郊型现代学校个性化文化建设的实践研究”课题引领下,学校文化建设的成效日显端倪。主要表现在:

一、学校文化建设个性凸显

1. 书法写字教育渐成品牌

从上世纪九十年代起着力探索的书法写字教育研究成果在不间断的传承中进一步发扬光大。“十五”期间,我们继续加强书法写字教育特色学校的创建工作,充分利用自主开发的校本课程教材和自创的工作经验指导着新的实践,把书法写字与做人教育有机结合起来,推动着特色教育的进一步发展,探索着属于我们的特色之路。走进学校,置身于绿树成荫、纤尘不染的校园,映入眼帘的都是师生创作的彰显不同个性风格的书画作品,在主人的巧妙布置下,散发着浓浓的校本特质文化韵味,令人回味无穷。2006 年 10 月 17 日,金山区小学生“写好字”五年行动计划启动大会假座我校召开，我们的书法写字教育经验再次在会上作交流，引起与会领导专家的认同与共鸣。

2. 学校管理从“草创”走向“精致”

近年来，学校从注重外在形象的塑造转向追求学校内在的管理，聚焦学校内涵的发展。一方面继续抓紧抓实校园的绿化、美化、文明化，争创金山区总务后勤管理先进单位；另一方面，将注意力放到共创学校内涵发展上，致力于学校精神文化的塑造。通过教育科研“龙头”课题的牵引，使“走向学生——为学生的发展动真情、下苦功、多服务”的办学理念深入人心，学校初步构建起现代学校办学新观念系统；通过开展丰富多彩的教师活动，较好地营造起和谐融洽的人际关系，使教职员工的向心力、凝聚力不断增强；学生活动载体更丰富，系列性的“读书节”、原创性的“主题教育”等活动目不暇接，有效地促进了全体学生的健康成长；德育与教学呈现良好发展态势，学校办学水平和教育质量稳步提升。“走出‘草创’，走向‘精致’”成为学校管理工作的经典。

3. 教育研究呈现群众性全员参与好势头

“十五”期间，学校先后引入“新基础教育”、“理解教育”、“愉快教育”等成果加以推广，在择取先进理念的基础上组织教师全员参与“‘走向学生’的理论与实践”、“‘新基础教育’试验性成果的推广发展研究”、“‘适合学生发展’的课堂教学设计、实施及评价研究”以及本课题等的研究，引领广大教师展开研究性实践，将教育研究与校本研修有机结合，带动了教师的专业化发展，推动了学校的整体进步。其中由我校首创的“话说理解教育”、“说说自己的教育教学故事”、“三校（小学、初中、高中）论坛”等活动在全区产生着强烈反响。学校教育研究氛围浓郁，群众性参与热情高涨，校本教研、课题研究、研训一体均呈现良好发展势头，教研、科研成果丰硕，以破解教育问题的教育案例研究、教育叙事研究搞得红红火火，有效地促进了教师专业发展和教育问题的解决。

4. 学校信息化建设步入快速发展轨道

近年来，学校的多媒体设备从无到有，至今配备 14 间多媒体教室；每间办公室都有电脑，并开通了互联网。学校的网站也从无到有，虽然信息化建设起步较晚，但经过集教师骨干群体的智慧和实力，发展势头看好。学校坚持重大活动利用校园闭路电视系统进行实况转播，让每一位学生都能参与进来，收到了很好的教育效果。教师们积极参与现代信息技术与学科教学的有机整合，特别是学校利用网络开展网上读书活动以及举办“漕小论坛”等，吸引了广大教师、学生以及学生家长的积极参与，他们踊跃参与网上交流，网络文化正在凸显其特有的教育功能。

二、文化育人功能不断体现

学校文化是一门隐蔽课程，它潜移默化地影响着校园师生的发展与进步。首先，彰显学校办学个性的书法写字教育特色将漕小师生将“写一手好字，做一个好人”的育人目标牢记在心，老师们在弘扬祖国优秀传统文化的同时，将书法写字教育与“德育”、“情育”、“心育”以及语文学科的写字教学融为一体，让漕小的学生都浸润过这样一个心路历程，较好地促进了学生的健康成长；其次，净化、美化、文明化的校园环境，独具匠心的校园环境设计等都成了丰富的教育资源，不断修正着师生的行为习惯，使师生在享受生活美的同时陶冶着高尚的情操；再次，在预设目标下有计划展开的一个个教育活动，不断推动着师生道德认知、道德实践、道德情感的升华，活动在给师生留下深刻印象的同时，切实将公民道德建设实施纲要的要求落到实处；还有，学校倡导的校风、教风、学风正在教育教学等活动过程中不断内化为师生的具体行动。

三、学校全方位工作不断进步和发展

跨入新世纪，“漕小人”抓住学校整体搬迁的历史性机遇，在继承和发展上集“校园人”的智慧，通过理念先行、课题引领和全员性的研究性实践，初步实现了学校的跨越式发展。学校文化建设有力地推动了全方位工作质量的提升，2006 年上半年金山区组织的办学水平督导评估中，我校的全方位工作得到充分肯定和认同；在区组织的“十五”师干训、“十五”教科研等条线总结表彰活动中，我校多项工作荣获先进集体。除此之外，我校是上海市安全文明校园，也是金山区校园文化工作先进集体；学校的教育质量不断攀升，2006 年学校获得“教学成绩显著进步奖”。“漕小”的办学水平、教育质量、办学特色等得到全社会的广泛认同和赞誉，学校的知名度不仅在区内乃至市内与日俱增。

（四）

在科学发展观指导下，“城郊型现代学校个性化文化建设的实践研究”取得一定的成果，不仅有前瞻性理性思考、原创的基本经验，而且实践成效显著。但是，我们认为文化的形成要靠实践积累，不能一蹴而就。多年来，我们围绕创建书法写字教育特色学校展开了一系列研究性实践，有着一定的实践积累，但距离学校特色文化目标还有不少的路要走，需要继续加倍努力。二是学校文化建设本身是一个动态的过程。教育改革在不断深化，社会在不断发展进步，多元文化在不断渗透，我们理应与时俱进，审时度势地继续做好继承和发展这篇大文章。三是学校文化建设创造的鲜活经验需要不断总结，逐步提升。

学校文化是一个学校的品牌，是学校巨大的无形资产。它能以特有的物质形式和精神形式向外部呈现，影响和制约着“校园人”活动和“校园人”的发展。精心打造学校文化品牌是实行现代学校制度下众多学校的追求。我们展开城郊型现代学校个性化文化建设的实践研究，其目的不单单是为提升本校的文化含量和办学品位服务，更重要的是为类似我们这样的学校发展提供有益的借鉴和推动，本课题研究是一个较为成功的范例。学校文化建设需要在构建社会主义和谐社会框架下重新审视，更需要一代代“校园人”的发展创新、薪火相传。

参考文献

1. 叶澜：世纪之交中国学校教育的文化使命，《“新基础教育探索性研究”报告集》，上海三联书店 1999 年 3 月第一版。

2. 李希贵：《经营学校文化》，陈平：《用文化再造学校》，黄津成：《文化才是真正的学校》，《人民教育》2004 年第 11 期。

3. 李国霖：试论优质学校文化，《教育导刊》2 月号上半月。

4. 罗正义：《加强校园文化建设　构建良好育人环境》，http://www.jjedu.net。

5. 丁佐湘：《搞好校园文化建设　营造良好学习环境》，http://www.jjedu.net。

6. 李金初、牛玉发：《试论现代学校文化建设》，《中国教育学刊》2003 年第7期。

7. 中华人民共和国教育部:《关于大力加强中小学校园文化建设的通知》,中国学校文化研究网。

8. 朱小蔓、李继星等:《关于现代学校制度、特征、体系的初步认识》,《人民教育》2004年第17期。

附　录

来自媒体的报道

上海教育报：漕泾小学书法教学有特色

为全面实施素质教育，进一步提高基础教育的质量，市教委研究室和书法教育研究会日前联合在金山县漕泾小学召开“上海市书法写字教学现场会”。

金山县漕泾小学是一所地处较偏僻的农村小学，学校的硬件条件比较差。然而近年来，该校注意发挥了书法专长老师的排头兵作用，在较短的时间里培养了一批书法教学的骨干教师，并荣获市教师写好字比赛郊县组第一名。尔后，该校师生以写好字为突破口，加强了书法写字教学，采取普及与提高、主学科与其他学科、课内与课外、教学与科研相结合的办法。经过近2年的努力，师生的整体书法写字能力有了明显的提高。

【通讯员刘林聪】

1996年4月15日

东方城乡报:漕泾小学书法教研出成果

金山县漕泾中心小学以书法研究为强项优势,逐步形成自己的办学特色。近年来,其书法作品在市县级比赛中多次获奖,并得到市书法教育研究会会长刘克的高度评价。

不久前,在漕泾小学举行了由市教委教研室、市书法教育研究会及金山教师进修学校联合召开的"上海市书法写字教育现场会"。会上,曾在全国硬笔书法比赛中两次荣获一等奖的漕泾小学教师戚天音谈了自己几十年教学的体会。这位颇有书法造诣的老教师在全市中小学教师写好字比赛中,包揽了钢笔、毛笔、粉笔的三类五项第一名,为郊区的教师争了光。该校的十几位中青年教师,在戚天音的书法艺术感染下,纷纷苦练书法基本功,近期获得了全市中小学教师写好字比赛郊区组第一名。

【通讯员佚名】

1996 年 5 月 20 日

金山周报:蓓蕾在这里盛开

一所被市教委专家、领导称为地处远郊“西伯利亚”的海边小学,校舍、教学设备很一般,但在指导学生写字教学上取得好成绩:多幅书法作品在县少年宫展出,市教委研究室在该校召开现场会。这就是我县坚持“写字教学”并取得斐然成绩的漕泾中心小学。

“写字教学”缘何在漕泾小学奇葩独放呢?该校校长张伯忠介绍说,漕泾小学虽地处偏僻,但不乏人才。该校戚天音老师在书法上有较高的造诣,曾二次获得过全国硬笔书法比赛一等奖。在戚老师的感染下,不少中青年教师开始了苦练写字基本功的实践。不久中心校和护塘小学成立了两个教师书法兴趣小组。经过勤学苦练,终于取得了初步成果,1993 年兴趣小组中的部分成员参加了县教师“写好字”比赛一举获得团体一等奖,同时又代表县参加市的教师“写好字”比赛,又获得市郊区组第一名的殊荣。

学校领导清楚地认识到,在当前由应试教育向素质教学转变的时期,写好字实在是一个十分重要的内容。在师资培养的基础上,中心校成立了写字教学中心教研组,并对写字教学做进一步研究。与此同时,通过竞赛来进一步推动教师写字练字积极性的保持和巩固,学校每年由工会牵头组织一次教职工书法赛,特别是 1995 年参加的教职工书法赛人数空前,收到了良好的效果。

学校根据农村小学的特点,着眼于面向全体学生,每个学生都要按照教学大纲中各年级对写字教学的内容及要求印发给每位教师,以正确、端正、整洁作为学生写字练字的最基本要求。每学期班班都要举办一次优秀的作业评比,将优秀的作业张贴在教室学习园地或画廊中,每校(组)每学期也都要举行优秀作业(作品)展览。在抓普及的基础上,还着重抓了提高工作。根据学生不同的年龄,从各班选拔出书写能力较强的学生组成书法兴趣小组,班级的书法兴趣小组由语文教师担任，校级的书法兴趣小组则安排事业性强、有一技之长的老师担任。利用放学后和双休日时间专门负责教学与指导。经过近两年来的强化训练，这部分学生不仅软笔、硬笔书写工整、美观，学会了许多书写技巧，而且还具备了一定的审美能力。在成绩面前，学校领导并不陶醉，他们运用科研手段，确保写好字教学特色的最终形成，为此在 1994 年 9 月底始确立了“对建设写好字特色学校的认识和实践”的重点课题展开研究。校长任课题组组长。通过对小学生有计划地从“写好”字到写“好字”的实践，进行普及与提高两层次的研究。

由于有从领导至教师形成的共识和有目标地齐抓共管，学生们的写字能力有了较大幅度的提高，结构匀称、整洁美观这一基本要求已经成为大多数学生写字或做作业的自觉要求。教师们普遍反映，近几年来学生的作业本和试卷书写规范、整洁，字迹工整漂亮，过去常常出现涂涂改改的现象，如今不大有了，而参加班级或学生书法兴趣小组的学生，其作业本及书法作品更是令人刮目相看。市教委有关专家、领导看到富见功底的黑板报、学习园地、作业展览、书法作品高兴地称：漕泾小学的“写字教学”成绩斐然，值得宣传、推广。

【记者张忠良、刘光明】

1996 年 11 月 7 日

文汇报：做人，从写好字开始

漕泾小学在全面实施素质教育的背景下，依靠自身拥有的师资实力，将书法“写字教育”作为办学特色项目加以培育，最终跻身于全国百所写字“实验小学”之列。多年的实践让他们深刻体会到：书法是“技”，也是“道”，更是一种文化。为此，“写一手好字，做一个好人”成了“漕小人”的共同追求。

他们在教学生习字过程中不断提醒“双姿”的规范，还将其编成喜闻乐见的儿歌传唱，还对学生写字素养进行考量，其目的不言而喻。在这样的潜移默化影响下，学生们不仅有了正确“双姿”、正确书写和正确使用文具等习惯外，还养成了专注、干净整洁、坚持不懈、学以致用等好习惯。再次，“漕小人”还很乐意做的是：刻意地让学生在习字过程中认识书法大师及代表作，了解他们的高风亮节。如，王羲之的“硬骨”，颜真卿的“忠义光明”，欧阳询的勤勉好学，郑板桥的体察民情……学生们在不经意的感召下，对做怎样的人及怎样去做有了一定的参照标准。

【作者：金山教育】

2011 年 12 月 23 日

东方城乡报:做人,从写好字开始

校长寄语

祖国的语言文字是我们民族文化的载体,汉字是祖国传统文化的根,是中华文化的瑰宝,是我国劳动人民智慧的结晶。从甲骨文的出现到六书理论的形成,从简化汉字方案的推行到《国家通用语言文字法》的实施,蕴涵着博大精深的中华传统文化。写字是一项重要的汉语文基本功训练,它是书法教学的基础。以前,它作为《语文》学习的一个部分——“写字的学习”出现的。如今,书法是“技”,也是“道”,更是一种文化,教育部发文将其明确列入中小学基础型课程中。让“提笔即练字”成为我们响亮的口号和不变的要求,让每一个汉字都展现出自己娟秀的书写风貌,让每一个学生都成为“漕小”闪亮的文化形象,“写一手好字,做一个好字”成为我们全校师生的共同追求。

潘亚军

做人,从写好字开始

漕泾小学作为一所普通的农村小学,依靠自身拥有的师资实力,将书法写字教育作为办学特色项目加以培育,最终跻身于全国百所写字“实验小学”之列,“写一手好字,做一个好人”成了“漕小”人共同的追求。

“漕小”认真做的是:让孩子在学写字的过程中充分感知中国书法在世界艺术之林中的特殊地位,让他们知道它不仅是华夏民族遗产中的一颗璀璨明珠,也是世界艺苑中一朵独放异彩的奇葩,作为中国人是没有理由不学好本国文化的。正是在这样的教育中,让孩子们增强了民族自尊心和自豪感,激发喜爱母语、学写字、做好人的情感。

“漕小”有心要做的是:刻意让孩子在习字过程中认识书法大师及代表作,了解他们的高风亮节。如,王羲之的“硬骨”,颜真卿的“忠义光明”,欧阳询的勤勉好学,郑板桥的体察民情……使孩子们对于做怎样的人及怎样去做?有了一定的参照标准。学校发动学生去查阅资料,摘录其中自己最喜欢的几条念给同学听,然后全班讨论,选择其中的几条请老师书写后装裱悬挂,作为激励全体学生的座右铭。

“漕小”做得特别多的是:让孩子正确掌握写字姿势和执笔方法。因为,“习惯是一种力量,它可以主宰人生”。老师在教孩子习字过程中不断提醒“双姿”的规范,还编成喜闻乐见的儿歌传唱。在这样的潜移默化影响下,孩子们不仅有了正确“双姿”、正确书写和正确使用文具的习惯,还养成了专注、干净整洁、坚持不懈、学以致用等好习惯。

“漕小”乐此不疲做的是:每年开展写春联、送春联活动。春节前夕,在漕泾镇闹市区,并排放一些桌子、椅子,桌上摆好了毛笔、墨汁和笔毡,师生共同参与现场写春联,送给来来往往的父老乡亲。清明节,学校组织“小书法家们”到现场临写碑文,接受生动的爱国主义教育。此外,学校还经常牵线搭桥,鼓动学生参赛和组织优秀书法作品展。

书法写字教育不仅提高了学生写规范汉字的水平,也使学生的学习态度、习惯、意志品质和审美情趣等发生了深刻的变化。最为明显的是,学校的教风、学风和日常行为规范有了明显的好转。正如校领导所言:“我们培养的不一定是书法家,我们期望的是我们的学生毕业出去进入社会,从他们写的字、他们的价值观、行为方式、作风习惯中,就能知道他们曾在我们学校这样的环境里浸润过,这时候就是我们创建写字教育特色学校的真正成功。”

教师感言

一直有一个心愿,希望自己在书法上有所长进,那是基于对书法的执著与热爱,也是敬拜她的博大精深。从一名语文教师转身为书法教师,在娴静中找到了自己的影子,就像鱼儿回游到了小溪。带着学生在黑白之间穿梭，欣赏古帖，闻着墨香，与文房四宝为伍。在学生受用的同时，自己也在前行。书法永远是我心中的“神”。“写一手好字，做一个好人”是我坚守、奋进、追求的目标。

朱君辉

学生感言

说起学习书法，我参加区写字比赛，想不到得了个硬笔一等奖，又参加了市级比赛获三等奖。从此，我和老师有个约定，一定好好学书法。在这几年里，我拜朱老师为师，从不间断练书法，哪怕是寒暑假。老师经常指点我，不论什么活动我总是积极参加。这几年我获奖很多，自己也觉得很光荣，学校也给了我很多荣誉。更重要的是学校培养了我，书法陶冶了情操。我相信我校的一句名言：“写一手好字，做一个好人”，它激励着我成长。

夏 琪

2012 年 6 月 22 日

东方城乡报：因材施教获金奖

——记金山区漕泾小学的退休教师戚天音

从刚刚落幕的2014“新星杯”全国青少年儿童书画高端选手现场决赛传来好消息：由金山区漕泾小学的14名选手通过现场书写，成绩斐然，获得大面积丰收，其中4人荣膺最高奖特等金奖、6人荣获金奖、4人获得特等奖。这样卓越的成绩在全国也实属罕见。喜讯传来，该校师生和家长都认为这些书法新苗之所以能获得优异的成绩，应归于退休教师、中华书法研究会会员、上海市教师书法会员戚天音的因材施教。

根据孩子个性传授书法

自1964年走上教师岗位后，戚天音在漕泾小学一直耕耘在书法教学的园地里，并坚持以“写一手好字，做一个好人”为培养目标。2002年，漕泾小学获评“全国书法教育基地”。在40多年的教学生涯中，戚老师刻苦临摹名家字帖，兼擅毛笔和硬笔书法，曾在省市以上书法展览中多次获奖。1990年获“马年杯”中国硬笔书法大赛一等奖、“中国教育界首届希望杯书法大赛一等奖”、“新世纪全国教师书法大赛一等奖”、“中华书画艺术优秀传承者”、“岳阳楼杯”全国书画赛金奖……众多的荣誉证书和奖杯摆满了他家里的橱柜。

2004年，戚老师退休后，仍孜孜不倦地培育着学生，义无反顾地肩负起继续参与学校书法写字教学的重任。他说：“每个孩子都有自己的个性，写出来的字也各有不同，我会根据学生的写字特色让他们学习不同的字体，如性格活泼好动的孩子会让他们学习柳体，性格稍内向的孩子就学习欧体……”平时，在戚老师的书法写字班上，7 点半不到 30 多名小朋友已经给戚老师检查上次课堂上布置的书法作业。严厉又不失和蔼的戚老师深受学生的爱戴。“我很喜欢戚老师，他经常表扬我写得好。”毕凤至小朋友高兴地说，“戚老师上课的时候很认真，课间还和我们一起玩。”

在每逢双休日的上午，教室里坐满了前来学习书法的小朋友，书法班从 20 多名学生扩大到了如今 100 多名。正由于戚老师的因材施教，好多书法新苗得以茁壮成长。

从“要我学”变成“我要学”

8 月 10 日，“新星杯”2014 全国青少年儿童书画高端选手现场决赛暨颁奖大会在北京四季御园国际大酒店举行。今年受邀请进京的参加决赛选手是从 16803 件初赛作品中，经严格审遴选出来的，漕泾小学共选送 38 幅作品，其中 37 幅入围，进入决赛的 14 名学生进京参加现场决赛。颁奖大会上，作为此次决赛特等金奖获奖学生中年纪最小的选手，今年 8 岁的金山区漕泾小学的李薛妍哲发表了获奖感言。她说，自从一年级开始学习，至今已学习了 2 年半了。刚进小班的时候自己的字写的歪歪扭扭，是戚老师手把手地教她提笔、运笔、落笔，从此喜欢上了书法。现在每天回家做好作业练习半小时的书法已经成了她的生活习惯。她的奶奶为此倍感自豪。

“这次孩子能获得特等金奖，我们特别感谢戚老师的培养。”这是荣获“新星杯”全国青少年儿童书画高端选手现场决赛特等金奖获得者陆佳梁妈妈的感言。她说，戚老师字写得好、教得也好，就把孩子送来了，这一学就是 3 年，孩子也从一开始的从“要我学”变成“我要学”。

看到获奖孩子们胸前挂的奖章、手里拿着荣誉证书和奖杯，作为指导老师戚老师更是欣喜不已。同时，他感到自己的责任更重了，应该在书法教学上倾注更多的精力，培养出更多的书法艺人接班人，使漕泾小学这一全国书法教育基地涌现出更多的书法新苗。

2014 年 9 月 2 日

金山报，新漕泾：写一手好字，做一个好人

——漕泾小学14名学生参加全国书法决赛全部获奖的背后

"这次孩子能获得特等金奖，我们特别感谢戚老师的培养。"这是荣获2014"新星杯"全国青少年儿童书画高端选手现场决赛特等金奖的陆佳梁妈妈的感言，陆妈妈说戚老师字写得好、教得也好，就把孩子送来了，这一学就是三年，孩子也从一开始的："要我学"转变成了"我要学"。

李薛妍哲今年8周岁，是儿童组唯一一名获奖发言代表，她说自己从一年级开始学习，至今已经学习了2年半了，她回忆说刚进小班的时候自己的字写得歪歪扭扭，戚老师就手把手地教她提笔、运笔、落笔，现在每天回家做好作业后练习半小时的书法已经成了她的习惯。她是这次特等获奖学生里年纪最小的一名，她的奶奶为此很自豪。

学生和家长口中的戚老师就是漕泾小学的退休教师戚天音，2004年戚老师退休，但是退休不退岗，仍然一如既往地迈步在书法教学的征程上。身为上海市教师书法学会会员的他，"中国教育界首届希望杯书法大赛一等奖"、"新世纪全国教师书法大赛一等奖"、"中华书画艺术优秀传承者"、"岳楼杯"全国书画赛金奖……众多的荣誉证书和奖杯摆满了他的橱柜。

平日里，7点半不到，戚老师已经在为30多位小朋友检查上次的书法作业。严厉又不失和蔼的戚老师深受学生的爱戴。"我很喜欢戚老师，他经常表扬我写得好。"毕凤至小朋友高兴地说，"戚老师上课的时候很认真，课间还和我们一起玩。"书法班从原来的二十多位学生扩大到了如今一百多位学生。

今年，戚老师又带着14名学生参加了2014"新星杯"全国青

少年儿童书画高端选手现场决赛。孩子们通过现场书写,4 位荣获了最高特等金奖、4 位获得特等奖、6 位获得金奖,这样的成绩在全国也是罕见。自 1964 年走上教师岗位后,戚老师一直耕耘在书法教学园地里,退休后他仍孜孜不倦地培养着学生,义无反顾地肩负起继续参与学校书法教育的重任,他说每个孩子都有自己的个性,写出来的字也各有不同,我会根据学生的写字特色让他们学习不同的字体,如性格活泼开朗好动的孩子会让他们学习柳体,性格稍内向的孩子就学习欧体等。

“写一手好字,做一个好人。”这是戚老师始终坚持的培养目标,2002 年戚老师的教育园地被评为全国书法教育基地。而这次,14 位决赛选手获大奖,则是这个书法教育基地里又一朵奇葩盛开。

2014 年 9 月 10 日

解放日报：翰墨润心灵，书法塑品德

——上海市金山区漕泾小学“书法艺教”之花在校园美丽绽放

甘承栋

金山区漕泾小学坐落在东海之滨、杭州湾畔，是一所历史悠久的百年老校。

踏进漕小的校门，一股书法写字教育的浓浓气息迎面扑来，大厅中“写一手好字，做一个好人”遒劲有力；高雅的书法展览室里，收藏了学校“书法家”的墨宝；墨香十足的书法教室，陈列着学生们的书法作品；每层教学楼的墙壁上、走道上悬挂着孩子们的字画。一代代漕小人在浓郁的书香气息中快乐成长，在墨海中感受中华文化的无穷魅力，体会着“做一个好人”的真谛。

探索育人之路，锁定书写艺术

从上世纪九十年代起，基础教育领域吹响了向“素质教育”转轨、向“特色化”方向发展的进军号。漕泾小学也在改革的浪潮中努力摸索着自己的办学特色时，一次教师写好字比赛获奖的经历，使漕小有了柳暗花明的感觉。

进入“十二五”以后，学校依据国家、市、区教育发展中长期规划的精神，在重新审视自己的办学之路基础上，制定了漕泾小学“十二五”发展规划，并以“小学书法写字教育课程化的深度拓展研究”课题为抓手，将“营造书香校园，丰富教育内涵”作为新目标，引领全员展开新一轮的研究性实践。

书法写字是中华民族优秀传统文化的重要组成部分，“书法写字教育”是实施民族精神教育文化认同的重要载体。“写一手好字，做一个好人”也就成了学校的育人目标。

写字教育具有开发学生“多重”潜能的效应，因此漕小把这种理念努力体现在全员、全素、全程之中。在普及层面上着重抓三方面工作：一是各科教学坚持落实写好字基本要求，倡导学生写“满格字”，把字写端正、写正确、写美观；二是语文学科凸显写字技能训练，写字课不挤不占，教师精选教学内容，认真加以指导，积极组织讲评；三是开设15分钟的“天天写”特色课程，以备课组为单位落实好各年级的书写内容，配备专门的教师负责指导学生练字。期间，学生的学习习惯、意志品质、做人行为等都发生着悄然的变化。

学生成长离不开教师的引领，教师成长需要学校作不懈的努力。近年来，漕小致力于队伍建设，采取了许多措施。一是邀请专家指导；二是送教师参加各类培训；三是成立戚天音书法教育工作室，继续发挥已退休教师的指导辐射作用；四是为教师练字交流提供必要的条件。

写字教育可提升学生多方面素质，而提升学生素质最重要的是需要潜移默化的过程。漕小的写字教育不光追求写“好字”本身，重要的还在于学生的过程“浸润”。在这个“浸润”过程中，学生所接受的既是一种“德育”，又是一种“情育”，更是一种“心育”；写字教育贯穿了学做人的全过程。“为此，我们要继续努力，不断纠正时而出现将书法写字课作为单纯传授这一技艺的倾向，将关注的目光多投放在激发学习兴趣，提高学习积极性，关注学生在学习过程中产生的情感体验上，力争让每个学生获得多方面的收获。”校长潘亚军表示。

从书法写字教育校本课程的开发研究中漕小人获得这样一个启示：“学生写好字，需要借助课程化推进。”综观这些年一路走来的历程，出现了一些新情况和新问题.如文本教材中以基于识字与写字同步发展为思路的教学内容，因国家教材的变化而出现匹配不紧密的问题。为此，漕小人在进行“小学书法写字教育课程化”的二度开发研究，力争将课改新理念融入到书法写字教育课程化的研究性实践中，做强书法写字特色项目，让广大学生受惠。

书写教育显奇效，艺术育人显特色

作为一所普通的农村小学，漕小深知小学教育的影响价值，远远超出该阶段而扩展到终身。在全面实施素质教育的背景下，学校依靠自身拥有的师资实力，将书法写字教育作为办学特色项目加以培育，最终跻身于全国书法教育实验学校之列。多年的实践让他们深刻体会到：书法是“技”，也是“道”，更是一种文化。

为求得小学生对中华文化的认同与喜爱，漕小让孩子们在学写字的过程中充分感知中国书法在世界艺术之林中的特殊地位，让他们知道它不仅是华夏民族遗产中的一颗璀璨明珠，也是世界艺苑中一朵独放异彩的奇葩，作为中国人是没有理由不学好本国文化的。正是在这样的教育中，让孩子们增强了民族自尊心和自豪感，激发喜爱母语、学写字、做好人的情感。

漕小刻意让孩子在习字过程中认识书法大师及代表作，了解他们的高风亮节。如，王羲之的“硬骨”，颜真卿的“忠义光明”，欧阳询的“勤勉好学”，郑板桥的“体察民情”……使孩子们对于做怎样的人及怎样去做人有了清晰的标准。学校发动学生去查阅资料，摘录其中自己最喜欢的几条念给同学听，然后全班讨论，选择其中的几条，请老师书写后装裱悬挂，作为激励全体学生的座右铭。

漕小让孩子正确掌握写字姿势和执笔方法。因为，“习惯是一种力量，它可以主宰人生”。老师在教孩子习字过程中不仅提醒“双姿”的规范，还编成喜闻乐见的儿歌传唱。在这样的潜移默化影响下，孩子们不仅有了正确“双姿”、正确书写和正确使用文具的习惯，养成了专注、干净整洁、坚持不懈、学以致用等好习惯。

每年，漕小都会开展写春联、送春联活动。春节前夕，在漕泾镇闹市区，并排放一些桌子、椅子，桌上摆好了毛笔、墨汁和笔毡，师生共同参与现场写春联，送给来来往往的父老乡亲。清明节，学校组织“小书法家们”到现场临写碑文，接受生动的爱国主义教育。此外，学校还经常牵线搭桥，鼓动学生参赛和组织优秀书法作品展，用以提振他们的信心。

综上所述，书法写字教育不仅提高了学生学规范汉字的水平，也使学生的学习态度、习惯、意志品质和审美情趣等发生了深刻的变化。正如倡导者所言："我们培养的不必是书法家，然而我们期望的是，当学生踏上社会，从他们写的字、他们的价值观、行为方式、作风习惯中，就能知道他们曾在我们学校这样的环境里浸润过，这时候就是我们创建写字教育特色学校的真正成功。"

艺教彰显教育魅力，特色发展硕果累累

近几年，漕泾小学一连串的荣誉都与"书法"紧密相关，这些荣誉体现了漕小人努力办学的用心。学校先后获得国家级规范汉字书写教育特色学校、全国教师书法教学基本功书写展示活动优秀组织奖、上海市书法教育先进集体、金山区写字教育先进单位、"金山区学生'写好字'书法教育现场展示活动"优秀集体、《书法写字》科目在金山区小学校本课程设计评比活动中获拓展型课程一等奖等荣誉称号。教师参加区级以上的各类书法比赛屡获佳绩，校长荣获"上海市书法教育先进个人"。

在书法写字教育课程化项目的引领下，学校的课程建设掀开新的一页。第一，优化基础型课程。在严格执行上海市课程计划，开足所有学习科目的基础上，不断充实和完善内部结构，高效优质地实施基础型课程。第二，开发拓展型课程。根据本校师资实际，逐步完善限定必修的拓展型课程，丰富自主选修的拓展型课程。其中，学校采取"以点带面，稳步推进"的策略，开发有艺术类、健身类、科技类等 20 多门拓展型课程。第三，开好探究型课程。通过引导学生对相关问题的研究，培养学生的问题意识、探究能力、科学态度和合作精神，为学生创造性学力的形成奠定基础。学校组织学生成立小课题研究小组，引导学生从日常学习生活中发现、选择探究课题，进行体验探究。可以说，此项日的实施推动了课程教材改革向更纵深的方向发展。

"在实施过程中，我们深刻认识到，作为基层一线的我们，除了学习吸收前人创造的经验外，更多地着眼于教育实践和积累，进行再创造的反思。我们借助本轮研究，与更多的专家学者展开对话

与交流，从中学到现存的经验；与同行展开对话与交流，分享各自拥有的成果。我们还与区域内的学校建立互动联系、互帮互学，携手推进书法文化的传承和传播。”潘校长说。

新闻链接：

绽放晨曦之光，快乐成长之路

——漕泾小学“晨曦”乡村学校少年宫建设纪实

9月24日下午，市文明办2014年度学校少年宫建设市级评估组来到金山区漕泾小学进行评估。通过实地审核，评估组成员一致认为：“晨曦”乡村学校少年宫按照《评估标准》严格落实，取得了很好的效果。

漕泾小学乡村学校少年宫以“晨曦”为名，取“小学生如清晨的阳光，充满生机与希望”之寓意，2013年11月启动，2014年3月正式开班。“晨曦”少年宫以培养学生的兴趣、丰富学生的课余生活为目的，以社会主义核心价值体系为核心，充分发挥乡村学校少年宫的特殊教育功能，让每一个漕泾学子都能在晨曦中绽放光芒。

学校充分发挥现有师资的作用，根据不同的特长、不同的专业，担任不同活动项目的辅导员，鼓励全校教师各展其能、各尽其材、共同参与；同时，学校邀请了退休教师、书法名师戚天音、民间艺人柳惠华等到少年宫发挥余热，还积极招募了大学生和外校教师担任志愿者辅导员，进一步充实了师资力量，丰富了项目内容。

此外，为了确保活动有效稳步开展，辅导员在开班之前首先要向学校提出项目申报，学校经过审核通过，才能在乡村学校少年宫开班。学校制定了“乡村学校少年宫管理手册”，由管理办公室成员对每一次活动、每一个项目进行检查；辅导员认真设计活动方案、确定参加活动学生名单、对学生进行考勤登记和活动评价。

乡村学校少年宫的活动内容，既根据文明办的精神要求，又结合学校的实际与基础，开展了德育类、体育类、艺术类、科技类等活动，让学生在乡村少年宫的天地里快乐健康地成长。学校利用乡村少年宫这一平台，开设了《绘本阅读》、《经典阅读》、《童话创编》

等项目，通过多样化的方式，培养学生做一个有道德的人。同时，学校还开展了“弘扬和培育民族精神月”、“学雷锋精神，做文明使者”、“缅怀先烈，弘扬革命精神”、“中国梦，我的文明之星梦”雏鹰争章、“美丽中国，我的中国梦”主题活动等。活动有计划、有过程、有实效，培养了学生良好的道德品质，展示了学生“少年智则国智，少年强则国强”的精神风貌。

值得一提的是，艺术活动育情操。沪剧是我国的经典文化传统，在乡村少年宫、学校跟着老师学唱沪剧。其中，沪剧表演《芦苇疗养院》参加了“金山少年派”才艺展示比赛，获得了大家的掌声。儿童绘画班的孩子们拿着画笔，在纸上描绘着美丽的画面，也描绘着自己的精彩人生。

如今，漕泾小学“晨曦”乡村少年宫在各方的支持与配合下已圆满开办了二期。在今后的工作中，学校将以前瞻的眼光、创新的思维，共同用心描绘乡村学校少年宫的建设蓝图，让每一位孩子都绽放出绚烂的晨曦之光。

校长心语

学校在打造书法特色的教学实践中，着力培养学生的书法写字兴趣，并结合学生的生活、学习实际，着眼通过书法写字促进学生素质的全面提高和特长的发挥，全面推进素质教育，以“写一手好字，做一个好人”为宗旨，让每一位学生的个性得以发展。

当我们回顾过往，欣慰的是学生的字漂亮了，大部分学生告别了错字、别字、结构歪斜松散的字。更重要的一点——人也变了，真是“字如其人”。我们可以肯定地说，“其人”的造就与书法写字有着千丝万缕的联系。

在长期的办学过程中，我们“漕小”人承漕泾人质朴之民风，采金山“教化”之灵气，形成了“勤奋、踏实”的优良传统。在全面实施素质教育的大背景下，我校依托拥有的师资优势，选择“书法写字教育”为突破口，展开“办学有特色、教学有特点、学生有个性”的探索与实践，为学生的人生铺就一条幸福的道路。

上海市金山区漕泾小学校长 潘亚军

师生感言

校园书法　以字塑人

我的班上有一位学生叫小伦，他聪明、活泼、好说好动。开始上书法课时总是找人说话，坐不住。由于好动，他时常把墨碟子打翻，弄得课桌、衣服上都是墨汁；作业也拖拖拉拉，不尽如人意。通过一段时间的端正坐姿、正确执笔，不断调整教学方法，特别是多鼓励学生，多在课堂上表扬其作业中的亮点，以及作业中认真运笔的地方，也给予充分肯定，作业中运笔较好的字上画上个圈，用笔写上“调峰正确，运笔到位”、“这竖钩很有力度”，再用红笔写上“优秀”……

我记得有一次批改作业时，我意外地发现他的横折、调峰很到位，书写的捺画十分丰满、很有力度。在发作业时，我特别表扬了小伦，其他同学都惊奇地看着他。继而小伦也显得很局促，但也看得出他很兴奋，后来的课堂中他的表现都很不错。有时我让他做示范，并“激将”在座的同学们正确运笔。他很认真地完成了示范。最有收获的是同学们对他的示范看得入神，比以往的更投入细致。从那以后我看到了另外一个小伦，同学们对他的看法也渐渐变了。他在课堂上也安静了下来。我想，这是一个好的开始，是小伦的开始，也是我的开始。

还有一次，我教学生写“家”字。在分析完“家”字运笔和结构及其米字格中的位置后，就开始给学生做示范。可写好后感到别扭，然后连续写了两遍，还是没有写好。这时有几位学生举手，说：“老师，‘家’写歪了，好像要倒下来似的，不好看。”一语惊醒了梦中人，我又仔细看：自己写的“家”字，只见字左倾，真的要倒了。紧接着我做了两件事：其一，我当场表扬了这位学生：“李佳一同学观察得真细致呀，老师太大意了，没有站端正，写了几次都没有写正。”其二，我要同学们记住了，坐的姿势要端正，不然写出的字也会歪斜的道理。“你们看‘家’字的下部弯钩如果不过中心，那就会倾倒。”自那以后，学生们都会在课堂上给老师纠正，有时尽管学生也太吹毛求疵了，但我却不应该打击他们的积极性，因为他们都在积极地观察、分析自己写的字。更因为这一环节是学习生活中重复的一环，观察字体结构——读帖。

“兴趣是最好的老师”，这时老师应抓住这个契机，巧点拨，妙引导，起到“四两拨千斤”的效果。书法写字教育是我校的办学特色，是漕泾文化的具体体现，我相信这一特色同学们会永远难忘，这对办学者来说也是一个极大的鼓舞！

漕泾小学书法老师　戚天音

我的书法之路

我叫夏琪，是漕泾小学十佳书法小明星。说起学习书法，那是朱老师的一次玩笑，当时我信以为真，斗胆参加了区写字比赛，想不到得了个硬笔一等奖，后来又参加了市级比赛获三等奖。从此，我和老师有个约定，一定好好学书法。

在这几年里，我拜朱老师为师，不间断地练习书法，哪怕是寒暑假，不论什么活动我总是积极参加。每次参加比赛前，老师总是教我如何选择书写内容、设计作品形式，对作品进行修改。这几年我获奖很多，自己觉得很光荣。更重要的是学校培养了我，书法陶冶了我的情操。我相信我校的一句名言：写一手好字，做一个好人。它激励着我不断地成长。

漕泾小学学生　夏琪

2014 年 10 月 30 日

图书在版编目(CIP)数据

写一手好字,做一个好人/潘亚军主编.
—上海:上海三联书店,2015.

ISBN 978-7-5426-5359-8

Ⅰ.①写… Ⅱ.①潘… Ⅲ.①书法课—小学—
教学参考资料 Ⅳ.①G624.753

中国版本图书馆 CIP 数据核字(2015)第 238166 号

写一手好字 做一个好人

——漕泾小学书法教育纪实

主　　编　潘亚军

责任编辑　钱震华
特约编辑　菁　华
装帧设计　鲁继德
责任校对　童蒙志

出版发行　上海三联书店
　　　　　(201199)中国上海市都市路 4855 号
　　　　　http://www.sjpc1932.com
　　　　　E-mail:shsanlian@yahoo.com.cn
印　　刷　上海昌鑫龙印务有限公司

版　　次　2015 年 10 月第 1 版
印　　次　2015 年 10 月第 1 次印刷
开　　本　640×960　1/16
字　　数　405 千字
印　　张　28
书　　号　ISBN 978-7-5426-5359-8/G·1405
定　　价　58.00 元